精神分析
引論

INTRODUCTORY LECTURES ON PSYCHO-ANALYSIS

SIGMUND FREUD
西格蒙德·佛洛伊德 ——— 著
彭舜 ——— 譯
巫毓荃 ——— 審訂

目錄

II
第二篇　夢
Dreams

III

第三篇　精神官能症通論
General Theory of the Neuroses

推薦序

佛洛伊德回眸精神分析來時路

蔡榮裕（精神科醫師、《臺灣精神分析學會》名譽理事長兼執行委員會委員）

厚厚的一本書，[1]但它的目的倒是相當清楚。佛洛伊德在《精神分析引論》裡，以他善於雄辯的細膩思維，滔滔而談「什麼是精神分析？」[2]依據佛氏作品的英譯標準版譯者詹姆士·史崔奇在《引論》的前註裡提及，除了《日常生活精神病理學》外，《引論》算是佛氏作品中最流通廣泛的著作。[3]

那是將近一百年前的景況了，除非對於精神分析史與當時的相對環境已熟稔，不然可能頗不易了解何以佛氏以那樣的態度與心情，對著聽眾侃侃而談他的世紀大發現。因為他似乎一直流露著遺憾，感到自己的思潮未被當代所妥當地接受，[4]因此他的不少著作是在反駁著某個想像中或當時確曾存在的對象，行文之中彷彿在駁斥或說服對方。

1 在英譯標準版（*Standard Edition*，以下略為*S.E.*）裡，《精神分析引論》分兩卷於第十五與十六卷。
2 在不同國度間由於理念與技術取向之差異，對於「什麼是精神分析」之理解亦有不小差異。
3 詳見*S.E.*, 15, p. 4.
4 有興趣者可參閱佛氏與好友的書信集：如*The Complete Letter of S. Freud to W. Fliess 1887-1904*, J. Masson ed. Harvard Uni. Press, 1985.

但是，《引論》的演講形式則讓佛氏有很直接的機會，面對具體的聽眾一步一步闡揚他的理念。他的論述價值其實並未因基因圖譜想像的風潮，而失掉它的意義，畢竟精神分析所在意的是，人類與自己的內在無意識世界的關係。筆者假設精神分析能夠從基因學者努力建構基因圖譜的過程，學到一些東西；但也假設精神分析穩健步伐所踏出的未來，能提供基因圖譜裡一些難以想像的人類世界。[5]這種種複雜關係並非只是一時的風潮，而是需要一步一步地走向內心深處，[6]就算你很急，也急不來。精神分析路程的久遠，並不必然是其外在形式的要求，而是涉及了人心之路途的久久遠遠。

《引論》的發表年代是一九一五到一九一七，內容是佛氏在維也納大學授課時的講義，[7]相對於佛氏晚年的論文著作《精神分析綱要》的寫作風格，除了差距二十三年來累積的更多精神分析知識之外，由於《綱要》是以論文寫作的格式出發，佛氏某種程度地以此來歸納自己一生的成就，內容也因此相當凝聚濃郁，閱讀時就顯得需要花些心力，或者需要有熟習精神分析概念演進史的同儕帶領，才較容易入手，免於被淹沒在精神分析的辭海裡。[8]《引論》以授課的形式發表，他假設對象為初學者，因而不厭其煩地重複論述相同題材，的確有助於聽者或讀者能夠在重複的過程裡思考精神分析的基礎及其微言大義。但這些是早期的概念，佛氏本身後來也有一些觀念的修正，由於需要大量篇幅，筆者無法詳述，僅在此提醒讀者。

誠如佛氏在第一篇第一講裡提及：「精神分析試圖為精神醫學提供它所缺少的心理學基礎，並希望發現一個共同基礎，用以解釋身體和心理失調的趨同現象。」[9]隨著精神科相關藥物的日新月展，精神分析作為達到佛氏所企盼的目標之路的一種研究企圖，成了一條值得深入探索但困難重重的路途。或者在基因研究所塑造出的樂觀未來裡，可能使得一般人對於精神分析的發展更覺得灰心。

筆者認為「值得」深入探索精神分析的價值觀的確是相當個人化的說法，然而精神分析也的確是在個人化的診療室情境裡，所滋生出來的個人知識，這些知識可能用於論述更大的文化現象。[10] 精神分析若可以採取立場，那麼，它在診療室裡的立場是，不依循也不反對個案的症狀；另外，也不依循及不反對個案對症狀的詮釋本身，而是盡量獨立地探究症狀與其聯想裡所代表的無意識動機與精神的真實。在這樣的前提下，似乎也沒必要將精神分析發展成大眾流行的玩意。

在〈科學心理學計畫〉裡，佛氏以將精神分析建構成一門科學為目標，雖然這種說法至今就算在精神分析學圈裡也有不同的論調，[11] 但若考量如何以語言來精確地描述一個無意識的心

5 基因圖譜以地圖般形式存在，其中所蘊含的政治經濟學、人類對於現況的挫折，以及對未來的理想化投射，亦頗值得從精神分析角度加以探索。

6 可參閱佛氏的〈可結束與不可結束的分析〉（Analysis Terminable and Interminable, *S.E.*, 23, 1937）。

7 是否應在大學傳授精神分析？可參閱 *S.E.*, 17, pp. 109-114.

8 由陳傳興教授的團隊所翻譯的《精神分析辭彙》（*Vocabulaire De La Psychanalyse*, Jean Laplanche & J.-B. Pontalis,1967；中譯本：行人出版社，二〇〇〇）是本不錯的工具書，雖然在譯詞上仍有更多的討論空間。

9 *S.E.*, 15, p. 21.

10 例如佛氏對於宗教、亂倫、摩西、達文西等等的好奇與論述，在他的原著中亦占重要分量。

11 尤其格林堡（Adolf Grünbaum）*The Foundations of Psychoanalysis: A Philosophical Critique*（1984）一書出版後，又替精神分析是否為科學的議題，掀起很大的波瀾。

理內容，誠如物理學[12]的研究範疇，如中子，我們無法直接觸及，但對於行家而言，一個或幾個「方程式」的串連，即可讓他們一目瞭然。精神分析在逼近人類內在世界一些無法觸及的精神現實時，正如以「語言」來貼近所指涉的對象，如：夢、無意識、伊底帕斯情結、戀母情結等。

語言的結合與描述，也誠如幾個方程式結合起來那般，足以成為一種具有爆炸力的成品，也將使得聽者感受到如爆炸物般的反應。例如：當你用語言形容對方的體胖時，你將很快感受到你的話所帶來的破壞力。因此，讀者可能得區分你是不了解或者是不同意其內容，因為閱讀精神分析的作品時，也可能感受到那種隱然的內在爆炸力，而這會混淆你的不了解或不同意。

在《引論》的第一篇裡，佛氏以四堂課程，從一般人皆有之失誤、口誤、筆誤等等日常經驗作為基礎，將他所研究的無意識之內容，發展成一門獨立的學科。在當時他仍需要讓聽者體會「無意識」是什麼，並初步在意識上了解無意識將以那些變形方式存在，且如何影響人類的外在活動。如果讀者對於佛氏理論的了解已稍有基礎，覺得閱讀第一篇時頗感內容的重複，也許表示你已經具備了精神分析的最基本入門馬步：確認「無意識」的確存在於人的心理世界。那麼，第一篇的內容或許就可以快速讀過。

然而，這種了解只是一個起步，在第二篇裡佛氏花了十一講的篇幅來論述人的夢事。精神分析發展至今超過百年，「夢」的解析仍被當作是通往無意識的皇家大道，而不是夢本身就是通往無意識的大道。然而，基於多年來在精神分析領域探索的經驗，佛氏似乎也更能體會一般初學者對於夢的種種阻抗現象，因此相對於《夢的解析》（一九〇〇～〇一），佛氏在《引論》裡似乎更偏向針對聽者可能的抗拒，來處理他所陳述的題材。對於初學者而言，如果先閱讀《引論》

裡對於夢的意義、目的與功能的闡釋，或許將更能聯想《夢的解析》裡所論述的夢的內容。佛氏在《精神分析引論新編》第二十九講裡亦再度處理夢的題材，則是他較晚年的觀點。

在佛氏之後也累積了浩瀚的文獻，探索關於夢在精神分析的運用。依據筆者的臨床治療與督導經驗，覺得學習者與個案常見的疑惑是習慣於所謂的「實事求是」，而傾向「頭痛醫頭、腳痛醫腳」、常識般的思考與欲求模式，這種傾向通常更在意於意識層次上尋找答案的模式，[13]與精神分析取向的治療意在透過探索及認識自己的無意識，以了解自己所不知的自己（而不是在探索的過程裡，重複地驗證及肯定自己原來所認定的自己），並進而自己決定未來走向的做法，顯得相當格格不入，以至於對精神分析取向的心理治療要探索夢，常覺得不可思議。

關於這種現象，可再回到佛氏於《引論》第五講裡的陳述：「夢的研究不僅是研究精神官能症的最佳準備，夢本身也是一種精神官能症的症狀，此外夢會出現在所有健康人的身上，因而為我們的研究提供了無價的便利。」[14]要理解佛氏這段說法，或許可以從個案的陳述內容來解釋，例如：當個案陳述他的症狀時，通常已經隱含了他對於症狀本身的線性因果詮釋，這可從他在陳述內容時所用的「因為……，所以……」等類似語法而獲知。如果我們將個案的症狀陳述裡的時間順序與一些連接詞皆拿掉，然後再隨意散置這些內容的順序，或者將主詞與受詞對調（這

12 筆者無意以物理學作為唯一的相對參考模式，也不一廂情願地認為以此比較即可處理精神分析的科學性問題。
13 可參見*S. E.*, 16, pp.243-256，有更深入的描述。
14 *S. E.*, 15, p.83.

些是精神分析取向的聆聽時很重要的步驟），也許你將發現症狀內容與夢的內容形式相去不遠。

佛氏花了一個學年（一九一五～一九一六）談完了「失誤」與「夢」這兩大主題後，又花了另一個學年（一九一六～一九一七）針對精神官能症的種種現象加以深入探索。佛氏從無意識談起，深入處理阻抗、潛抑、力比多的發展、症狀形成的內在機轉、焦慮的形成，並進而概略陳述對於移情的處理，在最後一講裡論述了精神分析治療效果的理論。依據詹姆士．史崔奇的註解，這一講是佛氏最完整地陳述此主題的文獻。[15]如同前述，筆者曾提醒，佛氏的理論發展亦隨著時間的移遷而有所更迭，因此讀者切勿以為這些論述即是佛氏理念的定論。[16]

當佛氏講完「夢」的議題時，他提及並不後悔花如此多時間討論和夢相關的問題，以引發聽者的興趣。他亦說到依他的經驗，只要花數個小時，即可讓聽者了解並證實精神分析的前提：心智機制的無意識特質。但是若要讓聽者體會到精神官能症症狀有其意義與目的，以及該症狀是從個案的生活經驗裡所衍生出來，佛氏認為「這種體會可能需要好幾個月、甚至數年的功夫」[17]。也許有無奈，但也是一種現實，精神分析就在這種仔細琢磨的氣氛裡，按部就班地孕育與滋生它的知識與治療體系。精神分析仍持續發展中，有興趣者最好準備自己的一輩子來思索它。

15 *S.E.*, 16, p. 448.
16 ibid., p. 246，有進一步說明。
17 *S.E.*, 15, p. 239.

審訂者序

巫毓荃（中研院史語所助研究員）

《精神分析引論》是佛洛伊德於一九一五到一九一六年及一九一六到一九一七年在維也納大學的冬季學期（十月到三月）開設的精神分析課程的講演內容，課程原名為「精神分析基礎引論」，出版時刪除了「基礎」一詞。第一學期佛洛伊德是以即席的方式講課，隨後再將上課的內容記錄下來，構成了本書的前兩篇。第三篇是佛洛伊德利用兩個學期之間的空檔，在薩爾斯堡度假時預先完成了講稿，再於課堂上逐字授課。第一篇及第二篇於一九一六年出版，第三篇於一九一七年出版，之後經過多次再版，並做了很多細節上的修訂。

本書曾被譯成多種語言，在佛洛伊德的著作中，除了《日常生活精神病理學》之外，《精神分析引論》可能是流傳最廣的一本。此中譯本是從英譯標準版的第十五及第十六卷翻譯而來，而其是以一九四〇年德文全集（*G. W.*）第十一卷為文本。

本次講座進行的時間正值第一次世界大戰，對佛洛伊德而言，平日忙碌的臨床醫療工作在戰爭期間大為減少，因此有較多時間從事寫作與教學。他在這段時間完成了「狼人」的個案史（一九一四）以及一系列重要的後設心理學論文（一九一五），本次講座亦得以順利進行並出版。在精神分析理論的發展史上，一九一五年以前，佛洛伊德探討過夢、失誤動作、歇斯底里症、強迫症及自戀，完成後設心理學的理論建構，且與阿德勒和榮格分道揚鑣。至此，精神分析理論的發展似乎來到一個分水嶺，並暫時停滯下來。但事實上，許多新概念已在逐漸醞釀，並於隨後《超越快樂原則》、《群體心理學》及《自我與本我》等書中開花結果。在本書中，我們不僅可以看到佛洛伊德本人對其先前理論所做的整理，也可以發現許多後續發展的線索，如「強迫性重複」、自我的分析，及「無意識」一詞的多重意義所導致的困難等，在本書中皆已有討論。精神分析理論的解釋對象極為廣泛，從失誤動作與夢這些微不足道且難以理解的心理現象，到使患者承受極大痛苦的精神疾病，再到原始文明、道德、文學及藝術等文明產物，都是它曾探索的對象。它在這些領域中驗證自身的理論，並以精神分析觀點提出不同的解釋。我們可以說精神分析有關無意識與性本能的發現，為當代的眾多學科，如精神醫學、心理學、人類學及文學批評等，提供了一個新的視域；它甚至也成為了日常語言的一部分，我們在日常的言語和思考中自然地使用無意識等詞彙，已難以想像精神分析理論初始曾遭遇的阻抗與批評。

嚴格說來，對佛洛伊德那個世代而言，無意識與性本能並不是新發明。但是佛洛伊德援引這些詞彙，藉由嚴謹的研究方法賦予新的科學意義，從而建構他的個體心理學與文化理論，而其初始探索的對象便是本書的三個主題：失誤動作、夢與精神官能症。因此，我們若要了解佛洛伊德的發現，便不得不從這三個對象著手。

發現的過程並不同於理論建構的過程，當佛洛伊德在臨床工作中接觸到歇斯底里症時，他在這個無法以當時的心理學知識理解的心理產物中，發現了無意識心理過程的存在，為了證實這個新領域，他將目光轉向其他同樣無法以心理學理解的心理產物，期待也能從這些難以理解、卻在當年被科學放棄的現象中，發現無意識心理過程的作用。因此，他轉而研究夢與失誤動作，從中證實了無意識的存在。

但是，本書從失誤動作與夢開始，先指出現今心理學理論的缺口，讓聽眾了解無意識心理過程存在的必要，而後再進入艱難的精神官能症領域，建構無意識理論。這是佛洛伊德預設草圖的實現，為一種普遍的個體心理學建立了堅實的基礎。「在我看來，夢的研究可作為精神官能症理論的一個引言，這樣做，顯然要比先研究精神官能症，然後再研究夢正確。但是，恰如夢的研究為理解精神官能症預先鋪路一樣，只有在有了關於精神官能症的知識之後，我們才能真正了解夢。」（第十五講）；「因為精神分析的假設影響極為深遠，與其有關的事物也相當廣泛，因此它值得每一位受教育者注意，而精神官能症理論只不過是醫學上的一個章節而已。」（第二十四講）

失誤動作、夢與精神官能症症狀是無意識心理過程最初被發現的表徵，是其實現的中介，因此佛洛伊德說：「可能藉由分析解釋賦予精神官能症症狀某種意義，是無意識心理過程存在——或你們喜歡的話：無意識心理過程假說的必要性——的一個不可動搖的證據。」（第十八講）而由三種現象的比較，我們將可了解其無意識概念的本質與意涵。

首先，這三種現象都是心理的產物，但卻無法為我們所理解，換言之，它們是當時心理學意識理論的缺口，與所謂的正常心理現象間存在著斷裂。其次，佛洛伊德認為這三種現象（或說所有的現象）都是有意義的，他堅信完整的科學理論與世界觀不應存在這樣的缺口，「缺口」意謂著某個未知的「原因」，某個未被人類知識實現之物。因此，失誤動作、夢和精神官能症症狀必定來自某個位於意識領域之外的力或原因，必定來自「我」之外的「它者」，這便形成了「Unbewusst」的事態。而藉著「自由聯想」，我們可以從這三種現象追溯到某些個體本身「知道」，但他不知道自己知道的心理材料與欲求，以及這些心理材料運作的過程，這即是無意識的發現。

無意識材料之所以未能實現或只能以一種扭曲的方法實現，是因為心理結構中潛抑的力量以及因此而來的阻抗，而這種潛抑的力量來自現實「必要性」與文明的要求造成了「自我」與「性本能」的分化，而性本能就成為人類行為未被了解的動力。當時，有很多探索無意識的方法（如催眠、磁性物質等），但是它們都缺乏科學方法所應具備的嚴謹定義。然而，佛洛伊德的精神分析理論定義了一種明確的方法，藉由分析情境和自由聯想的技術、分析者的鼓勵與詮釋，以及被分析者對分析者的正向移情，使無意識材料得以克服潛抑與阻抗，進入被分析者的意識之中。因此，分析情境是無意識材料得以實現的先決條件，而自由聯想則是精神分析使其實現的方法。這對一門科學而言至關重要，科學之所以能夠享有科學的美名，正是在於它能以嚴謹定義的方法技術探索它所關注的對象，並由不同的執行者在相似的條件下取得一致的成果；也許它所建構的理論最後會被推翻，被另一種典範與技術取代，但是這並不會損害它的科學性：「精神分析之所以被視為一門科學，其原因並不是在於它所處理的材料，而是在於它所使用的方法。這種方法不但能運用於精神官能症理論的研究，也能用於文明史、宗教科學，以及神話學的研究，而不會曲解它的基本性質。」（第二十四講）

佛洛伊德的無意識理論包括三種不同的觀點：動力學、經濟學與地形學。對佛洛伊德而言，這或許是根據他所探索的對象與所發現的事實，而不得不採用的解釋模式，但是這三種觀點組合起來正構成了機械性的心理機構觀。就動力學而言，它闡明能量的流動與灌注，不同的系統與動元（Instanz）之間的對抗，以及因而生成的妥協產物；本能傾向、個人經歷及社會文化環境即透過這種動力學機制發生作用，由此解釋了失誤動作、顯夢與症狀的形成，解釋了潛抑與阻抗，同時也解釋了治療情境中治療者對被治療者的影響。經濟學強調的則是數量的概念。他說：「對病因的決定因素僅僅進行質的分析是不夠的，換句話說，對這些心理過程僅採取動力學的觀點是不夠的，還需要一種經濟學的研究觀點。」（第二十三講）因此，即便每一個心理機構有著類似的機制，但是在不同的個體身上，仍會因各種力量間的大小差異而有不同的表現。地形學則是一種對心理機構的結構的假定，論述各種系統與動元之間地域上的關連，但是這與解剖學的概念不同，並不相應於任何解剖學的定位或組織，而是一種心理結構，一種純粹的心理學概念，只具有心理學的意義。

我們必須了解，佛洛伊德並未否定症狀的器質性成因，而是認為症狀也具有心理意義，可以進行純粹心理學的探索。他認為性機能並不完全是心理機能，也是一種器質機能，原欲一旦受到干擾，一方面可能表現為心理症狀，另一方面也可能表現為身體症狀（他藉此解釋現實性精神官能症）。他甚至認為心理機制也有其器質性基礎，但在當時這仍是「沒有內容的詞語」：「實際上，我們所創造的精神分析理論在結構上是一種上層建築，總有一天我們將不得不為它找到器質的基礎。但我們現在對此仍一無所知。」（第二十四講）因此，佛洛伊德似已預見科學將會發現某些可以解釋精神疾病發生的化學物質，但是這並不會損害其心理學理論的有效性。精神分析理論另一個核心的發現是原欲（性本能的心理表現）與性組織的演變，以及其在精神官能症與人類心理生活中所起的關鍵作用；這也是精神分析引發最多爭議和遭遇最多反對意見的一點：「它主張，只可描述為性欲的本能衝動，無論是廣義的還是狹義的，在引起神經疾病和精神疾病的過程中，扮演了至今尚無人所知的極大作用。它甚至還斷言，正是這些性衝動對人類心靈的文明、藝術和社會的成就做出不容低估的貢獻。在我的經驗中，人們對精神分析研究這一結果的反感，乃是精神分析遭到拒絕，最重要的根源。」（第一講）

對於這個問題，我們必須先理解佛洛伊德是在什麼意義上運用「性」這個概念。他擴充了性欲的定義，不再只狹隘地指涉正常的性生活，只以生殖為目的，他將性倒錯者與兒童的性生活包含在性欲的範疇內，而建構出較為完整的性理論。在這個理論中，幼兒期性欲到成人性欲是一個連續的發展過程，人類原欲與性組織經歷了種系特有的演變史，而創傷、原欲固著及原欲滿足受到干擾則是性倒錯與精神官能症的重要致病原因之一。他以此解釋了正常性生活的附屬行為（前戲）及性倒錯與精神官能症奇特的症狀表現。

因此，佛洛伊德的性欲並非專指某種特定的現實行為，也非各式各樣的性行為所共有的某種特定屬性，它是一個抽象概念，其立足的基礎在於以精神分析技術探索精神官能症症狀所發現的退化（Regression）現象，在於對性倒錯行為的觀察，以及隨後對幼兒行為所做的直接觀察。因此在檢視這個概念時，我們必須了解，這個概念只能透過精神分析的技術方法去實現與檢驗，而不能憑藉主觀判斷或其他觀點逕行加以駁斥。此外，文明與自我對於性欲也非全然的壓抑與禁止，它們之間一直有著既對抗又合作的關係。文明切斷了各個性發展階段間的連結，限定「性」為一種特定的欲望與行為，並以道德文化的偏見予以禁止，限定被隱藏的原欲的配置方式，使原欲的滿足與釋放得以昇華而合於社會與個人生存的目標。

在序言中，佛洛伊德提到本書因為受限於講演的情境，因此無法保持科學論文所需具有的冷靜，某些主題也不得不重複地處理。事實上，講演是佛洛伊德經常使用的文體之一，除了真實講演的紀錄之外，在某些著作中（如《精神分析引論新編》），佛洛伊德也以講演或對話的方式陳述自己的論點。在本書裡，我們可以發現佛洛伊德與真實或虛擬的聽眾保持著生動的接觸，經常藉由聽眾來提出反對意見，並與聽眾進行想像中的辯論。因此，佛洛伊德並非以一種權威或教條的方式來陳述自己的觀點，而是讓反對意見得到公開的討論，事實上，這也是精神分析技術基本特徵的一種延伸。

雖然佛洛伊德提到除了焦慮（第二十五講）與歇斯底里性幻想（第二十三講）之外，本書中並沒有什麼新內容。但是在某些主題上，佛洛伊德做出了最詳盡、最清楚或最易理解的整理與摘要，譬如有關象徵作用的章節（第十講）、有關夢的形成的摘要（第十四講）、有關性倒錯的討論（第二十、二十一講）以及最後一講有關精神分析治療過程的分析等，而且佛洛伊德在本書中以完整的架構陳述自己的理論，很多主題都是從新的方向去加以探索和討論，因此無論之前了解或不了解精神分析的讀者，應都能從本書中得到新的啟發與收穫。

審訂本書主要是進行兩方面的工作。首先是精神分析術語的中文翻譯，在這方面，台灣早先的中文譯本和一般常用的譯法與對岸有很多不同，而且雙方自身內部也有許多歧異。但是台灣近年來出版有關精神分析，或其他領域但也使用到精神分析術語的翻譯書籍，許多是引進對岸的譯本，或由對岸的學者進行翻譯，只將簡體字轉換為繁體字便加以出版。就我自身的經驗而言，這造成了一定程度的混亂，使得理解與溝通變得更為困難。兩岸翻譯上的差異原本是一個可以討論的問題，藉由這樣的思索，我們也可以更深入地了解理論本身，但是台灣現今的眾多譯本所充斥的對岸詞彙，似乎是出於「經濟」的考量，這就不是一件令人愉快的事，而且也有著更深層的危險，似乎值得我們注意。我在本書中處理這個問題的方法是暫時引用我在學習過程中所習得的詞彙、參考台灣之前中文譯本的譯法，以及與鄧惠文醫師私下的討論。必須說明的是，這麼做並不是因為我認為這些術語較貼近原意，而只是因為它們在台灣應該是可以溝通的詞彙；對於其中一些術語，我認為必然有更好的譯法，但是這必須經過更深入的理解與討論，很高興已看到有人正在進行。

另一方面的工作則是錯誤的更正。雖然錯誤難以避免，但是在對岸的翻譯書籍中，無論是學術或是文學作品，都曾發現許多離譜的錯誤，而造成了某些誤解或是根本就無法理解。我並不清楚這種現象究竟是怎麼造成的，但是這讓我想起佛洛伊德有關自戀的一段話：「彷彿在早發性痴呆症中，原欲竭力再次返回對象（也就是對象的表現）並確有所得，但是所得的只不過是它們的影子——我的意思是，只得到這些對象的詞語表現。」或許還得考慮某些來自「繼發利益」的動力。無論如何，同處中文世界的我們在閱讀時必須更加小心。

譯者序

彭舜、彭運石

佛洛伊德（一八五六～一九三九）是精神分析心理學的創始人，二十世紀最著名的心理學家之一。其精神分析學說作為精神疾病治療的一種理論和技術，因強調精神疾病的心理原因而不是器質原因、強調精神分析療法而不是物理或化學療法的運用，成為了精神病學和心理治療領域重要的一派；作為一種心理學學說，因拓展了主流的學院心理學的研究領域與方法、突顯了無意識及本能，特別是性本能的作用，而成為二十世紀頭五十年心理學的「第一思潮」；作為一種社會人生哲學，因將精神分析的基本原理推廣運用於社會、人生問題，而極大地影響了哲學、文學藝術、教育、社會生活等諸多領域的理論與實踐。著名心理學家弗洛姆（一九〇〇～一九八〇）曾將他與馬克思、愛因斯坦一起視為現時代最偉大的思想家。佛洛伊德本人亦認為其學說乃是繼哥白尼、達爾文之後對人類自戀錯覺的又一次打擊，是科學思想史上的第三次革命。因此，深入、準確地研究佛洛伊德的學說，區分其精華與糟粕所在，不僅是完整把握西方心理學發展脈絡之必需，於哲學、文學藝術、社會學等諸多領域的理論建設也不無助益。

正如書名所示，《精神分析引論》乃是了解、研究佛洛伊德學說的一部入門性讀物。該書由佛洛伊德一九一五到一九一七年兩個冬季在維也納大學介紹精神分析的講稿組成，是其著作中除《日常生活精神病理學》外流傳最廣的一部，也是其思想在經歷了早期發展後逐漸向後期過渡的一部代表作。在撰寫此書之前，佛洛伊德先後出版了《歇斯底里症研究》（一八九五）、《夢的解析》（一九〇〇）、《日常生活精神病理學》（一九〇一）、《詼諧及其與無意識的關係》（一九〇五）、《性學三論》（一九〇五）、《精神分析五講》（一九一〇）、《圖騰與禁忌》（一九一二～一三）等著作，確定了精神分析的兩大理論前提即無意識論和泛性論，對夢、失誤動作、神經症等亦提出了精神分析的解釋。精神分析學說在經歷了人們最初的冷落、批評和敵視後，已逐漸為人們接受、歡迎，並轉化為精神分析運動。榮格、阿德勒也因與佛洛伊德觀點相左而分道揚鑣。一九一四年〈精神分析運動史〉的出版乃佛洛伊德思想進入後期發展的分水嶺。《精神分析引論》則真實再現了這一轉變在第一次世界大戰期間的狀況。它由淺入深、循序漸進、全面而系統地介紹了精神分析的早期研究成果，同時也展示出佛洛伊德此時正在醞釀的一些新觀念，如對自我的分析、對現實原則的強調，以及對「無意識」一詞的多重含義所造成的困難的認識等。正是這些觀念，預示了此後佛洛伊德的《超越快樂原則》（一九二〇）、《群體心理學與自我分析》（一九二一）、《自我與本我》（一九二三）、《精神分析引論新編》（一九三三）、《精神分析綱要》（一九四〇）等著作的出版，進而完整地提出本我、自我、超我的三部人格學說，及對夢、神經症等的新解釋。顯然，《精神分析引論》並未詳盡無遺地展現佛洛伊德的全部思想，但不可否認的是，它是我們了解、研究佛洛伊德思想不可不讀的著作之一。

《精神分析引論》共分三篇。第一篇「失誤動作」介紹的是精神分析的失誤動作觀，指出失誤動作絕非偶然，而是有自己的意義；第二篇「夢」講的是佛洛伊德的夢理論，系統闡述了夢的實質、內容、工作原理、釋夢的技術等；第三篇「精神官能症通論」在闡明精神分析有關精神官能症的理論與治療技術之餘，還深入探討了精神分析心理學的基本原理。這三篇均立足於精神分析的兩大「觸怒了全世界」的理論前提：一是「心理過程自身是無意識的，並且整個心理生活只有某些個別的活動和部分才是意識的」；二是「可被描述的性的本能衝動——包括廣義的和狹義的——都是神經性疾病和心理疾病的重要起因。進一步講，這些同樣的性衝動為人類精神最高度的文化、藝術和社會創造做出了不可低估的貢獻」。精神分析的要旨正在於透過失誤動作、夢、精神官能症等現象的考察與分析，揭示被壓抑於無意識內的本能欲望，使之以合理的途徑得到宣洩或滿足，使精神疾病獲得治療。

在西方心理學發展史上，佛洛伊德是個毀譽參半、爭議相當多的人物。一般說來，人們讚賞他執著、勇敢的科學開拓精神，肯定他對心理學研究領域與方法的拓展及對心理學事實材料的積累。但對於其精神分析的基本原理，特別是無意識論、泛性論，以及由此衍生出的人性論、價值論、機械決定論、社會文化觀等，人們往往褒貶不一。本著實事求是的精神，結合現代心理學的研究成果，完整把握與評價精神分析學說，去蕪取菁、去偽存真，真正做到「洋為中用」，或許才是我們在閱讀《精神分析引論》時所應持有的基本態度。

《精神分析引論》曾被譯為法、義、俄、挪威、西班牙等多種文字。在中國，最早翻譯此書的，乃著名心理學家高覺敷先生，北京商務印書館一九三〇年出版。現在，我們又以較為平白的語言並結合現代心理學的研究成果將此書重新翻譯，旨在為推進佛洛伊德研究盡點心力。

由於我們水平有限，譯文中難免有這樣或那樣的錯誤，懇請專家、讀者不吝批評指正。

一九九八年七月

序言[1]

Preface

我在此提供給大家的《精神分析引論》[2]一書，其目的絕不在於與現存的那些對本領域知識的總體描述（如，赫奇曼〔一九一三〕、費斯特〔一九一三〕、卡普蘭〔一九一四〕、瑞格斯和海森那德〔一九一四〕，以及梅傑〔一九一五〕）媲美，而是我在兩個冬季學期（一九一五／一九一六、一九一六／一九一七）所做的演講的忠實再現。在當時，前來聽我演講的既有醫生，也有外行人；既有男性，也有女性。

本書可能讓讀者留下深刻印象的特色之處可以歸因於它所發生的情境，我的陳述不可能保持一般科學論文所具有的那種冷靜；相反地，我不得不致力於吸引聽眾的注意力，使之能維持兩小時之久。因此，我在處理某個特殊的主題時便無可避免地表現出某些重複——例如，某個主題首次提及，可能是因為它關涉到夢的解析；其後它又再次出現，則是因為它與精神官能症問題相關。以是之故，一些重要的主題（例如，無意識）在書中並未以專章加以詳盡地討論，而是反覆

1 標準版註：一九二二年的英譯版及其重新發行的版本中省略了序言。

2 標準版註：本書德文書名字面意義為「關於精神分析介紹的講座」。

地拾起、放下，待到新的機會出現時，又給予進一步的補充。

熟悉精神分析文獻的人將會發現，本《引論》所介紹的有關內容，大多是他們已從其他更為詳盡的文獻中了解到了的。不過，為了圓滿結束、總結這一主題，我也不得不公布迄今尚未發表過的某些方面（焦慮的病因和歇斯底里性幻想）的材料。

佛洛伊德

一九一七年春於維也納

第一篇
失誤動作
Parapraxes

第 1 講

緒論

Introduction

女士、先生們：

各位已從閱讀或傳聞中多少獲得了關於精神分析的知識。不過，我所擬定的講題——精神分析引論——使我必須假定你們對此一無所知，因而尚需一些基本的相關知識。

然而，我可以假定，你們已經知道精神分析是治療精神官能症患者的一種方法。在此，我可以向各位舉出一個例子，說明在精神分析領域內，許多事情所採行的方式不僅與其他醫療不同，甚至還與之相反。在其他醫療中，當我們向病人介紹一種新的治療方法時，我們通常會對它的不利之處估到最低，使病人確信這種療法的效力。我認為，這樣做是完全有道理的，因為這樣可以增加成功的可能性。但當我們對精神官能症患者進行精神分析治療時，我們就不這麼做。我們要向患者指出這種方法有多麼困難、需要長久的時間，且需本人努力與投入；至於療效，我們則會告訴患者我們無法保證，成功與否取決於他自己的表現、理解、適應力和堅持度。當然，我們這種顯然反常的做法有充分的理由，這些理由，以後你們也會逐漸明白。

假使我在演講一開始就以對待精神官能症患者的方法來

對待各位，請你們不要生氣。我認真地奉勸各位下次不要再來聽我的演講了，因為，我得向大家講清楚，我所講授的有關精神分析的知識肯定不全面，而且你們在對精神分析做出自己的判斷時，肯定會遇到很多困難。我還得指出，你們所受的教育，你們的所有思維習慣是如何迫使你們反對精神分析，為了克服這種本能地抵制，你們必須怎樣努力來戰勝自己。當然，我無法預言你們能從我的演講中了解多少有關精神分析的知識，但是我可以肯定地告訴你們，你們不可能藉由聽演講學會進行精神分析的研究，或學會實施精神分析治療。然而，倘若你們當中確實有人不滿足於對精神分析的膚淺了解，想將自己置於與精神分析的連繫中，那我不僅不鼓勵他這樣做，而且還要告誡他不要這樣做。就目前的情況來看，選擇這種職業將會毀掉他在大學裡可能獲得的成功。而且當他開業行醫時，他就會發現整個社會都不能理解他的努力，都用懷疑和敵意的態度對待他，把一切潛藏著的罪惡衝動都發洩在他的身上。看看目前正在歐洲進行的那場戰爭所發生的現象，諸位或許能了解這些罪惡衝動究竟有多麼強烈。

然而，儘管存在著這些不利，仍有許多人因可能獲得的新知識而大受吸引。如果你們中有人在受到警告之後還來聽我的演講，那當然極度歡迎。不過你們都有權知道，我論及的精神分析在本質上是困難的。

我將首先談談那些與精神分析的教學和訓練有關的問題。在醫學訓練中，你們習慣看見事物。你們可看見解剖的標本、化學反應的沉澱物，以及神經受到刺激後肌肉的收縮。隨後你們又用自己的感官去觀察患者——觀察其疾病的症狀、病理作用的結果，甚至在很多情況下還可以觀察到被分離出來的致病因子。在外科方面，你們可以看到為了治療患者而積極採取的一些手法，並且可以自己親身嘗試。甚至在精神病的治療方面，患者變化不定的面部表情、言語和行為方式，提供了大量足以令你們留下深刻印象的觀察材料。因此醫學老師大體上扮演的是嚮導和講解員的角色，他們陪你們參觀博物館，你們直接接觸所展示的事物，並透過感官使自己確信新事實的存在。

很不幸的是，在精神分析裡情況全然不同。進行精神分析治療時，除了患者與分析者之間的語詞交換之外，並無其他事情發生。患者喋喋不休，訴說著自己過去的經歷及目前的印象，抱怨著，並承認自己的欲求與情感衝動。醫生靜靜地聆聽著，盡力引導患者的思考過程，給予某些規勸，迫使他的注意力維持在某些方向，給他一些解釋，觀察他由此而產生的理解或拒絕的反應。患者身邊未曾受過訓練的親戚們，只對可見和可觸摸的事物——特別是電影中所看到的那種動作——有深刻的印象，對僅僅「透過語詞交換就可以治病」則皆表示懷疑。當然，這是短視且不合思考邏輯的。同樣的這群人也確信患者「僅僅是想像」自己的症狀。語詞原本就具有魔力，迄今它仍保持著許多這種古老的魔力；人們既可用語詞使人高興，又可用語詞使人陷入絕望；老師用語詞向學生傳授知識，演說者透過語詞使聽眾深受感動，並左右他們的判斷和決定；語詞引起情感，並常被用作人們相互影響的工具。因此，我們不要輕視心理治療中的語詞運用，假使我們有機會聽到分析者和患者之間的對話，我們應該感到高興。*1

* 編輯說明：本書譯自《佛洛伊德心理學著作全集標準版》(*The Standard Edition of the Complete Psychological Works of Sigmund*

但是我們就連這一點也難以做到，因為精神分析治療時的談話不允許他人旁聽，亦不能公諸於世。當然，在講授精神醫學時，我們可以把神經衰弱症和精神官能症患者介紹給學生，但患者只敘述自己的病情和症狀，並不會涉及其他事情。只有在對醫生產生了一種特殊情感依附的情況下，他才會向醫生提供其所需要的訊息，如果看到有旁人在場，他又會回復沉默。因為，他所提供的訊息都是其精神生活中最隱密的東西，他非但不願意告訴他人，即便是對自己也不願承認。

因此，你們就不能作為觀眾親自參與精神分析治療了，你們只能從別人那裡獲悉有關治療的情況。嚴格說來，你們只能憑藉傳聞了解精神分析。由於你們是透過間接的方式獲得有關精神分析的知識，因此你們將發現，要對精神分析做出自己的判斷相當困難。顯然，這在很大程度上取決於你們對報告人的信賴程度。

現在，讓我們暫且假定諸位正在聽的是歷史學，而不是精神醫學的演講，並假定講者正在講的是亞歷山大大帝的傳記及戰功。你們有什麼理由相信他所說的話呢？乍看之下，他們談到情形的不可靠性似乎更甚於精神分析，因為歷史教授也和你們一樣未參加過亞歷山大的戰事，精神分析者則至少可以告訴你們他曾親身參與過的一些事情。但我們還是可以適時地得到一些證據以證實歷史學家所說的，他會叫你們參考古代作家的記載，這些人要不就和亞歷山大同一時代，不然就比他稍晚一些——也就是說，他會叫你們閱讀迪奧多羅斯、普魯塔克、阿利安等人的著作。他會向你們展示那些留存下來的錢幣及亞歷山大雕像的複製品，同時他還會給你們看龐貝人有關伊索斯戰役的鑲嵌畫。然而，嚴格說來，這些所有的證據只能證明古人已相信亞歷山大的存在，確信他功績的真實性，而你們的批評是從這一點上重新開始。於是，你們會發現，並非所有關於亞歷山大的記載都是可信的，或是都可在細節方面經得起證實。但我並不以為，當你們離開教室時，你們會對亞歷山大大帝的存在產生懷疑。你們做出這樣的決定主要基於兩種考量。第一，講者並沒有什麼可以想見的動機要讓你們相信某些連他自己都不相信的事物的真實性；第二，所有可取得的歷史書籍都以幾近相同的方式描述這些事件。如果你們繼續考察更古老的史料，你們將會考慮相同的因素——訊息提供者可能的動機和他們所提供的證據是否一致。這種檢測的結果無疑會證明，亞歷山大的確無可懷疑，但像摩西或尼羅特這些人，情形卻大不相同。以後，你們就會明白關於精神分析的訊息提供者的可靠性究竟有什麼地方值得懷疑。

現在你們有權提出另一個問題了。如果精神分析既沒有客觀的證據，又沒有證實的可能，那麼人們怎樣去研究它，並相信其主張的真實性呢？的確，研究精神分析並非易事，而且對它有深入研究的人為數也不多。但是要研究它還是有一種切實可行的方法，一個人可以藉由研究自己的人格，在自己身上學習精神分析。這與所謂的自我觀察不同，但若有必要，仍可歸於自我觀察一類。在受過一些技術方面的指導之後，許多日常的、熟悉的心理現象，亦可成為自我

Freud, Trans. & Ed. James Strachey, et al. London, 1953-74）第十五、十六卷。註釋中，標示「佛註」為佛洛伊德原註，「標準版註」為英譯標準版註。

1 標準版註：參見《非專業分析者的問題》一書開頭處的一段類似的說法（1926*e*, *S. E.*, 20, pp. 187-188）。

分析的對象。透過這一方法，你們不僅可確信精神分析所描述的過程確有其事，而且還會相信其觀點的確是正確無誤的。這種方法的進展仍有一定限制，如果你讓自己接受一位富有經驗的分析者的分析，親身體驗分析的效果，利用機會從自己的分析者身上學習分析過程的微妙技巧，那麼你就會得到更多的進步。當然，這種學習方法雖好，卻只適用於個人，並不適用於全班。

精神分析在你們面前展露的第二種困難，並不是它本身固有的。女士、先生們，我必須要你們自己為這一困難負責。因為你們是學醫的，你們所受的教育引導著你們的思維，而這種思維又把你們帶離了精神分析。醫學訓練讓你們常常將生物體的機能和失調建立在解剖學的基礎上，讓你們從物理學和化學的角度來看待它們，用生物學的觀點做進一步的解釋。你們從不注意精神生活，不知道精神生活是複雜的生物體所達到的最輝煌成就。正是由於這個原因，你們才對心理學模式的思維感到陌生。你們已習慣於懷疑它，否認它具有科學的屬性，並把它交給外行人、詩人、自然哲學家[2]和玄學家。無疑地，這種侷限性會妨礙你們醫學活動的開展，因為作為所有人類關係共有的規則，病人最先展現給你們的將會是他們精神生活的外表，我擔心你們將會被迫失去一部分你們[3]所追求的治療效果，而被你們所輕視的外行人及江湖術士接收，以作為你們忽視精神生活的懲罰。

我知道，你們以往教育中的這一缺陷是情有可原的，在學校裡，沒有一種輔助的哲學科目可以為你們的醫學目的服務，大學裡所教授的思辨哲學、描述心理學，或所謂的實驗心理學（它與感官生理學關係極為密切）均不能幫助你們理解身體與心理的關係，或了解心理功能的失調。

的確，作為醫學的一部分，精神醫學已開始描述它所觀察到的心理失調，並把它們匯集成種種的臨床疾病。但有時就連精神醫學學者本人也懷疑他們這些純粹描述性的假設是否稱得上科學。對於構成這些臨床疾病各種症狀的來源、機制及其相互關係，人們不得而知，要不是在大腦的解剖結構中找不到與其相應的變化，不然就是找到了變化但卻無法對其做出解釋；除非我們能夠認識到它們是某種器質性疾病的附帶結果，否則這些心理失調並沒有治療的可能。

這正是精神分析企圖彌補的缺口，精神分析試圖為精神醫學提供它所缺少的心理學基礎，並希望發現一個共同基礎，用以解釋身體和心理失調的趨同現象。要達到這個目的，精神分析必須放棄種種成見，無論是解剖方面的、化學方面的，還是物理方面的，而徹底應用純粹的心理學概念。正是由於這一原因，我想在一開始時，你們也許會感到生疏。

我並不認為你們、你們的教育，或是你們的心理態度必須為這第二種困難負責。精神分析有兩個假設足以觸怒全人類，並招致人們的厭惡。一種假設冒犯了人類理智的偏見；另一種假設則與人們美學和道德的偏見有所衝突。我們千萬不能輕視這些偏見，它們很有力量，作為人類發展的沉澱物，它們非常有用而且不可或缺。它們藉由情緒的力量而存在，與它們抗爭將會非常困難。

精神分析提出的第一個令人厭惡的主張就是宣稱心理過程本身是無意識的，並且宣稱在整

2 標準版註：這是指謝林泛神論的「自然哲學」的追隨者。這種哲學在十九世紀初的德國極為流行。

3 標準版註：在早期德文版中，此處是「Sie」(你們)；而在 *G. S.* 和 *G. W.* 中，此處則為「sie」(他們)。

個心理生活中，只有某些單一的動作和部分是有意識的。[4]這正好與我們慣常的見解相反。你們知道，我們一直都認為心理的東西就是有意識的東西，我們把意識看成是心理的**定義**特徵，而心理學則被認為是研究意識內容的科學。的確，對我們而言，這是一種必然的觀點，以致任何與之牴觸的意見都會被看成是胡鬧。然而精神分析卻不得不和這個偏見牴觸，不得不否定心理等同於意識的觀點。[5]它把心理的東西定義為情感、思維和願望的過程，並堅持認為存在著無意識的思維和未被理解的願望。由於有了這個主張，精神分析一開始便失去了每一位有著清醒科學頭腦的朋友的同情，被懷疑為故弄玄虛和混水摸魚的荒謬巫術。但是，女士、先生們，你們自然還無法理解我有什麼權利把「心理的即意識的」如此簡潔自然的說法稱為偏見，也無法推測什麼樣的發展過程會導致否認無意識——如果真有無意識這樣一種東西存在的話——以及這種否認究竟有何好處。於是，我們是否應該使心理等同於意識或是超出意識的範圍之外，這個問題聽起來就像是一場毫無意義的文字之爭。但我可以向你們保證，無意識心理過程存在的假設，已為人類和科學通往一個決定性的新方向鋪路。

現在我要告訴你們有關精神分析的第二個主張。你們還無法了解第一個主張與第二個主張之間有著如何密切的關係。第二個主張也是精神分析的創見之一。它主張，只可描述為性欲的本能衝動，無論是廣義的還是狹義的，在引起神經疾病和精神疾病的過程中，扮演了至今尚無人所知的極大作用。它甚至還斷言，正是這些性衝動對人類心靈的文明、藝術和社會成就做出不容低估的貢獻。[6]

在我的經驗中，人們對精神分析研究這一結果的反感，乃是精神分析遭到拒絕，最重要的根源。你們想聽聽我們對這個現象的解釋嗎？我們相信，人類在維持生命迫切需要的壓力下，以犧牲本能的滿足為代價，創造了文明。同時我們也相信，文明在很大的程度上不斷地得到創新，是因為新加入人類社會的每一個體，皆不斷為公眾利益犧牲自己本能的滿足。而在個體所運用的本能力量中，性衝動起著重要的作用。正是在此過程中，性衝動得到了昇華——亦即，它們捨棄了性的目的，轉而指向其他較崇高而不再與性欲有關的社會目的。但這種安排是不穩固的，因為性本能很難控制，而且，每個參與文明建設的個體，其性衝動都有拒絕被如此運用的危險。社會相信，性本能一旦獲得解放並回復到它的原始目的，文明將會受到極大的威脅。[7]有鑑於此，社會並不希望有人提起它根基裡這個不穩定的部分，也不願意承認性本能的力量或承認個人性生活的重要性。相反地，為達到教育目的，關於性的問題，社會完全避而不談，這也是為什麼它不能容忍精神分析的研究結果，而更傾向把它視為邪惡、不道德或危險的原因。但是這種駁斥在面對科學研究的客觀結果時，將會失去它的效力，假使要進行公開的駁

4 標準版註：「unbewusst」和「bewusst」：從一開始就應該了解德文中「unbewusst」和「bewusst」這些詞具有被動的語法形式，一般而言具有被動的意義。英文中「conscious」（意識的）和「unconscious」（無意識的）也可用於被動含義，但我們多半是從主動含義上去使用它：「I am conscious of a pain in my toe.」（我感到腳趾有點痛。）或：「He was unconscious of his hatred.」（他沒有意識到他的憎恨）。德文用法則寧可說成「疼痛」是有意識的，而「憎恨」是無意識的。佛洛伊德一般採用的就是這種用法。

5 標準版註：佛洛伊德〈論無意識〉一文的初版較詳盡地討論了這個問題（1915*e*）。

6 標準版註：性本能構成了本書第二十講的主題。

7 標準版註：佛洛伊德關於文明與本能力量之間的對立，最詳盡的討論，可見《文明及其不滿》（1930*a*）。

斥，它必須要以合乎理智的方式陳述它的意見。人類的本性總是傾向於將自己不喜歡的事物看作是虛妄的，而後輕易找出反對的理由，因此，社會就把它無法接受的事物視為不真實的，而以合乎邏輯、合乎事實的論據來駁斥精神分析發現的真理。然而，這些論據源於情緒，並作為偏見維持著種種反駁，以抵抗任何推翻它們的嘗試。

可是，女士、先生們，我們可以坦言，在提出這個引起爭論的主張時，我們並無任何圖謀，我們只想陳述我們在艱苦的科學工作中發現的事實。我們也認為，即便是基於科學研究上的實際考量，我們也有權拒絕任何干擾，不論我們是否考慮過這些強加於我們的恐懼合理與否。

以上就是你們對精神分析發生興趣之始所面臨的一些困難。對初學者來說，它們也許太多了。但如果你們能夠克服這些困難帶來的影響，那麼，我們就可以繼續講下去了。

第 2 講

失誤動作
Parapraxes

女士、先生們：

現在我們先不做假設，而從調查研究著手。為了達到這個目的，我們可選取那些很常見又熟悉，但卻很少為人考察過的現象，這些現象可在健康的人身上觀察到，故與疾病無關。它們便是人們身上經常出現的所謂「失誤動作」。[1] 例如，一個人想說一件事，但卻用錯了詞（這叫**口誤**）；在寫字時亦會犯類似的錯誤，他可能注意或未注意到自己寫了些什麼。在看書時，無論看的是鉛印本還是手寫本，都可能讀錯（這叫**讀誤**）；或聽力原本沒有器質性的障礙，可是卻聽錯了人家所說的話（這叫**聽誤**）。另一組失誤動作就是**遺忘**，但這種遺忘是暫時而非永久性的；在這樣的情況下，一個人可能記不起

1 標準版註：「Fehlleistungen」，字面意義為「錯誤的行為」或「錯誤的功能」。這個普遍概念是由佛洛伊德提出來的，譯成英語時亦為它創造了一個對應詞。《日常生活精神病理學》一書專門討論了這種現象（1901*b*）。佛洛伊德在其教學性的著作中常把它們當作介紹其理論最合適的材料（像他在此處所做的一樣）。它們的確是他最早的心理學研究最早的主題之一。關於其興趣歷史的一些說明，可見於英譯標準版第六卷編輯導言。以下頁面的引用都出自英譯標準版。

一個名字，但是他仍知道這個名字，而且一看到就能想起來；或他可能忘記做一件他想做的事（一個**意向**），儘管後來他會回想起來，只是在那個特定時刻忘記了。在第三組失誤動作中，並沒有這種暫時性的特徵，而是如物品的**誤置**——一個人把某東西放在某處，再也找不到它了；或是物品的**遺失**也是類似的例子；這類遺忘不同於其他種類的遺忘，我們對之感到驚異或惱怒，而覺得無法理解。除此之外，還有一些特定的失誤，也有暫時性的特徵，例如我們會在某一段時間裡相信某件事的情況是這樣，但在那之前或之後，我們卻知道真相並非如此；還有很多類似的現象，各有不同名稱。

所有這些失誤動作的名詞，在德文中均以「ver」這一音節為字首，由此可見它們之間有著內在的相似性。[2]它們幾乎全都是次要和暫時的現象，在人類生活中沒有多大意義，雖然偶爾顯得很重要，就像遺失物品時。正因為這樣，失誤動作很少受到關注，很難讓人發生興趣。

現在，我要請諸位注意這些現象。但你們也許會不耐煩地加以反對：「在廣闊無垠[3]的宇宙，以及我們心理這個較狹小的領域，均有許多重大的問題值得我們探討，在心理失調方面亦有許多奇妙的事情需要我們解釋。我們將自己的精力與興趣花在這些微不足道的現象上，豈不是太無聊了嗎？倘若你能讓我們明白，為什麼一個耳聰目明的人會在大白天看或聽到了根本不存在的事物，為何一個人會突然發覺自己正受到至今最喜愛的人的迫害，為什麼人會提出最精妙的論點證實那些連兒童都視為荒謬的妄想，那麼我們就會覺得有必要了解一點精神分析。但如果精神分析只不過是要我們考慮一個在宴會上發表演說的人為什麼會用錯了詞，一個家庭主婦為什麼會弄丟鑰匙等瑣碎小事，那麼我們將知道該如何更好地運用我們的時間和精力。」

我的答覆是：女士、先生們，請耐心點吧，我認為你們的批評是不正確的。的確，精神分析不能誇口說它從來不研究瑣碎小事，相反地，它所觀察的材料常常是一些無足輕重的事件，而且這些事件因為完全不重要，已被其他的科學束之高閣，有時甚至被人們視為現象界的殘渣。但是，你們的批評難道不是將問題的重要性與人們是否注意它們混為一談了嗎？是否有某些非常重要的事物，它們只能在某種特定的情況下、某種特定的時刻裡，藉由某些微弱的跡象來表現自身呢？我可以輕而易舉地舉出幾個這樣的例子。例如，假設你是一個年輕人，難道你不正是從一些微小的跡象中得知自己已博得了一個女人的歡心嗎？難道一定要等她給你一個明確的愛的表白，或一個熱烈的擁抱？當她給你一個別人不易察覺的眼神、身姿或瞬間的肌膚之親時，你不覺得一切都已足夠了嗎？假使你是一個偵探，正在偵辦一件謀殺案，你會指望兇手在現場為你留下一張標有姓名地址的相片嗎？難道你不會因為找到有關兇手的蛛絲馬跡而心滿意足嗎？所以，我們千萬不要低估了微小跡象的作用，藉助於這些微小的跡象，我們可以成功地發現某個重大的事件。此外，和你們一樣，我也認為我們應優先關注宇宙及科學中的大問題。但是決定讓自己專注於大問題的研究通常沒什麼用，在這樣的情況下，一個人往往會為了如何走好第一步而深感茫然。在科學工作中，把握任何即時可得且有機會讓我們進行研究的材料，毋寧是更有希望的。如果一個人能不帶任何成見和偏見堅持這樣的做法，而且還要運氣夠好，那

2 標準版註：英文中，音節「mis」也有類似的意思。
3 標準版註：從一九二二年的版本起，「廣闊無垠」一詞被省略了。

麼他也許可以從這樣實事求是的工作中，邁入研究重大問題的康莊大道。因為每一件事物之間都互有連繫，這也包含了小事和大事間的連繫。講了這麼多，我的目的就是要激發你們的興趣，因為我們研究的是健康人類身上微不足道的失誤動作。

現在，讓我們拜訪一位對精神分析一無所知的人，問問他究竟怎麼解釋這些現象。他的第一個答覆肯定是：「噢！這不值得解釋，因為它們全都是一些小事。」這句話究竟是什麼意思呢？難道他認為這些現象確實存在，但它們微不足道，與其他事物毫無關聯，因而可有可無嗎？無論是誰提出如此片面地違背自然現象的決定論，就意味著他把整個科學的**世界觀**拋到九霄雲外去了。不過，我們可以提醒他，即便是宗教的**世界觀**也有很強的連貫性，因為它明確規定，沒有上帝的旨意，便不會有麻雀從屋頂飛落地面。我想我們的朋友不會願意從他的第一個答覆中推演出合乎邏輯的結論，他會改變心意，改口說如果他去研究這些現象，終究可以找到對它們的解釋。他會認為問題在於輕度的機能障礙和心理活動的小缺陷，可以找出其決定因素。一個人平常說話並無差錯，但（1）假如他感到有點不舒服或疲倦，（2）假如他覺得太興奮，（3）假如他正在忙其他事情，那麼他便可能出現口誤。這一點極易證實，人們在很疲倦、頭痛或週期性偏頭痛時，常會出現口誤。在同樣的情況下，人們很容易忘記專有名詞，有些人會因記不起專有名詞，便能預知週期性偏頭痛要發作了。[4]我們在興奮時也常用錯字或做錯事，因而出現了「謬誤行為」。我們在心不在焉時——亦即，嚴格說來，當我們專注於其他事情時——我們也常常忘記原有的意向，而做出許多計畫之外的行動。一個為人熟知的心不在焉的例子就是連環漫畫雜誌《飛頁》[5]中，教授的故事，由於他正在思考下一本書的相關問題，結果忘了拿自己的雨傘，反而錯拿了別人的帽子。我們自己也有這樣的經驗，當專注於其他事情時，我們便忘了自己的初衷和承諾。

雖然這些解釋並不十分有趣，也不符合我們的期待，但聽起來相當合理，似乎無可辯駁。那麼，讓我們來更深入地探討一下這些對失誤動作的解釋。它們所宣稱的失誤現象並非同一類的因素造成。循環系統失調和疾病為正常機能異常提供了生理上的依據；興奮、疲勞以及煩惱則是另一類，或可稱為心理生理因素。這些因素最終都可以輕易地轉化為理論。疲勞和煩惱，也許還包括一般的興奮，均可引起注意力分散，使人們不能專心注意所考慮的工作，在這樣的情況下，工作就很容易受到干擾，或不能準確完成。神經中樞血液循環的小毛病或變化亦可透過類似的方式，藉由影響決定性的因子，即注意力的分散，而產生同樣的效果。因此，在上述所有情況中，問題的重點都在於注意力障礙的影響，不論這種障礙出自器質性的或是心理的原因。

這種解釋對我們的精神分析研究沒什麼用，因此我們或許會想放棄這個主題。然而，假如我們更仔細研究那些觀察材料，便可知道我們的發現與失誤動作的注意理論不盡相符，或至少不能由這類理論推知一切。我們發現有些人雖然一切皆屬正常，沒有感到疲倦，亦沒有心不

4 標準版註：這是佛洛伊德的個人體驗。見《日常生活精神病理學》，頁二一。
5 標準版註：「*Fliegende Blätter*」，漫畫週刊。

在焉或興奮，但同樣發生了這些失誤動作和遺忘——除非是因為有了這些失誤動作，事後我們才將這些失誤歸因於他們的興奮狀態，但他們自己卻對此否認。人們常認為，增加注意力，一項工作便能成功，減少注意力，工作便會失敗。但事實並非如此簡單，有許多動作完全是自動進行的，無須注意也能完成。例如：一個人走路時，也許很少想起自己要到什麼地方，卻經常能選擇一條正確的路線到達目的地，而不致走錯。這樣的情況屢見不鮮。技藝高超的鋼琴家不假思索也能彈奏出正確的音符，當然偶爾也可能彈錯，但如果自動彈奏會增加錯誤的危險，那麼越是鋼琴名家就越容易陷入犯錯的危險之中，因為經過不斷的練習，他的彈奏已變得完全自動化了。相反地，我們知道，許多動作在沒有特別給予高度注意的情況下，反而能更準確地執行；[6]而當我們特別看重我們所要達到的正確目的，而不致稍加分心時，失誤動作卻更有可能發生。對此，人們可能會有異議，說這是由於「興奮」的結果，但難以釐清的是，興奮為什麼不能反過來促進注意力集中於他們所期望的目標之上呢？假如由於口誤的緣故，一個人在重要演說或談話中把自己要說的話說反了，可能很難用這種心理生理理論或注意力理論來加以解釋。

在這類失誤動作中，還有許多小的附屬現象我們尚無法理解，亦無法加以解釋。例如，如果我們暫時忘記了一個人的名字，對此非常懊惱，並盡可能地去回憶它。在這種情況下，既然我們急於記起這個名字，那我們為什麼很少能成功地將注意力指向那個幾乎已經到了嘴邊、只要有人提起就可以即刻想起的名字呢？或者再舉一例：在某些情況下，失誤動作會增多，引發一連串作用，彼此互相取代。如一個人第一次忘記了一個約會，第二次他決定不再忘記這個時間，卻又發現自己在記事本上寫下了錯誤的時間。又如，一個人試圖用種種方法記起一個已經忘記了的字，而思索時他竟將那個可為第一個字提供線索的第二個字又完全忘掉了；假如他越搜尋第二個字，第三個字又被遺忘了……如此等等。眾所周知，同樣的情況也發生在排印錯誤上，這種排印錯誤可視為排字工人的失誤動作。據說，這種難以克服的排印錯誤曾出現在某一份社會民主報上，該報報導一次儀式：「與會者中有Kornprinz殿下。」第二天該報就做了更正，並道歉說：「當然，我們說的是『Knorprinz』殿下。」[7]人們把這種錯誤說成是排印中惡魔作祟的結果——這些說法至少已超出了心理生理理論對印刷錯誤的解釋了。[8]

諸位或許也熟悉這個事實，口誤亦可由暗示引起，下述軼事可以說明這一點。一位新演員在席勒的《奧爾良市少女》一劇中扮演一個重要的信使角色，他本應該向國王稟報說：「總管將劍送回來了。」排練期間，主角開玩笑，好幾次勸這位緊張不安的年輕演員，將台詞改為：「馬車夫將馬送回來了。」[9]他果然如願以償了，初次登台演出時，這位不幸的新演員雖屢經告誡不要說錯，卻也許正因為受到告誡的緣故，竟唸了錯誤的台詞。

注意力分散理論並沒有解釋失誤動作的這些微小特徵。然而，我們不能因此就說該學說是

6 標準版註：佛洛伊德常在別處提到，在沒有受到特別注意的情況下，工作可能完成得更準確。參見《日常生活精神病理學》，頁一三二。

7 標準版註：該報本想說的是「Kronprinz」(王儲)。「Korn」的意思為「雞眼」，而「Knorr」的意思則為「突起物」或「瘤」。

8 標準版註：參見《日常生活精神病理學》，頁一三〇～一三一。

9 標準版註：此處似乎有某些錯誤。事實上，(在該劇本的第一幕第二場裡)宣布總管過失的是國王本人。

錯的，或許它缺少的僅是某個環節，如果把這個環節加上去，它也就變得完美無缺了。但是一些失誤動作本身也可以從另一個角度去考慮。

在我們的研究裡，讓我們選擇**口誤**來作為失誤動作最適當的代表吧——雖然，我們同樣也可選擇筆誤或讀誤作為我們的範例。[10]我們必須記住，到目前為止我們只提出了人們在何時——在何種情況下——才會出現口誤，也只對此做出回答。但是，我們也可以把興趣轉向別處，問問這種錯誤為何以這種特殊方式而不是以其他方式產生呢？同時我們也可以考慮錯誤本身究竟呈現了什麼問題。你們會注意到，只要這一問題還沒有得到回答，我們就無法理解失誤的產物，雖然可以有生理學的解釋，但從心理學的觀點來看，這種現象仍屬偶發性的現象。假如我發生口誤，我顯然可以有無數種方式，這個正確的詞語可以用一千個別的字來取代，亦可以朝無數方向扭曲。在這種特殊的情況下，難道有什麼東西強迫我用一種特別的方法來犯這種失誤？難道這種失誤仍是一個偶然事件，一個可以任意選擇的事件嗎？難道這是一個無法明確回答的問題嗎？

事實上，梅林格和梅耶兩位學者（一個是語言學家，一個是精神醫學家）在一八九五年就試圖從這個角度來研究失誤動作。他們搜集了許多事例並開始用純描述的方法進行探討。當然這無法做出任何解釋，不過能夠先鋪路。他們把失誤造成的言語扭曲分為「換置」、「語音預現」、「語音持續」、「混合」和「替代」五類。我將舉出一些例子來說明這兩位作者所提出的五類扭曲，例如：「米洛的維納斯」被說成「維納斯的米洛」，這是一個換置的例子（詞序的換置）；語音預現的事例如「es war mir auf der Schwest……auf der Brust so schwer」；[11]語音持續可以下述著名的講錯了的祝頌辭為例：「Ich fordere Sie auf，auf das wohl unsere Chefs aufzustossen」（我提議大家為我們主任的健康打嗝，正確的說法應為「anzustosseu」（乾杯」）。[12] 這三種形式的口誤並不常見，較常見的是濃縮或混合的例子。例如，一位男士在大街上對一位女士說道：「夫人，如果妳允許的話，我願意begleitdigen你。」該合成字[13]除了有「begleiten」（陪同，陪伴）之意外，顯然還有「beleidigen」（侮辱）之意。順便說一句，這位年輕人顯然不可能得到該女士的歡心。有關替代，梅林格和梅耶舉的例子是：有人說：「我把標本放進了信箱（Briefkasten）」，而正確的說法應為「我把標本放進了孵化箱（Brütkasten）」。[14]

這些作者針對他們搜集到的例子做出的解釋相當不完整，他們認為每個字的發音及音節有著特定的音值，高音值的音可能干擾低音值的音。很明顯，他們是以並不常見的語音預現和語音持續為依據，然而這種對某些語音的偏愛（如果這種偏愛果真存在）完全無法解釋其他類型

10 標準版註：從譯者角度來看，在這三篇演講中佛洛伊德最常選擇口誤作為失誤行為的例子，是很不幸的。因為從性質上來講，這些例子特別難以翻譯。然而，我們仍採用標準版的一貫做法，用註釋及括號中的解釋來保留佛洛伊德的例子，而不用新的英文事例取代。在其他地方，特別是在A．A．布里爾（1912）和厄尼斯特．瓊斯（1911）的論文中，新的英文事例隨處可見。

11 標準版註：這個句子的意思是：「它重重地落在我的胸脯上。」由於「schwer」（重重地）一字中「schw」的預現，結果以「schwest」這一無意義的字扭曲了「Brust」（胸脯）一字。此例與前例亦見於《日常生活精神病理學》，頁五三～五四。

12 標準版註：此例亦見於《日常生活精神病理學》，頁五四，但譯文有所不同。

13 標準版註：一個無意義的字。

14 標準版註：最後這兩個例子亦見於《日常生活精神病理學》，頁六八、五四。

的口誤。畢竟最常見的口誤是用另一個類似的字取代一個字，對許多人而言，這種類似性足以解釋這個失誤。譬如，某教授在就職演講時說：「我不願（not geneigt）評價受人敬重的前位任職者之功績。」在此，不願（not geneigt）是不夠資格（not geeignet）之誤。或者，另一位教授說道：「就女性生殖器而言，儘管有許多誘惑（Versuchungen）——請原諒，是許多實驗（Versuche）……。」[15]

然而，最常見且最引人注目的口誤是把所要說的話說反了。當然，我們這裡處理的現象完全與語音的關係及類似性的效果無關，即相反的字彼此之間在概念上有著密切的關係，因而有特別密切的心理連繫。[16]歷史上出現過許多這樣的例子，例如，一位下議院議長在會議開始時說：「先生們，我看今天法定人數已足，因此，我宣布散會。」[17]

任何其他的熟悉聯想亦可像相反連繫一樣以不易察覺的方式發生作用，而出現在不適宜的場合中。據說，在赫爾曼．馮．赫爾姆霍茨，和著名發明家、實業家沃納．馮．西門子，兩家孩子的婚禮上，請來著名生理學家杜．布瓦—萊蒙為新婚夫婦發表祝賀辭。他的講辭無疑是精彩的，但他在結束時卻說：「願西門子（Siemens）和哈爾斯克（Halske）百年好合！」原來，西門子和哈爾斯克都是老企業的名稱，兩個名字並列出現，對柏林人而言是很熟悉的，就像維也納人熟悉 Riedel 和 Beutel 一樣。[18]

因此，在探究失誤動作的原因時，我們不僅要考慮到語音間的關係和詞語的類似性，而且也要考慮到語詞聯想的影響。但這還不夠，在許多情況下，我們在解釋口誤時不考慮之前說過的或想過的東西似乎是不可能的；像梅林格所列舉的那些案例一樣，我們此處所提到的情況也是一個語音持續的案例，但卻有較遠的起源——我必須承認，整體而言，在經過這些討論之後，我覺得我們似乎更無法理解口誤了。

但我希望，在研究前述各例時，我們所有人都已對這些口誤案例形成一個新的印象，而進一步研究這個印象是值得的。我們考察了口誤發生的一般條件，隨後也研究了種種決定口誤扭曲形式的因素。但迄今為止，我們卻從未注意過口誤的產物，也未曾涉及口誤的起源。倘若我們決定就這些方面進行研究，那麼，我們最終必將有勇氣說，在某些例子中，口誤本身就有一定的意義。我們所說的「有意義」究竟是什麼意思呢？這就是說，口誤的產物本身可以被看成是一種完全有效的、有目的的心理動作，是一種有內容、有意義的表述。到目前為止，我們談起的總是失誤動作，但現在看來，似乎這種失誤動作本身有時也是一種**正常**的動作，它僅僅是取代了那個被期待或意欲的其他動作而已。

在某些案例中，失誤動作本身具有意義似乎是件顯而易見且正確無誤的事實。當下議院議長把開會說成**散會**時，從我們知道的當時情境來看，我們會覺得這個失誤動作本身是有意義的。

15 標準版註：參見《日常生活精神病理學》，頁六九、七八～七九。
16 標準版註：參見下，頁二一九。
17 標準版註：參見《日常生活精神病理學》，頁五九。佛洛伊德在他的晚期著作之一，那本未完成的〈精神分析的一些基本課程〉中也用過這一例子（1940*b*）。
18 標準版註：「Beutel」是維也納一著名的服飾用品商店。西門子（Siemens）和哈爾斯克（Halske）當然就是那偉大的電氣工程師。

議長並不認為本屆會議會有什麼好結果，所以不如散會來得痛快，我們不難指出——亦即，我們不難解釋——這個口誤的意義。或者，讓我們假定某女士以欽羨的口吻對另一女士說：「我想你那頂漂亮的新帽子一定是你自己aufgepatzt（一個代替aufgeputzt〔繡成〕的不存在的字）的。」任何科學禮節都不能阻止我們認出這個口誤背後的真正含義：「這頂帽子是一個Patzerei（粗製濫造的東西）。」又如，聽說有一位以精力充沛著名的女士某回說道：「我丈夫問醫生該如何控制飲食。醫生說他不必控制飲食；只要吃喝我想要的東西就行了。」顯然這個口誤也有其含義：它表達了一個一直被盤算的計畫。[19]

女士、先生們，假如意義不僅存在於**少數**口誤和一般失誤動作中，而可在大多數的例子中發現，那麼我們以前從未注意到的失誤動作的**意義**，就必然會成為這些例子最有趣的特徵，其他各點便相應地退居次要地位。現在我們應該把一切生理的及心理生理的因素束之高閣，專心致力從純粹心理學的角度研究失誤動作的意義——亦即，研究失誤動作的含義或目的。因此，眼前我們該做的，是把大量的觀察資料用來驗證這個期待。

但在此之前，我想請大家跟我沿著另一個思路去探索。人們發現，一個具有創造力的作家，常會利用口誤或其他失誤動作，作為產生想像效果的工具。這個事實本身就足以證明，在具有創造力的作家心目中，失誤行為——如口誤——是有意義的，因為他故意地製造了這些錯誤。作家的筆誤絕不是偶然出現，他是故意讓這筆誤成為劇中人物的口誤，他想用這些筆誤使我們注意到某個東西，而我們也可以研究那個東西到底是什麼——也許他是想藉此表示該劇中人物的心不在焉、疲憊不堪或偏頭疼狀態。如果作家確實透過筆誤表達某種意義，我們當然不願意誇大這事實的重要性。畢竟，失誤也許實際上並沒有意義，而只是心理上的偶發事件，或者它的意義只存在於極少數情況下，但作家卻仍可以透過理性的技巧賦予失誤意義，進而以此達到自己的目的。因此，當我們從作家所創造出的筆誤中，發現比語言學家或精神科醫師所提供的例子更多的意義時，並不需覺得驚訝。

席勒的《華倫斯坦》（比科洛米尼，第一幕，第五場）中提供了一個範例。在前一幕裡，少年馬克斯伴送華倫斯坦美麗的女兒到軍營，在這趟旅程中，他認識到了和平的好處，他熱情洋溢地歌頌和平，並表達對華倫斯坦公爵的擁戴。他退場後，其父（奧克塔維奧）和奎斯登貝格不禁大吃一驚，在第五場有這樣一段對話：

奎斯登貝格：哎呀！就任事情如此發展嗎？朋友，我們就讓他受騙嗎？就讓他離開我們，不馬上叫他回來，不在此時此地打開他的眼睛嗎？

奧克塔維奧：（由沉思中回過神來）他現在已經打開了我的眼睛了，我全都看清楚了。

奎斯登貝格：看見什麼了？

奧克塔維奧：這該死的旅行！

奎斯登貝格：為什麼會這樣？你究竟指的是什麼？

奧克塔維奧：來吧！朋友，我得立即順著這不幸預兆的指引。我的眼睛現在打開了，我得

19 標準版註：最後這兩個例子亦見於《日常生活精神病理學》，頁八七、七〇。

用它去一探究竟，跟我來吧！

（拖起奎斯登貝格就走）

奎斯登貝格：去看什麼？你要往哪裡去？

奧克塔維奧：到她那裡去……

奎斯登貝格：到——

奧克塔維奧：（改口）到公爵那裡去。來吧，我們走。

奧克塔維奧本想說「到他那裡去，到公爵那裡去」，可是他講錯了。而且透過「到她那裡去」一句，他至少已向我們表明，他已經清楚認識到了那導致年輕戰士嚮往和平的力量。[20]

奧托・蘭克（一九一〇a）在莎士比亞的劇本裡找到一個令人印象更深刻的例子。這例子出自《威尼斯商人》那個幸運的求婚者在三個首飾盒中做出選擇的那一幕。在此，我最好為你們唸一下蘭克的短評：「莎士比亞的名著《威尼斯商人》（第三幕，第二場）中出現的口誤，從戲劇角度來看，動機極其微妙，技術也相當高明。正如佛洛伊德所注意到的《華倫斯坦》劇中的那個失誤一樣，這個口誤也表明劇作家們深知這種失誤動作的機制和意義，並假定觀眾都能領會。在劇中，波西婭被她父親強迫靠機遇來選擇丈夫，迄今，她已靠著好運氣躲過了所有那些她不喜歡的求婚者，終於發現她所傾心的巴薩尼奧也來求婚了。她擔心他也會選錯匣子，很想告訴他即使他真的選錯了，他仍已贏得了她的愛情，但她向父親立過誓，因而不能洩露出心中的祕密。在這樣的內心衝突裡，詩人讓她向自己所喜歡的求婚者說了下面這段話：

我請你稍等一下，等過了一天或兩天，
再來冒險吧：因為如果你選錯了，
我將失去你的陪伴；因此請稍等一下吧！
我似乎覺得我不願失去你（但這並不是愛情）……
也許，我可以告訴你
如何選擇，但我受誓約束縛不能這麼做，你因此可能選不到我；
但是一想到你或許會選錯，我便想打破誓約。
別注視我吧，你的眼睛征服了我，將我分成兩半；
一半是你的，另一半也是你的——
但我應該說是我自己的，既然是我的，那當然也是你的，
所以一切都屬於你了。

在這裡，波西婭想給巴薩尼奧的只是一個很微妙的暗示：在他選擇之前，她已整個屬於他，對他非常傾心。但這一點都是她本應對他隱瞞的，詩人奇特的心理敏感性，讓她透過口誤把這層意思公開表露出來了。透過這種藝術手法，詩人成功地達到了他的目的：既使巴薩尼奧稍微

20 標準版註：此例及下一個例子亦見於《日常生活精神病理學》，頁九六～九八。

安心，又使觀眾能耐心等待巴薩尼奧的選擇結果。」

我提醒大家注意，波西婭最終是怎樣巧妙地調和自己口誤中的兩種說法，怎樣解決它們之間的矛盾，以及最後又是如何掩飾這一錯誤的：

……既然是我的，那當然也是你的，
所以一切都屬於你了。

偶爾也會出現這種情況：一位並不懂醫學的思想家，亦能透過他所說的揭示失誤動作的意義，並預見我們會努力解釋這些失誤動作。你們都知道利希騰伯格（一七四二～一七九九）是一位機智過人的諷刺作家，歌德談起他時曾說：「當他說笑話時，笑話的背後常常隱藏著一個問題。」有時，笑話則會透露問題的解答。在利希騰伯格的《機智與諷刺的思想》（一八五三）一書中，我們可以找到這一段話：「他閱讀了荷馬的許多著作，以致總是把『angenommen』（假定）讀作『Agamemnon』（阿伽門農）。」在這裡，我們對讀誤就有了一個全面的了解了。[21]

在下一講，我們應該看一看，在失誤動作的問題上，我們是否能與這些作家們達成一致的觀點。

21 標準版註：利希騰伯格是佛洛伊德最喜歡的一位作家。佛洛伊德在《詼諧及其與無意識的關係》一書中闡述了他的許多詼諧的語句。「阿伽門農」這字在下文亦有進一步的分析。《詼諧及其與無意識的關係》（1905*c*, *S. E.*, 8, p. 93）和《日常生活精神病理學》，頁一一二，亦引用了這個句子。歌德的上述評論則見於《日常生活精神病理學》，頁二一八。

第 3 講

失誤動作（續）

Parapraxes (continued)

女士、先生們：

在上一講，我們已認識失誤動作研究應立足於失誤本身，而非涉及它們與它們所干擾的動作關係；我們還獲得這樣的印象，在某些特殊的情況下，失誤動作自身似乎就具有意義。於是我們就會想，假如失誤動作具有意義能獲得更廣泛的證實，那麼研究其意義或許比揭示失誤動作的發生條件來得更為有趣。

所謂心理過程的「意義」究竟是什麼意思呢？讓我們再次就此問題達成共識。當我們提到心理過程的意義時，我們意味的是這一心理過程所欲完成的意向，及其在心理連續體中的位置。在我們大多數的研究中，均可用「意向」或「目的」來取代「意義」。[1] 那麼，當我們認為我們在失誤動作中發現了一種目的，會不會僅僅是一種錯覺，或是對失誤動作詩意

1 標準版註：我們認為在這些演講中，最好把德文「Tendenz」譯成「purpose」（目的）；但這兩個詞意思並不一致，在某些段落中將「Tendenz」譯作「trend」（傾向）更為合適。「Tendenz」的意思並不同於「tendency」，雖然它的形容詞「tehdenziös」有著相對應的英文「tendentious」（有特定目的的），而可被用於如 a tendentious play（一種有特定目的的遊戲）等情況。

的誇大呢？

我們現在仍以口誤為例。仔細考察一下這類為數眾多的材料，我們就會發現，在所有案例中，失誤動作的意向和意義都是顯而易見的。這其中，又以那種把自己要說的話說反了的案例最為清楚。例如，（前一講）提到的下議院議長在會議開始時說：「我現在宣布散會。」這口誤的意義和意向相當清楚，他想結束會議，我們忍不住想引述這句話：「Er sagt es ja selbst」（他自己這麼說）[2]——我們只需相信他所說的話。在這一點上，請你們不要打岔，也不要提出異議，說那是不可能的，說我們知道他並不是想散會，而是想開會，說我們都公認他對此事最有發言權，他自己就能證實他想開會這個事實。你們這樣講，已忘了我們剛才達成的共識：我們應從失誤動作本身開始研究失誤，而將失誤動作與它們所擾亂的意向的關係留待之後討論。否則，你們就會因迴避正在討論的問題而犯了邏輯上的錯誤——在英語中，這叫作「竊取論點」。

在其他案例中，口誤雖不表達恰好相反的情況，卻可滋生一種對立的意義。前文所舉的「我不願（not geneigt）評價受人敬重的前位任職者之功績」中，geneigt（願意、傾向於）雖不是geeignet（有資格的、配得上的）的反面，但它公開表達了與講這句話當時情境完全相反的東西。

在另外一些案例中，口誤則只是在所要表達的意義上增加了另一個意義，於是這個句子聽起來就像是好幾個句子的縮寫或凝縮。因此，當那個精力充沛的女人說：「他只要吃喝我想要的東西就行了。」（第二講）她的意思彷彿是：「他可以吃喝他自己想要的東西，但他想要什麼呢？我可以代替他做決定。」口誤常常給人這種縮寫的印象，例如，一位解剖學教授講授鼻腔的構造，他問學生是否了解他所講的內容，在得到了肯定答覆之後，他繼續說道：「我簡直不能相信，因為即使在一個有幾百萬居民的城市裡，真正了解鼻腔構造的人一指可數……對不起，我的意思是屈指可數。」這個縮寫了的句子自有意義——也就是說，懂得這個問題的人僅他一個人而已。[3]

在上述幾組例子中，失誤動作自身就具有較明顯的意義。與此對照，有一些例子，失誤動作本身不具任何意義，因此明顯違背了我們的期待。如果有個人由於口誤讀錯了某個專有名詞，或亂發了一些無意義的語音，那麼僅憑這些很常見的事件，就可以否定所有失誤動作都具有某種意義。然而，更仔細研究這些例子，就會發現這些扭曲是很容易理解的，而且，這些更難懂的案例與前面那些比較簡單的案例之間並沒有很大差別。

有人問馬的狀況，馬的主人回答道：「噢，它draut（一個毫無意義的詞）……它或許還能再活（dauert）一個月。」那人再問他是什麼意思，他解釋說，他認為這是一個「traurige」（悲慘的）故事。顯然，draut是由「dauert」和「traurig」兩個字結合而成的。[4]

另一個人談及一些他不贊同的事情時說：「但到時事實便會Vorschwein（一個不存在的字取代了Vorschein〔顯露，公諸於世〕）了……」在回答他人的詢問時，他進一步確證說，他認為這些事實是「Schweinereien」（令人作嘔的、討厭的）。「Vorschein」和「Schweinereien」結合成「Vorschwein」這一

2 標準版註：出自標準德譯版《費加洛婚禮》中的一句台詞，這句話在第三幕的六行詩中反覆出現。
3 標準版註：此例亦見於《日常生活精神病理學》，頁七八。
4 佛註：摘自梅林格和梅耶。標準版註：亦見於《日常生活精神病理學》，頁五八。

奇怪的字。[5]

你們可能還記得那位年輕人問那位女士他是否可以「begleitdigen」她的例子，我們將這個動詞分成「begleiten」（陪伴）和「beleidigen」（侮辱）兩個字，並覺得這個解釋已很確定，不再需要其他的證明。從這些例子中，你們可以看出，即便是這些更為晦澀難懂的案例，也可以解釋為兩段不同意向的話語間混合與互相「干擾」。這些失誤案例之間的不同僅源於這一事實：在某些場合，一個意向完全替代了另一個意向（成為另一個意向的代替物），例如，在口誤中，說話者完全把自己所要說的話說反了；而在其他場合，一個意向僅僅扭曲或更改另一個意向，結果，就形成了一種多少具有意義的複合結構。

我們現在似乎已了解許多口誤的祕密了。假如我們記住這個發現，那麼，我們就會理解迄今為止仍令我們困惑不解的其他口誤。例如，就名字的扭曲而言，我們不能假定它是由於兩個類似而又不盡相同的名字之間的競爭所致，但是我們並不難猜出第二個意向。除了口誤之外，名字的扭曲還常發生在其他情境中，這種扭曲的目的是要冒犯或貶低某一名字，這是一種很常見的罵人方式，文明人雖知不應採用但又不願放棄。它往往偽裝成「笑話」的形式保留下來，不過卻是一種很下流的笑話。試舉一個這樣的粗俗的例子吧，在第一次世界大戰期間，法國總統Poincaré的名字曾被扭曲為「Schweinskarré」。[6]因此，似乎可以假設同樣的侮辱意向存在於這些口誤中，並試圖在人名的扭曲中表現出來。假如這個假設是對的，因口誤而造成的滑稽或荒謬的扭曲亦可獲得類似的解釋，例如：「我提議，大家為我們主任的健康打嗝。」（第二講）在此，由於這個可以喚起不快想法的字，儀式的氣氛意外地被擾亂了。並且，在這種侮辱、冒犯的句子中，我們無可避免地會猜疑，其正試圖表達某種與這些表面上恭敬的話語完全相反的目的。該口誤所欲表達的似乎是這樣一種意思：「你們千萬別相信它，我不是當真的！我並不在意責罵這個傢伙！」同樣的解釋也適於那些將純潔語詞變為猥褻和淫穢語詞的口誤，例如，以「Apopos」取代「à propos」，或是以「Eischeissweibchen」取代「Eiweisscheibchen」。[7]

我們知道，許多人習慣於故意將清純的字變為淫穢的，並從中獲取些許快樂；有人將這種扭曲視為滑稽，事實上，當我們聽到這種扭曲事例時，必須先問一下說話者，他是有意的笑話還是無意的口誤。

至此，我們似乎毫不費力地解答了失誤動作之謎！失誤動作絕非偶發事件，而是重要的心理活動；它們具有意義，是由兩個不同的意向的同時活動——或更確切地說，相互干擾的活動——所引起的結果。我知道，你們必定有許多疑問等著要我說明，我們必須先解答這些疑問，才能享受我們的工作所得到的第一個結果。我當然不願以粗率的結論欺騙你們。讓我們冷靜、依序來討論每一個問題吧。

5 佛註：摘自梅林格和梅耶。標準版註：亦見於《日常生活精神病理學》，頁五七。

6 標準版註：維也納方言中的豬排。

7 佛註：這兩個例子均出自梅林格和梅耶。標準版註：它們也出現在《日常生活精神病理學》，頁八二，全屬無法翻譯的例子。在第一例中，「Apopos」是一個不存在的字，但「popo」是個兒童用語，意指「底部」。在第二例中，「Eischeissweibchen」這個無意義的字，字面意義是「蛋—屎—雌性」，而原來想說的那個詞的意義則為「蛋白小薄片」。

你們有什麼疑問呢？首先，你們要問的是，這個解釋是適用於所有失誤動作，還是只適用於某些失誤動作呢？其次，這種觀點能應用於許多其他種類的失誤動作，如讀誤、筆誤、遺忘、做錯事和遺失物品等嗎？再者，疲倦、興奮、心不在焉和注意力不集中等因素在其中究竟占什麼地位呢？最後，失誤動作兩種相互競爭的意向，其中一種往往是顯而易見的，另一種則不一定，那麼，我們如何推知後一種意向呢？假若我們認為已發現了它，又怎樣證明它不僅是一種可能的目的，而且還是唯一正確的目的呢？除此以外，你們還有其他問題要問嗎？如果沒有，我就要繼續講下去了。你們應該還記得，我們研究失誤動作，不只是為了了解失誤，而且要了解精神分析的要義，因此，我向你們提出下述問題。干擾其他意向究竟屬於哪種目的或意向？干擾的意向與被干擾的意向之間究竟有什麼關係？一旦這個問題得到解決，我們的工作便可以有新的開始。

首先，這就是對所有口誤的解釋嗎？我想是的，我的理由是，每一次我們研究口誤的例子都可得到這種解釋。但我們確實無法證明每一個口誤的發生都有這樣的機轉，也許有某些口誤不具這種機轉。但對我們而言，這在理論上是無關緊要的，因為即使我們的觀點只適用於一小部分的口誤——實際的情況絕非如此——我們的觀點在這小一部分中仍然有效。針對第二個問題——是否可以把我們的觀點擴展到其他種類的失誤動作——我可以在此先給予肯定的回答，將來研究筆誤、做錯事等例子時，你們也可以確信這一點。但為了敘述的方便，我建議先暫時擱置這項工作，等我們對口誤做了更詳盡的研究之後再來討論這個問題。

如果我們接受前述有關口誤的心理機制的理論，則其他專家所提出的一些因素——如循環系統的擾亂、疲倦、興奮、心不在焉及注意力分散理論等——對我們而言究竟有什麼意義？我們必須更詳盡地回答這個問題。請注意，我們並不否認這些因素存在。事實上，對精神分析來說，否定其他人的主張並不是一件常見的事，它通常只增加某種新的東西——不過，毫無疑問地，有時也會發生這種情況，事實上，為前人忽視的現象做出新的補充，正是這個研究中最重要的部分。小病、循環系統的紊亂及疲憊狀態所引發的生理傾向當然可以引起口誤，我們必須承認這一點，日常的個人經驗亦可以讓我們確信這一點。但它們又能解釋什麼呢？首先，它們並不是失誤動作所必要的先決條件，人們在完全健康及正常的狀態下亦可產生口誤；因此，身體因素只能為口誤的心理機制提供便利和支持。我曾用一個比喻說明過這種情況，[8]由於一時找不到更好的比喻取代它，所以我仍用這個比喻來說明。在一個漆黑的夜晚，我到了一個人跡罕至的地方，在那裡，一暴徒襲擊了我，並搶走了我的手錶和錢包。由於當時沒有看清楚強盜的面孔，因此我向附近的警察局報案說：「僻靜和黑暗搶走了我的財物。」警官也許會對我說：「在你的話中，你似乎毫無根據地採用一種極端的機械觀。描述這件事更好的方式應該是：『一個未被看清楚面孔的竊賊，趁著黑暗和僻靜搶走了你的財物。』在我看來，最重要的事是找到竊賊，那樣的話，我們或許還可以取回贓物。」

這些心理生理因素如興奮、心不在焉和注意力不集中等，顯然對我們的解釋幫助不大，它們只是空洞的詞語，是遮蔽物。我們尚需看一看遮蔽物後面的東西，了解興奮，特別是注

8 標準版註：《日常生活精神病理學》，頁二一。

意力的分散究竟帶來了什麼。同時，我們還必須認識到語音的影響，承認詞語的相似性及由語詞引發熟悉聯想的重要性，它們指明口誤可以採取的路徑，而使口誤更容易發生。但是，假若我前面有一條路，這會自動地決定我一定走這條路嗎？在我決定走這條路之前，我還需要一個動機，以及一種力量來推動我循著這條路走去。因此，語音和語詞的這些關係也正像身體的狀況一樣，只是一些有利口誤發生的東西，並不能提供關於口誤的真正解釋。只需考慮一下以下事實就可明白這點：我演講所用的無數詞語中，有許多與別的詞語語音類似，或有與其有著密切連繫的相反詞語，或從中可以引出熟悉的聯想，但是我的演講並沒有受到這些情況的干擾。我們或許仍可以從哲學家馮特的觀點中找到出路。馮特認為，如果身體的疲倦使得聯想的傾向控制了說話者原來的意向，那麼，口誤便會發生。假如這種觀點不與經驗相牴觸，那麼它的確很令人信服，但經驗表明，在某些案例中，口誤並不受任何**身體的或聯想的**原因影響。

然而，讓我特別感興趣的是你們的下一個問題：如何揭示兩種互相干擾的目的？你們可能並不知道這一問題的重要。這兩種目的之一，即被干擾的那個目的，當然不會被人誤解：口誤的人知道它，也承認它。引起懷疑和猶豫的只是另一種目的，即干擾的目的。現在我們已看到，你們肯定也沒有忘記，在許多案例中，另一種目的也是同樣地顯而易見，只要我們有勇氣承認失誤結果本身是有效的，那麼，我們便可以從失誤的**結果**看出這個目的。仍以下議院議長為例，由於口誤，他把所要說的話說反了。顯然他是想要開會，但同樣明顯的是，他也想散會。這已很清楚，因此無須再做解釋。但在其他案例中，干擾的目的僅僅扭曲了原來的目的，並沒有將自己完全暴露出來，我們怎樣才能從這種扭曲中了解干擾的目的呢？

在第一組例子中，我們可以用很簡單可靠的方法——事實上，可以採用和了解被干擾的目的相同的方法，來了解干擾的目的，我們可以讓說話者直接為我們提供訊息。說話者說錯話之後，他可能馬上講出他原來所要說的話：「它draut……不，它或許還可再活（dauert）一個月。」（參見前文）我們正是用這種直接的方法讓他把那干擾的目的告訴我們。我們問他：「你為什麼說『draut』呢？」他答道：「我本想說『這是一個悲慘的（traurige）故事』。」在另一個案例裡，說話者用了「Vorschwein」一詞（參見前文），他進一步證實了這個事實：他本想說：「這是一件令人作嘔的（Schweinereien）事。」但是他控制住了自己，而代之以另一種說法。於是，干擾的目的就像被干擾的目的那樣被揭示出來了。我選用這些實例是有目的的，因為其來源和解釋都不是我或我的追隨者們編造出來的，我們必須問說話者為什麼犯這個錯誤，問他能否予以解釋，否則他或許會忽略這個錯誤而不想做出解釋。但一經查問，他就會用他所想到的第一件事來解釋。[9]

9 標準版註：「他想到的事」這個句子在此代表德文詞「Einfall」，在英文中這個字沒有令人滿意的對應詞。此詞經常出現在這些演講中——在本次演講中就出現了二、三次，在第六講又復出現，在其他地方亦多次出現——所以對此詞做一些評註是很有用的。該詞通常被譯為「聯想」——一個可能會引起人們反對的術語，因為它意義不明確，且是一種未經證明的假定。假若有人想到某件事，我們說他有了一個「Einfall」，那麼，這就意謂著他想起了某件別的事情。但如果我們說他產生了一種「聯想」，這就是說他想起了別的事情以某種方式與他從前考慮的事情有所連繫。在這幾頁中，我們主要討論的是第二種想法是否與原來的想法有連繫（或有必然的連繫）——「Einfall」是否就是一種「聯想」。因此，把「Einfall」譯成「聯想」必定過早地對這個問題做了判斷。然而，要避免這一點卻是很難的，連佛洛伊德本人有時也把德文詞「Assoziation」當作「Einfall」的同義詞使用，尤其是「freie Assoziation」這個詞，不可避

現在請諸位注意，這個小而積極的步驟已經是一種精神分析，而且是我們將要開始的每一個精神分析探索的原型。

然而，假若我懷疑你們才剛接觸精神分析，就不免對它產生一種阻力，我是不是太多疑了呢？你們難道不想竭力反對，認為被問者——口誤者——告訴我們的話不足為信嗎？你們認為他自然很急於向我們解釋失誤，所以，他便將自己所想到的，似乎能夠作為解釋的第一件事告訴了我們。但是我們卻沒有證據可以證明這錯誤確實因此而起。它可能是這樣，但也可能不是，他也許還想到了別的更好的解釋。

奇怪的是，你們竟這樣不重視心理事實。請想一想，假若有人將某一物質做化學分析，測定出其中某種成分的重量為若干毫克，據此他得出了某種結論，那麼你能認為一個化學家會因這個分離出來的物質也許有其他重量，而對這些結論提出批評嗎？任何人都會承認，那物質只有這個重量，不會有其他的，於是他就會毫不遲疑地據此導出進一步的結論。但當你們面對這一心理事實，即被問者會想起一件特別的事時，你們卻認為這一事實不可靠：他也許還想到了別的事！你們支持存在著心理自由的錯覺，而不願輕易放棄。我要抱歉地說，在這一點上，我與你們的意見完全相反。

現在，你們會放棄這一點，而在另一點上提出異議。你們會繼續質疑：「如我們所知，精神分析有一種特殊的技術，能使人們透過自我分析解釋發生在自己身上的問題。（參見第六講）那麼，讓我們再舉另一例子——那個演說者在儀式上請大家為主任的健康打嗝。（第二講）你們說此例中的干擾意向帶有侮辱性，這與演說者表達的尊敬正好相反。但這只是你自己的解釋，依據的是和這個口誤無關的觀察。假如你去詢問說錯話的人，他不僅不會證實他有侮辱之意，相反地，他還會極力否認它。既然他自己都不願承認，那你們為什麼還不放棄這個無法證明的解釋呢？」

是的，這次你們的反駁可找到有力的根據了。我可以想像那位不相識的祝頌者，他也許是那位主任的下屬——或許是一位助理講師，一個前途無量的青年。我試圖將不尊敬自己上司的意圖強加給他，這樣一來卻使我陷入了狼狽的境地。他不耐煩起來，突然大聲叫嚷道：「別再盤問了，否則，別怪我對你不客氣。你的懷疑足以毀掉我的整個事業。我只不過因為在前面同一個句子中說了兩次『auf』，才誤把『乾杯』（anstossen）說成了『打嗝』（aufstossen）。這就是梅林格所謂的『語音持續』的例子，對此再無別的解釋了。你懂了嗎？那就夠了！」啊！這是一種令人吃驚的反應，一個真正有力的否認。我知道我們不必再懷疑他了。但是我也在想，他在堅稱其失誤行為沒有任何意義時，未免太激動了。你們可能也會覺得，對純粹的理論研究他大可不必暴跳如雷。但你們仍會認為，他自己一定知道什麼是他要說的，什麼是他不要說的。

但他一定知道嗎？只怕這仍是一個疑問吧。

不過，你們一定以為現在已將我置入了令人同情的境地。我聽到你們在說：「那就是你的技術。當口誤者的解釋符合你的觀點，你便宣告他對這個問題擁有最終決定權，『他自己這麼

免地要譯成「自由聯想」。在本次討論中，我們將盡一切努力避免這種歧義，即使是使用某個不實用的詞組。之後，避免「聯想」這個詞的必要性就不會那麼緊迫了。

說！』（參見前文）而當他所說的不符合你的觀點，你就立即說他說的話不重要——大家沒有必要相信他。」[10]

情況確實如此。但我可以舉出一個類似的例子，其中也有同樣的不公平。在法庭上，當被告向法官認罪時，法官便相信他；但如果他不認罪，法官便不相信他。倘若不這樣，審判便難以進行了，儘管也偶有過錯，但我們必須承認這種制度是行之有效的。

「那麼，難道你是法官嗎？口誤者是你面前的被告嗎？出現口誤也稱得上罪過嗎？」[11]

我們或許不必拒絕這一比喻。然而，我提醒大家注意，迄今我們在失誤動作問題上的意見是有深刻差異的，對於這種差異，眼下我尚不知如何彌合。所以，我提出法官與被告的比喻作為暫時彌合的基礎。依我看，你們應當承認，假使當事人承認失誤動作有意義，那麼它就應當是無可懷疑的。回過頭來說，我也承認，如果當事人拒絕為我們提供任何訊息，或者他根本就不打算告訴我們，那我們就無法獲得這個假設意義的直接證據。於是，我們不得不像法官審案一樣，轉而求助於一些在某些情況下有助於結論的間接證據。在法庭上，為了實效的目的，有必要根據間接證據來判處被告有罪。我們雖然沒有這種需要，但也不能忽視間接證據的作用。你們若認為科學全由確已證實的命題構成，那就大錯特錯了。對科學提出這個要求，未免有失公允。只有那些渴求權威、甚至想以科學教條取代宗教教條的人才會提出這樣的要求。其實，科學中只有某些命題是可以明確證實的，其餘的都是科學根據某種特殊程度的可能性提出的假設。科學思維方式的一個特徵，便是在向確定性趨近的過程中獲得滿足，以及在缺少最終證據的情況下，仍能致力於更深入的建設性工作。

但是，如果不是當事人自己向我們提供失誤動作意義的解釋，我們應從哪裡去找解釋的起點——間接的證據呢？有幾個來源。可根據失誤動作之外的類似現象，例如，我們認為一個人因為口誤說錯人名，和故意說錯人名有著同樣的侮辱意圖。其次，根據失誤動作發生的心理情境、發生失誤動作的人的性格，以及他在失誤之前的印象、考量失誤動作也許是對這些印象的反應。我們通常根據一般原則去尋求失誤動作的解釋：開始時只是一種猜測，一種解釋的建議，隨後我們透過研究心理情境找到了證據。有時，我們還必須等到研究後來發生的事件之後（它們彷彿藉由失誤動作預示了自身），才能證實我們的猜測是否正確。

倘若我將自己侷限於口誤領域，我就不容易向你們說明這一點，儘管我們還有幾個很好的事例。那位想「begleitdigen」某女士的青年肯定性格膽怯，而那位說自己的丈夫可以吃喝她想要的東西的女士（第二講），在我看來一定屬於精力充沛、當家掌權那一類的婦女。或者再舉一例吧，在「Concordia」[12]所舉行的一次會員大會上，一位青年會員做了一次猛烈攻擊他人的演說。演說時他把委員會說成了「Vorschussmitglieder」，這個詞似乎是由「指導者」（Vorstand）和「委員會」（Ausschuss）二詞組成。我們猜想，可能有某種與貸款有關的干擾目的起了作用，反對他猛烈攻擊別人。事實上，我們從消息提供者那裡了解到，該青年常常手頭拮据，那時正在申請貸

10 標準版註：佛洛伊德在其晚年的一篇文章〈分析中的結構〉中，對這一難題進行了充分的討論（1937*d*）。
11 標準版註：德文詞「Versprechen」（承諾）和「Vergehen」（犯罪）為相同的模式。
12 標準版註：維也納新聞記者協會。該軼事亦見於《日常生活精神病理學》，頁八八。起初是由麥克斯・格拉夫所提供。

款。因此，這個干擾意向可以代以下述想法：「在你抗議時，請稍微慎重一點吧！這些人就是可以核准你的貸款的人啊！」

假如我可以講講其他的失誤動作，那麼，我還可以為你們提供許多這種間接證據的實例。一個人如果忘記了一個平時很熟悉的名字，或者，即便他盡了最大的努力，卻仍記不起這個名字，那麼，我們便可以揣想，他對此人必無好感，因此他才不願想起他。讓我們來看看，在下面幾個例子中，我們對動作所由之而生的心理情境能了解到些什麼。

「Y先生愛上了一女士，卻未能博得她的歡心，不久後，她就嫁給了X先生。雖然Y先生早就認識X先生，並和他有業務上的交往，但他卻一再忘記X先生的名字，以至於有好幾次，當他想寫信給X先生時，不得不向別人詢問X先生的名字。」顯然，Y先生想忘記有關他那幸運的情敵的任何事情：「永遠不要再想到他。」[13]

又如，一女士向醫生打聽他們所共同認識的女性朋友，但她稱呼這位女友時用的是她未婚時的姓氏，完全忘記了該女士結婚以後的姓氏。後來，她承認了自己對這樁婚事極不滿意，而且很討厭這位女友的丈夫。[14]

關於人名的遺忘，以後我們還會有更詳細的討論。現在我們主要感興趣的是遺忘發生時的心理情境問題。

一般說來，意向的遺忘可以追溯到一種相反的不願實行此意向的思想流。但是，這種觀點不單為精神分析師擁有，同時也是人們在日常生活中普遍接受的看法，只有當它變成理論時，才為人們所否認。一個施恩者如果忘記了請求者的請求，儘管他已向請求者致歉，也不能證明自己的所作所為就是正當合理的。請求者會這樣想：「他根本就沒有把我的請求放在心上。他確實答應了我的請求，但他絲毫就不想實現這個承諾。」[15]所以，即使在日常生活的某些情境中，遺忘也是受到譴責的。可見在有關失誤動作的見解上，一般人與精神分析師似乎沒什麼分歧。試想，一位女主人看見客人來訪，便說：「什麼？你今天來了？我忘了有邀請你今天來。」或者，設想有一年輕人如何在其戀人面前為自己失約的行為開脫。他肯定不會承認自己忘了約會，他會毫不猶豫地捏造種種荒唐的原因，說這些原因使他不能赴約，並且一直都沒辦法通知她。我們都知道，在軍隊中，遺忘是不能作為求得寬恕、免受處罰的藉口的，我們必須承認這種制度是正當合理的。這樣一來，每個人都會承認某種特定的失誤動作是有意義的，並知道這種意義是什麼。他們為什麼不繼續將這一認識擴展到其他失誤動作上，並完全承認它們呢？這個問題當然也有答案。

連外行人對意向的遺忘意義都毫無疑義，若發現作家們亦用失誤動作表達類似的意義，就絲毫不以為怪了。任何看過或讀過蕭伯納《凱撒與克利奧佩特拉》的人都會記得，在最後一幕，凱撒快要離開埃及時，老是覺得自己忘了一件要做的事。最後他才想起：他忘了和克利奧佩特

13 佛註：摘自榮格。標準版註：（1907, p. 52）。這個例子亦見於《日常生活精神病理學》，頁二五～二六。最後的引語「Nicht gedacht soll seiner werden」是海涅詩集 *Nachlese* 中，「Aus der Matratzengruft」第四號第一行的重複疊句。

14 佛註：引自布里爾。標準版註：（1912, p. 191）；亦見於《日常生活精神病理學》，頁二二四。

15 標準版註：這個狀況將在下文有進一步的討論。

拉告別。戲劇家試圖透過這個小小的技巧表現凱撒的優越，但事實上凱撒不僅沒有這種感覺且從不渴望如此。因為從史料中你們可以得知，凱撒曾帶克利奧佩特拉同赴羅馬，當凱撒被刺時，克利奧佩特拉和她的小孩正住在羅馬，後來才逃離該城。[16]

遺忘意向的事例一般都是清楚易懂的，因而它們對我們從心理情境中尋求失誤動作意義的間接證據幫助不大。所以，我們還是轉而討論一種晦澀難解的失誤行為——物品的遺失。遺失物品是一件令人痛苦的事，你們肯定不相信它也是有目的的。然而，這樣的例子很多。例如，一位青年遺失了一枝他非常喜愛的鉛筆，而前一天，他收到了他姊夫的信，信的結尾是：「對你的輕薄與懶惰，我現在既沒興致也沒時間鼓勵你。」而鉛筆正是這位姊夫送給他的。如果沒有這種巧合，我們當然不能說他遺失東西的背後有遺棄贈品的意圖。[17]類似這樣的例子還有很多。我們丟失物品，要麼因為我們和贈物者吵架而不願記起他；要麼由於我們已厭棄這一物品，想找個藉口獲得另一個更好的東西。當然，將物品丟失、打碎亦或毀壞，也能表達同樣的意圖。當一個小學生在過生日的前一天丟失、毀壞或打碎自己的一些物品如書包或手錶等時，我們能把這看作是偶發事件嗎？

任何為找不到自己所放物品深感痛苦的人，都不願相信遺失物品是有意義的。然而我們也可以從失物的情境中揣測出一種暫時的或永久的遺棄的意圖。這樣的例子不勝枚舉。

下述例子也許是其中最為精彩的。一位青年為我們講了下面這個故事：「幾年前，我和我妻子之間誤會頗深，我認為她太冷淡了。雖然，我樂意承認她的優良品德，但我們在一起生活卻缺乏柔情。有一天她散步回來，買了一本書送給我，以為這本書會令我高興。我感謝她的『關心』，並答應好好讀一讀，然後就把書放在一邊。之後我便再也找不到這本書了。幾個月過去了，我偶然會想起這本遺失的書，並試圖找到它，卻遍尋不得。大約半年後，我那沒和我們住在一起的母親病了，我妻子到我母親那邊去看護她。母親的病情很嚴重，這倒給我妻子提供了一個表現自己美德的機會。一天晚上，我滿懷感激之情回到家裡。我走到書桌前，雖然沒有什麼明確的目的，但是以一種類似夢遊般的確定感將一個抽屜打開。就在抽屜的最上層，我找到了那本遺失已久的書。」[18]可見，動機一旦消失，失物便又找到了。

女士、先生們，我可以列舉無數個這樣的例子，但我現在將不會這麼做。你們可以在我的《日常生活精神病理學》（一九〇一年初版）一書中發現許多研究失誤動作的事例和材料。[19]所有這樣的事例都說明同一個結果：失誤動作可能具有意義，同時它們還會告訴我們如何從伴隨的情境推知或證實失誤動作的意義。今天我不想在這個問題上多費口舌，因為我們現在的目的是要以這些現象的研究輔助精神分析入門。在此，我還需要更深入討論的只有兩組觀察事實：（1）累積和結合而成的失誤動作；（2）我們的解釋可由隨後發生的事件證實。

無庸置疑，累積和結合而成的失誤動作是失誤動作的最佳代表。如果我們只想證明失誤動

16 標準版註：這個出自蕭伯納的例子亦見於《日常生活精神病理學》，頁一五四註。
17 佛註：摘自達特內。標準版註：亦見於《日常生活精神病理學》，頁二〇七。
18 標準版註：此例出現在《日常生活精神病理學》，頁四九。
19 佛註：並請參見米德（1906-7）（法文），布里爾（1912）（英文），瓊斯（1911）（英文）及斯達克（1916）（德文）等人的著作。

作是有意義的，那麼我們應從一開始就研究這些失誤動作，因為它們的意義就連那些極愚笨的人也可以明白，最苛求的人亦深信不疑。這些現象的累積也表明失誤動作並非偶發事件，而有其用意。最後，不同種類的失誤動作之間的可互換性表明了失誤動作中最重要和最獨特的東西是什麼，不是它們的形式或它們運用的方法，而是它們所欲達成且能以各種不同方法達成的目的。因此，我現在就為諸位舉一個重複遺忘的例子。厄尼斯特・瓊斯對我們講過這樣一件事：有一次，他不知為什麼把一封已寫好的信擱在桌子上放了好幾天。後來，他決定把信寄出去，可是，由於他忘了在信封上填寫收信人的姓名地址，以致被當作無效信件退回。[20]在補寫了姓名地址之後，他把信送到郵局，但這次又忘了貼郵票。於是他不得不承認，他根本就不願把此信寄出去。

在另一個例子中，誤取別人物品的行為結合了遺失物品的情況。一名女士與其著名的藝術家姊夫同遊羅馬，她姊夫受到了住在羅馬德國人的熱情款待，並收到了許多禮物，其中有一枚古式的金質紀念章，女士因為姊夫不看重這枚精緻的贈品而很不高興。回國後（她的姊姊已到了羅馬），她打開行李一看，發現自己把金質紀念章帶回來了——她自己也不知道是怎麼帶回來的。她馬上寫信給姊夫，說她將於次日把紀念章寄還給他。但是到了第二天，金質紀念章卻突然不見了，遍尋不得，所以無法寄還。此時，她才明白自己「心不在焉」的意義：她想把該物品據為己有。[21]

我已經講過一個遺忘與錯誤相結合的例子，該例子講的是：某人忘記了一個約會，第二次約會他決意不再忘記，但他卻記錯了時間。我的一個兼愛文學與科學的朋友向我講過一個他親身經歷的類似例子。「幾年前，」他說，「我被選為某一文學協會的委員。我加入這一協會是希望他們有一天能幫忙我，讓我的劇本得以上演。該組織開會的時間為每個星期五，儘管我對這種會議並無多大興趣，但我還是每次會議都會參加。幾個月前，我得到答覆說我的劇本可以在F劇院公演。自此以後，我便經常忘記該協會的會議。在我讀了你的著作之後，我深為自己的遺忘而羞愧，我認為我再也用不著這些人，便不再參加會議，實在是太卑鄙了。我為此自責，並下定決心不再忘記下星期五的會議。我不斷提醒自己去實現自己的諾言。令我驚訝的是，當我如期到達會場，會議早已結束。會議室的門卻是鎖著的，事實上，是我弄錯了日期，那天已經是星期六了！」

我很樂意搜集一些類似的例子，但現在我必須繼續往下討論。我要讓你們看一看那些我們的解釋尚待將來證實的事例。你們將發現，這些事例的主要條件是，其呈現的心理情境是我們一無所知或無法探究的。因此我們的解釋只不過是一種假設，連我們自己也不太看重。然而隨後發生的事件卻可以證明我們的解釋是合情合理的。有一次，我在一對新婚夫婦家作客，聽年輕的女主人講述她最近的一次經歷。她說她在度蜜月回來的第一天，像以往一樣，邀她那還沒結婚的妹妹一同上街買東西，因為她丈夫已經上班去了。突然，她注意到對街的一位紳士，便用肘輕輕地碰她妹妹說：「看，那是L先生。」她已忘記了此紳士就是與她結婚好幾個星期的丈

20 標準版註：此例及後面兩例亦見於《日常生活精神病理學》，頁二三〇～二三一。

21 佛註：此例由R・賴特勒講述。

夫。聽到這個故事後我頗為不安，亦不敢妄加評論。幾年以後，當這段婚姻有了不幸的結局時，我又想起了這段小插曲。[22]

米德談起過一位女士，說該女士在結婚的前夕竟忘了試穿結婚禮服，而令裁縫失望的是，她直到深夜才想起這回事。米德把忘記試穿結婚禮服與她不久後就與丈夫離婚的事實連繫在一起。我也知道一位已和丈夫離異的女士，該女士在處理金錢事務時經常用她未婚時娘家的姓簽字，果然不久後，她就又被人稱為小姐了。我還知道一些其他婦女，她們尚在蜜月時就丟失了她們的結婚戒指，而她們婚後的經歷讓我知道戒指的丟失是有意義的。此外，還有一個更令人注意、不過結局較好的事例。德國一位著名的化學家曾提到他忘記了婚禮的時間，沒有去教堂，反而去了實驗室，因而未能結成婚。他擁有足夠的智慧，滿足於唯一一次的嘗試，一直到他高齡過世時都未曾再結婚。

你們可能會冒出這樣的念頭，這些事例中的失誤動作好比是古人所謂的預兆和徵兆。有些預兆的確就是失誤動作，例如，有人被絆倒或跌跤時的情況。其他一些預兆的確屬於客觀的事件，而不屬於主觀的行動。但是你們很難相信，要決定某一特殊的事件究竟屬於第一組還是第二組，有時會如何困難，因為行動通常會把自己偽裝成一種被動的經驗。

所有能夠回顧以往生活經歷的人，可能會承認，假如我們有勇氣和決心把人類交往中的種種小的失誤動作看作預兆，並把它們當作仍被隱藏意向的表徵，那麼我們一定可以避免許多失望、苦惱和意想不到的事情。其實，我們通常不敢這麼做，這樣做可能使我們覺得，在科學上繞了一大圈之後，我們又回到了迷信。何況並不是所有的預兆都會實現；從我們的理論中，你們將會了解並不是所有的預兆都要實現。

22 標準版註：此例及其後兩例亦見於《日常生活精神病理學》，頁二〇三～二〇四。

第 4 講

失誤動作（續完）

Parapraxes (concluded)

女士、先生們：

現在我們可把失誤動作具有意義這一點，看作迄今我們努力所得的結果，並以之作為我們進一步研究的基礎。我再次聲明，我並不主張——為了我們的目的，也不必主張——每一個失誤動作都有意義，即使我認為這種情況也是有可能的。我們只需指出各種不同的失誤動作通常是帶有意義的便足夠了。此外，在這一方面，不同形式的失誤動作有不同的表現。口誤和筆誤等可能純粹是生理變化的結果。我認為那些基於**遺忘**的失誤動作（遺忘名字或意向，誤置物件等）就不可能如此。但在**遺失**物件的事例中，又很有可能存在著某些可以被視為是無意的事例。整體說來，我們的觀點只能解釋日常生活中的一部分**錯誤**，當我們進一步假定失誤動作是心理活動且是源於兩種意向之間的相互干擾時，我們應該牢記這種限制。

這就是精神分析的第一個結果。迄今為止，心理學對這種相互干擾的發生或它們產生失誤動作的可能性還一無所知。我們已經大大擴展了心理現象的範圍，並使心理學延伸進入一個先前並不屬於它的現象領域。

讓我們暫時打住，先討論一下失誤動作是「心理活動」這一主張。與先前我們所說的失誤動作具有意義相較，這一主張的含義是否更為豐富？我認為答案是否。相反地，我認為後者（失誤動作是心理活動）較前一主張更為模糊，並且更易引起誤解。心理生活中可以觀察到的一切都可能被說成是一種心理現象。問題在於，這一特殊的心理現象是否直接來自身體的、器質的和物質的影響（在這樣的情況下對它們的研究不屬於心理學範圍），亦或最初起源於其他心理過程，在某處才開始受到一系列器質性因素的影響。當我們把一種現象說成是一種心理過程時，所指的是後一種情況。因此，將我們的主張表述為「這種現象具有意義」的好處似乎更多，透過「意義」，我們了解了「含義」、「意向」、「目的」，以及「在一系列心理內容中的位置」。（參見第三講）

還有許多其他現象與失誤動作有密切連繫，但不宜把它們稱為失誤動作，而可以把它們叫作偶發的及症狀性的動作。和其他現象一樣，它們也具無動機、無意義和微不足道等特點，但它們多了更明顯的多餘特徵。一方面，它們由於沒有可以反對和干擾的另一意向，所以和失誤動作不同；另一方面，它們又與我們視為情緒表達的姿勢和動作不知不覺地融為一體。這些偶發動作包括擾弄服飾、身體的某個部位或可以觸及的物品等，如遊戲般、顯然沒有目的的各種舉動，或是對這些擾弄舉動的忽略，或是哼哼哈哈聊以自娛的舉動等。我認為所有這些現象都有意義，都可以和失誤動作做同樣的解釋。它們都是一些更重要的心理過程的微小表現，都是真正的心理活動。但現在，我已決定不詳細討論它們了。我要回到失誤動作的問題上，因為討論失誤動作可以更徹底解決精神分析的某些重要問題。[1]

有關失誤動作，下述問題也許是我們提出過最有趣的問題，但尚未獲得解答。我們曾說過，失誤動作是兩種不同意向相互干擾的結果，一種意向可稱為被干擾意向，另一種則可稱為干擾意向。被干擾意向不會引起更多的問題。至於後者，首先，我們應該知道干擾其他意向的究竟是些什麼意向；其次，我們還應該了解干擾意向與被干擾意向之間到底有什麼關係。

假如你們允許，我將再次以口誤作為失誤動作的代表，並且在回答第一個問題之前，先回答第二個問題。

口誤中的干擾意向，在內容上可能與被干擾意向有關，在這類事例中，干擾意向會牴觸、更正或補充被干擾意向。但在更模糊和更有趣的事例中，干擾意向在內容上可能和被干擾意向毫無關係。

我們不難在已知和類似的例子中找到前一種關係的證據。幾乎所有把要說的話說反了的口誤，其干擾意向表達的都是與被干擾意向相反的意義，失誤動作所體現的則是兩種相互對立傾向之間的衝突。「我宣布開會，但我卻寧願會議已經結束」就是那位議長之口誤的意義。一本政治性期刊被人指控有腐敗行為，它便撰文為自己竭力辯護，文章最令人感興趣的部分是：「我們的讀者將會證實，我們一向都是以最無私的態度為公眾利益工作。」但是那位受命起草此文的編輯竟將「最無私的態度」誤寫為「最自私的態度」。這就是說，他想的是：「我是被迫寫作此文的，我個人可是有著不同的看法。」又如，一德國國會成員堅決主張把真相「毫無保留地」

1 標準版註：症狀性動作和偶發動作構成了《日常生活精神病理學》第九章的主題。

告訴皇帝，但出自內心的膽怯，竟將「毫無保留」誤說成「沒有勇氣」。[2]

就你們熟悉的，那些讓人留下濃縮或縮寫印象的例子，有更正、補充或引申之意，藉此第二種目的伴隨著第一種目的表現出來。「事實真相已顯露（Vorschein）——最好直接說出來——它們是令人作嘔的（Schweinereien）」，於是，事實真相就Vorschwein。」、「真正懂得這個問題的人屈指可數——不，實際上只有一個；所以，可以被說成一指可數。」（第三講）又如，「我丈夫可以吃他喜歡的東西。但你們知道，我可受不了他要這要那的，所以，他只能吃喝我喜歡的東西。」（第二講）所有這些事例中，口誤都起於被干擾意向的內容本身，或是與之相關。

兩種相互干擾的意向之間的其他關係似乎有些令人困惑。如果干擾意向與被干擾意向之間毫無關係，那麼干擾意向究竟從何而來？它為何又能在那特定的時刻作為干擾因素引人注目？要回答這個問題只有從觀察入手。觀察結果表明干擾來自於不久前盤據那個人心頭的一系列想法，而產生了後來的結果，無論這些想法是否曾化為言語表達出來。因此，我們必須把它稱為一種持續，雖然並不一定是語音的持續。在這種情況下，干擾意向與被干擾意向之間也存在著一種連繫，但不是內容上的連繫，而是一種人為構建的、通常循著極為勉強的聯想路徑的連繫。

這裡有一個我自己觀察到的簡單例子。我曾在秀麗的多洛米特山中，遇見兩位維也納女士，她們都穿著散步時的衣服。我陪她們走了一段路，邊走邊討論以這種方式度假的樂趣與艱辛。其中一位女士承認，以這種方式度假的確有諸多不便。她說：「假如一個人整天在太陽底下走路，外衣和無袖襯衫全都汗濕了，這肯定不是一件令人愉快的事。」講這句話時，她已在某一點上略有遲疑。隨後，她又接著說：「但如果有個『nach Hose』，可以換一換……」我想這個口誤不用我分析，你們很容易就可以理解。顯然，該女士的意圖本是要完整地列舉出她所穿的衣服：外衣、無袖襯衫、內褲（Hose），出於儀禮，她沒有把「內褲」說出來。但在內容完全不相干的下一句話裡，這個沒被說出來的字卻作為對語音類似的「nach Hause」（家）一詞的扭曲出現了。[3]

現在，我們可以談談那個遲遲未解答的主要問題了，即以這種奇特的方式干擾了其他意向的，究竟是何種意向？很明顯，它們種類繁多，我們必須從中找出共同因素。帶著這一目的，我們很快就會發現，各種事件可大致歸類為三組。第一組包括那些說話者已知的干擾意向，且在口誤之前就對它有所注意的例子。例如，在「Vorschwein」口誤裡，說話者不僅承認他形成了這樣的判斷，即所說的事件是「令人作嘔的」，而且也承認自己有要將此判斷用言語表達出來的意向，只是後來未曾把它說出來而已。（第三講）第二組例子是，說話者同樣承認自己有干擾意向，但不知道這一意向在出現錯誤之前就非常活躍。於是，他接受了我們對他的失誤所做的解釋，只是在某種程度上對此解釋仍表示驚訝。相較於口誤，這種態度的例子在其他失誤動作中更容易出現。在第三組例子中，說話者強烈拒斥對干擾意向的解釋，他不僅否認這種意向在說錯話之前就很活躍，而且堅持認為他對此意向一無所知。你們還應該記得在那個「打嗝」的

2 佛註：這一口誤出現在一九〇八年十一月德國國會的會議上。標準版註：《日常生活精神病理學》，頁九五～九六，對此做了更為詳細的討論。前一口誤亦見於《日常生活精神病理學》，頁一二〇～一二一。

3 標準版註：後來佛洛伊德把這個軼事寫進了一九一七年版的《日常生活精神病理學》，頁六四～六五。

例子中，當我說出了說話者的干擾意向時，他曾給予了極其粗魯的否認。正如你們所知道的，我們對這些案例的看法尚未達成一致的意見。當你們仍受其否認的影響，以致提出我們是否應該放棄對這種失誤動作的解釋，而根據未分析前的觀點把它看作純生理的活動時，我應該不考慮祝頌者的否認，而堅持我原本的解釋。我可以想像得出你們何以會有如此看法。我的解釋包含這樣的假設：說話者本人不知道的意向可以透過他本人表達出來，而我則可以藉由種種間接證據推測它的存在。聽到這樣既新奇又重要的假設，你們一定會覺得很唐突。我可以理解這一點，也明白你們的觀點。但有一點卻是肯定的：這個失誤動作的觀點是經由許多事例證實的，假若你們想一貫地運用它，那麼你們就得下定決心接受我剛提的奇怪假設。如果做不到這一點，就得再次放棄你們剛剛對失誤動作的理解。

讓我們花點時間考慮一下究竟是什麼把這三組口誤結合在一起，也就是說，這三組口誤的機制到底有什麼共同之處。幸運的是，它非常清楚。在前兩組中，干擾意向得到了說話者的承認；而且在第一組中，目的在錯誤發生之前就已顯現出來。但在這兩種情況下，干擾意向都被強行壓制下去了。**說話者決意不將這種意向用言語表達出來，於是就產生了口誤：也就是說，那個被強行壓制下去的目的，可能透過改變說話者允許的意向來表達，或透過與它混合在一起，或透過取而代之，違背說話者的意志，以言語表達了出來。**這就是口誤的機制。

在我看來，第三組的口誤也完全符合我剛才所描述的機制，我只需假定這三組口誤的區別在於意向被壓抑的程度有所不同。就第一組而言，意向是存在的，並在說話之前就已被覺察，只是到後來才被說話者拒斥，所以得以在口誤中補償。在第二組中，拒斥來得更早：在講話之前，意向就已覺察不到了。奇怪的是，這絲毫阻止不了它在口誤中發生作用。但這種情形卻使我們更容易解釋第三組中發生的情況。我敢假定，一種目的即使已被強行壓制，因而有一段時間——也許是一段相當長的時間——未被注意到，它仍可以在失誤動作中表現出來，也因此說話者就有可能極力否認這個目的存在。你們可以撇開第三組問題不談，但從另外兩組的例子中，肯定也能得出這樣的結論：**說話者想說某些話的意向受到壓抑，是口誤發生不可或缺的條件。**

我們現在可以說在失誤動作的理解上已經取得了很大的進步。我們不僅知道失誤動作是有意義和意向的心理活動，不僅知道它們是兩種不同意向相互干擾的結果，而且還知道一個意向在藉由干擾其他意向表現自身前，必已曾以某種方式受到強行壓制而無法實現；在它成為干擾者之前，必已曾被干擾。這當然不是說我們對失誤動作現象已有了一個完滿的解釋，我們馬上會發現進一步的問題。大體說來，我們懂得愈多，產生新問題的機會也隨之增加。比如說，我們可能會問，事情為什麼不能更簡單些？倘若意向打算壓制某種特殊的目的而不打算實現它，那麼若壓制成功，該目的便不能表露；若阻止失敗，該目的便可得到充分表現。但是，失誤動作卻是兩種意向相互妥協的結果：兩種意向各有一半成功和一半失敗。除了某些特殊情況之外，那個被反抗的意向既沒有完全被壓抑，也不能絲毫未損地實現。我們或許可以得出這樣的結論，干擾或妥協的發生必須先有種種特殊的條件，不過這些條件究竟是什麼，我們還一無所知。我並不認為，藉由對失誤動作更深入研究，便可以發現這些未知的因素；相反地，先對心理生活的其他領域進行研究是必要的：只有從這些研究所獲得的類比中，我們才會有勇氣對進一步說明失誤動作做出必要的假設。還有一點值得注意的是，從微小跡象入手進行研究，像我們目前一直在進行的那樣，也自有其危險。有一種精神疾病叫做「結合妄想症」，它對微小跡象的利用就超過了限度。我當然不會說建立在此基礎上的結論就是絕對正確的，只有透過擴大觀察的範圍，只有從各種各樣的心理生活中積累許多類似的印象，我們才能避免這些危險。

因此，我們將就此放下對失誤動作的分析。但我還有一點要提醒你們注意，你們應牢記我們用以研究這些現象的方法，將其作為一種研究的模式。從這個例子中，你們可以了解到我們心理學的目標。我們不僅要描述和分類現象，而且要把它們看作心理中各種力量相互作用的徵象，看作各種有其目的的意向，或彼此並存或彼此對立的表現形式。我們關心的是心理現象的**動力學觀點**。就我們的觀點而言，僅只是假設層次的傾向必然比知覺到的現象更為重要。

因此，我們將不再更深入地探究失誤動作問題了，但是我們仍可以對這一領域的範圍做出概要的觀察。在這一過程中，我們不僅會再次遇到一些已經熟知的東西，而且還會發現一些新的事實。我們將仍保留我們前面所提出的三種分類：[4]（1）口誤及其同類形式（筆誤、讀誤和聽誤等）；（2）遺忘（根據遺忘對象的不同可再分為忘記專有名詞、忘記外語單字、忘記意向或印象等）；（3）謬誤行為、誤置和遺失物件等。我們至今所關注的錯誤，部分屬於遺忘，部分屬於謬誤行為。

我們已詳細討論了**口誤**，還有幾點需要補充一下。口誤常伴隨著某些細微的情緒現象，這是相當有趣的。沒有人喜歡出現口誤；雖然從不放過別人的口誤，卻很少有人注意到自己的口誤。從某種意義上說，口誤也是有傳染性的，談到口誤時自己亦很容易出現口誤。有一些極其瑣碎的口誤，特別是那些無法特別說明隱藏的心理過程的口誤，仍有不難發現的原因。例如，如果一個人由於某種原因在一個字上受了點干擾，以致把長母音發成了短母音，那麼他會很快把後一個字的短母音發成長母音，造成一個新口誤來補償他前面出現的口誤。同樣地，假如他把一個雙母音發錯了（例如把「eu」或「oi」唸成了「ei」），那麼他會把後面的「ei」唸成「eu」或「oi」以做補償。在這裡，起決定作用的因素似乎是考慮到了留給聽眾的印象，聽眾不會相信說話者會認為，怎樣處理自己的母語是無關緊要的事情。事實上，第二個補償性扭曲的目的是引起聽者對第一個錯誤的注意，並向聽者表明他本人也已經覺察到了這一錯誤。最常見、最簡單且最不重要的口誤是濃縮與語音預現，它們出現在言談無關緊要的地方。（第二講）例如，人們常會在講一個長句時出現這樣的口誤，先說的字預現了他想說的最後一個字，給人留下他頗不耐煩想盡早結束這一長句的印象。一般說來，這是說話者對這句話或對這整個談話感到反感的證明。於是，我們發現了一些邊緣性的案例，在這些案例中，精神分析關於口誤的觀點與傳統生理學的觀點合而為一了。根據我們的假定，在這些案例中存在著一種干擾說話者意向的目的，但該目的僅顯示了自己的存在，並沒有說明它自身到底是什麼；它所引起的干擾是根據某些語音的影響或聯想的吸引來進行，而可被視為是注意力從說話的意向上移開的結果。然而，無論是注意力的分散還是所引起的聯想傾向，均沒有觸及到該過程的性質。儘管如此，它仍表

4 標準版註：出現在第二講的開頭。我們不要把這「三組」口誤與我們在其後討論的「三組」口誤混淆在一起。後者與發生口誤的那些人對它們所持的態度有關。

明存在一種其他意向干擾著說話的意向，雖然該干擾意向的性質不能從其後果中推知。在這一點上，它和其他得到更清楚解釋的口誤案例有所不同。

現在我要開始談**筆誤**了。筆誤與口誤相近，對於它們我們沒有什麼新的觀點，但或許能稍微增進對失誤動作的認識。那些常見的小筆誤，例如將後面的字（特別是最後的字）濃縮或提前書寫，同樣表明寫字者不喜歡寫字或缺乏寫字耐性。更為顯著的筆誤則能使人們認識到干擾目的的性質和意圖。一般說來，如果在信中發現了筆誤，我們便可知道寫信者那時心中必定有著什麼事，但究竟是什麼事卻不一定能夠知道。筆誤與口誤一樣，當事者本人常常不易發覺。下面是一個值得注意的現象。我們知道，有些人習慣在發信前把信讀一遍，有些人則不然，但如果他們破例把信讀一遍，他們總會發現某個顯著的筆誤並加以更正。這應該如何解釋呢？表面上看來，這些人似乎知道自己在寫信時寫錯了字。我們真的相信是這麼一回事嗎？

關於筆誤的**實際**重要性還有一個有趣的問題。你們或許記得殺人犯H的事，他以細菌學家的身分從科學研究機構得到了培養高危險性病菌的方法。藉助這種最先進的方法，他培育出病菌，以之殺害與他有密切關係的人。有一次，他寫信向某個研究機構的所長抱怨他們寄來的培養菌效力不佳，沒想到出現了筆誤，把「在我對老鼠和天竺鼠進行的實驗中」誤寫為「在我對人類進行的實驗中」。[5]研究機構的醫生們對這個筆誤深受驚嚇，但據我所知，他們並沒有據此做出推斷。你們認為如何呢？難道醫生們不該把這一筆誤看成是一種口供並詳加調查，以及時阻止殺人犯的行動？這個例子是不是表明，對失誤動作觀點的不了解將會產生嚴重的後果呢？在我眼中，這一筆誤當然很值得懷疑，但有某個重要的考量阻止了我們把它當成口供。事情不會那麼簡單，這一筆誤當然可作為一種間接的證據，但僅此還不足以成為立案偵察的依據。的確，從筆誤可以推知他以病菌殺人的想法，卻不能確定這些想法究竟是一種傷害人的明確意圖，還是一種無現實意義的幻想。有些筆誤的人甚至還可能用很多主觀的理由來否認這種幻想的存在，把它當作某個與己毫不相關的東西。待以後我們談到心理現實與物質現實的區別時，你們便能更清楚地理解這些可能性。[6]但是，此例再次證明了失誤動作可以從隨後發生的事情上顯示自己的重要性。（參見第三講）

讀誤的心理情境顯然不同於口誤和筆誤。在讀誤的心理情境中，兩個相互衝突的目的有一個被感覺刺激所代替，所以可能較欠抵抗力。人們所讀的材料不同於他所寫的東西，前者不是自己心理生活的產物。因此在絕大多數例子中，讀誤都以完全取代的形式出現。一個人以此字取代彼字，在原文與讀誤之間不必有任何內容上的連繫，通常只依賴於字形的類似。前文提及的利希騰伯格以「Agamemnon」取代「angenommen」，可視為讀誤的最好例子。（第二講）為了發現引起這種讀誤的干擾目的，我們需要把讀錯了的文本完全拋開，以下面兩個問題作為分析研究的出發點：（1）對讀誤的結果進行聯想時首先想到的是什麼？（2）讀誤是在什麼情況下發生的？有時，了解後者問題就足以解釋讀誤。例如：某人在一陌生的城市閒逛，尿急了，突然在一棟房子二樓的大布告牌上看見「Closet-House」（廁所）的字樣。他驚訝這塊牌子為什麼掛得

5 標準版註：用「Menschen」（人）代替了「Mäusen oder Meerschweinchen」（老鼠和天竺鼠）。
6 標準版註：參見第二十三講的相關討論。

這麼高，隨後便發現這個字原來是「Corset-House」（緊身胸衣商行）。[7] 在其他例子中，如果讀誤與原文在內容上沒有任何關係，我們就需對讀誤進行更詳細的分析。而要進行分析，就必須有精神分析的技術訓練，以及對精神分析的充分信任。然而，一般說來，對讀誤進行解釋並不是如此困難，像「Agamemnon」一例中，由取代原文的那個字很快就可推知引起干擾的意念範圍。又如，在這次戰爭中，我們常常聽到城鎮、將軍的名字及有關的軍事術語，所以一看到類似的字樣，往往就想將它誤讀為某城鎮、某將軍的名字，或某軍事術語。任何令我們關心、感興趣的東西，都會替代那些我們陌生和不感興趣的事物，（較早）思想的殘像擾亂了新的知覺。

還有另一種讀誤例子，在這種事例中，原文本身可引發干擾目的，導致讀誤的發生，使人們將原文改為相反的內容。假若所讀的材料是我們不喜歡讀的東西，那麼分析研究將使我們相信，每一個改動都起因於一種想要拒絕所讀之物的強烈欲求。

在前述較常見的讀誤例子裡，我們並未發現之前提及在失誤動作機制中起重要作用的兩種因素：（1）兩種目的之間的衝突；（2）兩種目的之一被壓制，進而產生失誤動作以做補償。在讀誤的機制中，並沒有發生任何與之相反的事，但是引發讀誤的思想遠比它先前可能已經歷的壓制更容易引起我們注意。

這兩個因素是在因遺忘而產生失誤動作的種種情境中，我們最容易觀察到的。**意向的遺忘**非常清楚，就像我們所看到的那樣（第三講），其解釋甚至連外行人也不會加以否認。干擾意向的目的在各種情況下都是一種反抗意向，一種不情願的態度。對這一反抗意向，我們所需了解的是它為什麼不以另一種較少偽裝的方式表現自己。但這種反抗意志[8]的存在卻是毫無疑問的。有時，我們也可以猜測出迫使這種反抗意志隱藏起來的動機：藉由失誤動作的暗地活動，總能達到自己的目的，然而若作為一個公開的矛盾出現，卻絕對會遭到否定。如果在意向形成之後和實現之前，心理情境發生了重要變化，以致不再實現意向時，意向的遺忘就不屬於失誤動作的範疇了。忘記意向不再讓我們覺得奇怪，我們了解我們已不再需要記得它了，從此它就永久地或暫時地消失。只有當我們不相信意向是以後者這種方式被阻斷時，意向的遺忘才能納入失誤動作的範圍。

忘記意向的例子通常是千篇一律且明白易懂的，因此不會引起我們的研究興趣。但是在這些失誤動作的研究中，有兩點有助於增進我們的知識。如前所述，遺忘（即未能實現）意向表明了一個對其抱著敵意的反抗意志，這無疑是正確的，但我們的研究表明，反抗意志有兩種——直接的和間接的。什麼是間接的意志？我們最好是用一、二個例子加以說明。假如施恩者忘記替請求者在第三者面前說好話，這可能是因為他對該請求者沒有什麼好感，因此不願替他講好話。無論如何，這就是請求者對施恩者遺忘的理解。（參見第三講）然而事情也可能更為複雜，施恩者不願替他講好話也許另有隱情，這可能與請求者無關，而是施恩者對於第三者無甚好感。

7 標準版註：此例子亦見於一九一七年版的《日常生活精神病理學》，頁一一三～一一四。

8 標準版註：「反抗意志」這一概念在佛洛伊德一些關於精神病理學的早期論文裡起著重要的作用，例如〈用催眠術進行成功治療的一個案例〉（1892-1893）。這一概念也多次出現在《日常生活精神病理學》書中。

因此，從這裡你們可以再次看出實際運用我們的解釋時，必須面對的種種疑慮，施恩者雖然已正確地解釋了自己的遺忘，但請求者仍可能不信任以致冤枉他。又如，假如某人忘記了他答應過的約會，最常見的原因無疑是他極不願意去見這個人。但分析也可能表明這個干擾目的與此人無關，而是與約會地點有關，因為這個地方會引起他痛苦的回憶，所以他迴避了。再如，某人忘記把信寄走，其反抗目的可能與信的內容有關，但也有可能信的本身並無妨害，信之所以被擱置起來，只是因為此信讓他回想起較早時寫的另一封信，並因此引起了厭惡之感。因此我們可以說，反抗意志已從前一封可恨的信轉移到現在這封本無妨害的信上了。於是，如你們所見，當我們應用我們的解釋時，儘管這些解釋是合理的，我們仍必須謹慎且要有所限制：在心理學上相等的東西，事實上可能有著很多不同的意義。

這些現象可能會使你們感到奇怪，你們可能會認為，「間接的」反抗意志已表明其過程是病態的。但是我可以告訴你們，它也可能出現在常態和健康的範圍內。而且你們千萬不要誤會，我並未承認我們的分析解釋是不可信賴的。我剛剛所提的意向遺忘有多種不同的意義，是就那些沒有進行分析、僅依據一般假設加以解釋的事例而言。如果我們對此人進行分析，肯定能知道其反抗意志究竟是直接的還是另有原因。

其次是，倘若絕大多數例子都已證實意向的遺忘導源於反抗意志，那麼即使被分析者不證實，或甚至否認我們所推斷的反抗意志的存在，我們也敢於堅持我們的解釋。試舉一些最常見的事情，就以忘記還書、付帳或還債為例吧，我們敢對那個人說，他有不願還書或還債的意向，他雖然會對此加以否認，但卻不能對自己的行為做出另外的解釋。因此，我們可以說他有此意向，只是自己對此一無所知而已。他也許會再三向我們說明他僅只是遺忘而已，但對我們而言，只要該意向透過遺忘顯露出自己的存在便足夠了。你們現在將會發現這個情況正是我們以前碰到過的情況（參見前文），我們對失誤動作的解釋已被多次證實，假如我們想把它引申為一個完整的結論，那我們將不得不假定人們有著種種自己所不知道的目的，而且它們均能產生重大的後果。但這樣一來，我們便和所有支配心理學和日常生活的觀點相牴觸了。

忘記專有名稱、外國名詞以及外語單字同樣起因於某種反抗意向，這種反抗意向直接或間接地拒斥著相關的名詞。我曾為你們舉過好幾個這類直接厭惡的例子（第三講），但在這些例子中，間接原因特別常見，而必須透過仔細分析才能得到證實。比如說，在這次大戰期間，我們不得不放棄許多以前的娛樂，我們記憶專有名詞的能力也因種種奇怪的聯想大受損害。不久前，我發現我想不起那個毫無危險的摩拉維亞的比森茨的鎮名，分析表明，我對此鎮並無直接的敵意，只是因為它在發音上與我過去多次參觀過的奧維多的比森支大廈相似，所以才連帶忘記了。[9]在反對想起這個名稱的理由上，我們首次發現了一個原則，這個原則之後在精神官能症的病因解釋中占有極重要的地位：記憶不願回憶任何與痛苦情感有連繫的事物，對這些事物的回憶將會重新喚起那種痛苦的感覺。這種閃避來自回憶或來自任何心理行動的痛苦的傾向，這種對痛苦的心理逃避，可能可以被視為是遺忘名字或許多其他失誤動作——如遺漏或錯誤等——的最終動機。

9 標準版註：此例於一九一七年增補進《日常生活精神病理學》，頁三四。

然而，名字的遺忘似乎特別有利於心理生理的解釋，因此我們有時無法證實遺忘人名的事例中是因為痛苦動機的干涉。如果某人有忘記名字的傾向，根據分析研究，我們可以看出其遺忘不僅因為他厭惡這些名字，也不僅因為它們會使他想起某件不愉快的事，而且還因為這個名字屬於另一個與他關係更為密切的聯想範圍。這個名字被固定在那裡，並與其他剛被啟動的聯想失去了連繫。假如你們還記得記憶術[10]的訣竅，你們就會驚訝地發現，為了防止遺忘名字而故意造成的聯想鍊，有時反而會造成名字的遺忘。最明顯的例子是人的名字，它們對不同的人來說有著完全不同的心理意義。讓我們以提奧多這一名字為例，對你們當中的某些人來說，這一名字毫無意義；但對另一些人而言，卻是他父親、兄弟、朋友，或自己的名字。已有的分析表明，前者必不至於忘記以此為名的某個陌生人，但對後者而言，他們似乎覺得這個名字屬於與他們有著密切關係的親友，因而常常忘記以此為名的陌生人。假若你們現在記住了這個由聯想引起的抑制，可能與痛苦原則[11]的作用及間接機制相符，你們便會知道，對於人名的暫時遺忘，其原因也是極為複雜的。然而，適當的分析就能使你們更清楚地了解這些原因。

印象和經驗的遺忘比人名的遺忘更明確地證實了其目的是將不愉快的事情排除在記憶之外。當然，並不是所有這類遺忘都屬於失誤動作的範疇，只有那些根據一般經驗標準會讓我們覺得超乎尋常且不合理的遺忘——例如忘記新近或重要的印象，或是忘記某一記得很清楚的事件中的一段——才屬於失誤動作的範疇。我們為什麼會發生遺忘，又是以何種方式遺忘，特別是遺忘那些肯定讓我們留下最深刻印象的經驗，如我們孩提時代的事情，則是另一回事；避免痛苦的刺激也是這種遺忘的原因之一，但卻不是唯一的解釋。[12]不愉快的印象肯定很容易被遺忘，許多心理學家都注意到了這一點，達爾文也深知這一道理，所以他把它當成「黃金指導原則」，特別小心地記錄下任何與他的理論不符合的觀察結果，因為他知道他將特別容易忘記這些結果。[13]

第一次聽到這個用遺忘避免痛苦記憶的原則的人都不免提出異議，認為根據他們自己的經驗，正是那些使人痛苦的事情特別令人難以忘懷。因為，它們不受意志支配，總是不斷地折磨人，例如，對侮辱和羞辱的回憶。這雖然是真實的現象，但是這個反對意見並沒有切中要點。要知道心理生活是相互對抗的目的競爭和決鬥的戰場，或是以非動力論的觀點來看，它是由種種互相對立的事物所構成的。一個特定目的的存在並不排除相反目的的存在，兩種對立的目的是可以並存的。問題只在於這些對立雙方對彼此抱著什麼樣的態度，以及它們究竟產生了什麼樣的影響。

遺失和誤置特別能引起我們的興趣，因為它們可能具有多重意義，也就是說，這些失誤動

10 標準版註：人為增強記憶的方法，如「佩爾曼（記憶）訓練法」。

11 標準版註：自《夢的解析》將這一原則稱為痛苦原則後（1900*a*, *S.E.*, 5, p. 600），佛洛伊德幾乎都將其稱為「快樂原則」。本書第二十二講對這一原則亦有討論。

12 標準版註：在第十八講，佛洛伊德討論了嬰兒記憶缺失問題。對一般遺忘的討論，請參見一九〇七年版的《日常生活精神病理學》，頁二七四中所增補的長篇頁註。

13 標準版註：《日常生活精神病理學》，頁一四八，佛洛伊德摘錄了《達爾文自傳》（1958, p. 123）的這一整段。

作可以服務於多重目的。所有例子的共同之處都是有遺失某物的欲求，不同之處則在於這個欲求的基礎和目標。（參見第三講）我們遺失某物，或是由於此物已破損，或是因為我們想藉此換一個更好的，還可能是因為我們已不再喜歡此物，以及此物是一個與我們的關係不再良好的人贈送的，或我們不再願意回想獲得此物時的情境。在社會生活的領域中，我們可從經驗得知，不受歡迎的私生子會比合法婚姻所生的孩子來得脆弱。教養者[14]的粗暴行徑並不是這種結果的必然原因，在撫育兒童時，某種程度的疏忽就足以造成此一結果。**物品**的保存也與小孩一樣，受到相同的影響。

然而，物件也可以在未曾失去價值的情況下被遺失，目的似乎是將物品奉獻給命運，以避免其他更可怕的損失。分析研究告訴我們，在我們當中，這種消災解難的方法仍很常見，因而我們的遺失經常都是一種自願犧牲。同樣地，遺失物件也可能被用來達成反抗或自我懲罰的目的。概言之，失物背後所包含的更深遠的原因，不勝枚舉。

和其他失誤一樣，**謬誤行為**也常常被用來滿足本應摒棄的種種欲求。在這裡，這種意向把自己偽裝成一種僥倖和偶然的事件。例如，我的一位朋友，顯然他極不願意去鄉下訪友，後來在某站換車時，竟誤上了回城的火車。又如，有人在旅行時想在某中途站稍做停留，可是因為在別處另有約會而無法實現，於是他弄錯或延誤了某一班車，不得不如願以償地耽擱下來。又如，我的一個病人，我禁止他打電話給他所喜愛的女孩，他本想打電話給我，可是他「撥錯」了號碼或是「當他正在思考其他的事情時」，他突然發現他撥的是那位女孩的電話號碼。[15]下面這個精彩例子來自一位工程師的自述，足以說明他損壞物件的謬誤行為，其實際的意義：

不久前，我和幾個學生在工學院的實驗室裡進行一系列極為複雜的關於彈力的實驗。這是一件我們自願做的工作，但它所耗費的時間卻比我們預期的多。有一天，當我和我的朋友F一同回到實驗室時，他表達了他對工作的厭煩，因為它耗費了他大量時間，不然他可以用這些時間在家裡做許多別的事情。我不禁對他的話深表贊同，並半開玩笑地談到一星期前發生的一次事故：「我希望這台機器再壞一次，這樣我們就能停止工作，早點回家。」

在安排工作時，碰巧F被安排去管理壓力機的閥門，也就是說，他必須小心地打開閥門以使氣體從儲藏器裡慢慢地流入水壓機的氣缸內。實驗主持人站在水壓計旁，當壓力適中時，大聲喊「停止！」聽到這一命令，F抓住閥門並用盡全力向左旋轉（凡關閥門都必須向右旋轉），使得儲藏器內的全部壓力突然侵入水壓機內，連接管不勝負荷，其中一個立即破裂。雖然對機器來說，這是一個沒有多大妨害的事故，卻足以讓我們停工回家。

不久後，當我們討論這個事件時，我的朋友F根本想不起我說過的話，而我卻記得清清楚楚。[16]

14 標準版註：原文字面意義為：「所謂的天使製造者。」
15 標準版註：《日常生活精神病理學》頁二二二、二二六～二二八，對這三個例子有更充分地討論。
16 標準版註：引自《日常生活精神病理學》，頁一七四。

這件事，可能會讓你們開始懷疑僕人失手損壞家裡的東西是否完全出於偶然。或許你們還會問，人們傷害自己或使自己遭受危險，是否也出自偶然。如果有機會，你們可以分析自己的觀察資料，來親自考察一下這些見解的價值。

女士、先生們，關於失誤動作，可以說的遠不止這些，要研究和討論的問題仍有許多。但假如我們對這一問題的討論已在某種程度上改變了你們先前的觀點，並使你們有了接受新見解的準備，那我就心滿意足了。至於其他尚未解決的問題，我只好讓你們獨自去面對。因為單憑失誤動作的研究，絕不可能證實一切學說，而我們也並非一定要從這種材料中獲取證據。對於我們的目的而言，失誤動作的重大價值就在於它們是一些普遍的現象，它們本身易於觀察，且和疾病無任何關係。在我結束講演之前，我想再談談一個未曾答覆你們的問題。正如我們從許多事例中所發現的一樣，假如人們已經如此接近對失誤動作的理解，而且經常表現地好像他們已經掌握了失誤動作的意義，那他們怎麼能認為這些現象一般是毫無意義的偶發事件，怎麼能如此強烈地反對精神分析的解釋呢？

你們是對的，這的確是一個值得注意的事實，亦確有解釋的必要。但是我不會立即給你們解釋。我寧願把你們逐漸引入這一知識領域，然後，你們用不著我的幫助，就會自然地獲得解答。

第二篇
夢
Dreams

第 5 講

困難及初步的研究

Difficulties and First Approaches

女士、先生們：

有一天，我們發現某些精神官能症患者的病理症狀有某種意義。[1]這便是精神分析療法賴以建立的基礎。在接受精神分析治療的過程中，患者提到的不是他的症狀，而是夢。於是我們開始懷疑夢也具有某種意義。[2]

然而，我們並不打算循著研究的歷史軌跡前進，而是要逆向而行。我們將先證明夢的意義，以為精神官能症的研究做準備。這種逆向研究是有道理的，因為夢的研究不僅是研究精神官能症的最佳準備，夢本身也是一種精神官能症的症狀，此外夢會出現在所有健康人的身上，因而為我們的研究提供了無價的便利。[3]即使假定所有人都是健康的，但只要他

1 佛註：這一說法由約瑟夫・布洛伊爾於一八八〇年至一八八二年間提出。參見我一九〇九年在美國所做的演講《精神分析五講》(1910*a*)以及〈精神分析運動史〉(1914*d*)。

2 標準版註：佛洛伊德關於夢問題的主要著作當然是《夢的解析》(1900*a*, *S. E.*, 4, 5)。然而，這一主題幾乎出現在他的每一篇文章中，見《夢的解析》的附錄中列舉了佛洛伊德對夢的問題所做的主要討論（1900*a*, *S. E.*, 5, p. 626）。

3 標準版註：在本系列講座的最後一講的末尾，佛洛伊德對此做了進一步討

們都做夢，我們就可以藉由研究他們的夢，得到研究精神官能症會帶來的一切發現。

於是，夢就成了精神分析研究的對象。像失誤動作一樣，夢雖為健康人所共有，卻常為人們所忽視，在人們眼中，夢不過是一種很普通的現象，沒有任何實用的價值。這使我們的工作條件變得極為不利。失誤動作只是被科學及一般人忽視而已，要對它們進行研究，至少不會帶來什麼危害。人們會說：「除了失誤動作以外，還有更重要的東西。不過研究失誤動作也還是有收穫的。」但要研究夢，情況就有所不同了，人們會認為研究夢不但不切實際、毫無必要，而且有失體面。此外，研究夢還會招致「不科學」的斥責，引發「具神祕主義傾向」的懷疑。而且在神經病理學和精神醫學領域，有許多更重要、更值得研究的問題，如壓迫大腦大如蘋果的腫瘤、出血、慢性發炎等，這些所有疾病在組織上的變化都可以透過顯微鏡加以證實。在這種情況下，你可以想像得到一位研究夢的醫生處境有多艱難！夢實在是太不重要、太無價值、不足以作為研究的對象。

夢的另一個特點也從本質上阻撓著我們對夢的研究。在研究夢時，人們無法確定其研究對象。例如，妄想通常有著清楚的輪廓，人們能清楚地知道其內容。患者直截了當地說：「我是中國的皇帝。」然而夢呢？它們通常無法被描述。如果有人描述了一個夢，那麼他能擔保他所說的都是正確的嗎？他能保證自己在描述過程中沒做任何刪改嗎？或沒有因為記憶模糊而不得不加以增補嗎？大多數的夢根本無法回憶，除了若干片斷之外，都已被遺忘了。對這種材料的解釋，難道可以作為科學心理學或治療方法的根據嗎？

過多的批評可能會使我們產生懷疑，認為這些反對夢作為研究對象的意見顯然太過極端了。我們曾討論過與失誤動作有關的「不具重要性」的問題。（第二講）我們告訴自己重要的事情可能透過一些小徵兆來展現自身。至於夢的模糊性——與其他特徵一樣，這是夢的特徵之一：我們不能詳細規定夢的特徵應該是什麼，更何況還有清晰確定的夢呢！此外，精神醫學研究的其他對象也和夢一樣，都具有模糊的特徵——例如，許多強迫症的病例便是如此，然而許多備受尊敬且頗有聲望的精神醫學學者卻都對此進行過研究。[4] 我還記得我最後一次碰到的此類病例，那是一位女患者，她是這樣敘述自己的病情的：「我有一種感覺，我彷彿曾經傷害過或曾經想傷害某一種生物——是一個小孩嗎？——不，更可能是一條狗——我彷彿從橋上把它推了下去的，或是某種類似的事。」至於回憶夢時那種不易確定的缺點，也是可以克服的，只要我們把做夢的人告訴我們的夢境視為夢的內容，不管他在回憶時所遺忘或改變的東西就可以了。最後，人們不能一概而論，說夢是不重要的事情，由我們自身的經歷可知，一個人從夢中醒來時的那種情緒可以持續一整天；醫生們也觀察過許多心理疾病及妄想都起源於夢的病例；據報導，歷史上的人物也有因夢開始進行偉大事業的例子。因此，我們可能會問，夢在科學領域中備受輕視的真正原因究竟是什麼？

我認為，那是對過去太過重視夢的反動。我們知道，重現過去並不是一件容易的事，但我

4 標準版註：佛洛伊德在〈對一例強迫性精神官能症的說明〉的第二部分第二節中，對強迫性精神官能症的不確定性和模糊性進行了討論（1909*d*）。同時請參見本書第十七講對疾病形式的描述。
論。見本書第二十八講。

們可以推定（說個笑話），我們的祖先在三千多年前便做著和我們一樣的夢了。據我們所知，古人非常重視夢，並且認為夢可以用於實際的目的。他們從夢裡推斷和尋求未來的預兆。對於希臘人和其他東方民族來說，也許曾經有個時期，出兵作戰時必定要帶上釋夢者，就像我們現在作戰時必定要進行空中偵察一樣。當亞歷山大大帝出征時，他的隨行人員中就有最著名的釋夢者。提爾城那時座落在一個孤島上，防禦之牢固，使大帝有了放棄攻城的想法。後來，有一天晚上，他夢見森林之神在興高采烈地跳舞，他便將此夢告訴了釋夢者，釋夢者對他說這是攻城勝利的預兆。於是大帝發出了攻擊令，並一舉奪取了提爾城。[5]雖然伊特拉斯坎人和古羅馬人也用其他方法預知未來，但在整個古希臘羅馬時期，釋夢術廣為流傳，備受推崇。在論述這一問題的作品中，至少有一本重要著作流傳於世：該書為達爾狄斯的阿耳特彌多魯斯所著，他可能是哈德良皇帝統治時期的人。[6]至於此後釋夢藝術的退化和夢成為不可信的事物究竟是如何發生的，我就無可奉告了。啟蒙運動的傳播與釋夢術的退化必無太大關係，因為在中世紀的黑暗時期，許多比古代釋夢術更為荒謬的東西都被忠實地保存了下來。事實是，對夢的興趣逐漸降到了等同於迷信的地步，並僅存於那些未受教育的人群之中。到了我們這個時代，人們對釋夢術的濫用已經淪為只想從夢中求得樂透的數字了。[7]另一方面，今日的精密科學雖常以夢作為研究對象，但它唯一的目的就是把生理學的理論應用於夢中。醫生們往往把夢看成非心理的行動，是身體刺激在心理生活中的表現。賓茲說夢是「一種在任何情況下都無用、且在許多情況下是病態的『身體過程』。宇宙與不朽的靈魂遠比夢崇高，相較於夢，它們就像是一片低窪而又雜草叢生沙地上的藍天。」（一八七八，頁三五）莫瑞把夢比喻為聖維托斯舞蹈病的病態抽搐，與健康人的協調運動截然不同（一八七八，頁五〇）。根據一個古老的比喻，夢的內容就像「一個不懂音樂的人用十根指頭在鋼琴鍵盤上亂彈時」所發出的聲音（斯特魯佩爾，一八七七，頁八四）。

所謂解釋就是揭示某物所隱藏的意義；倘若我們採納上述關於夢的機能的看法，那麼當然就沒有解釋夢境意義的問題了。請看馮特（一八七四）、喬德耳（一八九六）及其他近代哲學家對夢所做的描述。他們滿足於列舉夢境生活與醒時思想的不同之處，總是從某種意義上貶低夢的價值，而著重強調這些事實：聯想的中斷、批判能力的喪失、一切知識的丟棄及其他機能的減弱等特徵。精密科學對夢的內容唯一有價值的貢獻，就是關於睡眠時身體刺激對夢的內容所產生的影響。一位最近去世的挪威作者J．毛爾里．沃爾德出版了兩本厚厚的關於夢的實驗研究的著作（德文譯本，一九一〇、一九一二），這兩本書探討的幾乎全是有關變換四肢姿勢所得的結果，我們可以把它們看作對夢所做的精密研究的典範。你們能否想像得到，精密科學若知道我們想探求夢的**意義**，將會怎樣批評我們呢？或許他們已做了某些批評，但是我們絕不會因此而退縮。假使失誤動作能夠有意義，那麼夢也是可以有意義的；在許多情況下，失誤動作都是有意義的，這一點並未被納入精密科學的研究範圍中。所以，讓我們接受古人和一般人的成見，並沿著古代釋夢者的足跡前進吧。

5　標準版註：此夢在本書第十五講有進一步的闡釋。
6　標準版註：在《夢的解析》第四卷的註三和註九八中，對這本書做了某些說明。
7　標準版註：這是一種與現在被稱為「賓果」的賭博遊戲極為類似的賭博。

我們必須先確定自己工作的方向，並對夢的範圍做全面的考察。夢到底是什麼？想用一句話來回答這個問題並不是一件容易的事。既然夢為大家所熟悉，我們就不必為它下定義了。[8]然而，我們仍應清楚指出夢的基本特徵。但這個特徵又應到何處尋找呢？各種夢之間存在著許多巨大的差異——各方面都有差異。所以我們如能指出夢的共同成分，或許那便是夢的基本特徵。

所有夢的第一個共同特徵當然是，我們做夢時都處於睡眠狀態。夢顯然是睡眠期間的心理生活——與清醒時的心理生活有某些類似之處，但另一方面又有極大的區別。很久以前，亞里斯多德就如此定義夢了。[9]夢和睡眠之間或許還有更密切的關係。我們可能被夢驚醒；當我們自然而然地醒過來或被他人喚醒時，我們通常都在做夢。因此夢似乎是介乎睡眠與清醒之間的一種中間狀態。於是，我們的注意力可以轉向睡眠。而睡眠又是什麼呢？

這是一個生理學或生物學的問題，關於這一問題目前仍有許多爭論。雖然我們對此問題還不能下任何結論，但是我認為，我們應該試著去描述睡眠的心理特徵。睡眠是一種狀態，在這種狀態下，我不想知道關於外界的任何事情，不願對外界發生興趣。我藉由脫離外在世界並阻絕外界的刺激而使自己入睡。當我被外在世界弄得精疲力竭時，我也會讓自己入睡。所以臨睡時，我可以向外界說：「讓我安靜吧，我要睡覺了。」與此相反，小孩子則會說：「我還不想睡。我不累，我還想多看看。」因此，睡眠的生物學目的似乎是恢復，心理學目的則似乎是暫停對外界產生興趣。我們本不願入世，因而只好和人世間維持時斷時續的關係，才有辦法忍受。因此，我們不時退回到未出生之前的狀態，或子宮內的生活方式，我們總想把自己安排在類似過去的那種條件之下：溫暖、黑暗和無刺激。我們有些人睡覺時還像一個捆得緊緊的包裹似地，蜷曲著身體，以便與在子宮內的姿勢相似。所以我們成年人似乎只有三分之二屬於現世，三分之一尚未誕生。每天早晨我們醒來時就好像重新誕生。的確，在談到清醒後的狀態時，我們常說自己彷彿是重新誕生。（順便說一句，在這一點上，我們對於新生兒的普遍感覺所做的假設或許完全是錯的，嬰兒的感覺很有可能是非常不舒服的。）我們也把出生說成是「初見天日」。[10]

如果這就是睡眠的特徵，那麼夢則無論如何不會成為睡眠過程的一部分。相反地，它好像是不為睡眠所歡迎的多餘之物。在我們看來，沒有夢的睡眠才是最好和唯一舒適的睡眠。睡眠時應該沒有任何心理活動，假如有心理活動的存在，我們就無法復歸胎兒時的安靜情境。我們無法完全避免心理活動的殘餘，而夢就寓於這些殘餘之中。但如果真是這樣，夢就似乎不必有意義了。夢與失誤動作不同，失誤動作畢竟是清醒生活中的心理活動。但假若我睡著了，除了一些無法壓抑的心理活動的殘餘之外，其他心理活動都已完全停止了，則這些殘餘並不需要具有任何意義。而且我甚至無法利用這種意義，因為心理生活的其他部分都已入睡了。因此，夢事實上只是帶有「抽搐」性質的精神現象的反應，就好像刺激軀體直接引發的結果一般。由此

8 標準版註：請參見本書第十四講所做的相關評論。
9 標準版註：參見《夢的解析》第四卷，頁二～三。
10 標準版註：德文字面意義為：「看到世界之光。」

觀之，夢是清醒心理生活的殘餘，會對睡眠產生干擾；而我們最好立刻丟下這個主題，因為它並不適合精神分析的研究。

然而，即使夢是多餘的，但它們確實存在，我們仍可試著去解釋它們的存在。心理生活為何不停止？或許是因為有什麼東西不許心靈安靜下來。既然刺激仍在對心靈發生作用，心靈就必須對這些刺激做出反應。因此，夢是心靈在睡眠狀態下對刺激的反應方式。由此入手，我們或許可以找到一種理解夢的方法。我們可以選取各種不同的夢，盡力從中發現究竟是什麼刺激企圖擾亂睡眠，進而形成夢的反應。我們對所有夢的第一種共同特性的研究，似乎會將我們帶往這個方向。

夢還有其他的共同特性嗎？是的，還有一種很明顯的特性，但是很難掌握和描述。睡眠時心理過程的性質與清醒狀態下心理過程的性質大不相同。我們在夢裡經歷各種事情並相信這些事，但事實上我們所經歷的或許僅僅是單一的干擾刺激。夢中的經歷主要為視覺意象，雖然其中也混有情感、思想以及其他感覺，但也總是以視覺意象為其主要成分。夢的描述之所以困難，部分原因在於要把這些意象轉換成語言。「我能把它畫出來，」做夢的人常對我們說，「但我就是不知道如何把它講出來。」無論如何，這並不像低能兒與天才的心理活動的差別，不僅是一種心理活動**減弱**的問題，而是一種**質**的區別，不過要說出區別究竟在哪裡是很難的。G．T．費希納曾提出一種猜測，即夢的心理活動發生的場所（在心靈中）與清醒時意念生活發生的場所不同。[11] 儘管我們並不了解這句話的意義何在，但它確實可以描繪我們對大多數的夢境所產生的奇特感。把夢的活動比作不懂音樂者彈奏鋼琴時所產生的效果，對我們毫無幫助，因為即使我們隨便彈奏，鋼琴的每一個琴鍵總還是會發出同樣的音符，只不過無法構成曲調罷了。讓我們好好記住這個所有夢共有的第二特性，儘管我們還未能了解它。

夢還有沒有其他的共同特性呢？無論從哪裡著眼，我無法再找到其他的共同特性，我只看到種種的不同：持續時間的不同、清晰程度的不同、夢中伴隨情感多寡的不同，以及將它們記憶下來的可能性不同等等。事實上，我們並不會期待在對某個刺激僅是防衛性的反應中——某個機械性、毫無意義的東西，就像是聖維托斯舞蹈病的病態抽搐——發現如此多的差異。就夢的持續時間而言，有些夢很短，只有一個或很少的意象，一個單獨的思想，或一個字；而有些夢的內容則特別豐富，呈現一個完整的故事，持續的時間似乎也很長。有些夢就像（清醒時的）經歷一樣條理分明，以致醒來很長一段時間後，我們都還無法了解它們僅只是夢境而已；另一些夢則異常模糊，無法追溯。甚至就同一個夢而言，可能有一部分非常清楚，而另一部分則很模糊，無法辨識。有些夢合情合理，或至少前後連貫，甚至是機智的或異常美麗的；而有些夢則混亂、愚蠢、荒謬、怪誕。有些夢裡我們不帶任何情感，而在另一些夢裡，我們則有著明顯的情感——痛苦得流淚、焦慮得醒來、驚訝或欣喜等等。大多數夢醒後便忘，或可能持續一整

11　標準版註：心理生理學家費希納（1801-1887）對佛洛伊德的理論影響很大，參見《自傳研究》（1925*d*, *S. E.*, 20, p. 59）。在《夢的解析》第四卷，頁四八，第五卷，頁五三五～五三六，亦有對這句話的討論。

天，然後記憶逐漸變得模糊而不完全，直至完全消失；而另一些夢——例如，兒童時的夢——保存得如此完好，以致三十年後依然歷歷在目，恰如新近的經歷一般。夢像人一樣，也許只出現一次，永不復返；也許會在同一個人身上重複出現，有時完全相同，有時則稍微有所不同。簡言之，這個夜間心理活動的片斷能使用的材料很多；事實上，它可以創造白天心理活動所能創造的所有事物——但它仍然是一種不同的心理活動。

為了闡明夢中所呈現的諸多差異，我們或許可以假定它們對應於睡眠與清醒之間不同的過渡狀態，即睡眠深淺的不同程度。但如果這一假定成立，那麼當心靈越接近清醒狀態，不僅夢的產物的價值、內容和明晰程度會隨之增強，而且做夢的人也會更加清楚地意識到這是在做夢。夢中絕不可能先有一個清晰合理的片斷，立刻緊接著一個毫無意義且模糊的片斷，隨後又出現一段清晰的夢境。心靈絕不可能如此迅速地改變睡眠的深淺程度。所以，這一假定對我們毫無用處，要想說明這一問題絕沒有捷徑可走。

現在，我們暫時把夢的「意義」這一問題擱置一邊，而從我們所發現的夢的共同特性著手，尋找一條更能理解夢的途徑。我們曾經由夢與睡眠狀態的關係，推斷出夢是對擾亂睡眠的刺激的反應。我們已知道，在這一點上，精密的實驗心理學能對我們有所幫助：它能證明睡眠時所受到的刺激也會在夢中出現。人們已進行過許多這方面的研究，而最近的研究都是由我們曾談到過的毛爾里．沃爾德做的。無疑地，我們每個人都有可能從自己的觀察中證實這種研究的結果。莫瑞（一八七八）曾對自己做過這種實驗，他讓別人在自己熟睡時給他聞古龍水，於是他夢見自己到了開羅，在約安．瑪麗亞．法林娜的店裡，接著是一些非常荒唐的冒險活動。那人在他頸上輕輕一擰，他便夢見有人在他頸上敷芥末硬膏，夢到兒時替他看病的一個醫生。那人在他額頭上滴一滴水，他馬上就夢見自己在義大利，正大汗淋漓，喝著奧維托白酒。[12]

這些因實驗而產生的夢的顯著特點，在另一系列的刺激夢中可能表現得更為明顯。下述三個夢均為敏銳的觀察者希爾布朗特（一八七五）所記錄，都是對鬧鐘聲音的反應：

> 我夢見的是一個春天的早晨，我正在散步，穿過綠油油的田野，一直走到了鄰村。我看到村民們都穿著節日的盛裝，腋下夾著讚美詩集，成群結隊地向教堂走去。當然！這天是禮拜天，晨禱禮拜即將開始。我也決定參加，但由於走路的緣故，我覺得很熱，於是我便走進教堂墓地乘涼。我讀著墓碑上的碑文，忽然聽見敲鐘者正爬上教堂塔頂，我看到塔頂上有一口小小的鐘，這鐘即將發出開始晨禱的信號。過了很久，鐘一動未動，後來才開始擺動。突然，鐘聲變得洪亮而刺耳——它如此洪亮，如此刺耳，以致把我從夢中驚醒。這時，我才發現，原來是鬧鐘發出的聲音。

下面是另一個例子：

12 標準版註：有關莫瑞的這幾個實驗以及其他幾個實驗，請參見《夢的解析》第四卷，頁二五。

這是一個晴朗的冬日，街上積雪很深。我已答應參加一場乘駕雪車的聚會。但我等了很久，才有人告訴我雪車就放在門口。於是我開始做上車的準備——先將皮氈打開，並取出暖腳套——最後我坐進了雪車。但在出發時又耽擱了，過了一會，我才一拉韁繩給正在等著的馬做出發車的信號。於是馬開始奔馳，伴著劇烈的顛簸，裝在雪車上的鈴鐺開始發出一種熟悉的叮噹聲——事實上，鈴聲太過響亮，以致一下子就把我從夢中驚醒。原來又是鬧鐘發出的尖銳的響聲。

第三個例子如下：

我看見一個幫廚女佣手裡捧著幾打高高疊起的盤子，正沿著走廊朝餐廳走去。在我看來，她手裡那些瓷盤似乎有失去平衡的危險。我對她大聲喊道：「當心，別讓你的盤子掉到地上！」她的回答自然是：她已習慣了這種工作之類的。而我卻在她後面跟著，深感焦慮。後來——正如我所預料的——她在過門檻時絆倒了，那些易碎的瓷器全部掉在地上摔成碎片，發出連續而清脆的匡噹聲。然而，這種聲音卻不絕於耳，似乎並不是由於盤子破碎所發出的聲音，而是一種鈴聲——醒來後我才知道，這種鈴聲只不過是鬧鐘正在履行自己職責所發出的聲音。[13]

這些全都是非常精彩的夢，完全合乎情理，不像尋常的夢那樣前後不連貫。但我並不因此就拒絕對它們進行說明。它們的共同特點是，均結束於一種噪音的情境，夢者醒來時才發現這種聲音是鬧鐘發出的。因此，我們可以由此了解一個夢是如何產生的，但我們還可以從中學習到更多的東西。夢並沒有認出鬧鐘的聲音——鬧鐘也沒有在夢中呈現——但夢卻以另一種聲音取代了鬧鐘的聲音；夢詮釋了結束睡眠的刺激，但是它每次都以不同的方法詮釋。它為什麼要這麼做？我們並無法回答；這似乎是一件變幻莫測的事情。要了解這個夢，就必須能夠解釋為什麼單單選取這種特殊的聲音，而非他種聲音來詮釋鬧鐘所發出的刺激。因此，我們可以對莫瑞的實驗提出反駁：我們可以清楚地看到，侵擾刺激在夢裡出現了，但是我們並未被告知它為什麼會採用這種特殊的形式，這似乎不是干擾睡眠的刺激的性質所能說明的。此外，在莫瑞的實驗裡，除了刺激所產生的直接效果，還有許多其他夢的材料也在夢裡出現了——例如，古龍水夢裡的「荒唐冒險」——這些都還無法解釋。

這種將睡眠者從睡眠中喚醒的夢，提供了研究干擾睡眠的刺激的影響，最好的機會。然而，在其他大多數的夢裡，這個研究將會變得較為困難。我們並不是每次做夢都會醒來，假使我們在早晨回憶昨夜做的夢，我們怎樣才能發現夜間對我們產生影響的干擾刺激呢？我曾成功地回溯辨識出某個這一類的聲音干擾刺激，但這當然只因存在著某些特定條件的緣故。當時我在提洛爾的某個度假勝地，有一天早晨，我醒來時想起我曾夢見教宗過世了，連我自己都不能解釋為什麼會做這樣的夢。後來我妻子問我，在天快亮時是否聽見了從各教堂發出的可怕的鐘

13 標準版註：此例亦見於《夢的解析》第四卷，頁二七～二八。

聲？我什麼也沒聽見，因為我睡得太香了；但幸虧她告訴了我，才使我懂得了我何以會有這個夢。[14]睡眠者因受某種刺激的影響而產生夢，可是後來就再也不知道這些刺激是什麼了，這種情形究竟多不多呢？也許很多，但也許不多。如果沒有人將刺激告訴我們，我們就無法確信它的存在。凡此種種，使我們不再將干擾睡眠的外界刺激看得那麼重要，因為我們知道，它們只能解釋一小部分的夢，而不能解釋所有夢的反應。

我們不必因此完全放棄這一理論，我們還可以從其他方面加以推論。究竟是什麼干擾睡眠或引人入夢，這顯然是一個無關緊要的問題。倘若它不是一個來自外界的感覺刺激，也可能是一個來自體內器官的刺激，即所謂軀體刺激。這一想法似乎有理，並與關於夢起源最普遍的見解一致——人們常說：「夢起源於消化不良。」不幸的是，夜間侵擾睡眠者的軀體刺激，在清醒後卻不再明顯，因此，我們並無法證明它真的發生過。然而，我們不會忽視有些清晰的經歷足以證明夢起源於軀體刺激。大致說來，體內器官的情況可以影響夢，這是毫無疑問的。有些夢的內容與膀胱的充盈或生殖器官的興奮狀態有關，這也是人所共知的事情。除了這些明顯的例子之外，還有一些其他的例子，在這些例子中，我們可以從夢的內容中推知來自軀體刺激的影響的存在。因為在夢的內容裡，有某些事物可被視為是對這些刺激的加工、表現或解釋。施爾納（一八六一）曾研究過夢，他也極力贊成夢起源於軀體刺激的主張，並列舉了幾個很好的例子。例如，他曾夢見「排成兩排的漂亮男孩，金髮，膚色嬌嫩，彼此怒目相視。突然這兩排人開始相互攻擊，而後退回原位，接著又開始相互攻擊，再又退回原位」。他將這兩排男孩解釋為牙齒似乎是合理的，而且當我們知道做夢的人在他醒後曾「拔了一顆牙」時，這個解釋似乎得到了證實。[15]同樣地，將「狹長而彎曲的通道」解釋為起源於腸子的刺激似乎也很令人信服，同時，也證實了施爾納提出的主張，即夢總是用類似的物體來代表發出刺激的器官。

因此，我們必須準備承認內在刺激在夢中有著和外界刺激相同的作用。不幸的是，任何對它們重要性的評估也會受到相同反對。在大多數案例中，夢起源於軀體刺激的解釋都是不可靠或無法證明的。並不是所有的夢，而只有一小部分的夢會使我們推測其起源與體內器官的刺激有關。最後，體內的軀體刺激與體外的感覺刺激一樣，都只能解釋夢中相應於對刺激的直接反應的部分，而夢的其餘部分起源何處仍不清楚。

無論如何，對於研究刺激作用時所顯露夢境生活的另一個特點，還是多留意一下吧。夢並非只是再現這些刺激，它們會對其加工，它們會用某些其他東西來代替它，而以隱喻的方式，將其包含在夢的內容之中。這是夢的工作[16]的一個面向，肯定會引起我們的興趣，因為它或許能使我們更加接近夢的實質。當一個人因為某種刺激而建構某物時，這一刺激並不必然因此而能完全解釋整個工作。例如，當英王首次統一三島時，莎士比亞寫了《馬克白》一劇以示慶祝，但是這個直接的歷史原因能包含全劇的內容嗎？它能解釋全劇的偉大及奧祕嗎？同樣，侵擾睡眠者的內部刺激和外部刺激也僅僅是夢的刺激因素，因此也不會揭示出夢的實質。

14 標準版註：《夢的解析》第四卷，頁二三二，對此夢有更為詳細的描述。
15 標準版註：見《夢的解析》第四卷，頁二二七。
16 標準版註：這是把隱藏在夢後面的隱意轉化為顯意形式的過程。這一問題構成了本書第十一講的主題。

夢的第二個共同點，即它的心理特性，一方面很難掌握，另一方面也無法作為我們進一步研究的起點。我們在夢中經歷的事情通常都是以視覺形式出現的，刺激能對此加以解釋嗎？我們所經歷的真的就是那個刺激嗎？但假若確實是那個刺激，那麼，視覺刺激引起夢的情況少之又少，為什麼夢的經歷又多是視覺的呢？亦或，假如我們在夢中聽見話語，難道能證明真的有交談或類似交談的聲音在我們睡眠時傳入我們的耳朵嗎？我敢毫不遲疑地否定這種可能性。

如果我們對夢的共同特性的研究尚不能增進我們對夢的了解，那我們就看看研究其差異能否有所幫助。當然，夢常常是不合情理、混亂且荒謬的，但也有一些夢合乎情理、合乎事實且合乎邏輯的。讓我們來探究一下後者，看看合乎情理的夢是否能有助於解釋那些不合情理的夢。下面是我最近聽到的一個合乎情理的夢，它是一個年輕人做的：「我正沿著康特納斯勞斯街[17]散步，遇見了X先生，並陪他走了一段路。然後我走進一家餐館。這時，有兩位女士和一位紳士走過來坐在我的桌旁。起初我頗為生氣，看都不看他們一眼，後來我瞄了他們一眼，發現他們都很有教養。」夢者說自己在做夢的前一天晚上的確在康特納斯勞斯街散過步，這本是他常去的地方，而且也確實在那裡遇見X先生。至於夢的其餘部分則不是直接的回憶，只是和很久以前的某次經歷有點類似而已。下面這個夢也是一個與事實相近的夢，不過此夢是一位女士做的：「她的丈夫問她：『你不認為我們的鋼琴該調音了嗎？』她回答道：『不用白費力氣了吧，它的音鎚無論如何都該修理了。』」[18]這個夢幾乎以同樣的字句重述了她和丈夫在做夢的前一天所進行的對話。從這兩個合情合理的夢裡我們能了解到什麼呢？我們所了解的，僅是日常生活或與日常生活有關的所有事情都有可能在夢裡出現。假如夢都是如此，那麼這一事實也並不是毫無價值的。但這是不可能的，因為這一事實僅適用於極少數的夢，在大多數夢裡，根本就沒有跡象表明夢與前一天的事件有關，[19]因此我們不能據此來了解那些不合情理和荒唐的夢。這只能表明我們已遇到了一個新問題，我們不僅想知道夢的內容是什麼，而且，假如夢的內容像我們剛才所舉的例子那樣清楚，我們也想知道這些新近經歷的材料重現於夢中的原因和目的。

我想，諸位也和我一樣，必定對我們迄今為止所進行的那些研究深感厭倦了。一個人對於一個問題如果不能找到解決的辦法，而僅只對該問題產生了興趣，那顯然是不夠的。我們至今未找到的，恰恰就是解決問題的方法。實驗心理學只為我們提供了一些關於刺激引起夢極具價值的訊息。哲學除了再次譏諷我們對夢的研究乃智力低下的表現外，對我們沒有任何幫助。我們也不希望從玄學那裡借用任何東西。歷史和一般人的見解告訴我們夢有某種意義：它們可以預示未來——這點很難為人們所接受，而且無法證實。因此，我們的初步努力完全是徒勞的。

出乎意料的是，我們從一個至今尚未注意到的面向得到了暗示。那就是慣用語言。慣用語言並不是偶然形成的東西，而是古代發現的沉澱物，但是我們在運用時必須十分謹慎——我們

17 標準版註：維也納的主要商業街。
18 標準版註：見《夢的解析》第四卷，頁一八五。
19 標準版註：緊接著是這個陳述的限制。

的語言對於稱作「白日夢」這一奇特現象非常熟悉。白日夢是幻想（想像的產物），它們是一種非常普遍的現象，也同樣可以在健康的人與患者的身上觀察到，而可輕易地以我們自己的心靈為對象來進行研究。最值得注意的是，這些由想像所得的結構並不具備夢的兩個共同特性，居然也被稱為「白日夢」。它們與睡眠的關係已與它們的名字相矛盾；至於夢的第二個共同特性，我們在白日夢裡既不曾經歷任何東西也不曾有任何幻覺，只是想像某些事物，我們知道自己正在幻想，我們未曾看見而只是想像。這些白日夢出現在青春期之前，通常在童年後期，一直持續到成年，此後則要麼不再出現，要麼持續終身。這些幻想的內容受到某種極為明顯的動機的宰制，幻想的情境和事件是用來滿足做白日夢的人的野心、權力欲或性欲。年輕男子最常見的是野心的幻想，而年輕女子追求的目標通常指向戀愛的成功，因此最常見的是情欲的幻想。但是男子幻想的背後也常常存在著情欲的需要：他們的一切英勇事跡及成功，都只不過是想博得女人的讚美和歡心。在其他方面，這些白日夢種類繁多，各不相同，且變化無常。有些白日夢短時間後就會消失，而以一種新的白日夢取而代之；有的白日夢則仍被保存，並被編成了長篇故事，且對應於做白日夢的人的生活情境的變化，可以說它們與時代並進，並處處留下新情境的印痕。它們是詩歌創作的素材，有創造力的作家總是將自己的白日夢加以改造、偽裝或刪節，最後寫成自己的短篇故事、小說或者戲劇中的情境。白日夢的主角總是白日夢者本人，可能是直接表現出來，也可能是藉由自己與另一個人的認同作用來加以表現。[20]

白日夢之所以被叫作夢，可能是因為它們與現實的關係和夢相同——以表明其內容與夢的內容同樣也是不真實的；但也可能是因為它們也具有夢的某個心理特徵，至於這個特徵到底是什麼，我們眼下還一無所知，尚在研究之中。還有可能是我們完全地錯了，我們不該把名字的類似性當作某種意義重大的東西來使用。究竟怎樣，只有待以後去弄清楚。

20 標準版註：佛洛伊德在他早些時候寫的兩篇論文〈創造性作家與白日夢〉（1908*e*）和〈歇斯底里症的幻想及其與雙性性欲的關係〉（1908*a*）中討論了幻想及其與藝術創作的關係。在本書第二十三講的最後部分，亦有關於這一問題的討論。

第 6 講

釋夢的前提假設與技術
The Premisses and Technique of Interpretation

女士、先生們：

我們現在需要的是一條新途徑，一種能使我們著手夢的研究的新方法。我要向大家提個建議，讓我們從現在起就以下述假設作為我們的研究前提：**夢不是軀體現象，而是心理現象**。你們都能了解這是什麼意思，但我們有什麼理由做出這個假設呢？什麼理由也沒有；但也沒有什麼理由讓我們不能這麼做。我們的看法是：倘若夢是一種軀體現象，那麼它們就與我們無關，只有假定它們是心理現象，我們才會對它們產生興趣。所以，我們就先承認它們的確是一種心理現象，然後再看有什麼結果。我們的研究結果將決定我們是否堅持這一假設，是否可以繼續將它視為一個獲得證實的研究結果。但是我們究竟想要取得什麼樣的成果呢？我們的研究究竟要達到什麼目的呢？我們想要達到的目的與所有科學研究相同——理解現象、確立現象與現象之間的關係，最後，如果有可能，還要拓展自由支配它們的能力。

因此，我們將採用夢是一種心理現象的假設，以繼續進行我們的研究。在這種情況下，夢是夢者的創作和話語，但是這些話語卻什麼也沒有告訴我們，我們並無法了解它們的意義。若是我說了一些你們無法理解的話語，你們會怎麼做呢？你們不是會向我詢問它們的意義嗎？我們為什麼不也詢問夢者——**向他詢問他所做的夢的意義呢？**

諸位還記得，我們以前曾一度處於這樣的境地，那是在研究某種失誤動作——口誤案例時。某人曾說（第三講）：「但到時事實便會 Vorschwein 了。」我們因此便問他——不，幸虧不是我們，而是那些與精神分析毫無關係的人——這些人便問他這句莫名其妙的話究竟是什麼意思。他立即回答道，他原本打算說：「這些事實是令人作嘔的（Schweinereien）。」卻把這個意圖壓抑了下來，轉而採用較溫和的說法：「但到時事實會顯露（Vorschein）。」那時我曾向你們指出，這個例子是所有精神分析研究的原型。你們現在應該明白，精神分析所依循的就是這種讓被分析者自己找出解決問題方法的技術。（第三講）因此，應該告訴我們夢的意義的，正是夢者本人。

可是，對夢而言事情並非那麼簡單。對於失誤動作來說，在許多案例中，這種方法是行得通的，但也有一些案例，被詢問者不願回答，當我們代他回答時，他甚至會憤怒地加以反駁。就夢來說，第一種情形完全不存在，夢者總是說自己什麼也不知道。而且他也無法駁斥我們的解釋，因為我們也不知道要如何去解釋這些夢。那麼我們就因此放棄了解夢境的企圖嗎？既然他一無所知，我們也一無所知，第三者更是什麼也不知道，因而要找到解釋是毫無希望的了。如果你們願意，那就放棄這種企圖吧！但是假使你們不想放棄，就請跟我一起繼續研究。我可以向你們保證，很有可能的是，夢者確實知道自己夢境的意義：**只是他不知道自己知道，因而認為自己一無所知。**

你們會向我指出，我又做了一個假設，短短的討論中就已做出第二個假設，如此難免會大大降低自己方法的可信度：「既說夢是一種心理現象，又說有些心理事物人們本來是知道的，只是人們不知道自己知道而已……」等等。果真如此，那麼一個人只需考慮這兩個前提的內在不可能性，就可以不聲不響地將自己的興趣從這個前提得出的結論上轉移開來。

女士、先生們，我來此演講並不是要欺騙你們或向你們隱瞞什麼。在我的內容簡介中，我曾宣布課程名稱是：「精神分析基礎引論」[1]，但我可不願讓此講座帶著供王儲使用[2]的性質。這樣做，無疑會使講解更流暢，因為一切困難都被隱藏，所有缺陷都被彌補，而且所有疑問都被掩蓋了；你們亦會因此輕信自己已學到了某些新東西。但我不準備這樣做。正因為大家都是初學者，我才想把科學的本來面目，包括它的不確定和粗糙、它的要求及疑惑，通通告訴你們。因為我知道所有的科學都是如此，特別是在它們初始之際。我也知道一般的教學在剛開始時會煞費苦心地向學習者隱瞞這些困難和不完整，但精神分析卻不會這樣做。因此我提出兩個假設，一個包含在另一個之中；假如有人覺得整件事情太牽強且太不可靠，或假若有人習慣於更可靠的事實或更周密的推理，那他就不必跟著我們往前走了。但是，我認為他應該放棄心理學問題，因為在心理學的範圍內，恐怕很難找到他所要走的那種準確可靠的路。對一門於人類有所貢獻的科學來說，沒有必要勉強讓人信服，它的研究成果肯定會成為自己最好的宣傳，所以盡可以

1 標準版註：在正式出版時，「基礎」已從演講標題中刪除。
2 標準版註：「供王儲使用」，指奉路易十四之命為其兒子準備的古典文學版本，即「刪節本」。

耐心地等待自己的研究成果引起人們的注意。

但對於那些願意繼續研究這一問題的人來說，我要指出我的這兩個假設的重要性並不相同。第一個假設，即夢是一種心理現象，可透過我們的研究結果獲得證實；第二個假設已在另一個領域獲得證實，我只是冒險將它從那裡引入到我們自己的問題中。

那麼，究竟在什麼領域，才能證明夢者具有自己所不知道的知識呢？畢竟，這是一個奇特而又令人驚訝的事實，它將改變我們有關心理生活的觀點，而它並不需要隱藏自己：順便指出，這一事實讓自己消失於自己的名稱中，卻又是真實的事物——這是一種詞義上的矛盾。它並沒有隱藏自己，假如人們對它一無所知或沒有注意到它，並不是它的錯；但這也不是我們的錯，因為對所有這些心理學問題做出判斷的人，都未能正視一切具有決定性的觀察和經驗。

我們可以在催眠現象領域中找到第二個假設的證據。一八八九年，當我在南錫參加李厄保和伯恩海姆那些令人難忘的示範時，[3]目睹了下述實驗。他們讓一個人進入催眠狀態，讓他經歷種種幻覺，然後喚醒他。他起初似乎對催眠時所發生的事情一無所知。接著，伯恩海姆要他把催眠時所經歷的事情講出來，但他卻堅稱自己完全不記得了。但伯恩海姆仍再三堅持，並施予壓力，說他肯定知道，肯定記得。嗨，你瞧！那人猶豫不決了，開始沉思，先模糊地回憶起催眠者所暗示的某個經歷，接著是另一個經歷，其記憶逐漸變得清晰而完整，到了最後，竟完整地將所有的經歷報告出來。既然他後來還是知道了催眠時所發生的事，而且全都是自己回想起來的，那麼我們可以合理地得出這樣的結論：他早就知道這些經歷，只是回想不起來而已。他不知道自己知道，並深信自己不知道。也就是說，他的情形與我們所推測的夢者的情形完全相同。

如果這一事實已被確立，那麼我希望你們會驚訝地問我：「在討論失誤動作時，你就說過口誤背後包含著某種意向，只因說錯話的人自己不知道，所以才會極力否認。你那時為什麼不把這個論據提出來呢？倘若一個人有某種記憶，而自己又不知道，那麼在他內心中便很可能有自己所不知道的其他心理過程。這個論據如果早些提出，肯定會讓我們留下深刻的印象，並有助於我們了解失誤動作。」當然，那時我也可以提出，但我卻要將它留待更需要時再加以運用。有些失誤動作自身就可以做出解釋，而有些失誤動作則須先假定存在著主體本人所不知道的心理過程，才能維持心理現象的連續性。至於夢，我們就不得不在別處尋求解釋；此外，我預期我從催眠中尋找解釋夢境的證據，你們會比較能夠接受。你們肯定會認為，失誤動作發生時的狀態是正常狀態，它與催眠狀態毫無相似之處。另一方面，催眠狀態和睡眠狀態之間有著一種明顯的相似性，而此相似性正是做夢的必要條件。事實上，催眠可以被稱為人造睡眠，我們告訴被催眠者我們正實施催眠以讓他入睡，而我們在催眠中所做的暗示則正相當於自然睡眠中的夢。二者的心理情境極為類似。在自然睡眠中，我們對整個外界不感興趣；而在催眠睡眠中，我們也是如此，但有一個例外：我們在催眠睡眠中仍和催眠者維持著連繫。順便說一句，哺乳期母親的睡眠是一種相當於催眠睡眠的常態睡眠，她雖然睡了，但仍與她的孩子維持著連繫，而且只要孩子一動就能把她喚醒。因此，把某種情況從催眠移置到正常睡眠，似乎不算非常冒

3 標準版註：佛洛伊德在之後會再提到此事。

險。在夢者身上存在著有關他的夢的知識，只是他無法回想起來，因此才不相信自己知道，這一假設並非純粹杜撰。此外，我們應該注意到，對夢的研究，除了從干擾睡眠的刺激和白日夢著手外，我們現在又有了第三種方法：我們可以從催眠狀態下由暗示引起的夢著手研究。

現在我們再回過頭來討論夢這一問題，或許就比較有把握了。做夢的人很可能知道自己的夢；唯一的問題是怎麼樣使他發現自己知道的，並告訴我們。我們並不需要他立即說出夢的意義，但是他應該能夠找出夢的起源以及由夢所引發的想法和興趣範圍。你們可能還記得我們曾經講過的那個失誤動作的例子，當有人問那個說錯話的人怎麼會講出「Vorschwein」這個錯字時，他的第一個聯想[4]就為我們做出解釋。釋夢的技術很簡單，完全可以仿效這個例子。我們可再次去問夢者為何會做這個夢，他的第一句回答便可視為對夢的解釋；至於他是否認為自己知道些什麼無關緊要，我們處理的方式都是一樣。

這種技術當然很簡單，但我擔心它會引起你們更強烈的反對。你們會說：「又來了一個新的假設！這是第三個了！這是最不可能的一個！假如我問夢者夢中發生了些什麼，他的第一個聯想真的就是我們所期望的解釋嗎？然而他可能什麼也沒想起來，或只有上帝才知道他想起了什麼。我想不出這種期望的根據是什麼，你太相信天意了，對這個問題應該要運用更多的批判力啊！何況，夢並非某個說錯了的單字，夢是由許多元素構成的。在這樣的情況下，我們究竟應選取哪一個聯想作為我們所期望的解釋呢？」

在小問題上，你們所說的都是正確的。夢與口誤一個不同之處就在於其元素的多樣性，我們的技術必須對此加以說明。因此，我建議，我們應先把夢分解為一些單一元素，然後逐一進行研究。這樣的話，我們就能重新確定夢和口誤之間的相似之處。當就夢中的各個元素詢問夢者時，他可能會說什麼都想不起來——你們這樣想也是對的。在某些例子中，我們會接受這樣的答覆，至於是些什麼樣例子，我以後再告訴你們（參見第十講）；最奇怪的是，對於這些例子，我們自己卻會產生明確的見解。但一般說來，倘若夢者堅稱自己什麼都想不起來，我們就會反駁他，向他施加壓力，並堅信他必然能想起某些東西——結果證明我們是對的。他會想起某個意念——究竟是什麼意念，對我們來說無關緊要。他會很輕易地為我們提供一些可稱之為「過去的」訊息。他可能會說：「那是昨天發生的事」（類似前述的兩個「合乎事實的」夢例中的情況，參見第五講），或「那使我想起了不久前發生的事」——我們將由此發現，夢常與前一、二天的印象有所連繫，這是我們始料未及的。最後，夢者會從此夢回憶起更早的事件，甚至可能回憶起遙遠的往事。

然而，你們的主要觀點都是錯的。假若你們認為夢者的第一個聯想必定是我們所尋找的東西，或假定這可作為解釋的線索很牽強；假若你們認為夢者的聯想可以隨心所欲，可以不與我們正在尋找的東西有所連繫，而我若期望從中發現某些不同的東西就是迷信天意——你們可就大錯特錯了。我曾大膽地對你們說過，你們對於未被決定的心理事件及自由意志有一種根深柢固的信仰（第三講），但這是極不科學的，必然會被某種支配心理生活的決定論所取代。我請諸

4 標準版註：參見本書第三講註九。

位尊重這一事實，當做夢的人被詢問時，他所想到的就是**那個**聯想，而不是別的聯想。然而我眼下並不是以一種信仰去反對另一種信仰。夢者所產生的聯想既不是任意的，也不是無法確定的，更不是與我們所尋求的東西毫無關係，這些都是可以證明的事實。我在不久前了解到——可以說，我並未給予太多重視——實驗心理學亦提出了支持這一點的證據。[5]

這一點很重要，請你們特別注意。如果我要某人告訴我，對於夢中的某個特定元素有什麼聯想，那麼我會請他**將某個意念保留在心中作為出發點**，讓自己進行自由聯想。這需要一種有別於反省並且排除了反省的特殊注意力狀態。某些人很輕易就可以達到這種狀態，有些人則會顯得很笨拙。然而，還有一種聯想有著更高的自由度：也就是說，我可以放棄要夢者保留心中初始意念的要求，而僅設定我所需要的聯想種類——例如，我可以要求實驗者自由地想起某個名字或數字。在這樣的情況下，他的聯想必比運用我們的技術時更為任意，並且更不確定。然而，我們可以發現，他所做的聯想總是受到重要的內在心理態度的嚴格決定，雖然這種內心態度在發生作用時並不為我們所知——正如失誤動作的干擾目的及引起偶發動作的目的很少為我們所知一樣。（第四講）

我自己和許多追隨者，曾對那些隨意想起的姓名和數字進行過多次實驗，其中有些實驗已經發表。[6]實驗的程序是對某個已浮現的名字進行一系列聯想，這些隨後的聯想已不再是完全自由的，而是有著一種連繫，就像夢的元素所引發的聯想一樣。人們不斷地進行聯想，直到聯想完全枯竭為止。但在那時，人們可能已明白這個任意選擇的名字的動機和意義了。這些實驗總是有著相同的結果，它們的報告提供了非常豐富的材料，值得深入的研究。任意選取的數字所引發的聯想或許最有說服力，它們彼此銜接得如此迅速，又以如此不可置信的確定性導向某個隱藏的目的，以致我們真的感到驚愕不已。下面，我為諸位舉一個有關人名的分析案例，因為分析此例不需要大量的材料。

我們曾在治療一個年輕人的過程中討論到這一問題，我說即使是一個表面上看來任意的選擇，我們所想到的名字無一不與當下的情境、實驗者的特點，以及其目前的處境有著密切的連繫。由於他表示懷疑，我就提議請他當場做個實驗。我知道他與許多已婚或未婚的女人有著不同程度的親密關係，所以我想，如果要他隨意選擇一個女人的名字，選擇範圍應該會很大。他對此也表示同意。令我吃驚的是，更確切地說，令他吃驚的是，他並沒有流利地舉出許多女人的姓名；他沉默片刻，然後承認自己只想到了「Albine」這一名字，除此之外就什麼也想不起來了——多奇怪啊！可是那個名字對你來說究竟是什麼意思呢？你知道的「Albine」到底有多少個？——我奇怪地問他。他說，他不知道有誰叫「Albine」，由這個名字也聯想不到任何其他的東西。因此，你們也許會認為這次分析完全失敗了。其實根本沒有失敗：它已經很完整了，不再需要進一步的聯想。這個年輕人膚色很白，治療期間，我與他談話時常戲稱他為「albino」（白

5 標準版註：一九一九年，佛洛伊德在《夢的解析》第四卷，頁一八一～一八二，增補了一條腳註論述這一證據。

6 標準版註：在《日常生活精神病理學》第十二章第一節中有幾個這方面的例子（1901*b*, *S. E.*, 6, p. 240 f.），佛洛伊德在此處對整個主題進行了充分的討論。

化症患者）。而且那時我們正在研究他性格中的女性成分。因此，他那時最感興趣的女人，那個「Albine」，其實就是他自己。

同樣地，一個人偶然想起的曲調乃是取決於某一思想序列，而且也隸屬於這一思想序列，這一思想序列雖然占據他的心靈，卻不為他所知。我們不難發現，曲調與這一思想序列的關係，來自它的歌詞或來源。但是我必須謹慎，不可將這個主張擴展到真正的音樂家身上，因為我並沒有分析真正的音樂家的經驗。對他們而言，或許音樂性內容才是決定這個曲調出現的原因。前一種情況確實更為普遍，例如，我認識一位年輕人，他有一段時間特別喜歡《美麗的海倫》中的帕里斯之歌的曲調（順便說一句，這個曲調的確非常優美），後來經過分析，他才注意到自己當時正同時愛戀著兩名少女而難以抉擇，一個叫做伊達，一個叫做海倫。[7]

如果一個人自由聯想到的東西都以這種方式被決定，並成為某個相互連繫的整體的一部分，那麼我們便可以得出合理的結論：一個人透過單一連繫——聯想意念與聯想起點之間的連繫——所聯想到的東西必定也同樣是被決定的。事實上，研究表明，聯想不僅取決於它們與初始意念的連繫，而且取決於一組帶有強烈情緒色彩的想法和興趣，也就是「情結」；它所起的作用在當時是不為人知的，也就是說，是無意識的。

產生具有這種連繫的意念已經成為極具啟發性的實驗研究素材，這在精神分析史上曾扮演過重要的角色。馮特學派首創了一種所謂的聯想實驗，在這種實驗中，主試者給予被試者一個**刺激詞**，要求被試者以最快的速度回答出他所想到的**反應**。這樣便能研究刺激詞與反應之間的時間間隔、反應的性質，以及重複實驗時可能出現的錯誤等。而每當反應表現出某些明顯的特徵時，布魯勒和榮格所領導的蘇黎世學派便會要求被試者藉由後續聯想說明這些反應，進而得以解釋這些反應。結果表明，這些有明顯特點的反應均嚴格地決定於被試者的情結。透過這一發現，布魯勒與榮格便在實驗心理學與精神分析之間架起了第一座橋梁。

知道了這些之後，你們可能會說：「我們現在承認一個人的自由聯想的確是被決定的，而非像我們所想的那樣任意進行。我們也承認有關夢的元素的聯想也是如此。但這並非我們的興趣所在。你們主張夢者對夢的元素的聯想取決於那一特殊元素所處的心理背景（我們所不知道的），這在我們看來似乎還有待證實。我們可以預期夢者對夢元素的聯想是由夢者的某個情結所決定的，但這對我們有什麼好處呢？這不會有助於我們理解夢，而只會像聯想實驗一樣，讓我們認識到所謂的情結。但它們和夢有什麼關係呢？」

你們沒有說錯，但卻忽略了一個因素。正是由於這個因素，我才未以聯想實驗作為我們討論的起點。在聯想實驗中，反應的唯一決定因素——那個刺激詞——是我們任意選取的，反應則是刺激詞與被試者情結之間的中介。在夢裡，刺激詞已被某種源於夢者心理生活但不為夢者所知的東西所取代，因此其本身很可能就是「某一情結的衍生物」。因此，我們假定與夢元素有關的進一步聯想與此元素取決於相同的情結，並能引導我們發現這一情結，就不完全是異想

7 標準版註：帕里斯，一位與海倫一起私奔的年輕人，曾一度在伊達山上牧羊。在那裡，他曾對三位正在爭論誰比較美麗的女神做出評判。

天開了。

現在我不妨再舉一例，以證明我們的假設。專有名詞的遺忘確實是釋夢過程中所發生情況的一個極好的範例；不同的是，夢的分析中由兩個人共同分擔的事件，在失誤動作中結合到同一個人身上。假如我暫時忘了一個名稱，我仍然肯定自己知道——在夢者的身上，我們只能藉由伯恩海姆的實驗間接地確定如此。然而，我卻無法記起這個雖已忘記但確實知道的名字。經驗告訴我，無論我花多大的努力去回想都是徒勞無功。但我總能想到一個或數個替代的名稱，只有在我自然而然地想起這種替代名稱之後，這時的情境才顯然與釋夢的情境一致。恰如這種替代的名稱，夢的元素也不是我真正追求的東西，它只是取代了其他的東西——取代了那個我不知道而想透過釋夢去發現的原本之物。不同的只是在再次遺忘名稱的情況中，我能馬上辨識出的那個替代詞並非原名，而在有關夢元素的情況中，我們必須經過苦心研究之後才能對此有所了解。因此，如果遺忘了名稱，我們便能以那個替代詞為起點，進而獲得無意識裡那個真正的名稱，即那個被遺忘的名稱。倘若我把注意力集中在這些替代名稱上，允許自己對它們產生聯想，那麼我遲早能想起那個已被遺忘的名稱。我們發現，自然而然想起的那些替代名稱不僅和被遺忘了的名稱有關，而且還受它決定。

我來為你們描述一下這種分析吧。有一天，我發現自己忘了位於蔚藍海岸，以蒙地卡羅為主要城鎮的那個小國的國名。這讓人覺得很不舒服，但它真的發生了。我想過所有有關這個國家的事。我想到魯錫南王室的艾伯特王子，他的婚姻，他對深海研究的熱愛等等，總之，能想的都想到了，但仍無濟於事。於是，我就放棄回想，而讓一些替代名稱自然地浮現心頭。這些名字很快就出現了：最先是蒙地卡羅（Monte Carlo），然後是皮埃蒙特（Piedmont）、阿爾巴尼亞（Albania）、蒙特維多（Montevideo）、克利科（Colico）。在這一系列地名中，最先引起我注意的是阿爾巴尼亞，其次是蒙特尼哥羅（Montenegro），這無疑是由於黑與白的對比的緣故。[8]後來我注意到這些替代名稱中有四個有「mon」這一音節，於是，一下子想起了那個曾被我遺忘的國名並大聲叫出：「摩納哥」（Monaco）！由此可知，替代的名稱實際上出自那個已被遺忘的原名：頭四個替代名稱出自原名的第一個音節，最後一個替代名稱則重現了原名的音節結構及最後一個音節。至於我暫時遺忘這一名字的原因，我也能輕易地發現：摩納哥在義大利文中也被用來稱呼慕尼黑，正是這個慕尼黑城造成了我對這個名字的抑制。[9]

這無疑是一個好例子，卻過於簡單。在其他例子中，也許需要對第一個替代名稱做較長的聯想。我有過這種經驗。有一次，一個陌生人請我和他同飲某種義大利酒，因為他對此酒有美好的回憶；但當我們到達酒店之後，他卻忘了這種酒的名稱。從他所想到的許多不同的替代名稱中，我可以推知他是因為想到了一個名叫赫德維希的人才忘記酒名的，這一點得到了他本人的證實。他承認，自己初嚐此酒時與一位名叫赫德維希的人在一起，而且他還藉助於這個發現想起了這種酒的名稱。現在，他的婚姻很美滿，赫德維希這個名字則成了他不願回首的往事。

如果在遺忘名稱的情況下，我們能從替代詞出發，透過一系列聯想，找到那個被抑制的真

8 標準版註：「albus」在拉丁文中意思是「白色的」，「negro」在義大利文中意思是「黑色的」。
9 標準版註：在《日常生活精神病理學》有對這一事件的簡短描述（1901*b*, *S.E.*, 6, p.55）。

正名稱，那麼我們也一定能在釋夢中做到這一點。從被遺忘的名稱的例子中，我們或許可以得出這樣的結論：有關夢元素的聯想不僅取決於夢元素本身，還決定於它背後所隱含的未被意識到的那個原本之物。這樣，我們的釋夢技術便似乎擁有了某種合理的根據。

第7講

夢的顯意與隱意

The Manifest Content of Dreams and the Latent Dream-Thoughts

女士、先生們：

如你們所看到的，我們對失誤動作的研究並非徒勞無功。多虧我們做了這方面的研究，我們才得以從我之前解釋過的前提出發，[1]獲得下述兩方面的知識：（1）有關夢元素的本質的概念；（2）釋夢的技術。前者告訴我們，夢元素本身並非原本之物，而僅僅是某種不為夢者所知的其他事物（像失誤動作的目的一樣）的替代物，夢者本身可以了解它所替代的事物，但還未找到理解它的方法。我們希望能將這一概念擴展到整個由此類元素所構成的夢境上。我們的技術則是運用對這些元素的自由聯想，使其他替代結構得以浮現出來，這樣我們便能揭示出那些被隱藏的事物。

我建議我們改變一下我們的用詞，這將可以使我們後續的討論進行得更為容易一些。我們將用「非夢者的意識所能企及的」或「**無意識的**」[2]等較為正確的用詞，取代「隱藏的」、

1 標準版註：參見本書第六講。

2 標準版註：參見本書第一講、第十三講。

「難以企及的」或「非原本的」[3]等用詞。我採用這種用詞，其意義與你們想起某個被你們遺忘的字，或是想起失誤動作的干擾目的時所了解的意義並沒有什麼不同——也就是說，我所指的是「**當時屬於無意識的**」。與此相應，我們當然可以將夢元素本身從此無意識意念出發，經由聯想而得的替代意念說成是「**意識的**」。迄今，這一說法並沒有什麼理論上的含義，將「無意識的」一詞的運用看成一種較貼切，且易於理解的描述，我想大概不會有人提出異議。

假如我們將上述概念由單個元素擴展到整個夢，那麼，從整體上看，夢便可被視為是某種其他東西、某種屬於無意識的東西經扭曲後的替代物，而釋夢的任務就是去發現這種無意識材料。與此相應，在釋夢過程中，我們就必須遵循下述三條重要規則：

（1）對於夢**表面上**告訴我們的東西，無論它是合理的還是荒謬的，是清晰的還是含糊的，我們都不必理會，因為它絕不是我們所要尋求的無意識材料（我們以後會發現這個規則有一個明顯的限制（第八講））。（2）我們必須將我們的工作限定在喚起各個元素的替代意念，我們用不著花時間去思考這些意念，不需考慮它們之間是否存在任何的關聯，亦無須將心血花在它們與夢元素之間有多大的歧異這一問題上。（3）我們必須耐心地等待，讓我們所尋求的那個隱藏的無意識材料自動地浮現，正如在我曾講過的那一個實驗，我們讓被遺忘的「摩納哥」自動浮現一樣。（第六講）

由此，我們亦會了解，夢究竟被記住多少、記得的是否正確，都無關緊要。這是因為，被記住的夢並非原本之物，而只是一個被扭曲了的替代物。這一替代物透過喚起其他的替代意象，使我們得以接近原本之物，使夢中無意識的事物進入到意識之內。因此，假如我們的記憶不夠正確，那也僅僅是對這一替代物做了進一步的扭曲而已——何況，這種扭曲也絕不是毫無理由的。

人們不但可以解釋別人的夢，也可以解釋自己的夢。事實上，人們可以從自己的夢中了解到更多的東西：因為釋夢的過程將會更有說服力。但是當我們試著去解釋自己的夢時，卻會發現某種阻礙。我們的確會產生種種聯想，但我們總是有所檢驗和選擇，並不會將所有的聯想都視為是有價值的聯想。對某種聯想，我們可能會說：「這個聯想不恰當，與此無關。」對另一聯想，我們則會說：「這太荒唐了。」而對於第三個聯想，我們又會說：「這一點都不重要。」結果，這些聯想在尚未變得十分明瞭之前，就已在我們的種種拒斥聲中隱匿、消失了。這樣一來，我們一方面始終固守著那個作為我們研究起點的意念，即夢元素本身；另一方面，我們又透過選擇干擾自由聯想的結果。倘若釋夢的不是我們自己，倘若我們是讓別人去解釋它，那麼，我們就能清楚地認識到，自己在做出這種不正當的選擇時還存有一種動機，因為有時我們會自言自語地說：「不，這一想法太令人不快了，我不願或不能告訴別人。」

這些拒斥顯然有礙於我們工作的成功開展。我們必須嚴加防範，假如解釋的是自己的夢，我們會下定決心不受它們的影響。假如解釋的是另一個人的夢，我們將會訂立一條不容違反的規則：無論出現四種拒斥——太不重要、太荒唐、太不相干，或太令人痛苦而不願告訴他人——

3 標準版註：在所有的德文版中，此處都是使用「Uneigentlich」一詞（非原本的、非真實的），但按文章的意思似乎應是「eigentlich」（原本的、真實的）。

中的哪一種，他都不能隱匿他的任何聯想。[4]夢者會答應遵守這個規則，之後當我們發現他並未遵守諾言，我們可能會感到惱怒。一開始，我們會這樣解釋：即使有了我們專家的保證，他仍不相信自由聯想的合理性；假如我們能給他幾本書讀讀，或者讓他去聽聽演講，那麼，我們便有可能在理論上使他信服，使他成為自由聯想理論的支持者。然而，如果考慮一下我們自己的情況，我們就會發現，上述解釋是站不住腳的，畢竟就連對自由聯想理論深信不疑的我們，也難免對某些意念產生同樣的拒斥，只是後來我們駁回了這些拒斥的意見——透過反覆思考之後，才將它駁回。

做夢的人雖然不守規則，但我們不必為此感到惱怒，相反地，我們可以從這些經驗中了解到某種新的東西——某種愈出人意外便愈重要的東西。我們發覺釋夢的工作正面臨著一種阻抗，其表現就是批判性的反對。[5]它與夢者對理論的確信程度無關。事實上，我們發現這種批判性的反對永遠都沒有正當的理由。人們用這種方法壓抑的意念始終是最重要的意念，而對我們探索無意識材料的工作起著決定性的作用。因此，如果某種意念伴隨有這種反對，那麼，我們就必須特別注意。

這種阻抗對我們來說是某種全新的東西：它與我們的假設有關（第六講），但並不包括在我們的假設中。它的出現對我們來說並不全然是一個驚喜。我們馬上就會開始懷疑。它並不會使我們的工作變得更為容易，而可能將我們引入歧途，使我們放棄夢的研究：像夢這樣不重要的東西，研究它的困難竟如此多，而沒有一種簡單而直接的技術，我們何必為了它而招致許多麻煩呢！但是換個角度來看，這些困難也可能是一種刺激，使我們覺得這一工作雖然麻煩卻有價值。當我們試圖從作為替代物的元素出發探索隱藏於其後的無意識材料時，我們常常會遇到阻抗。因此，我們可以推斷出替代物背後肯定隱藏著某個重要的東西。否則，為了讓隱藏物不受人覺察而製造出那麼多的麻煩還有什麼意義呢？如果一個孩子不肯張開緊握著的拳頭給別人看他手中的東西，我們便可以斷定這個東西有問題——這個東西一定不是他應該有的。

在我們將阻抗的動力學觀點引入到這種情況中時，我們必須考慮到阻抗會有量的變化。阻抗有時大有時小，在研究中，我們已做好準備發現它們之間的差異。或許我們可將它與釋夢時所遇到的另一種經驗連繫起來：有時我們只需一個或幾個反應，就能透過夢元素發現隱藏其後的無意識材料；有時則需要做冗長的聯想，需要克服許多批判性的反對才能做到這一點。據此我們可以推斷，這些差異與不斷變化的阻抗大小有關；而我們的這一推斷很可能是正確的。[6]假使阻抗很小，那麼替代物必定離無意識材料不遠；反過來說，強大的阻抗意謂著無意識材料會受到極大的扭曲，因此要透過替代物發現無意識材料本身，道路將極其漫長。

現在，該是時候讓我們選一個夢，試用我們的技術對它進行分析，看看我們的期望是否可以得到證實。可是，我們該選個什麼樣的夢才好呢？你們想像不到挑選夢例有多困難，而我也

4 標準版註：佛洛伊德在第十九講會回頭討論這個「分析的基本技術規則」，編輯註解將會提供進一步的參考資料。
5 標準版註：「阻抗」的問題在第十九講有詳細討論。
6 標準版註：佛洛伊德在〈論釋夢的理論與實踐〉的第二節討論了阻抗的大小對釋夢的影響（1923*c*, *S. E.*, 19, p. 110）。

還無法讓你們清楚了解這些困難的性質。顯然有某些夢只受到少許的扭曲，所以最好從這些夢開始。但究竟是什麼夢最少受到扭曲呢？難道是那些明白易懂、條理清楚的夢嗎？（第五講）要是這樣想，我們便難免誤入歧途了。我們的研究表明，這些夢在很多地方被扭曲了。如果我不考慮特定的要求，任意挑選一個夢做例子，你們可能會大失所望。因為這樣一來，我們將必須探索或記錄各個夢元素所引發的聯想，以致無法完整地完成我們的工作。如果我們將夢寫下來，並記下由這個夢所引發的所有聯想，那麼可以肯定的是，記載夢及聯想所花的時間將會比原來的夢還要長許多倍。因此，最切實的方法似乎是選幾個簡短的夢來分析，每個夢至少都會告訴我們一點什麼，證實一點什麼。因此，在經驗尚未告訴我們可以在何處找到那些真正極少扭曲的夢的情況下，我們便決定採用這一方法。[7]

然而，我還可以想出一個能使我們的工作更容易進行的方法——一個唾手可得的方法。我們用不著從整個夢的解釋開始，而是將自己限定在一些夢的元素上。現舉幾個夢為例，看看我們怎樣運用我們的技術去解釋它們。

（a）一位女士說自己在童年時代經常夢見**上帝頭上戴著一頂紙做的捲邊帽**。假如沒有夢者的幫助，你怎麼有辦法解釋這個夢呢？它聽起來十分荒謬。但這位女士說她小時候常在進餐時戴上一頂那樣的帽子，因為她忍不住會去偷瞄兄弟姊妹盤子裡的食物是否比她多。如此一來，這個夢便不再顯得荒謬了，帽子的作用顯然有如一副護目鏡。（第六講）後來，夢者還有了另一個聯想，這使得對帽子這一元素和整個夢的解釋變得更為容易：「我聽說上帝無所不知，無所不見，」她說，「這個夢的意義只能是，即使他們想盡力瞞著我，但我也像上帝一樣無所不知，無所不見。」[8]此例或許太簡單了。

（b）一位多疑的女患者曾做了一個很長的夢，夢中有人向她提到我的那本論詼諧笑話的著作（一九〇五c），並對該書大加讚賞。接著她又夢見了一條「水道」，**也許是另一本曾提過一條水道的書，亦或是某個與一條水道有關的其他東西……她不知道……這一切都很模糊。**

毫無疑問地，你們會認為由於「水道」這一元素本身很模糊，因此將會難以解釋。你們認為困難是對的，但困難不是來自於模糊：困難及模糊均來自於另一個原因。夢者並未想起任何與「水道」有關的事物，我自然也無法解釋它。後來——事實上就是第二天，她對我說她想起了某件事，此事或許與「水道」一詞有關。這也是一個笑話——一個她曾聽過的笑話。在多佛和加來之間的輪船上，一位著名作家在和一個英國人談話。後者引述了一個警句：「高尚與可笑之間僅一線之隔。」「是的，」作家回答道，「le Pas de Calais.」——意思是他認為法國是高尚的，而英國是可笑的。這個Pas de Calais就是一條水道——英吉利海峽。你們會問我是否認為這件事與夢有所關聯。我認為當然有關聯，它提供了對令人困惑不解的夢元素的解釋。你們會懷疑這個笑話存在於做夢之前，而且就是「水道」這個元素背後的無意識思想？你們會認為它僅僅是後來的聯想嗎？患者的聯想洩露了她隱藏在表面讚美後的懷疑，她不願暴露此一懷疑，無疑

7 標準版註：參見下文。
8 標準版註：《夢的解析》第五卷，頁四一三～四一四，亦有此夢的描述。

就是造成聯想遲緩和夢的元素模糊的共同原因。看看夢的元素與其無意識背景的關係吧：事實上，夢的元素是其無意識背景的一個片斷，一種暗喻，由於二者已被隔離開來，夢的元素才變得不可理解。[9]

（c）一個患者做了一個很長的夢，夢中有這樣一段：**他家裡的好幾個成員正圍坐在一張形狀奇特的桌子旁**，之類的。由這張桌子，他聯想到有一次造訪某個家庭時，曾看過這種桌子；而後他繼續聯想到在這個家庭內，父子關係很特別；不久以後，他又補充說自己與父親的關係也是如此。因此，這張桌子成為夢的一部分，目的在於指出這個類似之處。

該夢者早就已經熟悉釋夢的要求。換做另一個人，也許會拒絕把桌子形狀之類的瑣碎細節作為研究的主題。但事實上，我們從不把夢中的事物看成是偶然的或無關緊要的，也不期望從這些不重要且無意義細節的解釋中獲取正確的知識。「我們的關係與他們的相同」這個想法為什麼要藉由桌子（Tisch）這一元素來表達呢？你們或許會對此感到驚訝，但當你們知道夢者造訪的這一家庭姓「Tischler」（字面意義為「木匠」）之後，問題也就解決了，夢者讓其親屬們圍坐在這張桌子（Tisch）旁，他是在說他們也是Tischlers。附帶提一句，你們應該有注意到，當一個人在敘述這些解釋時，難免會顯得輕率。你們也會猜想，這就是我曾暗示過的選取夢例的困難之一。我可以輕易舉出另一個例子取代此例，但我很可能只避免了這種輕率，卻會犯下另一種輕率。

在我看來，現在該是我為大家介紹兩個新術語的時候了，其實我們在很久以前就可以運用這兩個術語。我們把夢實際上告訴我們的東西稱為**夢的顯意**，而將其背後隱藏的材料，即我們希望透過夢者的聯想得到的材料，稱為**夢的隱意**。因此，我們現在就來討論一下上述各例中夢的顯意和隱意之間的關係。這些關係種類繁多，在例（a）和（b）中，夢的顯意是隱意的一個組成部分，儘管只是一個很小的片斷。在大而複雜的無意識夢念的心理結構中，也會有一小部分夢念進入到顯夢中——也許是一個片斷，在其他案例中，也可能是一個暗喻、一個標題，或是電報式的縮寫。釋夢便是將這些片斷或暗喻拼湊成一個整體——這點在例（b）中做得特別出色。因此，夢的工作其中一種扭曲方法便是以某個片斷、某個暗喻來取代夢念。在例（c）中，夢的顯意和隱意之間有著另一種關係，這種關係在下述各例中將表現得更為簡單和清楚。

（d）**夢者將一位女士（他所認識的某一個人）從床後拉出來**。夢者本人從自己的第一個聯想中找到了這個夢元素的意義：他特別喜歡這位女士。[10]

（e）有一男士**夢見其兄弟在一個箱子裡**（Kasten）。他的第一個反應以「Schrank」（碗櫃）取代了「Kasten」，而第二個反應則說出了夢的隱意：他的兄弟正在約束自己（Schränkt sich ein）。[11]

（f）**夢者夢見登上了山頂，放眼望去，四周一望無際**。此夢聽起來完全合乎情理，你們

9 標準版註：佛洛伊德在一九一九年把（b）這個夢例作為腳註，增補到《夢的解析》中（第五卷，頁五一七～五一八）。
10 標準版註：和下一個例子一樣，此例亦完全取決於語言的特點：德文「拉出來」（hervorziehen）和「偏愛」（vorziehen）相似。選自《夢的解析》第五卷，頁四〇九。
11 標準版註：此例及下一個例子均引自《夢的解析》第五卷，頁四〇七。

可能認為它沒什麼需要解釋的，只需研究夢者何以有此回憶，以及究竟是什麼引發了這個回憶就可以了。你們這樣想就錯了，此夢與其他雜亂無章的夢一樣需要解釋，因為夢者沒有記起任何有關登山的事，卻想起了他的一個朋友是一本「勘測雜誌」的編輯，專門研究人類和地球上最遙遠部分的關係。因此，此夢的隱意是夢者對一位「勘測學者」的認同。

由此，我們便看到了夢的顯意與隱意間的新關係。前者不是對後者的扭曲，而是後者的表現，是後者的一種塑形的、具體的意象，而這一意象來自於我們所使用的詞語。然而就結果來看，它又是對後者的一種扭曲，因為我們早就忘記了這個詞語起源於何種具體意象，所以當這個詞被意象替代時，我們就認不出它了。如果你們考慮到顯夢主要是由視覺意象，而很少是由思想和文字所組成，你們便能想見夢的顯意與隱意間的這種關係在夢的構造上何等重要。你們還會看到，以這種方式，許多抽象的思想便有可能在顯夢裡產生充當替代物的意象，以達到隱藏的目的。這便是人們熟悉的圖謎技術。至於這些表現為何都打著詼諧的幌子，這的確是一個很特殊的問題，但是我們不必在此進行討論。[12]

顯意與隱意之間還有第四種關係，我現在不談，等到我們討論相關問題時再加以討論。[13]即使我們討論了這個關係，我還是無法把所有的關係都告訴你們，但這些已足夠應付我們課程的需要了。

現在你們有足夠的勇氣，大膽地對整個夢進行解釋嗎？讓我們做個實驗吧！看看我們是否做好了充分的準備。我當然不會挑一個最晦澀難懂的夢，但仍得選擇一個能清楚地表現出這些屬性的夢。[14]

一女士雖很年輕卻已結婚多年，某夜她做了一個夢，內容如下：

> 她和丈夫在劇院看戲，正廳前排座位有一邊還完全空著。她的丈夫告訴她，愛麗絲．L和她的未婚夫本來也要來看戲，但只能以一個半弗洛林[15]買到三個不好的座位——他們當然不會要。她認為，他們即使買了，也不會有什麼真正的損失。

夢者所報告的第一件事情，便是在顯夢中曾提及這個夢的誘發原因，事實上，她丈夫曾對她說過，與她年齡相仿的愛麗絲．L已經訂婚了，此夢就是對這個消息的反應。我們已經知道就許多夢而言，我們很容易從前一天所發生的事件中找出類似的起因（第六講），夢者常常也能毫無困難地為我們追溯到這一點。在此夢中，夢者還為我們道破了顯夢裡一些其他的元素——

12 標準版註：參見佛洛伊德在《詼諧及其與無意識的關係》一書中的相關討論（1905*c*, *S. E*, 8, p. 173）；也請參見本書第十五講。

13 標準版註：參見本書第十講。

14 標準版註：佛洛伊德在《夢的解析》第五卷，頁四一五～四一六，分析過下述這個夢，只是不夠詳盡。在其短篇著作《論夢》（1901*a*），第五卷，頁六六九～六七〇、六七三，他也提到過這個夢。

15 標準版註：這在當時值大約兩先令六便士或六十二點五分。

正廳前排座位有一邊還空著這一細節來自何處呢？這是對上週發生的一件真實事件的暗喻。她早已計畫好了要去看某一齣戲，因此很早就把票訂好了——票訂得如此地早，以致不得不付出較高的票價。他們到了戲院後，卻發現她的擔憂完全是多餘的，因為正廳前排座位有一邊幾乎是空著的。即使她到了戲上演的當天才去買票，也一點都不遲。因此，她丈夫總是取笑她太匆忙。那麼，一個半弗洛林又是指什麼呢？它與演戲毫無關係，不過也影射了前一天發生的一件事。她丈夫給了他妹妹一百五十弗洛林，接到錢後，她便匆忙地——這個傻瓜——到珠寶店買了一件首飾。「三」這個數字從何而來？她對此一無所知，除非我們把下面這個意念也考慮進來：她那位剛訂婚的女友愛麗絲·L只比她小三個月，而她卻已經結婚快十年了。兩個人買三張票這個荒謬的想法又是指什麼呢？她並未提到這一點，並且拒絕提供任何想法或訊息。

然而，儘管如此，她還是在這些為數極少的聯想中為我們提供了許多材料，使我們有可能據此揣知此夢的隱意。她談到這個夢時曾多次提到時間，這點讓我們留下了深刻的印象，並成了不同材料間的一個共同因素。她買票買得太早了，太匆忙了，以致不得不付出了較高的票價；而她的小姑也是匆忙地拿著錢到珠寶店去買首飾，好像去遲了就買不到似的。除了我們剛才所強調的「太早」、「太匆忙」以外，如果我們再考慮一下夢所發生的原因——年紀比她小三個月的朋友現在已找到了一個很出色的丈夫——以及她對其小姑的嚴厲批評，認為她小姑如此匆忙，未免太傻了，那麼，我們就能發現該夢的隱意正如下述，顯夢當然也就成了一個被扭曲得很厲害的替代物：

「我急於結婚真是太傻了！從愛麗絲的例子可以發現，我遲一些也能找到丈夫。」（太匆忙這層意思透過她自己急於買票以及她小姑急於買首飾表現，去看戲則代表結婚。）這點似乎是主要的想法，我們還可以再分析下去，但不是那麼地確定，因為這樣的分析不應該在缺少夢者自己看法的情況下進行：「我用這筆錢本來可以買到比這個還要好一百倍的東西！」（一百五十弗洛林剛好是一個半弗洛林的百倍。）假如我們用其嫁妝代替這筆錢，那意思就是說她以她的嫁妝來買她的丈夫，首飾和位置欠佳的戲票就成了她丈夫的替代物。假如「三張票」這個元素和丈夫有著某種關聯，那我們的解釋可能會更令人滿意。（第十四講）但是我們對此夢的理解還遠不到這一步。我們只知道該夢用來表示夢者看不起自己的丈夫，以及深悔自己結婚太早。

我認為，第一次釋夢的結果不僅未能使我們滿意，反而會使我們感到吃驚、迷惘，我們一次獲得的東西太多了——多到我們無法應付。我們已發現我們還無法完全了解我們從這個夢的解釋中所學習到的東西。讓我們趕緊列出那些已能為我們所確認的新發現吧。

首先，值得注意的是，此夢的隱意其重點在於「太匆忙」這一元素，而這一點在顯夢中卻了無蹤跡。不進行分析，我們就不知道這個元素在夢中起了什麼作用。因此，最主要的東西，即無意識思想的中心並沒有在顯夢裡出現。這意謂著我們對整個夢境所形成的印象必須進行根本的改變。其次，夢中還有一個荒謬的組合：一個半弗洛林買三個不好的座位。我們在夢念中找到了下述想法：「（結婚太早）未免太傻了。」如果我們說「未免太傻」這一隱意乃是透過顯夢的一個荒謬元素表現出來的，難道你們還會懷疑嗎？再者，透過比較可以看出顯夢元素與隱夢元素之間的關係並不簡單，一個顯夢元素並不總是取代一個隱夢元素。這是在兩個不同層次之間的群體關係，在這種關係中，一個顯夢元素可以取代數個隱夢元素，一個隱夢元素亦可由

數個顯夢元素所取代。（第十一講）

對於夢的意義以及夢者對意義的態度，我們可以指出許多令人驚訝的東西。該女士的確同意我們的解釋，但她仍不免驚訝。她並未意識到自己竟如此地輕視丈夫，也不知道自己為什麼看不起他。因此，這個夢尚有許多無法理解之處。在我看來，我們尚不具備釋夢所需的知識和能力，因而首先需要的是接受進一步的訓練，以做好更充分的準備。

第 8 講

兒童的夢
Children's Dreams

女士、先生們：

我覺得我們進行得太快了點。讓我們倒退幾步看看。在我們藉助於我們的技術、試圖克服夢中扭曲所帶來的困難之前，我們曾說過要克服這種困難，最好是選擇那些未曾受到扭曲或很少受到歪曲的夢（第七講）——如果這種夢存在的話。可是這正好與我們的發現的歷史軌跡相反（參見第五講），因為只有在始終如一地應用我們的釋夢技術，並且徹底分析那些被扭曲的夢之後，那些未受到扭曲的夢的存在才會引起我們的注意。

我們正在尋找的這種夢發生在兒童身上。[1]兒童的夢簡短、清楚、連貫、易懂且不含糊，但它們仍無疑是夢。然而，你們千萬別以為所有兒童的夢均屬於此類。夢的歪曲在童年早期就已出現了，而且還有報告指出五到八歲兒童的夢已具有成人夢的所有特點。但如果你們把範圍限定在從兒童初具

1 標準版註：《夢的解析》中並沒有單獨講述兒童的夢的章節，但在第四卷，第三章的第一二七頁及以下幾頁論述了兒童的夢，本講裡的夢例亦見於該章。

心理活動開始至四、五歲這一階段，你們就會發現許多夢例，它們具有某些可以被描述為「幼年的」特徵。當然，在童年後期你們亦能發現一些類似於此的夢。事實上，在特定條件下，就連成年人所做某些夢，也與此類具有幼年特徵的夢相當類似。

從這些兒童的夢中，我們可以輕易且肯定地概括出夢的一些基本性質，而我們可以期待這些結論將被證明具有決定性，而且是普遍有效的。

（1）為了理解這些夢，我們既用不著分析，也不需使用任何技術。對於向我們講述其夢的兒童，我們無須詢問。然而，對於兒童生活中發生的種種事件，我們卻要有所了解。每一個夢都可以用前一天的某一經歷加以解釋。夢是兒童睡眠中心理生活對先前經驗的反應。

我們現在舉幾個例子，以作為進一步結論的根據。

（a）有人要一個一歲十個月大的男孩把一籃櫻桃送給某人作為生日禮物。他顯然極不願意，儘管別人已允諾他也可以得到一些櫻桃。第二天早晨，他說自己做了一個夢，夢見：「**赫爾曼把所有櫻桃吃完了！**」

（b）一個三歲三個月大的女孩第一次遊湖。船靠碼頭時，她怎麼也不願上岸，並放聲大哭。對她來說，遊湖的時間未免太短了。第二天早晨，她說：「**昨晚我去遊湖了。**」我們可以很有把握地說，她在夢中遊湖的時間肯定比白天遊湖的時間還要長。

（c）一個五歲三個月大的男孩與其他人一同遊覽哈爾希塔特附近的厄斯徹恩塔爾。[2]他以前曾聽說過哈爾希塔特在達克斯坦山的山腳下。他對此山充滿嚮往。從他住的地方奧西就可以看見達克斯坦山，透過望遠鏡還可以清楚地看到山頂上的西蒙尼小屋。這個小孩經常用望遠鏡看這個小屋——是否看見則無人知曉。所以旅遊是在一種期待的、愉快的氣氛中開始的。每有新山在望，他便問：「那是達克斯坦山嗎？」可是每次得到的回答都是否定的，於是他變得越來越沮喪了。最後他變得沉默寡言，甚至不肯和其他人一起再走一小段路去看瀑布，大家都以為他一定是太疲倦了。可是第二天早晨，他興高采烈地說：「昨天晚上，我夢見**我們都在西蒙尼小屋裡**。」由此可知，去看西蒙尼小屋就是他對這次旅遊的期待。關於路程，他僅重複之前聽到的話：「你得爬六個小時的山路，才能到山頂。」除此之外，他再也講不出任何的細節。

這三個夢提供了我們所需要的全部訊息。

（2）我們知道，這些兒童的夢並不是毫無意義的。它們都是一些易於理解，且完全有效的心理活動。你們應該還記得我所講過的夢的醫學觀，以及將夢比作不懂音樂的人在琴鍵上亂彈的比喻（第五講）。你們肯定會發現，這些兒童的夢與這種觀點相悖。如果**兒童**能在睡眠時執行完整的心理功能，而在同一條件下，**成人**則對僅僅做出「抽搐」的反應感到滿足，未免太奇怪了。何況，我們有各種理由斷定兒童的睡眠要比成人的睡眠更熟更深。

（3）這些夢沒有任何夢的扭曲，因此也無須解釋。在此，顯夢和隱夢恰好相符。**因此夢的扭曲並不是夢的基本性質的一部分**。我希望這一點不會給你們帶來精神上的負擔。但是當我們更仔細地研究了這些夢之後，我們不得不承認甚至在這些夢裡也包含著夢的扭曲，即夢的顯意和夢的隱意之間，仍存在著某種區別。

2 標準版註：在北奧地利的薩爾茨塞麥格地區。

（4）兒童若對前一天的經歷感到遺憾，有著未被滿足的期望和欲求，便會以做夢作為反應。**夢直接而又毫無偽裝地滿足這個欲求**。現在讓我們回憶一下，先前討論過來自外界和體內的軀體刺激會干擾睡眠並影響夢的生成。（第五講）那時，我們已知道了一些無可懷疑的事實，但是我們只能用這些事實來解釋少數的夢。然而，在這些兒童的夢中卻看不出那種軀體刺激的作用，在這一點上我們不會弄錯，因為這些夢都容易理解且易於掌握。但這並不意謂著我們需要放棄夢是由刺激產生的觀點。我們只需問一下自己，為什麼在一開始我們竟忘記了，除了軀體刺激外，干擾睡眠的刺激還應包括**心理**刺激呢？我們知道，干擾成人睡眠的刺激主要就是這種心理，這種刺激常使成人無法建立睡眠所需要的那種情境——對外界失去興趣的情境。他不想打斷自己的生活，而寧願繼續做自己關心的事情，這就是他睡不著的原因。因此，就兒童而言，干擾其睡眠的刺激是一個心理刺激——即那個沒有得到滿足的欲求——他們的夢便是對這一心理刺激的反應。

（5）這一點在理解夢的作用上提供了最直接的途徑。只要夢是對某種心理刺激的反應，那麼，它的作用便在於應付刺激，進而消除刺激，讓睡眠得以繼續。我們尚不清楚用夢來處理刺激的方法在動力學上是怎樣得以進行的，但我們卻已看到，**夢並不像人們所責備的那樣，是睡眠的干擾者，相反地，它消除干擾，是睡眠的保護者**。我們原以為沒有夢就會睡得更香，然而我們錯了，事實上，沒有夢的幫助，我們根本就不可能有睡眠。我們之所以睡得好，正是因為有了夢的緣故。當然，夢不可避免地也會使我們稍受干擾，然而這正如巡夜人在驅逐擾亂治安者時不免會弄出一點聲音一樣。

（6）夢因欲求而起，夢的內容就是欲求的滿足——這是夢的主要特徵之一。夢的另一個普遍特徵是，夢不僅表達一個想法，還把滿足了的欲求表現為一種幻覺的經歷。[3]「**我很想再去遊湖**」是引起夢的欲求。夢的內容則為：「**我正在遊湖**」。因此，即使在這些較為簡單的兒童的夢裡，顯夢和隱夢之間仍略有區別，夢的隱意亦受到了扭曲：**夢的隱意變成了一種經歷**。在釋夢的過程中，必須先將這種改變還原。假如這是夢的最普遍的特徵之一，那麼，我以前講過的那個夢的片斷（第七講），「我看見我的兄弟在一個箱子裡（Kasten）」，它的意思就不是「我的兄弟正在約束自己（Schränkt Sich ein）」，而是「我希望我的兄弟要約束自己：**我的兄弟應該約束自己**」。顯然地，我所提出的夢的兩個普遍特徵中，第二個特徵更可能為人們所接受。只有在經過廣泛研究之後，我們才能證實這一事實：引起夢的，必定是某種欲求，而不是某種擔憂、意圖或責難；但這並不影響另一個特徵——即，夢不僅重現這個刺激，還藉由某種經歷來趕走它，消除它，處理它。

（7）基於夢的這些特徵，我們可再次對夢與失誤動作做個比較。在失誤動作中，我們區分了干擾目的和被干擾的目的（第四講），認識到失誤動作就是二者間的一種折衷。對於夢，我們也能以這種方式去理解。夢的被干擾的目的只能是睡眠的目的。它的干擾目的則是某種心理刺激，或我們所說的那種力求得到滿足的欲求，因為至今我們還未發現其他干擾睡眠的心理刺

3　標準版註：應該注意的是，上述兩個「夢的主要特徵」或「普遍特徵」與第五講所討論的「所有夢的兩個共同特性」並不相同。

激。在此，夢也是一種折衷的結果。人們睡著了，但仍經歷著欲求的滿足；人們滿足了欲求，但同時持續著他們的睡眠。兩種目的各完成了一部分，也各被捨棄了一部分。

（8）你們可能還記得，我們一直希望能從那種被稱為「白日夢」的想像結構中找到理解夢的途徑。（第五講）事實上，這些白日夢都是欲求的滿足，都是野心或情欲的滿足，對於這些野心和情欲我們都很熟悉；但它們是想法，即使非常生動，也絕不會被經歷為幻覺。於是，在夢的兩個主要特徵中，較不確定的那個特徵在此仍然適用，另一個特徵則由於其取決於睡眠狀態，無法在清醒狀態下實現，而完全不存在於白日夢之中。可見，我們慣用的語言已經猜測到了這一事實：欲求的滿足是夢的主要特徵之一。順便指出，假如我們夢中的經歷只是想像的一種變型，這種變型只能在睡眠狀態的條件下發生——即「夜晚的白日夢」，那麼，我們就能了解構成夢境的過程如何能處理夜間的刺激並帶來滿足，因為白日夢也是一種與尋求滿足有關的活動，而且也只有為了尋求欲求的滿足，我們才會做白日夢。

此外，還有其他一些慣用語言也表達了同樣的意義。有一些人們所熟悉的諺語，如「豬夢見橡樹子，鵝夢見玉米」或「母雞夢見什麼呢？——夢見小米」。[4]因此，諺語提到了比我們提到的還要低等的生物——已由兒童降到了動物，而且它也主張夢的內容就是需要的滿足。許多修辭似乎也有著相同的意義：「美妙如夢」、「我實在不該夢見這樣的好事」、「即使在最美妙的夢裡，我也未曾想像過這樣的好事」。就此而言，我們慣用的語言明顯偏向了某一邊。因為也存在著焦慮的夢、令人痛苦的夢或無關緊要的夢，但慣用的語言並未因此而改變。不錯，也有「惡夢」的說法，但就其純粹而簡單的用法而言，夢只能是欲求的滿足。沒有任何諺語會說豬或鵝夢見自己被宰殺。

夢是欲求的滿足這一特徵竟未引起任何研究夢的學者的注意，這當然令人難以置信。其實，他們也經常注意到這一特徵，只是從未想過要把它看成是夢的一個普遍特徵，使它成為釋夢的基礎。我們完全可以推測出他們沒有這樣做的原因，稍後我們會再就此加以討論。

現在讓我們看看，透過對兒童的夢的研究，我們究竟獲得了多少知識。我們幾乎是毫不費力地了解到：夢作為睡眠的保護者的功能；夢起源於兩個並存的目的，渴望睡眠的目的維持不變，另一個目的則同時竭力滿足某種心理刺激；證明了夢是具有意義的心理活動；夢有兩個主要特徵——欲求的滿足和幻覺的經歷。當我們發現這些事實時，我們幾乎可以忘記我們是在進行精神分析的研究，除了探索夢與失誤動作的關係外，我們的工作並沒有什麼特定的標記。任何一個，假設對精神分析一無所知的心理學家，也能對兒童的夢做出同樣的解釋。那他們為什麼不這樣做呢？

倘若這種幼年的夢是唯一的一種夢，那麼夢的問題就解決了，而我們也完成了我們的任務，我們並不需要詢問夢者，也不必引進無意識或運用自由聯想。能否證實這些特徵的普遍性，顯然正是我們的工作要努力的方向。我們不止一次發現，有些宣稱普遍有效的特徵，後來卻證實只適用於少數特殊的夢。因此，我們眼下所要解決的問題是，我們從兒童的夢中所推論出的夢

4 標準版註：這兩個諺語，一個為匈牙利諺語，另一個為猶太諺語。參見《夢的解析》第四卷，頁一三二及腳註。

的普遍特徵，是否有較為牢靠的證據，是否也適用於那些意義不很明顯、且看不出顯夢與前一天未被滿足的欲求之間有任何連繫的夢。我們的觀點是，這些夢受到了極大的扭曲，所以不能一眼就判斷出來，而要解釋這種歪曲，則需求助於精神分析技術；而在我們剛取得的兒童的夢的理解中，正能做到這一點。

無論如何，還存在著一種夢，未曾受到扭曲，和兒童的夢一樣可以輕易地認出其為欲求的滿足。這些是由迫切的身體需求所喚起的夢，例如饑、渴、性欲需求等，也就是說，它們是欲求的滿足，是對內部軀體刺激的反應。我曾記錄一個一歲七個月大的小女孩所做的夢，她夢見一份**菜單**，上面有她自己的名字：「**安娜**・F、**草莓**、**野草莓**、**煎餅**、**布丁**！」這是對她一整天未進食的反應，小女孩由於吃了草莓，結果有些消化不良，整整一天未吃任何東西。當天，小女孩的祖母（二人加起來共七十歲）也因腎病發作被迫整天沒有進食。結果，當晚便夢見自己「應邀赴宴」，吃的盡是美味佳餚。

觀察被迫挨餓的囚犯、斷糧的旅行者和探險者，我們可以發現，在這些情況下，他們經常夢見自己得到了食物。因此，奧托・諾頓斯柯爾德（一九〇四，第一卷，頁三三六～三三七）如此描述了探險隊員們在南極過冬時的生活：「我們的夢很明確地表現了當時我們內心深處的想法，我們從未像那時一樣做過那麼多、那麼生動的夢。即使那些很少做夢的人，和我們一起在早晨交換彼此在想像世界中的最新經歷時，也有很多話可講。這些經歷都與在南極以外的生活有關，當時這個世界離我們是如此地遙遠，但它們經常還是能夠反映出我們的真實處境。……然而，我們的夢通常以吃喝為主軸，我們有一位隊員特別能在夜晚夢見自己參加正式的午宴，當他在早晨說自己『吃了一頓有三道菜的晚餐』，他感到非常自豪。另一位隊員則夢見滿山遍野都是煙草；還有一位則夢見一艘揚帆而來的船從沒有被冰封住的海域上駛來。還有一個夢也值得一提。夢裡郵差送來了一封信，反覆解釋他遲來的原因：他先把信送錯了地方，然後費了很大周折才將信件取回。當然，我們也常夢見一些不可能發生的事情，但是令人驚訝的是，幾乎所有的夢都缺乏想像力。倘若能把所有這些夢都記錄下來，肯定能引起極大的心理學興趣。既然夢能為每個人提供他最渴望得到的一切，那麼，就不難想像我們是多麼地渴望睡眠了。」杜普內爾（一八八五，頁二三一）也曾描述類似的現象，他說：「芒戈．帕克有一次在非洲旅行快要渴死時，曾夢見其家鄉水源豐富的山谷和草地。拜倫．特倫克被囚於馬格德堡的城堡裡挨餓時，亦夢見自己周圍到處都是美味佳餚；喬治．巴克在參加弗蘭克林的首次探險活動的過程中，每當斷糧而幾乎餓死時，便夢見吃到了豐盛的食物。」[5]

任何一個人，若是在晚餐時吃了煮得太鹹的魚，而在夜裡覺得口渴，都有可能夢見自己在喝水。[6]當然，夢並無法真正滿足我們對食物或飲料的強烈需求，人們從這種夢中醒來後仍會覺得口渴，不得不真的喝點水。從實用的角度來看，這種夢並沒有什麼效果，但是我們做夢的目的顯然是在於保護睡眠，不讓刺激將人驚醒。當需求強度不大時，由夢所獲得的滿足便能幫助人們克服這種需求。

5 標準版註：這兩段引文亦見於《夢的解析》第四卷，頁一三二～一三三的腳註。

6 標準版註：《夢的解析》第四卷，頁一二三～一二四，有對此夢更詳細的分析。

以同樣的方式，夢也能使處於性刺激作用下的人們獲得滿足，但值得一提的是，這種滿足有其獨特性。由於性本能不像饑、渴那樣仰賴於需求的對象，因而夢遺所帶來的滿足可能是真正的滿足，而且由於性需求與性對象之間存在的某些困難（這一點我之後再講），它經常在模糊或受到扭曲的夢內容中得到真正的滿足。遺精夢的這一特徵（正如奧托．蘭克〔一九一二a〕所指出的那樣），使它們特別適合作為研究夢的扭曲的對象。[7]此外，就成人而言，所有源於軀體需求的夢不僅包含了此一需求滿足，而且還包含了其他來自純粹心理刺激的材料，只有透過解釋，我們才能了解這些材料。

再者，我的意思並不是主張，在成人這種幼年型態欲求滿足的夢中，僅限於反應我已提過的那些迫切需求。在某些情境的影響下，我們有時會做一些簡單、明瞭的夢，而其來源則是一些明白無誤的心理刺激。例如，存在著一些迫不及待的夢：假如夢者準備去旅行、準備去看一齣對他來說很重要的戲、準備去演講或去訪友，那麼，他可能在夢中提早實現自己的期待，他可能在前一夜就夢見自己到達了目的地，或夢見自己在看戲，或夢見自己在和那位他打算去拜訪的朋友交談。又如，還有一些被認為是便利的夢，夢者想多睡會兒覺，於是便夢見自己已經起床，正在洗臉，或已經到了學校，而實際上他仍在睡夢中，他寧可在夢裡起床，而不願真正起床。[8]我們已經認識到，睡眠的欲求在夢的建構上有著重要的作用，透過上述的夢，我們又可清楚地看到這一點。夢的欲求明顯地表現於這些夢中，並表明自己就是夢的主要構建者。因此，我們有充分的理由認為，睡眠需求的重要性並不亞於其他重要的身體需求。

在慕尼黑的沙克畫廊掛著一幅施溫德的複製畫，透過此畫，我們可以看出畫家很明確地知道夢可由某種占主導地位的情境引起。畫名為「囚犯的夢」，夢的內容當然是囚犯的越獄，從由窗口潑灑而入的陽光喚醒了囚犯的夢這一點，我們可以推知，囚犯夢見的乃是他正要從窗口逃出去的快樂時刻；一個接著一個往上攀爬的妖魔，則代表著他攀爬到窗戶的高度所需經過的位置；如果我沒有理解錯，沒有牽強附會的話，那個站在最頂端，正在鋸鐵條的妖魔——他正在做囚犯想做的事——其面貌酷似囚犯。

我曾說過，除了兒童的夢和幼年型的夢之外，其他所有的夢都因受到扭曲而難以理解。一開始，我們也分不清這些夢是否正如我們所揣想的那樣，也是欲求的滿足，我們也無法從其顯意中推測出它們究竟是由什麼心理刺激所引起，亦不能證明它們也正在竭力消除刺激或對付刺激。我們必須對它們進行解釋——換句話說，必須對它們進行翻譯——去除它們的扭曲，揭開顯意的面紗，讓隱意重見天日。只有這樣，我們才能判斷我們在研究幼兒的夢時所得到的種種結論，是否可用於解釋所有的夢。

7 標準版註：《夢的解析》第五卷，頁四〇二，對此有更詳細的討論。
8 標準版註：《夢的解析》第四卷，頁一二五，亦講述了類似的夢。

第9講

夢的稽查作用

The Censorship of Dreams

女士、先生們：

透過研究兒童的夢，我們已經了解了夢的起源、基本性質與功能。**夢是以幻覺性滿足的方式來消除干擾睡眠的（心理）刺激的心理現象**。然而，我們只能解釋一種成人的夢——即我們所說的幼兒型的夢。至於這些發現是否適用於其他種類的夢，尚未可知，因為我們還無法理解這些夢。但我們已經有了一個暫時性的發現，我們千萬不能低估其價值。每當我們理解了某個夢時，它都可被證明為是欲求的幻覺性滿足；這種一致性絕非偶然，也絕不是無關緊要。

基於種種不同的考量，基於我們對夢與失誤動作所做的類比，我們曾假設還存在著另一類的夢（第七講），它們是一種扭曲了的替代物，取代某個尚不為人知的內容。對於這種夢，首先是要找到它們背後隱藏的那尚不為人知的內容。因此，我們的當務之急，就是進行可以讓我們了解**夢的扭曲**的研究。

正是夢的扭曲讓夢變得奇怪而難以理解。對其我們想要了解的東西很多：首先，我們得了解扭曲來自何處，即了解它的動力學；其次，我們得了解它的作用；最後，我們還得了解它所使用的方法。我們也可以說夢的扭曲是透過夢的工作才得以完成的，因此我們想描述一下夢的工作，並追溯在其中發生作用的種種力量。[1]

現在請聽以下這個夢。此夢是精神分析界的一位女士記錄的，[2]她告訴我們，夢者是一位很有教養且受到尊敬的年長女性。此夢未被分析，記錄者說此夢對精神分析師而言毫無解釋的必要。夢者本人也未曾解釋這個夢，但對它加以譴責，彷彿她已懂得如何去解釋這個夢似的，因為談到此夢時，她說：「一個五十來歲、整天只知道為孩子擔心的女人，竟會做出這樣一個令人討厭而荒唐的夢！」[3]

以下就是她所做的夢——此夢與戰爭期間的「愛的服務」有關。[4]

她到了第一軍醫院，並對門口的衛兵說她必須和院長（提到了一個她不認識的名字）談談，因為她想到醫院進行義務服務。她說話時特別強調了「服務」二字，以致這位衛兵馬上就明白了她指的是「愛的服務」。由於她是一位老婦人，他猶豫了片刻，之後還是讓她進去了。她沒有去找院長，但卻走進了一個又大又暗的房間，房內，許多軍官和軍醫或坐或站地圍繞在一張長桌子旁。她走向一位外科醫生並向他說明了自己的來意，他很快就明白了她的意思。她在夢中所說的話是：「我和維也納的其他許多女性都樂意……」此時夢中的話語變得模糊：「……為了部隊——軍官們及士兵們。」從軍官們有些尷尬又有些詭祕的表情中，她知道他們對她的意思都已了然於心。該女士繼續說道：「我知道我們的決定聽來令人驚訝，但我們是認真的。沒有人會問一位在戰場上作戰的士兵，他是否希望戰死。」接下來是一陣尷尬的沉默。

接著那位外科醫生摟著她的腰說：「太太，假如真是這樣，那……（喃喃聲）」她掙脫開來，心想：「他們可能都一樣。」並且回答道：「天啊，我是一個上了年紀的人，我實在不應該來這裡。此外，還有一個條件必須遵守：必須考慮年齡的問題。一個上了年紀的女人總不會和一個小男孩……（喃喃聲），那太可怕了。」「我完全理解。」外科醫生說。一些軍官們放聲大笑起來，其中一位還是她年輕時的追求者。之後，這位女士要求見見院長，希望能把整件事情確定下來。她認識院長，但令她驚訝的是，她竟然記不起院長的名字。儘管如此，外科醫生仍非常恭敬地指引她上三樓的路，告訴她可經由一段很狹窄的螺旋形鐵梯，直接從這個房間上到三樓。上樓時，她聽到一個軍官說：「一個女人不管年齡多大，能夠做出這樣一個決定都是驚人的，讓我們向她致敬！」她爬著那段似乎是永無止境的樓梯，覺得自己只是在盡她應盡的責任。

據這位女士說，這個夢在幾週之內出現了兩次，只有一些微不足道且毫無意義的變動。[5]

1 標準版註：第十一講有針對夢的工作的專門討論。
2 佛註：馮·胡格—赫爾穆斯博士夫人（1915）。
3 標準版註：這個夢發生在一九一四到一九一八年戰爭期間，她的一個兒子也參加了這次戰爭。
4 標準版註：「Liebesdienste」意謂「為了愛而做出的服務」，也就是「無償的服務」的意思；但它也有其他不是那麼高尚的含義。
5 標準版註：此夢在一九一九年被作為腳註增補到了《夢的解析》第四卷，頁一四二～一四四。

從夢的連貫性來看，它與白日夢的幻想類似：不連貫處很少，其內容中的許多細節，只需稍加研究便可理解，但是我們並沒有這樣做。在我們看來，其中最令人驚訝而又最有趣的是夢中出現了幾處中斷——並非夢者回憶夢時出現的中斷，而是夢的內容的中斷。夢中有三個地方的內容彷彿消失了，而以喃喃聲取代。由於我們尚未對此夢進行分析，嚴格說來，我們無權揣測其意義。然而，也有若干蛛絲馬跡可循（例如：「愛的服務」），我們可以根據這些蛛絲馬跡得出結論。但首先，我們必須填補夢中出現的中斷，而且必須以明確的方式來填補。假使我們把中斷了的內容補上，幻想的內容便是夢者準備報效國家，獻身給部隊裡的官兵，以滿足他們的性欲需求。這當然會引起別人的反對，而且是一種典型的無恥的性欲幻想——然而這一點卻根本未在夢中出現。每當夢的脈絡中需要明白表露這一幻想時，顯夢裡便出現含糊不清的喃喃聲：某件事物已消失或被壓抑了。

我希望你們能夠認可這樣的假設，即由於這些細節會引起別人的反對，因此它們受到了壓抑。我們在哪裡可以找到一個與此類似的事件呢？在我們的時代裡，類似的事件可以信手拈來。拿起任何一份政治性的報紙，你們會發現正文中到處都有脫漏之處，而留下一處處的空白。你們知道，這是報刊稽查所做的工作。這些空白處原來一定有令稽查當局非常不滿之事，因此被刪除了——你們也許會覺得這太可惜了，因為被刪去的無疑是文章中最有趣的東西——「最精彩」的片斷。

有時，稽查在全文還未寫完之前就已開始發生作用了。作者預料某些段落會遭到稽查的反對，事先就以較為溫和的方式來表達，或稍加修飾，或滿足於某種近似或暗示性的表達。如此一來，報紙上便不再出現空白，但你們仍可由某些較為迂迴或模糊的表達，揣知作者寫作時已事先做過稽查工作了。

根據這個比喻，我們認為，夢裡所省略的，或由喃喃聲所隱藏的話語也同樣成了稽查作用的犧牲品。我們已多次用過「**夢的稽查作用**」一詞，並把它看成是夢境扭曲的一個原因。只要顯夢中出現空白，應該就是受到了夢的稽查作用影響。進一步說，凡是在其他較明確的夢元素中，出現一個在記憶裡特別模糊、特別不明確和特別可疑的夢元素，我們就應該把這種現象看成是稽查作用的表現。然而，稽查作用很少像在「愛的服務」那個夢中一樣，那麼不加掩飾——也可以說，那麼天真幼稚。稽查作用更常用的是第二種方法，即透過軟化、近似和暗示等方式，取代真正的事物發揮作用。

我知道夢的稽查作用還有第三種發揮作用的方法，這種方法並不存在於新聞稽查中，但我可以用我們曾經分析過的一個夢例來加以說明。你們應該記得那個「用一個半弗洛林幣買三張位置不好的票」的夢（第七講）。在那個夢的隱意裡，「過分匆忙，太早」這些元素有著最重要的地位。因此，那麼早結婚真是太傻了——那麼早買戲票也很傻——小姑匆匆忙忙花錢買首飾也傻得可笑。這個夢念的核心元素並沒有在顯夢裡表露出來，顯夢的重點是「去看戲」和「買票」這兩方面。由於重點的置換，即對夢元素的重新安排，顯夢已完全不同於隱藏的夢念，以致沒有人會想到顯夢背後還隱藏著夢的隱意。重點的置換是夢境扭曲所用的主要方法之一。正是由於夢是如此奇特，夢者才不願承認它是自己內心的產物。

材料的省略、修飾和重新安排——這些就是夢境稽查作用的活動及夢境扭曲所用的方法。

我們目前正在研究的夢境扭曲的起因，或起因之一，就是夢境稽查作用。我們習慣於把修飾和重新安排的概念結合在一起，而將其稱為「置換作用」。

在對夢的稽查作用的活動做了上述評論之後，我們現在來講講其動力學。我希望你們不要用過分擬人的觀點來看待這個詞，不要把「夢的稽查員」想像成一個寓居於腦中小房間內行使自己職責的嚴厲的侏儒或神靈；但我也希望諸位不要以太過「定位學的」意義來了解這個詞，不要以為有一個「腦中樞」可以產生一種稽查力量，這個「中樞」一旦受傷或被移除，這種力量便會停止作用。我們現在只能把它作為一個可以用來描述一種動力學關係的詞。此詞仍不能解決究竟是什麼樣的目的[6]產生了這種作用，以及這種作用的對象究竟是什麼樣的目的等問題。而且假若我們發現自己已經接觸過夢的稽查作用，只不過那時還不了解，也不必感到驚訝。

事實的確如此。你們還記得，當我們開始利用自由聯想法時，就有一個驚人的發現。我們知道，當我們企圖由夢元素出發，以探求其背後的無意識元素，就遇到過一種**阻抗**。（第七講）我們說過，這種阻抗的強度不一，有時極大，有時極小。阻抗小時，我們在釋夢時只需少數幾個聯想就可；阻抗大時，則不得不由夢元素開始做出冗長的聯想。這些聯想使我們遠離夢元素，同時一路上還得克服因聯想意念而引發的種種批評性拒斥。釋夢時所遇到的這種阻抗，在夢的工作中必然成了一種夢的稽查作用。對釋夢進行阻抗只不過是夢的稽查作用的一個客體化的作用。[7]它也證明稽查的力量並沒有因為造成夢的扭曲而枯竭，相反地，稽查是一個永久性的機構，其目的在於維持已經形成的扭曲。此外，正如釋夢時的阻抗大小隨夢中每一元素而變化一樣，由稽查作用所引起的扭曲程度也隨著同一夢中的各個元素有所不同。假如我們將顯夢和隱夢進行比較，我們就會發現某些潛隱的成分已被完全略去，有些多少有點改動，還有些未經改變就呈現於顯夢中，甚至被強化。

但是我們想要弄清楚的是，施行稽查的究竟是何種目的，而受到稽查的又是何種目的。假使我們對已解釋過的一系列夢進行仔細研究，那麼，這個對於理解夢和人類生活都十分重要的問題並不難回答。施行稽查的目的就是夢者清醒時所承認或讚許的目的。你也許可以確定，假若你否認自己的夢的正確解釋，那麼你的動機就是產生夢的稽查作用，從而使夢的扭曲得以產生，進而使釋夢成為必要的動機。以前文那個五十來歲女士的夢為例，她未進行任何分析就認為自己的夢令人作嘔，如果馮．胡格－赫爾穆斯博士曾告訴她此夢的某些必然解釋，她一定會感到更加地憤怒；正是由於夢者的這種譴責態度，夢裡那些會引起反對的段落才會被喃喃聲所替代。

而夢的稽查作用所針對的目的，首先必須從稽查動機的角度加以描述。在這樣的角度下，人們只能說這些目的都應該受到責備，從倫理的、美學的和社會的觀點來看，它們都令人反

6 標準版註：或用「傾向」，參見本書第三講註一。

7 標準版註：「Objektivierung」字面意義為「使客體化」。佛洛伊德在其早期論文〈用催眠術進行成功治療的一個案例〉(1892-1893)，以及在《歇斯底里症研究》中數次使用了這個詞（1895*c*, *S. E.*, 2, pp. 92-93）。他本人似乎還把「Realisierung」（實現）當成它的同義詞。參見佛洛伊德（1876*b*; 1895*c*, *S. E.*, 2, p. 243）。

感——這些事我們平常根本不敢想，縱然想到了也必定深感厭惡。這些在夢裡被稽查和扭曲的欲求，主要都是一種放縱、無情的利己主義表現。誠然，夢者的自我在每個夢中都出現了，還在夢裡起著主要作用，雖然它很清楚該如何在顯夢裡隱藏自己。夢的這種「神聖的利己主義」肯定和我們睡覺時所採取的態度，即對整個外界不再感興趣的態度有關。[8]

擺脫了一切倫理束縛的自我，發現自己與性欲的一切需求一致，甚至是那些長久以來為我們的美學教育所譴責的需求、以及違反所有道德規範的需求。這種尋求快樂的欲望——我們稱之為「原欲」——肆無忌憚地選取自己的對象，特別是那些被視為禁忌的對象：不只是別人的妻子，而且還包括了所有人類都視為神聖不可侵犯的亂倫對象，男人的母親和姊妹，女人的父親和兄弟（那位五十來歲的女人所做的夢也是一個亂倫的夢；她的原欲顯然以其兒子為對象〔參見註三〕）。而且許多我們認為與人類本性不符的欲望也足以引起夢。憎恨無限制的泛濫，將復仇及死亡的欲求，指向自己至親的人，指向自己的父母、兄弟、姊妹、丈夫、妻子及孩子。被稽查的欲求彷彿是從地獄中冒出來似的，一旦我們醒來並對它們加以解釋，我們會認為即使對它們施以最嚴酷的稽查也不為過。

但是我們千萬不能因為夢的內容邪惡就對夢本身嚴加譴責。別忘了夢最單純而又最有效的作用就是保護睡眠不受干擾，內容邪惡並不是夢的基本性質的一部分。況且你們也知道，還有一些可被認為是滿足正當的欲求和身體的迫切需求的夢。這些夢的確沒有受到扭曲，也沒有扭曲的必要，因為它們能夠在不損害自我的倫理和美學的目的[9]的情況下，履行自己的職責。你們還得記住，夢的扭曲與下述兩個因素成正比。一方面，被稽查的欲求越惡劣，扭曲的程度也越大；另一方面，稽查的要求越嚴格，扭曲就會變得越複雜。因此，一位受到嚴格的管束而又過分拘謹的少女便會透過一種嚴格的稽查來扭曲夢的衝動，即使我們醫生會認為這些衝動是一種可以允許而又無害的原欲欲求，而夢者自己在十年後也會做出同樣的評斷。

何況，我們尚未到達能對釋夢的結果感到憤怒的階段。我想我們還沒有完全了解這個結果，但是我們得先保護它不要受到誹謗。要找出這個結果的弱點並非難事。我們對夢的解釋都是基於我們所接受的假設（第六講）：夢一般具有某種意義；由催眠發現的無意識心理過程也存在於常態的睡眠中；以及所有的聯想都是事先就被決定了。假如根據這些假設，我們在夢的解釋中有了合理的發現，那麼我們就有理由推斷這些假設是正確的。但如果我們得到的是我所描述的那種發現，情況又會是如何呢？我們或許會說：「這些發現絕對不可能是真的，它們毫無意義，或至少是最不可能的發現。因此，這些假設一定有問題，要麼夢並不是心理現象，要麼常態睡眠中不存在無意識的心理過程，要麼我們的技術有缺點。做出這種假設，難道不是比接受那些基於我們的假設而發現令人厭惡的結果更為簡單、更令人滿意嗎？」

是的，的確更簡單、更令人滿意些——但不一定因此就更正確。讓我們稍待片刻，此時還不宜做出判斷。而我們還可以先再進一步強化對我們的釋夢工作的批評。從釋夢中所得到的種

8 標準版註：在《夢的解析》第四卷，頁二七〇於一九二五年增補的那條腳註裡，佛洛伊德對夢完全是利己主義的說法做了某些限制。

9 標準版註：參見註六。

種結果使人感到不愉快和厭惡，這一現象或許並不重要。一個更有力的論據是，我們認為夢者有著如此的欲求，但夢者都斷然否認，而且理由還十分充足。「什麼？」一個夢者說道，「你想透過這個夢來讓我相信，我在後悔為妹妹辦嫁妝、為弟弟的教育而花錢嗎？但這是不可能的。我終日辛勞完全是為了我的弟妹們；我一生所關心的就是盡我作為兄長的責任，這事我已向亡母保證過了。」或一位婦女會說：「你以為我希望我丈夫死去嗎？那完全是一派胡言！我不希望他死。不僅因為我們婚後生活非常愉快（我若這樣說，你也許不會相信我），而且還因為如果他死了，我將會失去一切。」又有一個人說：「你說我對我妹妹存有性欲嗎？那未免太可笑了！她在我心目中算不了什麼，我們兄妹不和，而且我和她已有好幾年未曾講話了。」倘若夢者既不承認、也不否認我們歸之於他們的那些目的，我們或許用不著太重視；我們可以說他們只是不知道這些目的的存在而已。但是如果他們覺得內心存在的是一種與我們的解釋恰恰相反的欲求，並能以自己的經歷證實他們的生活確實是由這個相反的欲求所主導，這肯定會讓我們大吃一驚。倘若釋夢的發現僅僅是某些**謬論**，難道我們還不放棄我們所做的整個釋夢工作嗎？

不，現在還不是時候。假使我們對它進行批判性的考察，那麼，我們就會發現就連這個更有力的論據也很難站得住腳。假如心理生活中真有無意識的目的存在，藉助於與此相反的目的在意識生活中占優勢的事實，還是什麼都證明不了。或許心靈中確實有空間讓兩個相反的或相互矛盾的目的並存。一個占優勢的衝動可能是其相反目的變為無意識的必要條件之一。而我們還沒有回應第一種反對意見，即釋夢的結果不僅不單純，而且非常令人不愉快。對於這種反對意見，我們的回答是，首先，你們對單純事物的喜愛，並不能解決夢的任何一個問題。在此，你們必須習慣於把事態想得複雜一點。其次，你若以好惡作為一個科學判斷的根據，那你顯然是錯了。如果釋夢的結果令你不快、令你尷尬，或令你厭惡，那又有什麼關係呢？「它不能阻止事實的存在。」當我還是一個年輕醫生時，我曾聽見我的老師夏爾科在類似的情況下說過這句話。[10]倘若一個人想發現這個世界中真實存在的事物，那他必須謙卑恭順，同時還得克制自己的同情及厭惡。假若一個物理學家向你證明，地球上的生命不久後將會凍死，「那是不可能的，這種事太令人不快了。」你敢這樣回答他嗎？我想，除非有第二個物理學家出來證明第一個物理學家的前提或計算有誤，否則你是會保持沉默的。當你拒絕接受令你討厭的事物時，你正在做的就是在重複建構夢境的機制，而不是在了解它，掌握它。

現在，你或許會答應不再理會被稽查的夢中欲求特點是令人厭惡的，轉而提出另一個論點，即人性中不可能有這麼多邪惡吧！但你能用自身經歷證明這句話嗎？暫且不論你把自己看成是什麼樣的人，但你曾發現你的上司和你的競爭者滿懷善意、你的敵人富有俠義、你周圍的人極少嫉妒，而使你覺得自己有責任駁斥人性中存有自私的惡意嗎？你難道不知道一般人在性生活上是多麼地無法自制、多麼地不可信賴嗎？你難道不知道在現實生活中，每天都有清醒的人犯下所有我們夢見的違法和過度縱欲的行為嗎？難道精神分析此時不是在證實柏拉圖的古老格

10 標準版註：夏爾科的完整句子如下：「理論雖好，但它不能阻止事物的存在。」這是佛洛伊德最喜歡的引語，參見他為夏爾科寫的訃文，他在訃文裡描述了講這句話時的情境（1893*f*, *S. E.*, 3, p. 13）。

言，善人滿足於夢見惡人真正犯下的罪行嗎？[11]

現在，讓我們將目光從個體身上移開，看一看仍在蹂躪著歐洲的這場大戰。想想這場席捲整個文明世界的大規模暴戾、殘忍和欺詐吧！你真的以為，沒有幾百萬追隨者的同流合汙，光憑幾個喪盡天良的野心家、騙子，就能使這些罪惡發生嗎？在這樣的情況下，你還敢力陳人性本善嗎？[12]

你們可能向我抗議，說我對大戰的評價是片面的：人類最優秀、最高尚的品性，人性中的英勇氣概、自我犧牲以及社會意識，也都在大戰中體現出來了。這點是無庸置疑的，但你們往往因為精神分析肯定了某一方面，就指責它否定了另一方面。這便是我們常受的冤枉，難道你們現在不正是在這樣做嗎？我們無意對人性的高尚提出質疑，也從未貶損過人性的價值。與此相反，我不僅向你們展示了那些被稽查的邪惡的夢的欲求，而且也展示了壓抑這些欲求並使它們無法被辨識出來的稽查作用。我們之所以強調人性的邪惡，只是因為別人對此加以否認，因而使得人類的心理不僅沒有得到改善，反而更無法理解了。如果我們現在就放棄這種片面的道德價值觀，那麼，我們肯定能夠為人性善惡之間的關係找到一條更為正確的準則。

這個問題到此可以告一段落了。即使我們不得不承認釋夢研究的結果相當奇特，我們也不必因此放棄這個結果。或許以後我們可從另一個方面去理解它們。但目前，還是讓我們堅持這種說法：夢的扭曲乃是由於自我所認可的目的對於夜間睡眠時所出現的、會引起人們反對的欲求衝動施行稽查的結果。至於這種情況為什麼特別會在夜間發生，這些應受指責的欲求來自何處——這些問題毫無疑問還有待進一步研究。

但如果此時我們忘了強調我們研究的另一個結果，那未免太不公平了。我們原本不知道那些企圖干擾我們睡眠的夢的欲求，事實上，我們只有透過釋夢才能夠知道它們。因此，以我們討論過的意義來說，這些欲求可稱為無意識的欲求。但我們必須思考一個現象，它們並非只有在那時是屬於無意識的。就像我們在許多案例中所看到的那樣，夢者雖然透過釋夢知道了它們的存在，但仍加以否認。這種情形正像我們在解釋「打嗝」口誤時遇到的情況（第三講），那位提議乾杯者曾憤怒地抗議，說自己當時、甚至以往任何時候都從未對自己的主任有過無禮的衝動。我們那時就對他的這一保證感到懷疑，並且提出說話者永遠不知道自己內心有這種衝動存在的假設。每當我們解釋那種被扭曲得面目全非的夢時，都會遇到這種情況。因此，我們所持的觀點又增添了一層意義。現在我們已準備假定人們內心存在著一些我們完成不知道的過程和目的，長久以來，我們都不知道這些過程和目的的存在，甚或我們永遠都不會知道。因此，無意識便有了一個新的意義：「臨時的」或「暫時的」這個特徵不再是無意識的基本性質。無意識不僅意謂著「當時是潛隱的」，而且也可以意謂永遠都是無意識的。當然，我們以後還會對這一點做進一步討論。

11 標準版註：引自《夢的解析》「夢中的道德感」。
12 標準版註：在《文明及其不滿》的第五、六章中，佛洛伊德對人性的破壞面做了最強烈的指責（1930*a*）。

第10講

夢的象徵作用[1]

Symbolism in Dreams

女士、先生們：

我們已經了解到夢的扭曲妨礙了我們對夢的理解，並且還認識到這種扭曲乃是對不被接受的無意識欲求衝動施行稽查的結果。當然，我們並不認為稽查作用就是導致夢境扭曲的唯一因素。事實上，如果對夢做進一步的研究，我們就能發現其他因素在其中也起了作用。也就是說，即使夢的稽查作用不再發生，我們仍不能理解夢，顯夢仍然不會與隱夢一致。

這個阻止夢變得清晰易懂的另一個因素，即是令夢境扭曲的新因素，是我們在注意到精神分析技術的一個缺陷時發現的。我已向你們承認，有時被分析者對於夢中的某些元素確實不能產生聯想（第六講）。當然，這種情形沒有像他們所宣

1 標準版註：佛洛伊德告訴我們（《夢的解析》第五卷，頁三五〇），從時間上來講，他較晚才認識到夢的象徵作用的重要性，主要是受了威廉．斯特克爾的影響（1911）。直到《夢的解析》第四版（1914），才有一個章節專門論述這一問題。除了此次演講外，那一節（第六章，第五節）是佛洛伊德對象徵作用最重要的討論。當然，在《夢的解析》以及他的其他著作中，這一主題也多處可見，下文也多次引述這些討論。無論如何，我們可以將此次演講，看作佛洛伊德所寫的關於象徵作用的文章中最重要的一篇。

稱的那麼多，在絕大多數情況下，若我們堅持不懈，仍可以引導出聯想。然而，在某些情況下，的確完全不能引起聯想，或即使有聯想，也不能讓我們從中得到預期的東西。這種情況如果出現在精神分析治療期間，具有某種特殊的意義，這一點我們在此暫不討論。[2]但在為正常人或我們自己釋夢時也常發生這種情況。如果我們說服自己，在這種情況下無論再怎麼努力也不會成功，我們最終就能發現每當夢裡有某些特定的元素時，就會發生這種不受歡迎的情況。我們原認為這只是精神分析技術的一個失敗特例，此時才開始認識到，這是受到其中一個新的普遍原則的影響。

我們自己試圖用這種方式解釋「無法引起聯想的」夢元素，並著手用我們自己的經驗來翻譯它們。我們逐漸認識到，每當我們敢做此種解釋和翻譯時，我們便能獲得夢的完滿意義；反之，只要我們不用這種方法，夢就會變得毫無意義，思想系列就會被打斷。一開始，我們對這種實驗還缺乏自信，但隨著類似的例子日益增多，信心便日益增強了。

現在我要對這一切做相當簡要的說明。為了演講的目的，這樣做是可以的，雖說較為簡略，但還不至引起誤會。

這樣，我們便為許多夢元素找到了一種固定的翻譯——就像通俗的「解夢書」對夢中呈現的**一切事物**都採用的那種翻譯。當然，你們不會忘記，我們在運用聯想技術時，夢元素從未有過這樣的固定替代物。

你們馬上就會提出反對，認為這種釋夢方法比早些時候的自由聯想更不可靠、更容易受到攻擊。但我也有話可說。因為我們已從親身經歷中搜集到許多可以運用這種固定解釋的例子。

我們終於認識到，完全不用夢者的聯想，而只需用我們自己的知識就能完成這一部分的夢的解釋，使這些夢真正地為人所理解。至於我們如何得知夢元素的意義，將在本次演講的後半段再討論。

我們把夢元素及其解譯之間的固定關係稱為「象徵的」關係，把夢元素本身稱為無意識夢念的一種「象徵」。你們應當還記得，我們以前在研究夢元素與其「隱意」之間的關係時，我曾區分了三種關係——以片斷代替全部、暗喻和塑形的意象。那時我就對你們說過，還有第四種關係，不過我並未為其命名。（第七講）這第四種關係就是我現在報告的象徵關係。這種關係會引發某些最有趣的討論。在向你們提供我們研究象徵作用的詳細結果之前，我先帶你們看看這些有趣的討論。

象徵作用可能是夢的理論中最引人注目的部分。首先，既然象徵是固定不變的解譯，在某種程度上，它實現了古代和現今流行的釋夢的理想，而我們的技術已與這種理想相去甚遠了。由於有了象徵，我們便能在某些情況下解釋一個夢而無須詢問夢者；關於象徵，其實夢者也沒什麼可以告訴我們的。如果我們熟悉夢的一般象徵，熟悉夢者的人格、生活狀況以及做夢之前發生的意念，我們通常可以立即解釋這個夢。這種精湛的技術不僅使釋夢者滿意，而且讓夢者留下了深刻的印象，它與詢問夢者這種吃力不討好的工作形成了鮮明的對比。但是你們不要因

2 標準版註：這裡指的是無意識的移情干擾對自由聯想的阻礙。參見〈移情作用的動力學〉（1912*b*, *S. E.*, 12, p. 103 f.），以及本書第二十七講。

此而步入歧途，要花樣並不是我們的本行。以對象徵的知識為基礎的釋夢方法不能取代聯想法，亦不能與聯想法媲美。它是聯想法的補充，它的成果只有和聯想法結合運用時才有效。至於對夢者心理情境的了解，你們必須記住，你們要分析的不只是你們非常熟悉的人的夢，一般說來，你們並不清楚前一天發生的事件，但是被分析者的聯想將會提供我們稱之為心理情境的訊息。

除此之外，特別值得注意的是——尤其在考慮到我們之後要討論的幾點時——夢者與無意識之間的這種象徵關係，竟再次受到了最強烈的批判。就連那些公正而受到尊重的人，他們經過長時間的思考，終於認可了精神分析的見解，但在這一點上還是力持異議。這種異議是很難令人理解的，特別是在下述兩個事實面前。首先，象徵作用並非夢所特有，並不是夢的特徵；其次，儘管精神分析已經有了許多其他驚人的發現，但夢的象徵作用絕非精神分析所獨創。倘若要舉出近代提出這一學說的創始人，那非哲學家K．A．施爾納莫屬（一八六一）。精神分析只不過進一步證實了施爾納的研究結果，但同時也在某些方面做了修正。

現在你們或許希望能舉幾個例子來說明夢的象徵作用的性質。我很樂意把我所知道的東西告訴諸位，不過，我必須承認，我們的了解並不像我們所期望的那麼透徹。

這種象徵關係本質上是一種比喻，不過並不是任何種類的比喻。這種比喻似乎受某些特殊因素的限制，可是這些限制因素究竟是什麼，卻又很難說清楚。並非所有可以用來比喻一個事物或一個過程的事物都會作為象徵在夢中出現。另一方面，夢也不會象徵化夢念中每一個可能的元素，而只會象徵化某些特定的元素。所以雙方面都受到了限制。我們還必須承認，目前還不能對於象徵的概念有一個明確的界定：它很容易與置換或表現的概念混淆，甚至與暗喻的概念相近。許多象徵的比喻基礎顯而易見，而另一些象徵則要求我們仔細尋找那些假定存在的比喻共有元素或**公約數**。在經過仔細琢磨之後，我們有時可以發現這個共有元素，但有時仍不能找到它。此外，令人奇怪的是，如果象徵是一種比喻，那它竟無法隨聯想而顯露，且夢者竟不知道它的存在，而是在對它一無所知的情況下運用它：事實上，甚至在別人向他指出了這種比喻之後，夢者仍不願承認它。由此可見，象徵關係乃是一種非常特殊的比喻，它的基礎，我們迄今仍沒有完全弄清楚。不過，我們稍後或許能對它有所了解。

在夢中以象徵來表現的事物，範圍並不廣：整個人體、父母、兒女、兄弟、姊妹、生死、裸體，以及某些其他事物。整個人體最典型的表現是**房屋**，施爾納也發現了這一點，甚至還想賦予這種象徵原先未有的先驗重要性。有人夢見自己從房屋的正面攀援而下，有時感到愉快，有時則感到恐怖。牆壁光滑的房屋意指男人；帶有凸出物和陽台的房屋則指女人。（詳見下文）父母通常是以**皇帝**和**皇后**，或**國王**和**王后**，或其他顯赫高貴人物的身分出現在夢中；此處，夢表現出一種恭敬孝順的態度。而對子女、兄弟、姊妹的態度則欠親切：象徵他們的往往是**小動物**或**害蟲**。出生幾乎都是以與水有關的某件事來表現：要麼夢見落水，或從水中爬出來；要麼夢見救人出水，或夢見被別人從水中救出——這是象徵母親與兒女的關係。（詳見下文）垂死在夢中常表現為**動身離去**或**乘火車旅行**（詳見下文），死亡則由各種晦澀難懂，事實上是非常隱晦的暗示來表現。至於裸體，反而是用**衣服**和**制服**來表現。由此可見，象徵與暗喻這兩種表現之間的界線是很難確定的。

令人驚訝的是，這些事物的象徵是如此貧乏，而另一個領域的象徵卻是那樣豐富。這個領域就是性生活領域——生殖器、性活動和性交。夢中絕大多數的象徵都是性的象徵。這裡有一種令人困惑的不對稱的現象。我所提到的主題很少，但它們的象徵卻不勝枚舉，以致每一事物都各有許多意義相同的象徵。解釋的結果常會引起普遍的反對，因為夢的表現形式如此繁複，但對象徵的解釋卻非常單調，肯定會讓大家感到不滿。但事實的確如此，我們又有什麼辦法呢？

這是我第一次在演講中談到性生活這個主題，所以我應該把我所主張的研究方式向諸位稍做交代。精神分析不想隱瞞任何東西，它認為沒有必要為了研究重要的問題感到羞愧，它相信要用正確的名稱來說每一事物，並希望這是排除不相干的干擾思想的最好方法。來聽演講的人有男有女，但我將一視同仁，正像在供王儲使用的課本中不可能有科學一樣，[3] 專供女生使用的課本中也不可能有科學。在座的各位女士既來聽演講，便已表明希望享受和男子一樣平等的待遇。

男性生殖器在夢中的多種表現方式必須被稱之為象徵，其中比喻所依據的共有元素大多非常明顯。首先，對於整個男性生殖器來說，三這個神聖的數字有著重要的象徵意義（詳見下文）。更引人注目、更讓男女都感到興趣的生殖器部分，即陽具，其象徵替代物首先為形狀類似的東西——即長而直立之物，如手杖、傘、柱子、樹等；也可以是具有刺穿身體和傷害性特徵的物體——如各種銳利的武器：小刀、匕首、矛、馬刀等，或各種火器，如步槍、手槍及左輪手槍（由於形狀類似，特別適合於充當象徵替代物）。少女在焦慮的夢中，常夢見自己被持刀或持槍的男人追殺，這也許是夢的象徵作用的最常見的例子，你們自己也能輕而易舉對此做出解釋。男性生殖器有時可以被能流出水的物體所取代——水龍頭，灑水壺，或噴泉；有時也可以被能夠伸長的物體所取代，例如懸掛式的燈、可伸長的鉛筆等等。其他像鉛筆、筆桿、指甲銼刀、錘子之類的工具，無疑也都是男性生殖器的象徵，它們所表現的器官也同樣是不難弄明白的。

男性生殖器因為能無視地心引力的作用而高高勃起，所以其象徵常常是氣球或飛機，最近還有人以齊柏林飛船作為它的象徵。但是夢還能以另一種更富有表現力的方式來象徵勃起。它把性器官看成是整個人，於是夢者便夢見自己飛起來了。夢見飛翔是大家所熟悉的，通常也是令人愉快的，倘若將這種夢解釋為性興奮的夢或勃起的夢，你們可別太介意。在從事精神分析研究的學生中，保爾·費德恩（一九一四）已證明了這種解釋的可靠性。以冷靜而備受稱讚的毛爾里·沃爾德（一九一〇～一一，頁二、七九一）曾以人為安排的不自然的手腳姿勢進行夢的實驗，他從事的不是精神分析的研究，對精神分析也可能一無所知，但他的研究也得出了同樣的結論（第五講）。你們不要因為女人也和男人一樣做飛翔的夢，就反對我們的理論。你們應該沒有忘記，夢的目的是滿足欲求，而婦女又往往有著——可能是有意識的，也可能是無意識的——想成為男子的欲求。任何懂得解剖學的人不會不知道，婦女亦有著與男人同樣的感覺，並由此實現自己這一想成為男子的欲求。女性生殖器有個與男性生殖器相似的小器官，這個小器官，即

3 標準版註：參見本書第六講註二。

陰蒂，在兒童期及初次性交前，的確和男性性器官發揮著同樣的作用。[4]

男性性象徵中，較難理解的是某些諸如**爬蟲類**和**魚類**，最著名的是以**蛇**作為象徵。**帽子**、**外套**或**斗篷**為什麼也可用來作為這種象徵呢？這的確不易理解，但其象徵意義卻是無庸置疑的（詳見下文）。最後，我們可能會問自己，以手或腳來替代男性的肢體（陽具），是否也可以稱為象徵。我想，從其脈絡來看，也為了與下文對女性的分析對應，我們不得不把它們看作象徵。

女性生殖器則以一切中空而有容納能力的物體為象徵：如**坑**、**穴**和**洞**，各種**器皿**和**瓶子**、**插座**、**盒子**、**皮箱**、**套子**、**櫃子**和**口袋**等等。**船艇**也屬此類。有些象徵是指子宮，而不是指女性生殖器：例如，**碗櫃**、**火爐**，特別是**房間**之類的；在此，房間的象徵與房屋的象徵有關。**房門**和**入口**則是陰戶的象徵。材料也是女性的象徵（詳見下文），例如**木材**、**紙**，及它們的製成品，例如**桌子**和**書**之類的。就動物來說，**蝸牛**和**河蚌**無疑是女性的象徵。至於身體的各部分，**嘴**則代表陰戶。在建築物中，**教堂**和**小禮拜堂**都是代表女性。你們將發現，並非每一個象徵都同樣容易理解。

乳房也被認為是性器官，女性的乳房和臀部一樣，通常以**蘋果**、**桃子**及**水果**為象徵。在夢裡，兩性的陰毛被描繪成**森林**和**灌木**。女性生殖器的複雜解剖結構常被人們描繪成有岩石、森林和水的**風景**，[5]對讓人留下深刻印象的男性性器官的結構，人們常用各種複雜而又難以描述的機器去象徵。

女性生殖器還有另一個值得一提的象徵，那就是**珠寶盒**。[6]在夢中以及在清醒狀態下，人們常用**寶石**和**珠寶**來稱呼愛人。**糖果**常常用來表現性交的快感。從自己的生殖器得到的滿足則透過各種遊戲，包括彈鋼琴來表現。手淫的象徵則為滑翔或滑動，以及折斷樹枝（詳見下文）。掉牙或拔牙都是特別值得我們注意的夢的象徵，其首要意義就是以閹割作為手淫的一種懲罰。至於我們發現的性交的特殊表現，則沒有期望的那麼多。不過這裡也可以舉出一些，例如一些具有節奏的活動，如跳舞、騎馬、爬山等；以及一些猛烈的經驗，如被車輛輾過等；還有某些需要手藝的工作，以及用武器威脅等。

你們千萬不要以為這些象徵的用途或解釋非常簡單。相反地，在象徵運用的過程中，各種事情均可能發生。例如，令人難以置信的是，在這些象徵表現中，兩性之間的差別通常不容易看出來。有些象徵可兼用來代表兩性生殖器：例如小寶寶，小男孩或小女孩。[7]又如，一個男性的象徵也可以用來象徵女性生殖器，女性的象徵也可用於象徵男性生殖器。我們只有在對人類的性意念的發展有了深入的了解之後，才能對此有所了解。在某些例子中，象徵模棱兩可，只是一種表面現象；而最明顯的象徵，如武器、口袋和櫃子等，則不能用來兼指兩性。

現在，我將從象徵本身而不從被表現的事物的角度，來探索擷取性象徵的領域；而我也

4 標準版註：本書第二十講對此有進一步的討論。
5 標準版註：在本書第十二講，佛洛伊德講述了一個以許多風景為象徵的夢。
6 標準版註：在「朵拉」的案例史的第一個夢的分析中，珠寶盒占有很重要的地位（1905e, *S. E.*, 7, p. 64 f.）。
7 標準版註：也就是說，在夢中，這三者中的任何一個既可用來象徵男性生殖器，也可用來象徵女性生殖器。

將稍加說明那些其比喻所依據的共有元素尚未被理解的象徵。**帽子**就是這樣一種晦澀難懂的象徵——也許所有遮蓋在頭上的東西都是如此——它通常有著男性的意義，但也可以有女性的意義。[8]同樣難以理解的是，**外套**或**斗篷**代表男人，或許並不總是指涉生殖器；你們當然可以問何以會有這樣的象徵。[9]**領結**肯定是男性的象徵，因為它下垂，而且女性並不會穿戴它。**內衣**則通常是女性的象徵。我們已經知道，**衣服**和**制服**通常代表裸體或體型。**鞋子**和**拖鞋**象徵著女性生殖器。前面已經提過，**桌子**和**木材**，雖然令人大惑不解，但無疑仍是女性的象徵。**梯子**、**台階**和**樓梯**，更確切地說，爬梯子、登台階和上樓梯顯然都是性交的象徵。仔細思考之後，我們便能明白這裡的共有元素是爬梯子的節奏——也可能是，爬得愈高，就愈興奮，呼吸也就愈急促。（詳見下文）

前面我們已提到**風景**代表女性生殖器。**小山**和**岩石**為男性生殖器的象徵。而**花園**則常象徵著女性生殖器。**水果**象徵的不是孩子，而是乳房。**野獸**則不僅指處於性興奮狀態中的人們，而且還指邪惡的本能或感情。**花朵**象徵女性生殖器，特別是童貞。別忘了，花本為植物的生殖器。[10]

我們已知道**房間**是一種象徵。這種象徵還可以有進一步的意義，因為窗戶以及出入房間的門代表陰戶。**開**或**關**房間的意義也可以此類推，而開房間的**鑰匙**顯然是男性的象徵。

以上是用於研究夢的象徵作用的一些材料。它們還不全面，還可以擴充和深入。但我想對你們而言，這些似乎已經足夠了，甚至還會令你們氣惱不已。你們可能會問：「難道我真的生活在性象徵之中嗎？」、「難道我周圍的一切，我所穿戴的衣服、鞋帽，我所接觸到的所有東西都是性的象徵，而不是別的東西嗎？」事實上，你們的確有充分的理由提出這些問題，而第一個要提出的問題就是，夢者本人並沒有為我們提供足夠的訊息，甚至一點訊息也未提供，我們又是怎樣知道這些象徵的意義的呢？

我的回答是，我們的知識來源廣泛——有童話和神話、有滑稽和詼諧、有民俗學（即有關各種流傳的風俗習慣、格言和歌曲的知識），以及詩歌和慣用的俗語。所有這些來源充斥著相同的象徵，我們用不著深入研究就能理解其中的一些象徵。假若詳細探究這些來源，我們便可發現它們與夢的象徵作用有諸多類似之處，以致我們不得不相信自己的解釋是正確的。

我們說過，根據施爾納的觀點，人體在夢裡通常是以房屋作為象徵。若將這種象徵加以延伸，我們會發現窗戶、大大小小的門，都可作為身體開口的象徵，而房屋的正面也可以是平滑的，或帶有陽台和凸出物。慣用的語言中也有同樣的象徵——稱呼熟人時，我們常用「altes Haus」（老房子），說到打某人的頭時用「eins aufs dachl」（「在頭上打一下」，字面意義為「屋頂上來了一個人」），或談到某人時常說：「他的樓上出了點毛病」（意謂「他神經不大正常」）。在解剖學中，身體的開口被稱為「Leibespforten」（字面意義為「身體的門戶」）。

8 標準版註：佛洛伊德在其短文〈象徵和症狀之間的關聯〉討論了帽子的象徵作用（1916*c*, *S.E.*, 14, pp. 339-340）。

9 標準版註：在《夢的解析》第五卷，頁三五六，佛洛伊德認為這可能是由於「Mann」和「Mantel」（「外套」或「斗篷」的德文）發音類似的緣故。在《精神分析引論新編》的第二十九講亦進一步討論了這一象徵（1933*a*, *S.E.*, 22, p. 24）。

10 標準版註：在《夢的解析》第四卷，頁三二九，第五卷，頁三四七～三四八，佛洛伊德描述了一個有許多花為象徵的夢。

在夢中，父母成了國王王后，剛發現時可能會覺得吃驚。但在童話中確實有與此類似的事。許多童話故事是以「從前，有一個國王和一個王后」開頭，我們知道它的意思只是指從前有一個父親和一個母親。在一個家庭中，孩子常被戲稱為「王子」，而長子則被稱為「太子」。國王自稱是庶民之父。我們有時戲稱小孩子為「蟲子」，憐愛孩子時，便稱他們為「可憐的小蟲」。

現在讓我們回過頭來談談房屋的象徵作用。當我們在夢中抓著房屋的凸出部分攀爬時，我們也許會想起一句粗俗的話，人們常用此話來描述胸部特別發達的女人：「她有可供人們攀爬之處。」此外，還有一句與此類似的俗話：「她的屋前有許多木材。」這句話證實了我們的解釋，即，把木材看成是女性、母親的象徵並非無稽之談。

說到木材，要了解這種材料為什麼代表母親和女性，並非易事。但我們可以藉助比較語言學的知識。德文「Holz」（木材）與希臘文「υλη」源於同一字根，「υλη」的意思為「原料」，這種由材料通名變成特種材料名稱的情形並不罕見。大西洋上有一個名叫「馬德拉」（Madeira）的島嶼。這個名字是葡萄牙人發現該島時所取的，因為那時島上森林茂密。而在葡萄牙文裡，「馬德拉」的意思為「森林」。然而，你們會注意到這個「馬德拉」衍生自拉丁文「materia」，只稍微做了些改變，而「materia」又有「原料」的意思。但「materia」一字是從「mater」，即「母親」一字衍生出來的：事實上，製造任何物品的原料都是那個物品的母親。因此，木材象徵著「女性」或「母親」，這一古代的觀點一直被援用至今。

在夢中，表現分娩往往用與水有關的事物：一個人掉入水中或從水中出來——即一個人生孩子或自己出生。我們不應忘記，這個象徵在兩方面符合演化的事實：不僅所有陸生哺乳動物——包括人類祖先——都是來自水生動物（這是關係較為遙遠的一面）；每一個哺乳動物、每一個人的最初階段也都是在水中度過——也就是說，作為胚胎時，是在母親子宮的羊水裡生活，出生時才從水中出來。我並不是說夢者知道此事，相反地，我認為他沒有知道此事的必要。或許夢者在童年時聽人說過其他的說法，但我還是認為，他所知道的事無助於象徵的建構。他在幼年時就已聽人說過嬰兒都是鸛鳥帶來的。但鸛鳥又是從哪裡找到嬰兒的呢？是從池塘、從小溪裡找到的——因此，又是從水裡來的。我的一個患者聽到此事後——那時他還是一位小伯爵——一整個下午大家都不知道他上哪去了。後來有人發現他正躺在宅邸的湖邊，注視著水面，想要看見水底的嬰兒。（第二十講）

在有關英雄降生的神話裡——奧托·蘭克（一九〇九）對此做過比較研究，最早的是阿卡德的薩貢王（約公元前二八〇〇年）的降生——把嬰兒遺棄於水中和把嬰孩從水中救出來這兩件事占有重要地位。蘭克知道這就是分娩的象徵，這與夢中常用的象徵類似。假如有人夢見自己將某個人從水中救出，那麼，這個人便讓自己變成了那個人的母親，或就只是變成一位母親。在神話中，把嬰兒從水中救出的那個人認為自己就是這孩子的生母。有一件著名的趣事，說有人問一個聰明的猶太男孩摩西的母親是誰，他毫不猶豫地回答：「是公主。」那人說：「不是，公主只不過是將孩子從水中救出來而已。」「那是她自己說的。」孩子答道。由此可知，他已經能正確地解釋神話。[11]

11 標準版註：佛洛伊德以這個「對神話的正確解釋」作為其最後一本著作《摩西與一神教》的基礎（1939*a*）。

在夢裡，動身離去代表垂死。同樣地，如果小孩問某個已經死去而他又非常想念的人上哪裡去了，褓姆通常會回答他已經旅行去了。有人認為，夢的象徵正是源於這個遁詞，而我卻要對這種看法加以反駁。劇作家也用同樣的象徵，常把來世說成是「一個尚不為人所知的區域，旅行者有去無回」。甚至在日常生活裡，人們也常常把死說成是「最後的旅行」。任何熟悉古代宗教儀式（例如，在古埃及的宗教中便是如此）的人都知道這種到亡靈之地旅行的想法是如何嚴肅地被看待，迄今仍保存有許多冊《亡靈書》，此書是贈送給木乃伊，以便讓死者帶著作為旅行指南的。既然墓地和住處是分開的，死者的最後旅行也就成了事實。

生殖器的象徵作用並非只有在夢裡才能找到。你們當中的任何一位都可能曾無禮地稱呼女人為「alte Schachtel」（舊盒子），而不知道這就是一種生殖器的象徵。在《新約全書》中，我們發現女人被稱為「較脆弱的器皿」。文體接近於詩歌的希伯來聖典裡到處都有性象徵的表現，而人們並非都能理解這些象徵，其解釋（例如所羅門之歌[12]）就曾引起一些誤解。在後來的希伯來文學裡經常可以發現，以房屋代表女人，以門象徵生殖器的開口。例如，男人若發現其妻子已不是處女，就會抱怨說他發現「門已開了」。桌子作為女人的象徵，在希伯來文學作品中也屢見不鮮。例如，一個女人談到她的丈夫時說：「我為他擺好了桌子，可他卻將桌子推翻了。」據說跛足小孩之所以會跛腳，就是因為男人「將桌子推翻了」。這些例子都是我從布魯諾的L．列維博士（一九一四）的一篇文章中引用過來的。

船在夢裡代表女人，這一事實已為語源學家所證實。他們說「Schiff」（船）起初是陶製器皿的名稱，與「Schaff」（一個方言字，其意為「桶」）為同一個字。希臘傳說《科林斯的珀里安德爾與他的妻子梅莉莎》則證實了爐子為女人和子宮的象徵。根據希羅多德的看法，這個暴君很愛自己的妻子，但因嫉妒而殺害了她，後來他用魔法召來妻子的鬼靈，向她打聽一些消息。這位已死的女人以一句話證明了自己的身分，說他（珀里安德爾）「**把他的麵包推進一個冷爐子裡**」。這句話作為某一事件的偽裝，不是外人所能了解的。F．S．克勞斯編輯的期刊《人類性生活》乃研究人類性生活的無價之寶，[13] 從該書我們了解到，在德國某些地區，人們談到生過孩子的女人時常說：「**她的爐子已經粉碎了**。」生火以及與此有關的一切都有性象徵，火焰指的是男性生殖器，爐膛則指女性生殖器。

你們若對夢裡常用風景來代表女性生殖器感到驚訝，那麼從神話中你們就能知道「**大地母親**」在古代各民族的思想和膜禮儀式中所占的地位，同時也能知道他們對於農業的看法是如何受這個象徵的支配。至於房間在夢裡代表女人這一現象，你們可以在我們的語言慣用法中追溯其起源，德文常以「Frauenzimmer」[14] 代表「Fran」——即房間可以代表住在裡面的人。同樣地，「Sublime Porte」[15] 意指蘇丹王及其政府。而古埃及統治者的稱號「法老」的意思是「大庭院」（在古代東方，兩個城門之間的庭院是公眾集會之處，類似古希臘羅馬時期的市場）。但這種起源

12 標準版註：有一些例子見於《夢的解析》第五卷，頁三四六。
13 標準版註：參見佛洛伊德致克勞斯的感謝信（1910*f*）。
14 標準版註：字面意義為「女人的房間」；德文中，人們常以此詞作為「女人」的同義詞，但稍微帶點貶義。
15 標準版註：字面意義為「門戶」，這是一個用來稱呼一九二三年前君士坦丁堡土耳其帝國的一個古老外交用語，衍生自法語中的土耳其頭銜。

似乎太膚淺了。我認為，更有可能是因為房間是一個能夠容納人的空間，才會成為女人的象徵。我們已知道「房屋」也有類似的含義。神話和詩歌使我們也能把「城市」、「堡壘」、「城堡」和「要塞」視為女人的象徵。假如研究那些不說德語或不懂德語的人所做的夢，我們便能輕易地證明這個看法。過去幾年中，我治療的大多是一些說其他語言的患者，而我似乎記得，在他們的夢裡「Zimmer」（房間）指的是「Frauenzimmer」（女人的房間），儘管在他們自己的語言裡並沒有類似的用法。其他一些線索也表明象徵關係可以超出語言的界限——順帶說一句，這正是很久以前的一位夢的研究者舒伯特（一八一四）所主張的。不過，我所有的外國患者都略懂德語，因此，最後的論斷還是得留給那些能夠從不懂德語的外國人中收集資料的精神分析師們來決定。

男性生殖器的象徵表現常見於詼諧、俗語或詩歌中，古典劇作家們特別喜歡使用這種象徵手法。其中，我們不僅見到了夢中出現的象徵，還看到了其他象徵——例如各式各樣的工具，特別是犁。男性的象徵表現範圍很廣，爭論特別多，為了節省時間，我們現在暫不討論。不過，我想就一個不屬於此類的象徵——即三這個數字——略說幾句。[16]現在仍無法斷定這個數字是否是因為這個象徵連繫才被認為具有神聖的特性，但是可以肯定的是，自然界中許多由三個部分組成的事物——例如苜蓿葉——就是因為這種象徵意義，才被用於盾形紋章和徽章上。同樣地，三瓣百合花——所謂的**百合花徽**——及相距甚遠的西西里島和男人島兩島所共有的紋章圖案——**三曲腿圖**（從中心點輻射的三條彎曲的腿）——似乎也是男性生殖器的象徵。在古代，與男性生殖器相似的東西被看作是最有力的**避邪工具**，而我們現今所有的吉祥護身符也同樣可被視為是生殖器或者性的象徵。我們來看看這些東西吧——例如一些小巧的銀質吊飾：四葉苜蓿、豬、蘑菇、馬蹄鐵、梯子、煙囪清掃工等。四葉苜蓿取代了更適合作為象徵的三葉苜蓿。豬在古代是多產的象徵；蘑菇無疑是陰莖的象徵：有些蘑菇（真菌類植物）由於酷似男性性器官（Phallus），所以其學名為Phallus impudicus；馬蹄鐵與女性的陰戶相仿；而扛著梯子的煙囪清掃工則為性交的象徵，因為俗語常以此比喻性交（參見《人類性生活》）。我們已知夢中的梯子是性象徵，在此，德語的慣用法對我們有所幫助，而且也說明了「steigen」（「爬」或「登」）一字尤其具有性的含義。我們常說「den frauen nachsteign」（「追求女人」，字面意義為「爬女人」），和「ein alter steiger」（「老色鬼」，字面意義為「老登山者」）。在法文裡，上樓梯一詞是「marches」，而我們也發現了一個意義類似的詞：「un vieux marcheur」（老色鬼）。許多大型動物在性交時，雄性動物必須先爬上或登上雌性動物的背部，這一事實可能正是上述語言用法所由形成的根源。[17]

「折斷樹枝」作為手淫的象徵，不僅與俗語中對這個動作的描述一致，[18]而且在神話裡也有許多類似的象徵。但是特別值得注意的是掉牙或拔牙代表手淫，更確切地說，是代表對手淫的懲罰——閹割，因為在人類學中也有與此相同的情況，但是夢者中只有少數人知道這些事情。在我看來，許多民族施行的割禮就是閹割的等同物和潛代物。我們現在也知道，澳大利亞的某些原始部落在男孩子青春期舉行割禮（以祝賀他成年），而其他附近的部落則代之以敲落牙齒的儀式。

16 標準版註：參見本書第十四講。
17 標準版註：這些主要是從佛洛伊德在紐倫堡會議上所宣讀的論文中引用過來的（1910*d*, *S.E.*, 11, p.143）。
18 標準版註：參考英文的「tossing off」。

我的舉例就到這裡告一段落。它們只不過是一些例子。對於這個主題我們還有更多的資料，但是你們可以想像，如果搜集這些例子的不是我們這些外行人，而是神話學、人類學、語言學和民俗學的真正專家，那麼所搜集的材料肯定會更豐富、更有趣。

有些推論吸引了我們的注意力；它們並非詳盡無遺，但還是為我們提供了思考的材料。

首先，擺在我們面前的事實是，夢者能使用一種象徵性的表達方式，但他在清醒時卻對這種表達方式一無所知，甚至不肯承認。這一事實未免太奇怪了，正像你忽然發現你的女僕懂得梵語，雖然你知道她出生在波希米亞的一個小村莊，從沒學過梵語。單憑心理學觀點來說明這一事實很不容易。我們只能說，夢者關於象徵的知識是無意識[19]的，屬於其無意識的心理生活。但即使有此假定，我們仍不能達到我們的目的。迄今為止，我們只需假設無意識活動的存在——換句話說，只需假設那些我們暫時不知道或永遠不知道的無意識活動。而現在這個問題可就複雜多了，它牽涉到無意識的知識、牽涉到思想的連繫，以及能使一個事物取代另一個事物的比喻。這些比喻並不是每次運用時才重新產生的，它們現成而完整，隨時可供我們取用。不同的個體也運用完全一致的比喻，就表明了這一點——事實上，使用不同語言的人也是如此。這些象徵關係究竟起源何處？慣用的語言在這個知識源流中只涵蓋一小部分。而其他方面類似的象徵則多不為夢者所知，所以我們自己還得不辭辛勞地去搜集這些實例。

其次，雖然這些象徵關係是經由夢的工作才得到表現，但是它們並不為夢者或夢的工作所特有。就像我們所看到的那樣，同樣的象徵也用於神話和童話、俗語和歌曲、口語習慣和詩歌中。象徵作用的範圍非常廣泛，夢的象徵作用只占其中的一小部分；事實上，由夢著手進行研究不能解決整個問題。許多象徵常見於其他地方，但很少在夢中呈現，或根本不在夢中出現。而我們也知道，有些夢的象徵並不會在其他地方出現，或即使出現，次數也很少。因此，我們覺得象徵只是一種古老，但現今已經過時了的表達方式，各個不同的片斷留存在不同的領域，有的只留存在這個領域，有的則只留存在另一個領域，還有的則以稍加修飾的方式同時留存在數個領域。講到這裡，我想起了一個精神病患者的妄想，他認為世界上必定有一種「基本語言」，而所有這些象徵關係都是這種基本語言的殘餘物。[20]

再者，你們一定會注意到，我所提到的其他領域的象徵絕不止於性象徵，但夢的象徵卻幾乎都是代表性對象和性關係。這一點也是很難解釋的。我們是否可以假定，原來具有性意義的種種象徵後來被用於其他方面，進而假定象徵的表現方式轉變為其他種類的表現方式也與此有關呢？如果只考慮夢的象徵作用，顯然我們是無法解答這些問題的。我們只能堅決主張真正的象徵與性之間有著非常密切的關係。

在過去幾年裡，我們已經掌握了這方面的一個重要線索。烏普薩拉的語言學家漢斯．斯珀伯（其研究不受精神分析的影響）提出了這樣的論點：性需求在語言的起源和發展上起著最大的作用（一九一二）。根據他的看法，最早的聲音是用來進行溝通以召喚異性伴侶。而語言根源

19 標準版註：參見本書第一講註四、註五。
20 標準版註：這是指史瑞伯，佛洛伊德曾分析過他的病例（1911c, *S.E.*, 12, p. 23）。

的進一步發展則伴隨著原始人的勞動。他指出，原始人一起工作，他們一邊工作，一邊發出有節奏的聲音，於是勞動便被添加上了性的趣味。可以說，原始人把勞動看成了性活動的等同物或替代物，從而使勞動變得可以接受。因此，勞動時所發出的聲音就有了雙重含義，它們既代表了性活動，又代表了與性活動等同的勞動。隨著時間的推移，這些聲音逐漸失去了性的含義，而只有勞動的意義了。在它們的後代中，那些有性含義的新字亦是如此，也被改用來指稱新的工作形式。這樣，就形成了許多詞語的詞根，而且所有這些詞根都起源於性，後來才失去了性的含義。倘若我在此概述的這個假設是正確的，那麼，我們就有可能了解夢的象徵作用。我們就能理解為什麼夢——其中保留了許多最古老的情境中的事物——會保留如此多的性象徵，就能理解為什麼武器和工具總是代表男性，而材料和被加工過的東西卻象徵著女性。這種象徵關係可視為古代言語同一性的殘餘，曾經一度和生殖器同名的事物現在仍可在夢裡作為生殖器的象徵。

我們所發現的那些與夢的象徵作用類似的事物，也可以使我們了解為何精神分析能夠引起人們的普遍興趣，而心理學和精神醫學卻不能。精神分析的研究與許多其他有關心靈的科學，如神話學、語言學、民俗學、社會心理學及宗教學都有連繫，研究這些連繫有可能帶來最有價值的成果。了解到這一點，當你們聽說有人創辦了一本精神分析的刊物，並以研究這些連繫為唯一目的時，你們就不會感到非常驚訝了。這本刊物叫作《原初意象》，於一九一二年創辦，編者為漢斯・薩克斯和奧托・蘭克。[21]在所有這些連繫中，精神分析與其他學科的關係一開始是施予多於接受。當精神分析這些奇特的成果運用於其他領域，它們就變得更為人所熟悉，而這的確給精神分析帶來了好處。但整體說來，正是精神分析提供了技術方法及理論觀點，使這些奇特的成果能夠在其他領域加以運用。人類個體的心理生活在接受精神分析的研究時，常為我們提供種種解釋，藉助這些解釋，我們可以解決人類社會生活中的許多難題，或至少可以用一種正確的觀點來評價它們。

順便指出，我還從未向你們談到我們在什麼情形下才能對那個假定的「原始語言」有最深刻的了解，亦未告訴你們哪一領域才是這種語言的主要棲身之地。直到你們知道了這些，你們才能對這整個問題有完整的了解。這個領域是精神官能症的領域，其材料就是精神官能症患者的症狀和其他的表現，精神分析的目的就是對這些症狀及表現加以解釋和治療。

第四個觀點使我們回到了原來的出發點，引導我們沿著先前預定的道路前進。我曾說過即使沒有夢的稽查作用（參見前文），夢仍很難為我們所理解，因為我們還必須將夢的象徵語言解譯為我們清醒時的思想語言。因此，象徵作用是夢境扭曲的第二個獨立因素，與夢的稽查作用並列。然而，我們可以似乎合理地假定，夢的稽查作用會發現象徵的運用有許多好處，因為它也可以獲致相同的效果——使夢變得奇異而難懂。

用不了多久，我們就會明白，對夢進行進一步的研究能否讓我們不會再對夢境扭曲的另一個因素嚴加斥責。但是在結束夢的象徵作用這一主題之前，我還要再次提一下這個問題，既然

21 標準版註：此刊物於一九四一年停辦。一九三九年，漢斯．薩克斯在波士頓創辦了一本目的類似的期刊，刊名為《美國原初意象》。

神話、宗教、藝術和語言裡無疑充滿了象徵，但是我們主張的夢的象徵作用還是遭到了富有教養的人們強烈反對。這難道不應歸因於象徵作用與性的連繫嗎？

第11講

夢的工作[1]

The Dream-Work

女士、先生們：

當你們徹底了解夢的稽查作用和象徵表現時，即便尚未完全了解夢的扭曲，但已經可以解釋大多數的夢了。在釋夢的過程中，你們將會運用下述兩種互補的技術：（一）匯集夢者的聯想，直到你能由替代物求得原本之物為止；（二）根據自己的知識，找到象徵所蘊含的意義。至於因此產生的疑難之處，我們稍後會再討論。

我們先前曾研究過夢元素與它所代表的原本之物的關係，那時我們準備得不夠充分，現在我們能著手完成這一任務了。我們曾列舉了四種主要的關係（第七講）：（1）部分與整體的關係；（2）近似或暗喻；（3）象徵關係；（4）詞語的塑形表現。現在我們可以擴大討論的範圍，來比較顯夢整體和由解釋而得的隱夢之間的關係。

我希望你們往後不會再將這二者混為一談。假如你們能做到這一點，那你們對夢的了解程度將比我的《夢的解析》一

1 標準版註：《夢的解析》第六章整章（占全書三分之一以上的篇幅）都在討論夢的工作。

書的大多數讀者還要深入。讓我再次提醒諸位，將隱夢變為顯夢的工作，我們稱之為**夢的工作**。而從相反的方向進行的工作，即從顯夢追溯到隱夢的工作就是我們的**釋夢工作**。釋夢工作試圖消解夢的工作。就兒童的夢而言，其欲求的滿足是顯而易見的，但夢的工作也有一定程度的活動——欲求在夢裡轉化成一種實際的經歷，而思想通常也轉化成視覺意象。在這種情況下，並沒有解釋的必要，只需消解這兩種轉化就夠了。在別的夢中，還會出現更多夢的工作，這便是所謂的「夢的扭曲」。對此，我們便需透過解釋工作去進行消解。

比較過眾多夢的解釋工作之後，我現在可以為諸位概述一下夢的工作如何處理潛隱的夢念。然而，請大家不要對我的概述存有過高的期望，它僅僅是一段描述，不過你們也該留心聆聽。

夢的工作第一個成果是凝縮作用。[2]透過凝縮作用，我們了解為何顯夢的內容比隱夢的內容少，而表現為隱夢的一種精簡後的翻譯。有時夢也可以不經過凝縮，但在通常情況下，凝縮都會出現，而且還經常有著非常廣泛的影響。相反的情況則從來沒有出現，也就是說，我們從未發現顯夢的範圍比隱夢的範圍大，或顯夢的內容比隱夢的內容豐富。完成凝縮的途徑有：（1）某些潛隱的元素完全消失；（2）隱夢中的某些情結只有一個片斷進入到顯夢裡；（3）某些具有若干相同特性的隱夢元素在顯夢中結合，而融合為一個單一的統一體。

如果你們願意，我們可以界定「凝縮」一詞只用於指涉上述的第三種途徑，其結果特別容易舉例說明。從自己的夢中，你們不難回想起幾個不同的人凝縮為一人的例子。這種合成人物，也許容貌像A，衣著像B，所做的事情卻使我們想起C，但同時我們可能認為這個人就是D。

這種合成結構所強調的當然是這四個人共有的某個屬性。與人一樣，若隱夢要強調不同的事物和地點間某個共有屬性，它們也可以構成一種合成結構。這就像是暫時建構了一個以這個共有屬性為核心的新概念。凝縮在一起的各元素彼此重疊，通常會形成一個模糊的意象，就像以重複感光技術拍成的照片一樣。[3]

形成這種合成結構對夢的工作非常重要，因為我們可以證明，當形成合成結構所必需的共同屬性開始消失時，它們會被刻意引入——例如，藉由選取詞語來表達某種思想。我們以前曾遇過類似的凝縮和合成結構，它們在某些口誤的產生中具有一定的作用。你們總還記得那位曾主動提出「begleitdigen」(begleiten〔護送〕+ beleidigen〔侮辱〕)某位女士的年輕人吧。(第二講)此外，某些詼諧的產生也是基於這種凝縮作用。[4] 但除了這些領域，這種凝縮過程可說是非常少見且奇怪的。當然，在許多想像創造物中也可以發現這種合成結構，其中也有許多元素在我們的經驗中本不相干，卻在幻想中合而為一——例如，在古代神話或「布克林」的圖畫中出現的半人半馬怪物，以及傳說中的野獸。事實上，這種「創造性」想像並不能**創造**任何東西，只能組合

2 標準版註：在《夢的解析》第六章的第一節，第四卷，頁二七九，及以下幾頁，佛洛伊德討論了凝縮作用，並列舉了大量案例加以佐證。

3 標準版註：佛洛伊德不止一次地把凝縮的結果比喻為弗蘭西斯．高爾頓的「合成照片」，如《夢的解析》第四卷，頁一三九。

4 標準版註：佛洛伊德在《詼諧及其與無意識的關係》的第二章第一節曾用許多例子討論了這種技術（1905*c*, *S.E.*, 8, p. 16 f.）。

那些互不相干的元素。但是，夢的工作卻有一個引人注目的特點：夢的工作運用的材料中包含了各種思想——其中一些思想可能令人無法接受並會受到譴責，但它們卻都是用正確的方式來建構和表達的。夢的工作將這些思想轉化成另一種形式，叫人奇怪而難以理解的是，在做出這種翻譯（就好像是翻譯成另一種文字或語言）的過程中，竟採用了這種合成或混合的方法。畢竟，翻譯一般竭力保留原文中的種種不同之處，特別是保留那些類似但仍有著區別的事物。夢的工作卻相反，它總是盡力尋找（像詼諧一樣）一個語意模糊的字來表達兩種不同的思想，以便將這兩種思想凝縮為一。這一特點，我們不能期望此時就有所理解，但它對我們解釋夢的工作卻是非常重要的。

儘管凝縮使夢變得晦澀難懂，但它不會讓人覺得它是夢的稽查作用的結果。它似乎是由於某種機械的或經濟的因素所造成的，但無論如何，稽查作用都能從中獲益。

凝縮的成果有時會讓人非常驚訝。藉助凝縮，兩組完全不同的夢念有時可以合成一個顯夢，因此，我們有可能找到一種看似充分的解釋，但卻忽略了「多重解釋」的可能性。[5]

此外，凝縮也影響到顯夢與隱夢之間的關係，使之變得非常複雜。一個顯夢元素可能同時代表若干個隱夢元素，反之，一個隱夢元素亦可能同時表現為數個顯夢元素——也就是說，二者之間的關係錯綜複雜。（第七講）此外，我們在釋夢時發現，某個顯夢元素所引發的聯想並非接續出現：我們經常必須耐心地等待，直到整個夢得到完整的解釋。

因此，夢的工作以一種極不尋常的方法來翻譯夢念：它不是逐字的或逐個符號的翻譯；也不是根據某些固定的規則做出選擇——例如，只再現一個字的子音，而刪去其母音；也不是運用那種可被描述為選取代表的方式——總是選取一個元素來代表數個元素。它是一種與眾不同的、更為複雜的翻譯。

夢的工作的第二個成果是**置換作用**。[6]值得慶幸的是，我們已對此做過一些初步的研究：因為我們知道，它完全是夢的稽查作用的結果。置換作用的表現形式有兩種：（1）一個潛隱的元素並非被自己的某一部分取代，而是被某個關係較遠的事物所取代——也就是說，被一個暗喻所取代；（2）重點由一個重要的元素轉移到另一個不重要的元素上，既然重心已經轉移，夢就變得難以理解了。

我們在清醒時的思想也常用暗喻取代某事，但和做夢時所用的暗喻大不相同。在清醒時的思想裡，暗喻必須易於理解，替代物的主題也必須與它所代表的原本之物有關。詼諧也常運用暗喻。它們常忽略主題間必須有所連繫這一前提，而代以不尋常的外部聯想[7]，如發音的類似或詞語的雙關性等。但它們仍保有明白易懂這一前提：假如暗喻所指的原本之物不易辨識，那

5　標準版註：佛洛伊德在《夢的解析》中多次提到這一點，例如第五卷，頁五二三。這種有第二個解釋的例子可在第四卷，頁一四九中找到。

6　標準版註：置換作用是《夢的解析》第六章第二節（第四卷，頁三〇五，及以下幾頁）的主題。此外，該書還有多處亦對此進行了討論。

7　標準版註：所謂的「外部」聯想，並非基於兩個字在意義上的連繫，而是基於其表面上的連繫（例如，發音的類似或純粹偶然的連繫）。

麼詼諧將達不到它應有的效果。[8]夢中置換所使用的暗喻則全無這些限制。它們和自己所替代的元素之間的關係，既膚淺又遙遠，因此難以理解。但經過解釋之後，人們便會覺得它們都是一些拙劣的詼諧[9]，其解釋也給人一種牽強附會的感覺。只有當我們不能由暗喻逆溯到原本之物時，夢的稽查作用才算真正達到了目的。

重心的置換竟可以作為一種表達思想的方法，這似乎前所未聞。其實，我們在清醒時有時也會用這種方法來表達思想，目的在產生一種喜劇效果。如果我講一則小故事，或許能讓大家更生動地了解它的作用。某村有一個鐵匠犯了死罪，法庭判決必須處死。但村裡只有一個鐵匠，卻有三個裁縫，因此鐵匠是不可缺少的，不能被處死，最後只好用一個裁縫來頂替他上絞刑架。[10]

以心理學的觀點來看，夢的工作的第三個成就是最有趣的。這一成就在於把思想轉化為視覺意象。[11]我們應該清楚，這種轉化並不影響夢念中的**每一個**想法。有一些想法仍保持原貌，並表現為顯夢裡的思想或知識。視覺意象也不是思想轉化的唯一形式。然而，它卻構成了夢的形成的主要特性。我們在第八講中已經看到這部分工作乃是夢第二個不變的特點，也在第七講中了解到，就單一夢元素而言，視覺意象乃語詞的「塑形」表現。

顯然，這個成就並不簡單。為了了解其困難，讓我們設想你們現在要用一系列插圖來取代報紙上的一篇政治社論。因此你們得以圖畫來取代文字。儘管對於文中提到的人物和具體事物，你們都可以很輕易地以圖畫來取代，甚至圖畫會是更好的表現方式。但當你們遇到抽象詞語，以及所有表示思想關係的詞語（如介係詞、連接詞之類的）的表現時，就會發生困難。對於抽象詞語，你們可以運用多種不同的方法。例如，你們會以不同的詞語來表達文章的內容，這個語詞可能較不常用，卻包含有更多具體而能被表現的成分。這時你會想起，大多數的抽象語詞都是「意義改變了的」具體詞語，因此你們會盡可能回溯這些抽象詞語原來的具體含義。例如，你會以坐在某物上面來表現「占有」某物。[12]夢的工作也正是這樣做的。在這樣的情況下，你們很難期待自己能精確地以圖畫來表現文章的內容：同樣地，你們也就會接受夢的工作以另一種破壞（bruch）——一隻斷腿（Beinbruch）——來取代「通姦」（Ehebruch，字面意義為「破壞婚姻」）這一難以用圖像來表現的詞語了。[13]這樣做，你們將成功地在某種程度上克服以圖像來表現文字的

8 標準版註：在《詼諧及其與無意識的關係》的第二章第二節，佛洛伊德用許多案例描述了「暗喻」這一詼諧技巧（1905*c*, *S.E.*, 8, p. 74 f.）。該書第一五〇頁則論述了詼諧要易於理解的必要性。

9 標準版註：本書第十五講將有進一步的討論。

10 標準版註：這是佛洛伊德最喜歡的一則小故事。十年前他就在其著作《詼諧及其與無意識的關係》中講述過（1905*c*, *S.E.*, 8, p. 206）。八年後又在《自我與本我》中提到了它（1923*b*, *S.E.*, 19, p. 45）。

11 標準版註：有關這一問題最重要的討論見於《夢的解析》第六章第三節，第四卷，頁三一〇，及以下幾頁。

12 標準版註：德文中，「占有」（besitzen）與「坐」（sitzen）有著明顯的關聯。在小漢斯的一個夢裡就有一個「坐在……上」的意義相當於「擁有、占有」的例子。參見「小漢斯」案例史的第二節（1909*b*, *S.E.*, 10, p. 37, 39）。

13 佛註：在校定這幾頁時，我碰巧發現了一份剪報，正好可以證實我剛才所說的內容：

上帝的懲罰

「破壞婚姻而斷臂」

安娜．M夫人，一位預備役軍人的妻子，控告克勒門蒂娜．K夫人與她的丈夫通姦。她控告說，K夫人與卡爾．M

困難。

要表現那些指涉思想關係的語詞——「因為」、「所以」、「然而」等等，你們就沒有類似的方法可加使用了，只要轉化為圖像，原文中的這些成分便會消失殆盡。同樣地，夢的工作也是將夢念的內容簡化成事物和活動等原始材料。如果有可能用更細緻的圖畫細節來暗示某些並非圖像所能表現的關係，你們應會感到高興。而夢的工作則藉由顯夢的某些形式特點——例如它的明晰性或模糊性，及把它分成若干部分等等——成功地表達了夢的隱意的某些內容。一個夢被分成若干部分，這個數目通常與隱夢的主題或思想群的數目相當。一個簡短的序夢往往是隨後那個更詳細的主夢的序幕或動機。[14]夢念中的從屬子句則為顯夢中情境的變化所替代。因此，夢的形式也很重要，其本身就需要解釋。同一晚所做的夢往往有著相同的意義，這表明夢者曾試圖更有效地去處理一個不斷加強的刺激。而在同一個夢裡則可用數個象徵——用「同源詞」[15]——來表現一個特別難以表達的元素。

倘若我們比較一系列夢念和替代它們的顯夢之間的關係，我們將會有各種出人意料的發現：例如，夢中的沒有意義和荒謬也有其意義。在這一點上，醫學與精神分析對夢的解釋的差異比之前更顯著。根據醫學的看法，夢都是無意義的，因為夢中的心理活動已經失去了其所有的批判能力。我們的看法卻相反，只有在夢念中所包含的批判（例如「這是荒謬的」的批判）必須得到表現時，夢才變得沒有意義。你們所熟悉的那個去劇院看戲的夢（一個半弗洛林買三張位置不佳的票，參見第七講）就是一個極好的例子。其所表達的批判是：「這麼早就結婚真是太荒謬了。」[16]

同樣地，在釋夢過程中，夢者經常無法確定某一元素是否曾在夢中出現，或無法確定夢中出現的是否就是這個元素而不是其他元素。我們發現夢念中通常沒有與這些懷疑、不確定相對應的事物，它們完全歸因於夢的稽查作用的活動，是某種想要除去此一元素但卻未能成功的嘗試的替代物。[17]

曾有不正當的關係。那時，K夫人的丈夫正在前線服役，每月只給她七十克朗。K夫人從原告丈夫那裡得到了一大筆金錢，而原告及其孩子卻過著窮苦的生活。原告丈夫的幾個同事告訴她，K夫人曾和原告丈夫卡爾・M一同去酒館喝酒，一直待到深夜。還有一次，被告曾當著幾個士兵的面，問原告丈夫是否很快就會與他的「黃臉婆」離婚，而與她在一起。K夫人寓所的看門人也說她曾多次看見原告丈夫在K夫人的屋子裡，而且幾乎都衣衫不整。昨天，在利澳波德斯多特的法庭，K夫人說她根本不認識M，所以她和他之間不可能有親密關係。但是一個名叫阿爾伯丁・M的證人說，她曾親眼看見K夫人親吻原告丈夫，她當時感到非常吃驚。在前一次開庭時，原告的丈夫M被傳出庭受審，但他否認與被告有任何親密關係。昨天，法官收到了一封信，在信中，M推翻了自己先前的供詞，並承認曾與K夫人私通，一直到去年六月才中止。上次開庭時他之所以否認自己與K夫人有染，只是因為開庭前K夫人曾到過他那裡，跪下哀求他救她，要他什麼也別說。「今天，」他接著寫道，「我覺得我不得不向法官招認實情，因為我折斷了左臂，在我看來，這是上帝對我犯罪的懲罰。」法官說該犯行已超過了法律上的追溯期，案件不能成立。於是原告撤銷了自己的控訴，被告亦被無罪釋放。

14 標準版註：《夢的解析》第四卷，頁三二四～三二六，有關於這一點的討論和例證。

15 標準版註：在語言學裡，這一術語指的是有著同一詞源的兩個不同的詞：如「fashion」和「faction」，二者均從拉丁詞「factio」衍生而來。

16 標準版註：在《夢的解析》第六章的第七節討論了夢中的荒謬問題，第五卷，頁四二六～四二七。

17 標準版註：參見《夢的解析》第五卷，頁五一五～五一七。本書第二十七講則討論了作為強迫症症狀的懷疑。

在我們的研究結果中最令人吃驚的是夢的工作處理夢念中的相反事物的方法。我們已經知道，潛隱材料的相似性在顯夢中是以凝縮來替代。相反事物的處理方法則與相似事物的處理方法相同，而且特別喜歡用相同的顯夢元素來表達相反的事物。因此，顯夢中有著相反面的元素，可能表現的是自己本身，可能是其反面，也可能同時表現此二者：釋夢時做何種選擇，只能視其意義而定。這一點與夢中沒有「不」的表現——或至少沒有一個明確的「不」的表現——有關。

對於夢的工作的這種奇怪的行為，我們可以在語言的發展上找到一個很好的類比。一些語言學家認為，在最古老的語言裡，相反的意義，如「強—弱」、「明—暗」、「大—小」等，是以同一個詞根來表現的（這叫作「原始詞語的對立意義」）。所以，在古埃及語裡，「ken」原來既表示「強」，又表示「弱」，說話時，人們藉由語調和姿勢的不同來避免誤解；書寫時，則增加一個所謂的「限定詞」——增加一幅畫。例如，當「ken」表示「強」時，則在「ken」之後畫上一個挺胸直立的人；若「ken」代表「弱」，則畫一個無精打采蹲坐著的人。只有到了後來，原來這個字才做了某些微小變化而成為兩個字，以表現兩種相反的意義。因此，原義兼為「強」「弱」的「ken」一字，衍生出了「ken」（強）和「kan」（弱）。這種古老的對立意義的遺跡，不僅保存在最古老的語言的最後期發展裡，也保存在較近期的語言中，甚至在某些現在仍在使用的語言裡也存在著。下面是一些從K·阿貝爾的著作（一八八四）中援引的一些證據。[18]

在拉丁文中，有著這種對立意義的雙關字有：「altus」（「高」和「深」），「sacer」（「神聖的」和「可憎的」）。

同一詞根的變型有：「clamare」（叫喊）和「clam」（溫柔地、平靜地、祕密地）；「siccus」（乾燥的）

和「succus」（汁液）。德文中有：「Stimme」（聲音）和「stumm」（啞的）。

假如我們比較具有相關性的語言，則可發現更多的例子：英文字「lock」（鎖上）、德文字「Loch」（洞、孔穴）、「Lücke」（裂縫）；英文字「cleave」（劈開）、德文字「kleben」（黏著）。

英文字「without」（此詞原來兼有「with（有）—without（沒有）」二種意義）現在只用以表示「沒有」之意。「with」除了有聯合的意義外，也有移除的意義，這一點仍可以從「withdraw」（撤退）和「withhold」（阻止）這兩個複合字中看出。德文字「wieder」（「與……在一起」，而其同源字「wider」則意謂「反對」。）亦是如此。

夢的工作的另一個特徵也可在語音的發展上找到自己的對應。在古埃及語和其他後來的語言裡，一個字的發音順序可以被顛倒過來，卻仍有著相同的意義。英文和德文中都有這種例子，如「Topf」（鍋）—「pot」（鍋）、「boat」（船）—「tub」（桶）、「hurry」（匆忙）—「Ruhe」（匆忙）、「Balken」（橫梁）—「Kloben」（原木）和「club」（棍棒）、「wait」（等待）—「täuwen」（等候）。在拉丁文和德文裡也有類似的例子：「capere」—「packen」（捉住）、「ren」—「Niere」（腎）。

與此類似的倒置，在夢的工作中也以各種不同的方式出現。我們已經了解意義的倒置——以與其相反的事物來替代某一事物。除此之外，我們在夢裡也發現了位置的倒置，兩個人之間關係的倒置——即一個「顛倒的」世界。在夢裡，往往是兔子打獵人。或是事情發生的先後

18 標準版註：佛洛伊德曾經就阿貝爾的論文寫過一篇很長的評論，他這裡所說的話，很多是從那篇評論摘要過來的（1910e）。在本書第十六講，他又討論了這一問題。

秩序的倒置，所以在夢中某件事情的原因往往會之後才出現——像那些三流劇團演出的戲劇一樣，男主角先倒地而死，置他於死地的槍聲才開始從舞台兩側傳出。還有一些夢，其元素的順序整個是顛倒的，所以在釋夢時，我們必須先考慮最後一個元素，最後再考慮第一個元素。你們應該還記得，我們在研究夢的象徵作用時也遇到過這種現象，如落水與出水指的是同一件事——亦即，分娩或出生；上台階或爬梯子也與下台階或下梯子的意義相同。夢的扭曲可以從這種不受限制的表現方式中得到好處，這一點是不難看出的。

夢的工作的這些特點可稱為**古老的**。它們也是古代的言語和文字的特點，而且它們也遇到了同樣的困難，關於這一點，我們之後會用批判的態度加以討論。[19]

現在還有幾點需要考慮。就夢的工作而言，它顯然是把用詞語表達的夢念轉化成感覺意象，通常是視覺意象。我們的思想最初就源於這種感覺意象：其最早的材料及其發展的最初階段就是感覺意象，或更確切地說，是這些感覺意象的記憶意象。到了稍後的階段，才有詞語的發展，而詞語才又接著連接在一起形成思想。因此，夢的工作使思想接受一種**退化性**的處理[20]，使思想復返自身發展的老路。在這種退化過程中，記憶意象發展成為思想過程中所增加的一切新東西，都必然會隨之消失。

似乎這些就是夢的工作的真相了。相較於我們了解的這些過程，顯夢顯然沒有什麼重要性。但是我仍想對顯夢多做一些說明，因為只有在顯夢裡，我們才能獲得這些知識。

我們會減少對顯夢的興趣是很自然的。無論它是很好地組合在一起，或是分散為一系列互不相干的圖像，對我們來說都是無關緊要的事。即使夢表面上看起來有意義，我們也知道這完全是由於夢的扭曲所致，可能與夢的潛在內容沒有什麼連繫，就如一間義大利教堂的外觀，與其結構和設計沒有什麼關係一樣。有時，夢的表面確實有意義，而以很少扭曲或根本未經扭曲的方式，再現了夢念中的重要元素。但是，我們必須經過釋夢，必須等到弄清楚夢的扭曲程度之後，才能明白這一點。類似的疑慮也會出現在夢中的兩個元素有著密切的關係時。有時我們可以由此獲得一個有用的暗示，而得以將夢念中與這些元素相應的元素結合在一起；然而，我們有時發現某些元素在夢念中相關，在夢中卻相距甚遠。

整體說來，我們必須避免用顯夢的一個元素去解釋顯夢的另一元素，彷彿夢境前後連貫，是一個編排得合情合理的故事。相反地，夢通常像一塊角礫岩，以一種介質將各種不同的岩片黏合在一起，其表面的圖案與嵌在裡面的原有岩片無關。事實上，有一部分夢的工作可稱為「潤飾作用」，[21] 其目的在於將夢的工作的直接產物變成一個整體，使其具有或多或少的連貫性。在這一過程中，夢的材料的編排方式常使人誤入歧途，而且必要時還會增添許多內容。

另一方面，我們又不能高估夢的工作，將太多的成就歸功於它。它的成就不過就是我前面

19 標準版註：參見本書第十三講。
20 標準版註：在本書第二十二講中有對「退化」問題的詳細討論。
21 標準版註：這是《夢的解析》第六章第一節的主題，第五卷，頁四八八，及以下幾頁。

所列舉的那四種：凝縮、置換、以塑形形式來表現，及對整體進行潤飾。[22]夢中出現的種種判斷、批評、驚愕或推斷——都不是夢的工作的成就，也很少是對夢的事後想法；它們大多數是潛隱夢念的一部分，在經過某種程度的修飾，並使其合乎夢境脈絡之後，進入了顯夢之中。夢的工作也不能創造對話。除了極少數的夢，夢中的對話都是夢者本人在做夢的前一天聽到或說過的話的複本和組合，它們作為夢的誘因或材料，是夢念中的一部分。[23]夢的工作同樣不能進行計算，顯夢中出現的計算，大部分只是數字的組合，是一些錯誤百出的計算，也同樣只是夢念中某個計算的複本。[24]在這樣的情況下，難怪我們對夢的工作的興趣很快就會轉向夢的隱意，它們在經過某種程度的扭曲後，展露於顯夢之中。但我們也不能讓我們的興趣轉移得太遠，以致在從理論的角度討論此問題時，完全以夢的隱意來取代夢，把只適用於前者的某些主張強加於後者。令人奇怪的是，精神分析的發現竟會被人誤用，以致使此二者混淆不清。我們只能稱夢的工作的產物為「夢」——亦即，只能稱夢的隱意經夢的工作而產生的變形為夢。（參見第十四講）

夢的工作是一個很奇特的過程，在心理生活中還未發現與此類似的現象。凝縮作用、置換作用、思想退化成原初的意象——這些事物都是新奇的，它們的發現為精神分析研究帶來了極大的幫助。從與夢的工作類似的事物中，你們還可以了解精神分析研究與其他領域的關係——特別是那些與語言和思想發展這兩個領域有關的研究。[25]如果你們知道夢的建構的機制是精神官能症症狀發生的原型，你們就更能理解這些發現的重要性了。

我也知道，我們現在還不能全面地考察這些研究對心理學所做的新貢獻。我只想指出，它們所提供的新證據證明了無意識心理活動的存在（因為夢的隱意本身是無意識的）；以及我們藉由釋夢所可了解的無意識心理生活，其範圍之廣是多麼令人難以想像。

但是，現在無疑該是我向諸位列舉幾個簡短的夢例，以說明前面所講各點的時候了。

22 標準版註：佛洛伊德在其他地方將潤飾作用排除在夢的工作之外。參見〈一個作為證據的夢〉（1913*a*, *S. E.*, 12, p. 275n）。

23 標準版註：參見《夢的解析》第五卷，頁四一八，及以下幾頁。

24 標準版註：參見《夢的解析》第五卷，頁四一四，及以下幾頁。

25 標準版註：也請參見本書第十五講中對詼諧建構的種種評論。

第12講

夢例分析

Some Analyses of Sample Dreams

女士、先生們：

假如今日我所講的仍只是釋夢的片斷，而不是請你們參與一個完整的長夢的解釋，請你們不要失望。你們可能會爭辯，說你們已經過長期的準備，現在完全有資格解釋長夢了；你們還會說，既然我已經成功地解釋過成千上萬的夢，我早就該舉出許多好例子，以說明我們對夢的工作和夢念的某些主張。你們這樣說是完全有道理的。但要滿足你們的希望，困難實在太多了。

首先，我必須承認，沒有人把釋夢當作自己的主要職業。那麼，人們究竟在什麼情況下才會進行釋夢呢？有時，人們並沒有什麼特別目的，卻對某個朋友的夢發生了興趣；或偶爾研究自己的夢，希望能訓練自己精神分析的能力。但是大多數接受解析的夢都是接受精神分析治療的精神官能症患者的夢。這些人的夢是極好的研究材料，絕不比健康的人的夢遜色。然而，精神分析治療的技術卻要求釋夢服從於治療目的，因此，在擷取了有利於治療的材料之後，我們便不得不放棄對大量的夢進行更進一步詮釋。[1] 某些夢在治療期間會無法充分解釋：因為它們都導源於仍不為我們所知的心理材料，因而在治療結束前要了解它們是不可能的。若要論述這種夢，那麼，我就不得不將精神官能症的一切祕密全盤托出，而我們並不會這樣做，因為我們正是為了替研究精神官能症做準備，才著手處理夢的問題。

然而，你們可能很樂意放棄這種材料，而更希望能解釋健康的人或你們自己的夢。但是考量其所揭露的內容，就知道這是不可能的。夢裡往往有我們人格中最隱密的部分，要對夢進行詳細的分析，就必須無情地揭露人們的隱私，這對我們自己以及其他人來說都是很難做到的。除了材料提供上的困難，還有另一個困難。正如你們所知，夢即便對夢者本人而言也是陌生而奇怪的，更不用說那些對夢者不甚了解的人了。我們的文獻中不乏精彩而詳盡的夢的分析，我自己發表過的一些個案史中便有許多這樣的分析報告。[2]有關釋夢的最精彩的例子或許首推奧托·蘭克所報告的例子（一九一〇b），分析某少女兩個有相互關係的夢，這兩個夢占約兩頁篇幅，但對它們的分析卻長達七十六頁。所以，要細講它每一個細節，恐怕需要花整整一個學期的時間。如果我們著手分析一個比較長而且幾經扭曲的夢，就必須進行很多的解釋，必須提到很多藉由聯想和回憶搜集到的材料，還要經過許多曲折的道路，這樣一來，演講肯定使人頭昏腦脹，而無法令人滿意。因此，我必須請大家滿足於較容易進行的說明——滿足於說明精神官能症患者夢的若干片斷，在這些片斷中，我們有可能辨識出夢的某一個特點。最容易說明的是夢的象徵，其次是夢中退化性表現的某些特徵。在下述的夢例中，我將會說明這些夢例值得研究的理由。[3]

（1）此夢僅包含兩個畫面：

> 雖然那天是星期六，但是他叔叔卻在吸煙——一個女人正在擁抱和撫摸他（夢者），就好像他是她的孩子似的。

關於第一個畫面，夢者（一個猶太人）說他的叔叔是一個很虔誠的人，從未在安息日抽煙，也絕不可能做出任何像這樣有罪的事。對第二個畫面中的女人，夢者除了聯想到其母親外，沒有其他任何聯想。顯然，這兩個畫面或這兩種思想是相互連繫的，但究竟是一種什麼樣的連繫呢？既然他明確地說過他的叔叔不會在安息日抽煙，那麼，我們可以合理地加上一個「如果」：「如果我的叔叔，那位虔誠的人，在安息日抽煙，那麼，我也就可以讓母親擁抱和愛撫了。」這顯然意謂著被母親擁抱是不被允許的，正如虔誠的猶太人不能在星期六抽煙一樣。你們一定還記得，我曾說過，在夢的工作中，夢念之間的一切關係都會消失，而被分解為一些原始材料，釋夢的工作就是要重新增補這些已被刪去的關係（第十一講）。

1 標準版註：在〈精神分析對釋夢的處理〉中闡述了這樣做的理由（1911*e*, *S.E.*, 12, p. 91 f.）。

2 標準版註：最重要的例子是「朵拉」的分析中對兩個夢的分析（1905*e*），以及對「狼人」童年時所做的那個夢的分析（1918*b*）。後一案例很早以前就寫好了，但直到此次演講之後才真正發表。

3 標準版註：這裡引用的夢中只有兩個（第六個和第七個）見於其他著作。很多其他夢例——主要是佛洛伊德自己的夢——的討論和分析可見於《夢的解析》。

（2）由於我發表了一些有關夢的作品，因此我在別人眼中似乎成了與夢相關問題的公共顧問。多年來，各方面人士都來信向我報告一些夢，並徵求我的意見。我很感謝來信者提供了充分的材料，而使夢有可能得到解釋，也感謝某些自己對夢做出解釋的人。下面這個夢就屬於這一類，它是慕尼黑的一個醫科學生所做的夢，做夢時間是一九一〇年。我援引此夢，為的是讓各位知道，如果夢者不提供有關其夢的情境，我們通常無法理解他的夢。因為我懷疑，你們心裡寧可捨棄聯想的方法，而認為釋夢最理想的方法就是填上象徵的意義；我對此感到非常地焦慮，這種錯誤的後果相當嚴重，希望能讓你們避免。

一九一〇年七月十三日天快亮時，我做了這樣的夢：我在杜平根的大街上騎著自行車，一隻棕色的小獵狗緊追在我後面，咬住了我的鞋跟。過一會兒，我把車停下，坐在一級台階上開始打那隻緊緊咬住我不放的狗。（我對於被狗咬住或對整個情境並沒有任何不愉快的感覺。）幾位老太太就坐在我對面，向我咧著嘴笑。然後我就醒來了，就像以前一樣，在這種將醒時刻所做的夢都非常地清晰。

在這個夢裡，象徵對我們毫無幫助。但夢者繼續寫道：「最近我愛上了一位姑娘，卻只是在街上見過，無法與她接近。這條小獵狗也許就是我與她接觸的最好方法，因為我是一個很喜愛動物的人，而我之所以喜歡這個女子，就是因為她也有同樣的特徵。」他又補充說，他好幾次成功地將正在打架的狗分開，旁觀者看了無不驚嘆。於是我們了解到，他看到他所傾慕的女子時，她總是正帶著這種狗在街上散步。然而，就顯夢而言，該女子被省略了，只留下了那隻和她有連繫的狗。那幾位朝他咧著嘴笑的老太太也許替代了那位姑娘，但他的說明並無法證實這一點。他在夢中騎自行車只是他所記得的情境的直接寫照，因為他每次遇見這位帶著狗的女子時，都正騎著自行車。

（3）失去親人後的一段時間裡，一個人往往會做某種特殊的夢。在這種夢中，確知死亡與希望死者復生的需求達成一種最為奇特的妥協。在有些夢中，死者雖死猶生，因為他並不知道自己已經死了，只有他知道自己已經死去，才算真正死去。而在另一些夢中，死者半死半活，而每一個這樣的狀況都有特別的表現方式。我們不能認為這些夢毫無意義，因為在神話故事裡，復活是一件很常見的事，夢中出現復活並不比在神話中出現更令人不可思議。只要對這些夢進行分析，就會發現它們都可以有一個合理的解釋，只不過這個誠心希望死者復活的願望，是以最奇特的方式表現的。下面我將為大家講述一個聽起來既奇怪又荒謬的夢例，透過此夢的分析結果，我們將看到上述理論分析所指出的各點。這個夢來自於一個數年前父親過世的人：

他的父親已經死了，但屍體又被掘出，而且面有病容。此後他的父親一直活著，而夢者竭力阻止他注意到這一點。（之後夢境出現其他與此完全無關的事物。）

我們知道，他的父親已經死了，但屍體並沒有被挖掘出來，而之後的夢境也完全不可能是真實的。但是夢者自己說他在送葬回來之後，有一顆牙齒開始作痛。猶太人有一句格言：「如果牙痛，就將其拔去。」他想照著格言做，將那顆牙齒拔掉，所以他看了牙醫。可是牙醫說：「牙痛時不要拔牙，要忍耐。我先在你那顆牙齒上塞點消炎的藥看看，三天以後你來，我再把它取出來。」

「這一『取出』，」夢者突然說，「在夢中就成了『掘出了』。」

夢者的話對嗎？其中或多或少有點道理，但並不完全正確；因為那顆**牙齒**並沒有被拔出來，取出來的只是牙齒裡已死的部分。根據我們的經驗，我們應該把這種不準確性歸因於夢的工作。如果真是這樣，那麼夢者便把已死去的父親，與那顆已經壞死但仍留在口中的牙齒融合為一個整體了。因此，顯夢中出現某些無意義的東西絲毫不足為怪，因為，畢竟不是所有關於牙齒的話都適用於其父親。但是牙齒與父親之間怎麼可能存在著某種**公約數**（第十講），而使得凝縮有可能發生呢？

但他無疑是對的，因為他接著說他知道如果一個人夢見牙齒掉落，就意謂著家裡將會有人過世。

正如我們所知，這種通俗的解釋[4]並不正確，或只是一種歪理。而當我們發現這一主題也隱藏在夢的內容的其他部分的背後，就更感到驚訝了。

在沒有任何進一步鼓勵的情況下，夢者又講起了自己父親生病和過世的經過，以及他們父子之間的關係。其父臥病已久，看護、治療已花去了他（兒子）很多金錢。但他毫無怨言，未曾流露絲毫不耐煩，也從未有過讓這一切盡快結束的願望；他為自己這種猶太人的孝敬美德、為自己能恪守猶太法典深感自豪。但其夢念中相互矛盾的思想卻讓我們深感驚訝。他將牙齒與父親視為等同，一方面他想根據猶太法典去處置那顆疼痛的牙齒，猶太法典規定，如果牙齒讓人痛苦，患者應當將其拔除。另一方面他也希望依照猶太法典的規定對待父親，祂規定兒女應不惜金錢，不怕麻煩，應承擔起一切責任，無論如何痛苦，也不會對父親有任何怨恨之情。倘若他真的曾對生病的父親存有一種類似於對病牙的情感——也就是說，倘若他真的曾希望父親的病痛和昂貴的醫療費用都可以因父親早點過世而終止，那麼，不是更符合夢念中所存在的這兩種態度嗎？

我毫不懷疑他確實曾對生病的父親存有這樣的心情，而且也相信他以孝順自詡是想讓自己不要再想起這些曾經存在過的心情。在這種情況下，希望父親死去的欲求會變得活躍起來，並隱藏在某些富有同情心的想法背後，如「這對父親也是一種幸福的解脫」。但請注意，我們在此已超越了夢念自身內的界限。夢念的第一部分無疑只是暫時是無意識的——也就是說，只有在夢的建構的當時是無意識的；但是他對父親的敵意卻永遠是無意識的。[5]這種衝動可能起源自他童年時的情境，在他父親生病時，才偶爾以偽裝的方式進入意識之中。若我們探索其他明顯影響夢的內容的夢念，將更有理由如此認為。的確，夢中並未發現夢者對父親的敵意衝動，但如果我們尋找其童年期對父親的敵意的根源便能發現，兒童之所以畏懼父親，乃是因為父親

4 標準版註：參見本書第十講。
5 標準版註：在本書第十三講，有對此的進一步討論。

從其很小的時候就開始反對他的性活動，正如他在小孩青春期後會因為某些社會動機而反對其性活動一樣。這種與父親的關係也適用於我們的夢者：他對父親的愛中也攙有畏怯和焦慮，而這種畏怯和焦慮則源於他早年的性活動受到了父親的威脅恫嚇。

顯夢中其他的話語可以根據手淫情結來加以解釋。「**面有病容**」，實際上是指牙醫的另一句話：一個人如果嘴裡缺了一顆牙，就不好看了；但同時又暗指年輕人在青春期因縱欲過度而顯露或害怕自己顯露出「病容」。夢者在顯夢裡將自己的「病容」移置到了父親身上——這是你們所熟悉的夢的工作的一種倒置方式（第十一講）——這樣，夢者就如釋重負了。「**此後他一直活著**」，這句話正好與希望父親復活的欲求相符，也與牙醫保證不需拔掉牙齒相符。「**夢者竭力阻止他（父親）注意到這一點**」，這句話非常巧妙地使我們誤以為它應該由「他已死」幾個字來完成。然而，唯一有意義的完成方式再一次來自手淫情結；顯然，年輕人想盡各種方法不讓父親注意到自己的性生活。最後，你們應該還記得，我們得將「因為牙齒刺激而產生的夢」解釋為手淫和由手淫所招致的可怕懲罰。

你們現在應該明白了這個不可理解的夢是如何產生的。事實上，它主要透過下述三條途徑：一、產生一種奇怪且使人誤解的凝縮作用；二、不管夢念中具有核心地位的思想；三、創造種種意義不明確的替代物，替代那些最深層、最久遠的思想。[6]

（4）我們一直試圖了解那些平淡的夢，這些夢絲毫沒有怪誕荒謬之處，但卻引起疑問：人們為什麼會夢見這種無聊的瑣事呢？（第五講、第七講）現在我為大家舉一個這類的例子——某少女於某夜做的三個相互關聯的夢。

（a）她穿過她家客廳，頭碰到了吊得很低的枝形吊燈，流了一點血。

這種事在她的生活中從未發生過，但她提供的相關情境卻耐人尋味。「你知道我的頭髮掉得很厲害。昨天，我母親對我說：『孩子呀，如果再這樣下去，你的頭就會很快禿得像屁股一樣了。』」由此可見，頭代表身體的另一端。無須夢者的幫助，我們也能理解枝形吊燈的象徵意義：所有可以拉長的物體都是男性生殖器的象徵（第十講）。因此，夢的真正含義是身體下部因和陰莖接觸而流血。這樣說可能還不太明確，她的進一步聯想表明她的夢與下述信念有關：月經來潮是由於和男人交媾的結果——這是許多未成熟的少女所抱持的性理論。

（b）她在葡萄園裡看見一個深坑，她知道此坑是因為樹被連根拔去所造成的。

她補充說樹不見了。她的意思是自己在夢中並沒有看見那棵樹，但這句話也表達了另一個想法，而使我們可以確定此一象徵的解釋——這涉及另一個幼年期的性理論，女孩本有和男孩

6 標準版註：在《夢的解析》第五卷，頁四三〇～四三一，以及在〈對心理活動的兩個原則的系統論述〉中討論了一個與此不完全相同、但極其類似的夢的片斷（1911*b*, *S.E.*, 12, pp. 225-226）。

相同的生殖器，後來之所以形狀不同，是因為閹割的結果（樹被連根拔起）。

（c）她站在寫字檯的抽屜前。這一抽屜她是如此熟悉，因而誰要是動了抽屜，她馬上就會發覺。

像所有抽屜、櫃子和箱子一樣，寫字檯的抽屜也代表女性生殖器（第十講）。她知道性交的跡象（她認為即使只是碰觸也會有相同的結果）可以從生殖器上看出來，長久以來，她一直擔心自己身上是否已留下這樣的跡象。我認為，這三個夢的重點都是**知識**，她還記得孩提時對性的探索，當時，她曾對探索而得的結果頗感自豪。[7]

（5）這裡還有一個有關象徵作用的夢例，不過這次我得簡要敘述一下做夢前的心理情境。一位曾與某個女人同宿一夜，並發生了性關係的男士，說那位女士有著強烈的母性，每次性交時都希望能有一個孩子。但是他們倆幽會時，卻不得不採取預防措施，設法避孕。次日早晨醒來時，那個女人講了下面這個夢：

有一個戴紅帽子的軍官在街上追她。她力圖逃脫，於是跑上樓梯，可是他仍緊追不捨。她氣喘吁吁地跑進房間，將門鎖上。他只好待在門外，她從窺視孔裡看去，只見他正坐在外面的凳子上哭泣。

你們肯定會把紅帽子軍官的追逐以及氣喘吁吁地爬樓梯看成是性行為的象徵（第十講）。夢者把追逐者鎖在門外這一事實則是夢中常用的倒置的一個例子（第十一講），因為交媾結束前即抽身而退的實際上是那個男人。同樣地，她將自己的悲痛轉移到了那個男人身上，因為在夢裡哭泣的是他——這也是精液洩出的象徵。

我相信，你們肯定聽人說過，精神分析認為所有夢都含有某種性的意義。現在你們應該能夠分辨這種責難的是與非了。你們已熟悉了那些滿足欲求的夢，它們都是用來滿足那些最明顯的需求（例如饑、渴和渴望自由等），也了解了那些便利的夢、迫不及待的夢及貪婪自私的夢，從中你們應可以看出上述責難是不正確的。但同時你們不應忘記，精神分析的研究結果也認為，扭曲得很厲害的夢大多是表現性欲的夢（不過也有例外）。

（6）我之所以舉出這麼多使用了象徵的夢例，有一個特殊的理由。我們初次見面時（第一講），我曾悲嘆要在這一系列的演講中提供證明，並讓你們相信精神分析的理論有多麼地困難。我敢肯定，現在你們已同意我的看法了。而精神分析的各個論點彼此間有著密切的連繫，因此，你們相信了這一點，便較容易相信整個理論。我們可以說，如果有人舉起了一根小指頭贊成精神分析，那他不久之後便會舉雙手贊成了。如果人們接受了有關失誤動作的解釋，那麼，我們

7 標準版註：本書第二十講討論了兒童的性探索和性理論。

可以合乎情理地推論，他也會相信其餘部分的理論。夢的象徵作用也是讓人接受的另一條捷徑。下面的夢來自於一個沒有受過教育的婦女，她丈夫是個警察，她肯定未曾聽過夢的象徵作用，也不了解精神分析的任何內容。分析了此夢之後，你們自己再判斷一下，我們藉助於性象徵所得到的解釋是否是任意強加的：

……那時，有人破門而入。她在驚懼中大聲向警察呼救，但那時警察已走進了教堂，沿著幾級階梯向上爬去，一路上跟兩名流浪漢有說有笑。教堂後面有一座小山，山上有一片森林。警察頭戴鋼盔，圍著頸甲，身披斗篷，頷下有著棕色的鬍鬚。那兩個流浪漢平靜地與警察同行，腰下繫有袋狀的圍裙。教堂前有一條小路通往小山，小路兩旁生有雜草矮樹，爬得愈高，草木生長得愈茂密，到了山頂則變成了一片茂密的森林。[8]

該夢中所用的象徵極易辨識。男性生殖器以三個人為代表，而女性生殖器則以有教堂、山和樹林的風景作為象徵。你們還可以發現，階梯象徵著性行為。夢中所謂的小山在解剖學上也被稱作山——維納斯之丘（the Mons Veneris）。

（7）此外，還有一個必須用象徵加以解釋的夢例。夢者對釋夢沒有半點理論上的知識，但他卻能解釋所有象徵，這一事實值得注意，也很有說服力。這種態度很不尋常，而其決定因素我們也還無法明確了解：[9]

他和他的父親在一個地方散步，這裡一定是普雷特公園，[10]因為他看見一座圓形建築物。在它的前面有一間小屋，拴著一個氣球，不過看上去鬆垮垮的。父親問他這氣球到底有什麼用處，他很奇怪父親為何會有此疑問，但仍向他做了解釋。然後他們走進一個院子，院內鋪有一大張錫片。他的父親想撕下一大片來，但先環顧四周，看是否有人正在看管。他對他說只需和工頭說一聲，便可拿走一些，不會有任何麻煩。一段階梯由院子通向一個井穴，井穴的牆壁裝有某種軟質的護墊，很像一把皮製的扶手椅。井穴底部有一個長平台，接著又有一個井穴……

夢者自己的解釋如下：「圓形建築代表我的生殖器，至於它前面拴著的氣球則為陰莖的象徵，因為我曾嫌它太軟。」說得更詳細些，我們可將圓形建築解釋為臀部（小孩常將臀部視為生殖器的一部分），它前面的小屋則代表陰囊。夢裡，父親問他的生殖器有何用處——亦即，生殖器的目的和機能是什麼。這個情境顯然顛倒了，似乎應轉換成夢者向父親發問才對。由於事實上他從未問過他父親這個問題，我們便有必要將夢念視為一種欲求，或把它當作一個條件

8 標準版註：這個原由B．戴特納所報告的夢也出現在《夢的解析》第五卷，頁三六六，不過內容稍有不同。
9 標準版註：見《夢的解析》對此的評論，第五卷，頁三五一。
10 標準版註：維也納的「布倫森林」內有一個遊樂場。

子句：「如果我曾經請父親解釋性的問題……」我們馬上就可以從夢的另一部分中找到這個想法的延續。

鋪有錫片的院子不能像上面那樣用象徵加以解釋。它的來源與其父親的事業有關。為了保密，我以「錫」取代了他父親真正經營的另一種材料。除此之外，我對夢中的措詞並未做任何的更動。夢者已加入他父親的公司，並曾極力反對他父親的公司用不正當的手段賺錢。因此，上述的夢念似乎在說：「（如果我問他，）他也會像欺騙顧客那樣欺騙我。」至於「撕取」錫片，原本代表他父親在生意上的不誠實行為，但夢者對此有另一個解釋——它代表手淫。這種解釋我們過去早就熟悉了，而且還可以從另一點得到證實：手淫的祕密性質也是透過倒置來表現的，這一倒置表現是：我們可以公然為之。正如我們可以預期的那樣，夢者將手淫這一活動歸於其父親所為，這與夢裡父親向兒子發問這一情境如出一轍。夢者又將井穴解釋為陰道，因為它的四壁有軟墊。我還可以補充一點，向下爬和其他夢裡的向上爬一樣，也是性交的象徵（第十講）。

夢者還根據自身的經歷解釋了其他的細節——第一個井穴底部的長平台和平台之後的第二個井穴。有一段時間他曾進行過性交，但之後因為壓抑而捨棄了。而他現在希望能夠藉助治療，使他可以重新與人交歡。[11]

（8）下面兩個夢是一個性生活複雜的外國人做的。我報告這兩個夢是想證實我的主張：即使在顯夢裡，夢者的自我被隱藏起來，但事實上，它會出現於每一個夢中。（第九講）夢中的箱子都是女性的象徵。

（a）他動身去旅行，行李由馬車送至車站。車上堆著他的許多箱子，其中有兩個黑色的大皮箱，酷似那些樣品箱。他如釋重負地對某人說：「還好這兩個皮箱只會跟我到車站而已。」

事實上，他的確帶著許多行李去旅行，但他在接受治療時也講了許多有關女人的故事。那兩個黑皮箱相當於兩個黑女人[12]，她們曾在他生活中占有重要的地位。其中一位還想隨他到維也納，在我的勸告下，他打電報拒絕了她。

（b）發生在海關的一幕：

另一位遊客打開他自己的箱子，一邊吸煙，一邊滿不在乎地說：「箱子裡沒有任何違禁物品。」海關官員似乎相信了他的話，但還是檢查了箱內的物品，而且還發現一個嚴禁的物品。那位遊客無可奈何地說道：「這下可沒辦法了。」

夢者本人就是那位遊客，而我則為海關官員。他通常都很坦率，毫無隱瞞。但他最近與一

11 標準版註：此夢及其分析幾乎原封不動地引自《夢的解析》第五卷，頁三六四～三六五。
12 標準版註：德文為「schwarz」（黑色）。

名女子來往，卻打定主意向我保密，因為擔心我認識這位女士。他將被人發現時的那種窘境轉移到一個陌生人的身上，結果，他本人在夢中就似乎未曾出現了。

（9）下面是一個我尚未提到過的夢例，與象徵有關：

他在路上遇見了自己的妹妹和她的兩位女友。這兩位女友是兩姊妹。他與這兩姊妹握手，卻沒有和自己的妹妹握手。

這一切，在他的親身經歷中從未出現過。但他想起自己以前曾有那麼一個時期，看到女孩的乳房發育那麼遲緩，想要探究其中的原因。所以，那兩姊妹其實指的是乳房。他想伸手摸一摸它們——只要它們不是他妹妹的。

（10）再告訴你們一個有關死亡象徵的夢例：

他與兩個人一同走過一座既高且陡的鐵橋，他本來知道他們的名字，可醒來時卻忘記了。那兩個人一下子就不見了，而他看見一個戴著帽子，身穿亞麻布衣服，幽靈般的男人。他問那人是不是來送電報的？那人說不是。接著他又問那人是不是趕車的？那人又說不是。接著他繼續往前走去……

夢者在做夢時感到異常焦急，醒來後，他的夢仍在幻想中繼續，幻想中鐵橋忽然斷裂，他墜入深淵。

一個人若堅稱他不認識或忘記了某些人的名字，那麼，這些人大多與他關係非常密切。就此例而言，夢者有一個弟弟和一個妹妹；如果他曾希望他們兩個死去，那麼，輪到他自己成為死亡恐懼的犧牲品，將是非常公正的。至於那個送電報的人，他說這種人經常帶來壞消息。而從其制服來判斷，此人似乎是一個點燈人，點燈人也能熄燈，就像死神毀滅生命之光一樣。趕車人使他想起了烏蘭德寫的那首關於查爾斯國王航海的詩，並使他想起了那次有兩位同伴的危險航行，他自己在這次航行中扮演的有如詩中查爾斯國王的角色。[13] 而鐵橋使他回憶起最近發生的一次事故以及一句愚蠢的格言：「生命就是一座吊橋。」[14]

（11）下述夢例也可算作死亡的另一種表現：

13 標準版註：烏蘭德的詩中寫道，查爾斯國王及其十二位騎士在航行去聖地的途中，突遭暴風雨的襲擊。十二位騎士都顯得揣揣不安——而國王卻鎮靜沉著地掌著舵，將船開到了安全的地方。

14 標準版註：此格言曾作為一個拙劣詼諧的例子，引用在佛洛伊德的《詼諧及其與無意識的關係》一書的腳註中（1905c, *S.E.*, 8, p. 139）。

一個不認識的紳士留給他一張帶黑邊的名片。

（12）你也許會從許多方面對下述這一夢例產生興趣，不過夢者的精神官能症狀態是該夢發生的先決條件之一：

> 他正乘火車旅行，車卻在曠野裡停了下來。他認為會有事故發生，所以必須設法逃離。他穿過所有的車廂，逢人便殺——被殺害的人包括列車員，司機等等。

該夢使他想起從前一位朋友講過的故事。在義大利的某條鐵路線上的一間客車包廂裡，一位精神病患者正被送往他處。可是由於疏忽，一位旅客竟被安排與他同坐，這個瘋子便將此人殺害了。因此，夢者就以此精神病患者自居，理由是他有一個強迫意念，他必須「殺死所有看到他的人」，並深受此強迫意念的折磨。但後來他自己找到了一個較好的理由，這一理由是這個夢的誘發原因。前一天晚上，他在劇院裡再次看到了他曾想娶之為妻的女子，但後來因為她的許多行為讓他感到嫉妒，因此便離開了她。鑑於自己嫉妒心是如此強烈，他認為自己想娶她為妻真是瘋了。也就是說，他認為她是如此地不可信賴，以致他的嫉妒心會讓他殺害所有引發他嫉妒之情的男人。我們也曾見過，以走過許多房間（此處，是指客車車廂）作為結婚的象徵（「一夫一妻制」的倒置）的例子。[15]

有關火車停在曠野以及他害怕發生意外等內容，夢者說，有一次他乘火車旅行，也是在尚未到站時火車突然停了下來。一位與他同行的年輕女子說可能會出車禍，最安全的做法是將雙腿抬高。將「雙腿抬高」這句話，使他想起他和前面提到的那個女子在往昔相愛的歡悅日子裡，多次去鄉村遊覽的甜蜜時光。因此，他又有了一個新的論點，證明他自己若到了現在還想娶她為妻，那簡直是瘋了。但從我對他的情況的了解，我敢肯定他仍存有這一欲求：希望自己真的瘋了，而可以娶她為妻。

15 標準版註：這個象徵在這一系列演講中尚未提過。但在《夢的解析》第五卷，頁三五四，講過一排房間可代表妓院或閨房，或（透過倒置）象徵一夫一妻制的婚姻。

第13講

夢的古老特點與幼稚性

The Archaic Features and Infantilism of Dreams

女士、先生們：

我們曾經說過，受稽查作用的影響，夢的工作往往將夢的隱意轉化為一種不同的表達方式。現在，我們就以這個結論作為研究的出發點吧。夢的隱意與清醒生活中我們所熟悉的有意識思想並沒有什麼不同。這種新的表達方式有許多我們難以理解的特點。我們還說過，這種表達方式可以追溯到早已成為歷史的智能發展階段，例如象形文字與象徵關係，甚至可以追溯到我們的思想語言還未開始發展之前的階段。由於這個緣故，我們曾把夢的工作所運用的表達方式稱為**古老的或退化的方式**。（第十一講）

由此可以推知，如果對夢的工作進行更深入的研究，那麼，我們就可望對至今尚不明瞭的人類智能發展的早期階段，得到更透徹的認識。我希望這是可能的，遺憾的是至今仍未有人從事此一工作。透過研究夢的工作，我們可以了解兩種史前史：（1）種族發生的史前史；（2）個體的史前史，即他的童年，因為每一個體都扼要地重演了整個人類的發展過程。我們能成功地區分出哪一部分的潛隱心理過程起源於個體的生命初期，哪一部分起源於種系發展的早期階段嗎？我想這並不是不可能的，例如，在我看來，非習得的象徵關係就可視為是種系發展的遺跡。

然而，這並非夢唯一的古老特點。從自身的經驗中，你們便可發現童年時期明顯的記憶缺失。我的意思是說，在生命頭幾年，即從一歲至五歲、六歲或八歲期間，人的經歷不像後來的經歷那樣能在記憶中留下痕跡。當然，我們有時可能遇到這樣的人，他們自誇對自童年至今的種種經歷有著不間斷的記憶。但對絕大多數的人來說，童年的經歷在記憶中都是一片空白。我認為，此事尚未得到應得的注意。兒童在兩歲前就會說話，而且不久後就會展現自身了解複雜心理情境的能力，但是多年後若有人提起他當時所說的話，他自己卻沒有任何記憶。按理說來，童年期記憶負擔較輕，記憶力應該比後來要好些。而且，我們也沒有理由將記憶力的功能視為特別高級或特別困難的心理活動；相反地，有時我們可以發現，就連智力程度很低的人也有著很強的記憶力。[1]

我還得請你們注意第二個特點，這個特點建立在第一個特點的基礎之上，童年前幾年的經歷雖已大多數雖已被遺忘，但仍有某些回憶得到了良好的保存，這些回憶大部分是一些塑形意象，而它們為什麼能被保留下來，人們似乎還缺乏適當的理由加以解釋。在往後的生活裡，我們的記憶總是選擇性地處理所接受的種種印象材料，保留那些重要的事物，而將那些不重要的事物遺忘。但是這一點卻不適用於童年期保留下來的記憶，這些記憶並不一定是童年時的重要經歷，甚至也不是兒童自己所認為的重要經歷，這些經歷本身很平凡且不重要，所以我們常常自問，為什麼這個特殊的細節沒有被遺忘。很久以前，我曾試圖用精神分析來研究童年遺忘及殘餘記憶問題，我得出的結論是，兒童也和成人一樣，記憶中保留的僅僅是那些重要的經歷，但是透過為你們所熟悉的凝縮過程，特別是置換過程，重要的經歷在記憶中常常被那些看來瑣碎的東西取代。因此，我將童年期的這種記憶稱為「屏蔽記憶」，並認為只要經過徹底的分析，一切已被遺忘的經歷均可由此再回想起來。[2]

在精神分析治療中，我們面對將童年記憶中的這些空白填補起來的任務。只要治療奏效，我們一般能找回童年期那些久被遺忘的內容。其實，這些印象從未真的被遺忘，它們只不過成了無意識的一部分，以致無法觸及而已。但它們有時也能自發地從無意識裡顯現出來，於是形成夢境。夢的生活似乎知道怎樣才能接近這些潛隱的、幼年的經歷。精神分析文獻中已有許多這類精彩的例子，我自己亦能舉出一例。有一次，我夢見一個人，此人肯定幫過我的忙，我清楚地看見他就在我面前。他獨眼，身形矮胖，雙肩高聳。我從夢境的脈絡推知他是一位醫生。那時，我母親尚未辭世，因此我還可以向她詢問故鄉（我三歲時就離開了那裡）的那位醫生的長相。她對我說，那醫生只有一只眼睛，又矮又胖，雙肩高聳。而且，母親還告訴我當時發生了什麼意外，所以得請這位醫師來看我，可是我卻完全忘記了這件事。[3]可在夢中想起已遺忘

1　標準版註：佛洛伊德在《性學三論》的第二篇論文裡，更詳盡地討論了幼兒遺忘的問題（1905*d*, *S. E.*, 7, p. 174 f.）。

2　標準版註：佛洛伊德在《日常生活精神病理學》第四章（1901*b*），以及他早年所寫的一篇文章（1899*a*），亦曾討論屏蔽記憶。

3　標準版註：《夢的解析》第四卷，頁十七，討論過此夢，書中其他地方也多次提到這個夢。第五卷，頁五六〇，描述了這次意外。

的童年早期經驗，是夢的另一個古老特點。[4]

認識了這點，它同樣可應用於我們另一個尚未解決的問題。我們發現，某些夢源於邪惡及過度的性欲求，使得夢的稽查作用和扭曲成為必要機制——你們應該還記得這一發現帶來的震撼吧。（第九講）當我們為夢者解釋這種夢時，即使夢者不批評這種解釋——這已是最好的情況——但通常會問這些欲求來自何處，因為他對它們一無所知，他所意識到的欲求又正好與其相反。我們應該毫不猶豫地指出其起源。這些邪惡欲求的衝動起源於過去，而且常常是不太遙遠的過去。可以證明的是，即使現在不記得了，夢者仍曾一度熟悉和意識到這些衝動。例如，某婦女曾做過一個夢，夢的意義是她想親眼看見自己才十七歲的女兒死去。[5]在我們的指導下，她發現自己確實有過希望女兒死去的惡念。她婚後不久就離婚了，她女兒便是這場不幸婚姻的產物。當女兒尚未出世時，有一次她與丈夫大吵一場，盛怒之下舉拳捶腹，想讓胎兒死於腹中。像這個女人一樣的母親何其多啊！雖然她們現在喜愛，甚至溺愛孩子，但當初懷孕卻非心甘情願，懷孕之後也曾希望胎死腹中。她們也曾將這種願望付諸行動，幸而沒有造成嚴重的後果。因此，她們這種希望自己親愛的人死去的欲求，雖然很神祕，但的確起源於早期她們與此人的關係中。

同樣地，一位父親也做過一個夢，從其夢中可揣知他希望自己心愛的長子死去。在我們的引導下，他記起自己確曾有過這種欲求。他不滿意自己的妻子，當孩子尚在襁褓時，他常想，如果這個無足輕重的小傢伙能夠夭折，他又可以重新獲得自由，隨心所欲了。[6]還有許多與此類似的憎惡衝動都有相同的起源。它們都是對過去某事的回憶，而此事一度是有意識的，並在心理生活中起過作用。你們可能由此得出結論，認為如果夢者與另一個人的關係保持不變，始終如一，那麼這一欲求與夢便不會產生了。我承認這一點，但我還得提醒你們，你們應該考慮的是夢在經過解釋之後的意義，而不是夢的**表面意義**。或許，這一希望親愛的人死去的顯夢只是一個可怕的面具，實際的意義可能截然不同；或許那個親愛的人只是用來使人產生誤解的元素，實際上是另一個人的替代物。

然而，這個主題可能引出你們另一個更重要的問題。你們會說：「即使這個死亡的欲求確實一度存在過，並可由回憶證實，這仍不能算作真正的解釋。畢竟這個欲求很久以前就已被克服了，現在只能作為一種毫無情緒的回憶存在於無意識中，並不足以成為一個強有力的刺激。剛才的假定未免缺乏證據，仍然無法說明那個欲求為什麼會出現在夢裡。」這個問題提得有道理，要想回答這一問題，牽涉面未免太廣，並使我們不得不對夢的理論的某一個最重要的觀點表明自己的態度。但是，我現在必須限定討論的範圍，暫時不談這一問題，所以請你們諒

4 標準版註：佛洛伊德在一八九八年三月十日致弗利斯的一封信中就已注意過這個事實（1960*a*, Letter 84）。

5 標準版註：《夢的解析》第四卷，頁一五四～一五五，曾詳盡地論述過此夢，在第二四九頁亦曾提及。在這些章節中，三次提到該女孩的年齡都是「十五歲」。而在本書所有的德文版中，該女孩的年齡都為「十七歲」。這可能是印刷錯誤所致。

6 標準版註：在《日常生活精神病理學》第八章的末尾，佛洛伊德比較詳細地講述了一個與此相似，但不是關於夢，而是關於貽誤行為的故事（1901*b*, *S. E.*, 6, pp. 187-189）。

解。[7]如果我們現在能夠證明這個被克制住了的欲求確實是夢的起因，那麼，我們也就心滿意足了。此後，我們便能接著研究其他邪惡的欲求是否也能同樣地追溯到過去。

我們將繼續討論這種想殺死他人的欲求，它們大多起源於夢者不受限制的利己主義。我們經常可以發現這類欲求是夢的起因。在我們的一生中，只要有人妨礙我們（生活中人與人之間的關係是如此複雜，所以這種情形難免經常發生），我們便隨時準備在夢中將此人消滅，不管此人是父母、兄弟姊妹還是夫妻。人性的這種弱點的確令我們大為驚訝，所以我們一定不願意毫無疑義地接受這種釋夢的結果。但是只要我們在過去尋求這些欲求的起源，就會發現在個體過去的某個時期，這種利己主義以及這種欲求衝動一點都不會讓人覺得奇怪，甚至還會指向他最親近的人。兒童在生命的最初幾年裡常毫無掩飾地展現出這種利己主義（這些經驗到後來被遺忘了），因為兒童總是先愛自己，到後來才學會了愛他人和為別人犧牲自己。即使兒童表現出對他人的愛，一開始也是因為他需要他們，沒有他們，他就不能生存——也是出於利己的動機。只有到了後來，這種愛的衝動才與利己主義分離開來。因此，事實上是**兒童的利己主義教會了他如何去愛**。

在此，比較兒童對兄弟姊妹的態度和對父母的態度，將會非常有趣。幼小的兒童沒有必要愛他的兄弟姊妹，他常常直言不諱地承認這一點。毫無疑問，他憎恨他們，視他們為勁敵，這種態度多年不變，一直持續到成年甚至更晚的時期，從不間斷。的確，它常為親情所取代，更確切地說，常被親情所掩蓋，但大體說來，敵視的態度似乎出現得更早。我們不難發現，二歲半到四、五歲的孩子，常會在小弟弟或小妹妹出生時表現出敵視的態度。他們極不歡迎新來的成員。他們常說：「我不喜歡他，要是鸛鳥能將他重新銜走就好了！」此後，一有機會就詆毀新來者，並企圖傷害他，甚至蓄意謀殺新來者之事也屢見不鮮。如果二者年齡相差無幾，到孩子的心理活動發展到一定程度時，他會發現他的勁敵確實已經存在了，因此只好讓自己去適應他。如果兩人年齡差距較大，新生兒可能從一開始就會引起大孩子的同情，被大孩子視為一個有趣的事物，一個活的玩偶。而當兩者年齡相差八歲甚至更多時，大孩子，特別是大女孩，則可能會產生保護性的母性衝動。然而，老實說，倘若在夢裡發現希望兄弟姊妹死去的欲求，我們大可不必大驚小怪，我們可以輕易地在童年早期或較晚時期找到其原型。[8]

在家庭養育中，孩子間不免發生激烈的衝突。引起衝突的動機通常是爭奪父母的愛，爭占公共財物，甚至爭占房內空間。敵意衝動的矛頭可指向哥哥或姊姊，亦可指向弟弟或妹妹。蕭伯納曾寫道：「一個英國小女孩若憎恨什麼人更甚於她的母親，那個人必定是她的姊姊。」[9]這句話令我們驚訝，有關兄弟姊妹之間的相互仇恨和競爭，在必要時我們尚可理解。但我們怎能假定母女和父子之間也存在著仇恨的感情呢？

這種關係無疑更為親密，從兒童的角度來看也是如此。這正是我們對人倫的要求，我們發

7 標準版註：佛洛伊德在本講的末尾再次談到了這一問題。
8 標準版註：兄弟姊妹之間的關係在《夢的解析》第五章，第四節（第五卷，頁二五〇～二五五）有更詳細的討論。
9 標準版註：約翰．泰勒在《人與超人》第二幕所說的話。

現，父母與子女之間缺乏愛，要比兄弟姊妹之間缺乏愛更令人厭惡。前者的愛可以說是神聖的，後者的愛則是凡俗的。但日常的觀察表明，父母與已成年的孩子之間的情感關係，常遠不及社會所規定的那樣理想和高尚，雙方之間暗含著敵意，如果一方不遵守孝的觀念，或另一方不遵守慈的觀念，那麼，這種敵意隨時都有可能表現出來。一般說來，這種敵意的動機人盡皆知，而且出現在同性親子之間，如女兒敵視母親，兒子敵視父親。女兒怨恨母親的權威限制了她的意願，而且時常以社會的要求迫使她放棄性的自由；對於母親有時甚至想與自己爭寵，不願受冷落，女兒更是耿耿於懷。父子之間這種情形亦存在，有時甚至更為明顯。在兒子的心目中，父親是他不願忍受的社會限制的代表，父親妨礙他隨心所欲，阻止他獲得早期的性快樂，使他無法盡情花用家中的財產。如果兒子是王位繼承人，那麼，他盼望父親死去的欲求會更加強烈，有時甚至足以導致悲劇的發生。父女或母子的關係似乎不易出現這種危險，這種關係中有的只是純潔而永恆的慈愛，不會受到任何自私動機的損害。[10]

我為什麼要講這些不足為奇、人盡皆知的事實呢？因為人們總想否認這些事實在生活中的重要性，企圖遮掩真實的情況，而宣稱他們已完成了社會要求的理想。然而，最好是由心理學家，而非那些諷世者說出真相。事實上，這種否認只在現實生活中發生，小說和戲劇這些想像的作品已可自由地描寫這種與社會理想相悖的主題。

因此，假如許多人的夢揭露出他們想要殺死父母，特別是同性父母的欲求。我們可以認為這種欲求在其清醒時就已存在，甚至倘若可以隱藏在某個其他動機之後，它們有時還能進入意識之中，就像前面所述的第三個夢例（第十二講），夢者將自己的真實意圖隱藏在同情父親病痛的背後那樣。敵視的態度很少主宰親子關係，它往往隱藏在溫情之中，被溫情所取代，一直到做夢時才單獨出現。它在夢中單獨出現時，可能表現為強烈的感情，但是當我們的解釋使它回復到現實生活情境原有的位置時，表現出來的誇大就再次縮小了（漢斯・薩克斯）。[11]但是，就算現實生活中沒有任何對應物，就算這個欲求未曾出現在成年人的清醒生活中，我們仍可發現這種欲求。因為，這一根深柢固的疏遠動機，尤其是兒子對父親、女兒對母親的敵視態度，早在童年早期就已被人體驗到了。

我所指的是愛的競爭，而且是強調個體性別的競爭。當兒子還很小的時候，他就已經對他的母親產生了一種特別的感情，認為母親是屬於他的，而父親則是與他爭奪他的唯一所有物的對手。同樣，小女孩也把母親看成一個妨礙自己與父親的感情，侵占她應有地位的人。觀察表明，這種態度可追溯到童年早期，我們將它們稱為「伊底帕斯情結」，因為有關伊底帕斯的傳說也以較為和緩的方式展現了源於兒子的兩種極端的欲求，即弒父和娶母。我的意思並不是說，伊底帕斯情結是孩子與父母之間的所有關係，事實上，這種關係可能複雜得多，而且它的力量可大可小，有時甚至可以顛倒過來。但無論如何，它都是孩子心理生活中一個非常重要的成分，我們往往低估而非高估它的影響以及由此延伸的發展。順便提一句，兒童的伊底帕斯傾向經常

10　標準版註：佛洛伊德在《精神分析引論新編》的第三十三講對此進行了更為詳細的討論（1933*a*, *S.E.*, 22, p. 133）。

11　標準版註：佛洛伊德在一九一四年將薩克斯的原文（1912, p. 569）增補到《夢的解析》的結尾處（第五卷，頁六二〇～六二一）。

回應了來自父母的刺激，父母所偏愛的往往是異性的孩子，父親總是最寵愛女兒，母親最喜歡的總是兒子，或對父母而言，如果婚姻之愛已經淡卻，那麼，孩子就成了對其不再存有愛情的愛人的替代品。[12]

世人並未因為精神分析揭示了伊底帕斯情結而深表感謝。相反地，這個發現受到了成年人最強烈的反對，有些人起初雖未否認這種大家視為禁忌的情感關係，但他們後來所提出的解釋，顯然違背了事實，也剝奪了這一情結應有的價值。[13]我始終堅信，這一情結絲毫用不著否認或掩飾，我們應當接受這一事實——古希臘神話將其視為人類不可避免的命運。耐人尋味的是，在現實生活中遭到拒斥的伊底帕斯情結，在虛構的文學作品中卻被自由地運用。奧托．蘭克（一九一二b）經過仔細研究，發現在經過無數的修飾、變化和偽裝之後，亦即，在經過我們所熟悉的稽查作用所導致的扭曲之後，伊底帕斯情結為劇作家提供豐富的主題。因此，即使有些夢者幸運地在以後的生活中未與父母發生衝突，我們仍可以認為他們曾受到這種伊底帕斯情結的影響。與此情結有密切連繫的，還有所謂的「閹割情結」[14]，這是兒童對其所受到的威脅的反應，這些威脅試圖阻止兒童早期的性活動，通常被認為是來自父親。

從對兒童心理生活的研究中所獲得的認識，將可引領我們以類似的方式解釋另一種被禁止的性欲求，即過度的性衝動。因此，我們鼓起勇氣研究了兒童性生活的發展，從多方面的來源獲得了下述種種認識。

首先，否認兒童有性生活，認為只有到了青春期生殖器成熟時，性欲才開始出現，這些都是沒有根據的謬誤。相反地，兒童從一開始就有豐富的性生活，只是這種性生活與後來被視為常態的性生活有許多不同之處。成人生活中所謂的「變態的」性活動與正常的性生活在下列幾個方面不同：（1）無視物種的界線（人與動物之間的區別）；（2）沒有厭惡的感覺；（3）打破了亂倫的界限（禁止從近親那裡尋求性滿足）；（4）打破了性別的界限；（5）將生殖器所起的作用轉移到身體的其他器官和部分。所有上述界限並非一開始就存在，而是在發展、教育的過程中逐步形成的。幼童並不受這些界限的約束。他們並不認為人與動物之間有著可怕的差別，而是到了後來，才認為人類比動物高等，與動物不同。[15]一開始，兒童並不厭惡排泄物，而是在教育的影響下，才慢慢地有了厭惡感；他們並不特別重視性別的區分，認為男女生殖器有著同樣的構造；他們將自己早期的性欲與對性的好奇心，指向與自己最親近的人，或指向自己最熱愛的人——父母、兄弟、姊妹或褓姆；最後，從他們身上，我們還可看到（這一點在後來戀愛關係達到頂峰時亦可見到），他們不僅期待從自己的性器官上獲得快感，而且認為身體的其他部分也可以產生相同的感覺，也可以起到生殖器的作用。因此，我們可以說兒童是「多形變態的」，而如果這些性衝動僅有極少的行動表現，那是因為一方面它們不像後來的性衝動那麼

12 標準版註：佛洛伊德在本書第二十一講更詳細地討論伊底帕斯情結。
13 標準版註：這當然是暗指榮格和阿德勒與佛洛伊德的分裂。
14 標準版註：本書第二十講有對此情結的進一步解釋。
15 標準版註：佛洛伊德在〈精神分析發展過程中的一個困難〉一文中對此做了更詳細的描述（1917*a*, *S. E.*, 17, p. 140）。

強烈；另一方面，兒童的性表現立刻受到了教育強有力的壓抑。而這種壓抑似乎還延伸到了理論知識之中，因為成年人不僅竭力忽視兒童一部分性表現，而且還以曲解性本質的方式，掩飾另一部分的性表現，如此，兒童整個性表現便被成年人全盤否定了。他們經常先在育兒室裡對兒童的性頑皮大發雷霆，隨後又坐在寫字檯力陳兒童在性方面的純潔。兒童在獨自一個人時，或是在被引誘的情況下，經常會出現許多以上述變態方式進行的性活動，成年人並不會對此看得過分嚴重，認為這只是「幼稚的把戲」或「遊戲」，這樣做當然是對的，因為我們畢竟不能以道德或法律的標準去看待兒童，譴責他們，就好像他們已長大成人，要對自己完全負責似的；但在兒童身上，這種性活動確實存在。這種性活動有其重要性，它們可成為兒童固有傾向的證據，也是兒童後來發展的起因和動力；它們為我們提供了有關兒童性生活的知識，也提供了有關人類普遍性生活的知識。因此，如果我們在被扭曲了的夢的背後，又看到了這些變態的欲求衝動，那只不過是說，夢在這個領域裡也退化到了幼年的狀態。

在這些被禁止的欲求裡，應特別重視亂倫的欲求——也就是說，那些想與父母、兄弟、姊妹性交的欲求。你們知道，人類社會是多麼憎惡亂倫——或至少宣稱他們憎惡亂倫——並嚴厲禁止這種行為。人們花了很大的精力來解釋這種對亂倫的憎惡。一些人假定，既然近親繁殖可以導致種系退化，因而對亂倫的禁止不過是種系繁衍考慮的心理表現。另一些人則主張，因為從小就在一起生活，性欲已從這些亂倫對象身上轉移開了。但可以注意到，在這兩種說法裡，亂倫行為都是自動就被排除了，那麼我們並不明白，社會為何還需要如此嚴厲地禁止亂倫呢？如此嚴厲地禁止反而表明了存在著強烈的亂倫欲望。相反地，精神分析的研究清楚表明，兒童性對象的選擇首先都是在親人當中進行的，到了後來才出現對這種亂倫的拒絕；而我們當然不可能在**個體**心理學的領域裡，追溯這種拒絕的起源。[16]

現在，讓我們總結一下，我們對兒童心理學的研究為夢的理解做出了哪些貢獻。我們不僅發現了被遺忘的童年期經歷可以進入夢中，而且還看到，兒童的心理生活及其特點——利己主義、對亂倫對象的選擇等——都存在於夢中，亦即仍存在於無意識內，而且夢每夜都將我們帶回這種幼年的狀態。因此，**心理生活中無意識的事物也是幼年的事物**這一事實便得到了證實。而我們對人具有這麼多的邪惡就不會感到奇怪了。這些可怕的邪惡只是心理生活最初的、原始的和幼稚的部分，我們可在兒童的心理生活中發現它們，但一方面由於他們還小，所以我們忽視了這些邪惡，另一方面則由於我們並不期望兒童有很高的道德水準，因而對此不以為意。由於夢退化到幼年水準，它們似乎暴露了我們的邪惡。但這只是一種假相，我們曾因此而大為驚訝；事實上，我們並不像夢的解釋所顯現的那般邪惡。

如果夢中這些邪惡的衝動只是幼年的現象，只是回復到道德發展初期的狀態（因為夢只是使我們在思想和情感上再次成為兒童），那麼，我們就不必——如果我們通情達理的話——為這些邪惡的夢感到羞愧。[17]然而，我們的心理生活中只有**一部分**是理性的，而有許多事物都是

16 標準版註：在本書第二十講、第二十一講，佛洛伊德再次詳細論述了幼兒期性欲的問題。

17 標準版註：有關夢的內容的道德責任問題，佛洛伊德曾有專門的討論（〈從整體上對釋夢的某些補充說明〉第二節）

不合理的，因此我們仍會不理性地為這些夢感到羞愧。我們讓這些欲求接受夢的稽查，倘若它們中有一種欲求出乎意料地以未曾受到扭曲的形式進入到了意識裡，使我們不得不承認它，我們便會羞愧而惱怒；事實上，我們有時會對一個受過扭曲的夢感到羞愧，彷彿我們可以了解它似的。想想那位德高望重的女士所做的「愛的服務」一夢吧！（第九講）雖然她未曾解釋這個夢，卻表達了對它的憤慨。因此，問題還沒有得到澄清，如果我們對夢的邪惡問題做進一步的思考，那麼，我們仍有可能對此做出另一種判斷，對人性做出另一種估量。（參見第二十一講）

讓我們以下述兩個發現作為我們整個研究的結果，雖然這兩個發現僅意謂著將引發新的問題和新的懷疑。首先，夢的工作的退化作用不僅是形式上的，也是實質上的。它不僅將我們的思想轉化為一種原始的表達形式，而且還重現了我們原始心理生活的一些特點：古老的自我中心特質、性生活的原始衝動，甚至還有我們古老的智慧成就——假如象徵連繫可以被視為古老的智慧成就的話。其次，所有這些古老而幼稚的特點，都曾一度單獨處於主導地位，現在卻退居無意識範圍，因此我們對無意識的觀念此時也有了改變，並得到延伸。「無意識」已不再用來指稱那些當時潛隱的事物，而是心靈中的一個特殊領域，它有著自己的欲求衝動、自己的表達方式以及在其他領域並不發生作用的特殊心理機制。然而，我們由釋夢所發現的潛隱夢念並不隸屬於這個領域，相反地，它們與我們清醒時的思想雷同；但它們仍是無意識的。那麼，我們怎麼解決這一矛盾呢？我們開始覺得有必要做出某種區分。那些起源於我們的意識生活且具有意識生活的特徵的東西（我們稱之為「日間餘念」），與其他來自無意識領域的東西結合，從而形成了夢。夢的工作便完成於這兩個成分之間，而無意識施於日間餘念的影響無疑是退化作用的決定因素之一。在我們未對這一心理領域做進一步研究之前，這就是我們對夢的本質最深的了解了。但是，我們不久後就會為夢的隱意的無意識的性質提供另一名稱，以便把它與來自幼年領域的無意識區別開來。[18]

當然，我們還可以提出另一個問題：「究竟是什麼原因，使得睡眠期間的心理活動發生這種退化作用呢？為什麼沒有退化作用就不能處理那個干擾睡眠的心理刺激呢？倘若因為夢的稽查作用，心理活動不得不採用這些古老，但現在卻晦澀難懂的表達方式，以達到偽裝的目的，那麼，重現這些現已被取代了的古老心理衝動、欲求和特點又有什麼意義呢？——也就是說，除了利用形式上的退化外，又利用了實質上的退化，這有什麼意義呢？」唯一能使我們滿意的答案是：只有透過這種方法，夢才得以形成；在動力學上，沒有其他方法可以處理這些致夢的刺激。但迄今為止，我們尚無權做出這種回答。

18 標準版註：本書第十四講的末尾亦討論了這一問題。（1925i, *S.E.*, 19, p. 131 f.）。本書後文亦有討論。

第14講

欲求的滿足
Wish-Fulfillment

女士、先生們：

還用得著我再次提醒大家我們迄今做過的研究嗎？當我們著手運用我們的技術時，我們遭遇了夢的扭曲，我們認為我們可以藉由研究兒童的夢，避開這個困難，以期從中初步獲得有關夢的基本性質的重要知識。而一旦我們對兒童的夢的研究有了結果，我們便可利用從中獲得的知識，直接研究夢的扭曲，並如我所期待的去逐步了解其中真相。以上這些研究方法和結果，我還需要再一次提醒大家嗎？然而我們必須承認，我們由某一途徑所發現的事物，與由另一條途徑所發現的事物並不完全相符。因此，我們眼下的任務就是將這兩組發現結合在一起，使它們相互協調一致。

從這兩個方面的研究中，我們都發現，夢的工作主要在於把思想轉化成幻覺性的經歷。這究竟是如何發生的呢？到現在仍是團謎。但這是普通心理學所必須處理的問題，我們在此不必考慮。由兒童的夢我們得知，夢的工作的意圖在於透過欲求的滿足，消除干擾睡眠的心理刺激；但是這一結論尚無法適用於被扭曲了的夢，除非我們已找到解釋它們的方法。但從一開始，我們就期望對兒童夢的解釋同樣可以適用於被扭曲了的夢，而我們發現，所有的夢實際上都是兒童的夢，它們都利用同樣的幼年材料，也都有著兒童的心理衝動和心理機制。因此，我們的期望便得到了初步證實。而現在我們既已相信我們克服了夢的扭曲問題，那麼我們就應該繼續探究，夢是欲求的滿足這一觀點，是否也適用於被扭曲了的夢。

前不久，我們已解釋過一系列的夢，但我們還完全未曾涉及欲求的滿足問題。我相信你們肯定不止一次地問自己：「欲求的滿足被視為是夢的工作的目的，但是，它在何處呢？」這問題很重要，因為它是外行的批評者經常提出的問題。你們知道，人類有抵制新知的本能。其表現方式之一就是盡可能地簡化任何新知識，如果可能的話，甚至會將其壓縮成一句標語。「欲求的滿足」便是這樣一句標語，用以標示夢的新理論。當外行人聽到夢是欲求的滿足時，他會問：「欲求的滿足在哪裡呢？」而他提出這一問題，表明他當下已拒絕了這個新理論。他當下會想起夢中的無數經歷，在這些經歷中，總是伴有痛苦或極度焦慮的情感。因此，他們會認為精神分析的夢理論所提出的假設是靠不住的。我們不難回答這一疑問，因為在被扭曲了的夢中，欲求的滿足不可能是顯而易見的，必須靠我們去尋找，因此，只有等到夢獲得解釋之後，我們才能證實它的存在。我們也知道，在這些被扭曲了的夢中所呈現的欲求，是被禁止的欲求（被稽查作用拒斥），它們的存在正是夢的扭曲的起因和夢的稽查作用介入的理由。但很難使外行的批評者理解的是，在夢未得到解釋之前，我們不能了解其欲求的滿足。他們總是忘記這一點。事實上，他們對欲求滿足理論的拒絕正是夢的稽查作用的結果，他們改用這種態度拒絕夢中稽查到的欲求，這也是稽查作用的衍生物。

當然，我們也覺得有必要解釋一下為什麼會有那麼多的夢帶有使人痛苦的內容，尤其是為什麼會存在著焦慮的夢。在此，我們第一次遇到了夢中的情感問題，這一問題值得專文探討，但不幸的是，我們現在不能對此加以討論。倘若夢是欲求的滿足，那麼，這些令人痛苦的情感就不應該在夢中出現。在這一點上，外行的批評者的意見似乎是對的。但是有三種複雜情況必須加以考慮，這三種情況是他們所忽略的。

（1）首先，或許夢的工作不能完全成功地實現欲求的滿足，致使夢念中一部分的痛苦情感出現在顯夢之中。分析表明，在這種情況下，夢念本身遠比由它們所構成的夢要令人痛苦得多。這在任何情況下都是可以證明的。在這種情況下，我們必須承認，夢的工作並未達到目的，就好像喝水的夢一樣（第八講）。因為口渴而夢見喝水，但最後仍得醒來喝水。然而，這仍是個真實的夢，仍然保留著夢的基本性質。我們只能說：「儘管缺乏力量，但其意圖值得讚揚。」[1]至少這種可以清楚認識到的意圖值得讚揚。這種失敗的例子並不少見，下述事實有助於說明失敗的原因：對夢的工作來說，改變夢的**情感**比改變夢的**內容**困難得多；情感有時是很頑強的。結果，夢的工作便將夢念中使人痛苦的內容轉化成一種欲求的滿足，而痛苦的情感則保持不變。在這種類型的夢中，情感與內容極不協調，於是，批評者就會說夢根本不是欲求的滿足，甚至連一些內容無害的夢也能使人痛苦。對於這些荒謬可笑的批評，我們只需指出，正是在這種夢

1 標準版註：Ovid, *Ep. Ex Pont*, 3, 4, 79.

裡，欲求滿足這一夢的工作的意圖表現得最為清楚，因為它得到了獨立的表現。之所以經常出現一些錯誤的批評，原因在於，不熟悉精神官能症患者的人總認為內容與情感之間關係很密切，因而無法想像內容改變時，相伴的情感仍可能保持不變。[2]

（2）其次，這一點更重要，意義更深遠，也同樣為一般人所忽視。毫無疑問，欲求的滿足應該帶來快樂，但問題是「為誰帶來快樂？」當然是給有此欲求的人。可是，我們知道，夢者與自己欲求的關係是非常特殊的。他否認這些欲求，稽查它們——總之，他一點也不喜歡它們。因此，欲求的滿足不會為他帶來任何快樂，而會帶來相反的情感；經驗表明，這種痛苦以焦慮的形式出現，這一現象仍有待解釋。因此，就夢者與其欲求的關係，只能說他似乎是兩個不同的人的混合，而這兩個人因某個強有力的共同元素結合在一起。對此，我不想多費口舌，只想講一個你們熟悉的神話故事，這個故事清楚地表明了夢者與夢欲求的這種關係。一個好心的仙女允諾一對窮苦的夫妻，願意讓他們實現三個願望。他倆樂不可支，決心慎重地提出這三個願望。但是妻子聞到了隔壁飄來的烤香腸的香味，而希望能得到兩根香腸。香腸瞬間呈現在面前，第一個願望便獲得了滿足。丈夫很生氣，憤怒之際希望這兩根香腸能掛在妻子的鼻尖上，於是香腸便掛在妻子鼻尖上，再也不能移動了。第二個願望亦獲得了滿足，然而丈夫的這一願望，卻使其妻子苦不堪言。故事的結局可想而知，既然他們是一家人，是夫妻，第三個願望就必然是將香腸從女人的鼻尖移開。這一神話故事可以用來說明許多其他情況，但在此我只想用它說明，假使兩個人不同心同德，那麼，一個人欲求的滿足可能給另一個人帶來痛苦。[3]

現在，我們不難對焦慮的夢做出更好的解釋了。我們將再提出一個觀察所得的現象，隨後便可下決心採用一個具有多方面證據的假說。這個觀察到的現象是：焦慮的夢的內容，往往未經扭曲，其內容彷彿避開了稽查作用。焦慮的夢時常是一種毫無偽裝的欲求滿足——當然，這一欲求並不是一種可被接受的欲求，而是一種被摒棄的欲求。焦慮的產生取代了稽查作用。我們可以說幼年的夢是某個被允許的欲求的公開滿足，一個尋常的被扭曲了的夢是某個被潛抑的欲求偽裝後的滿足，而對焦慮的夢而言，唯一恰當的說法是它們是某個被潛抑的欲求的公開滿足。焦慮是下述情況的徵象：被潛抑的欲求的力量較稽查作用強大，因此，雖有稽查作用的制約，它仍獲得或正在獲得滿足。我們意識到被潛抑的欲求的滿足只能為我們——我們站在稽查作用那一邊——帶來痛苦，我們必須加以抵抗。因此，夢中呈現的焦慮乃是對正常情況下應受到壓制的欲求力量的焦慮。至於這種抵抗為什麼會以焦慮的形式出現，僅依據夢的研究我們尚無從得知，我們顯然還必須從其他方面去進行探究。[4]

我們可以假定，對於未經扭曲的焦慮夢的解釋，同樣也適用於那些只有少許扭曲的夢，以及其他令人痛苦的夢；在這些痛苦的夢裡，痛苦的情感可能正相應於焦慮的情感。一般說來，

2 標準版註：佛洛伊德很早就堅信，意念與其相伴情感之間的關係是鬆散的。例如，參見他有關「防禦性精神官能症」的第一篇論文（1894*a*, *S. E.*, 3, pp. 51-52）。

3 標準版註：佛洛伊德後來將這一段作為腳註增補到一九一九年版的《夢的解析》第五卷，頁五八〇～五八一。他在論文〈不可思議的人〉中也引用了這一神話，卻是用來說明另一件不同的事情（1919*h*, *S. E*, 17, p. 246）。

4 標準版註：這一點構成了本書第二十五講的主題。

焦慮的夢常常使我們驚醒，在被潛抑的欲求不顧稽查作用的影響而完全得到滿足之前，我們往往就被驚醒了。在這種情況下，夢的功能並未發生作用，但其基本性質並未因此改變。我們曾把夢比作睡眠的守護者或看守人，它試圖保護我們的睡眠不受干擾。（第六講）而如果守護者覺得自己的力量太弱，不足以單獨抵禦干擾或危險時，它也會喚醒睡眠者。有時夢境雖然變得不安、變得焦慮，我們仍能繼續鼾睡。我們會在睡夢中對自己說：「這畢竟只是個夢」，而繼續我們的睡眠。

夢的欲求何時會勝過夢的稽查作用呢？這可能取決於夢的欲求，同樣也可能取決於夢的稽查作用。由於某個未知的原因，夢的欲求有時會變得非常強大；但我們的印象是，二者力量平衡與否更經常取決於夢的稽查作用的狀況。我們已經看到，稽查作用在不同的情況下有著不同的強度，對待夢的各個成分的嚴厲程度亦不相同。（第九講）現在我們可以再加上一個假設：稽查作用一般說來是變化無常的，它並非總是用同樣嚴厲的態度去對待同一個它所反對的元素。如果事情果真如此，那麼在某些時候，當它自覺無力反對某個可能會使它大吃一驚的夢的欲求時，它便會丟開扭曲不用，轉而利用最後的處理方法：使夢者產生焦慮而驚醒。

在此，我們驚訝地發現，我們還完全不知道為什麼這些邪惡的、被排斥的欲求會在夜間活躍，並擾亂我們的睡眠。要回答這個問題，就必須探討有關睡眠狀態性質的假說。白天，稽查作用的沉重壓力施加於這些欲求之上，使它們不可能在任何活動中表現出來。但一到夜晚，就像心理生活的所有其他能量一樣，稽查作用可能被解除，或至少被減低能量的灌注，以滿足睡眠這唯一的欲求。正是因為夜間稽查作用已被削弱，被禁止的欲求才得以再度活躍起來。

一些精神官能症患者不能入眠，他們承認其失眠起初都是刻意的。他們不敢入睡是因為害怕做夢——換句話說，他們害怕稽查作用減弱所帶來的後果。然而，你們很容易就可以發現，稽查作用的撤離並不意謂著完全撤手不管。睡眠狀態削弱了我們的動機力量，即使邪惡的意向伺機而動，充其量也只能引發一場夢，並不會有什麼真實的妨害。正是基於這種考慮，夢者才會在夜裡安慰自己說：「畢竟只是一場夢，所以由它去吧！我們只管睡好了。」

（3）如果你們還記得我曾講過的，夢者反對自己的欲求時，好像是兩個不同的人由於關係密切而結合在一起，那麼，你們便可了解到還存在著另一種可能性。即，懲罰可使欲求的滿足帶來令人痛苦的結果。在此，我們可再次使用前述有關三個願望的神話故事來加以說明。盤子裡的香腸是第一個人（即妻子）的願望的滿足。鼻尖上的香腸則是第二個人（即丈夫）的欲望的滿足，同時也是對妻子的愚蠢願望的懲罰。（在精神官能症中，我們將發現這一故事的第三個願望的動機。）[5]在人類的心理生活中有許多這樣的懲罰傾向，它們強而有力，我們可將其視為某些痛苦的夢的原因。[6]現在你們可能會說，這樣一來，那把夢說成是欲求的滿足又有什麼意義呢？但若進一步研究，你們就會承認自己錯了。與夢可能是什麼的多樣性，以及在專家看來夢是什麼的多樣性（我稍後將會提到）相比，我們的解釋——欲求的滿足、焦慮的滿足、

5 標準版註：不清楚此處指的是什麼。
6 標準版註：《夢的解析》第五卷，頁四七三～四七六、五五七～五五八，討論了懲罰的夢。

懲罰的滿足——其實有著非常明確而限定的內容。我們還可加上一點，焦慮是欲求的直接對立物，而對立物之間在聯想上有著非常密切的連繫，在無意識中則融為一體；（第十一講）此外，懲罰本身也是一種欲求的滿足——是另一個人，是稽查者的欲求滿足。

因此，整體說來，你們雖反對欲求滿足的理論，但我卻未曾讓步。然而，我們仍需證明我們所遇到的每一個被扭曲的夢裡都存在著欲求的滿足。對於這一工作，我們當然不會推諉。讓我們再回頭看看我們曾經解釋過的那個，用一個半弗洛林買三張位置不佳的戲票的夢吧！（第七講、第九講）從這一夢中，我們獲得了許多有關夢的知識。我希望你們還記得它。那位婦人白天聽她丈夫說，她的好友，比她小三個月的愛麗絲訂婚了。她當晚便做了一個夢，夢見自己與丈夫一起去劇院看戲，看到劇院的座位有一邊幾乎全是空的。她丈夫對她說，愛麗絲和她未婚夫原本也想來，後來卻因為他們不願意花一個半弗洛林買三張座位不佳的票，而沒來看戲。她想，要是他們買了的話，也不會吃虧的。我們發現，她的這一夢念與她後悔自己結婚過早以及對丈夫不滿有關。那麼，這種悔恨的思想怎樣轉化為欲求的滿足呢？在顯夢中，欲求的滿足又是在何處顯露自己的痕跡呢？我們已知道，「太早了，太匆忙了」這一元素已被稽查作用消除掉了（第九講）。而戲院的空位則暗示了這一點。「一個半弗洛林買三張票」這句話似乎難以理解，但藉助於我們已獲得的有關象徵作用的知識，它便很容易理解了。「三」[7]這個數字實際上代表男人（或丈夫），所以，這個顯夢成分可以很容易地解釋為：用她的嫁妝買一個丈夫（「我本可以用我的嫁妝買一個好十倍[8]的丈夫」）。「去劇院」顯然取代的是「結婚」，「買票買得太早」則直接取代了「結婚太早」。然而，這種取代卻是欲求滿足的成果。夢者並不總是像聽到她女友訂婚這一消息那天那麼地不滿意她的婚姻。她也曾為自己的婚姻自豪過，認為自己比女友強。我們也常聽說，天真爛漫的女孩子在訂婚後總是情不自禁地流露出喜悅，因為她們很快就能去劇院看以前不被允許觀賞的各種戲劇，看所有的事物了。這裡所表現的觀看快樂或好奇心，無疑起源於一種想要觀看的性欲望，它指向性事件，特別是父母間的性事件，並因此成為促使女孩子早點結婚的一個強有力的動機。在這樣的意義上，到劇院去看戲，便經由暗示而明顯成為結婚的替代物。因此，當夢者深悔自己結婚太早時，回想起自己結婚時窺視欲得到滿足的時光，並在這種古老的欲求衝動的引導下，以去劇院看戲取代了結婚。

你們不能責難我，說我刻意選擇了一個最方便的例子作為一個暗藏的欲求滿足的證據。同樣的過程也存在於其他被扭曲的夢中。我現在無法向你們證實這一點，我只想表達我對夢中總是存在著欲求滿足的確信。然而，我願意針對這一部分的理論多做一些說明。經驗告訴我，這一點是整個夢理論中最易受到攻擊之處，對夢理論的許多駁斥和誤解亦源出於此。除此之外，你們可能仍覺得我已將我的主張撤回了一部分，因為我曾說過夢可以是欲求的滿足，也可以是

7 佛註：我並未提到在談到一個沒有子女的女人時，「三」這個數字的另一種可能的解釋，因為分析並未提供任何材料支持這個解釋。（請參見上文。）

8 標準版註：可能是「一百倍」之誤。參見本書第七講。

欲求滿足的反面，還可以是實存的焦慮或懲罰；你們也許會認為這是強迫我做出進一步限定的機會。而且，可能還有人會指責我，說我以過於簡潔的方式陳述我所明瞭的事物，以致不能令人信服。

雖然有些人至今一直和我們一起進行釋夢工作，並接受了我們所提出的一切結論，但在欲求的滿足這一問題上，他們仍不免停下來，問：「我們同意夢都有意義，也同意這種意義可以用精神分析的技術揭示，但我們為什麼要否認一切相反的證據，固執地認為所有的意義都是欲求的滿足呢？為什麼這種夜晚的思維的意義不像白天的思維那樣種類繁多呢？也就是說，為什麼一個夢不能有時為某種欲求的滿足，有時又像你所說的那樣，是欲求滿足的反面或某種實存的恐懼，而有時又是一個意向、一種警告、一個問題的正反面考量、一種譴責、一種良心的刺痛、一種對即將到來的工作所做的準備之類的呢？為什麼必定是一種欲求，或至多是它的反面呢？」

也許有人會認為，如果在其他各點上達成一致的見解，那麼在這一點上意見出現分歧並無關緊要；他們也許會認為，我們已發現了夢的意義及了解它的方法，這也就足夠了，而我們將夢的意義定義得過於狹窄，並不會有什麼影響。然而事實並非如此。這一點所產生的誤解會影響我們的發現的實質，危及這些發現在對精神官能症的理解中應有的價值。此外，這樣一種妥協——它在商業活動中極有價值，被認為是一種「適應」——在科學研究中會產生極大的危害。

對於夢為何不能有著各種的意義這個問題，我的第一個回答是很一般的：「我不知道它們為何不能如此。如果它們果真如此，我也不會反對。就我而言，它們可以有著多種的意義，然而這個比較廣泛而便利的觀點還有一個小小的細節問題——那就是，它們並不合乎事實。」我的第二個回答是，夢相當於思維與智能運作的各種方式這個假說，於我而言並不是一個新的觀點。在一個病例中，我曾報告過一個夢，它連續出現了三個晚上，此後便不再出現了。當時我對它的解釋是，此夢相應於某個意向，一旦這個意向得到實現，就再也沒有做夢的必要了。[9] 後來，我又發表了一個相應於懺悔的夢。[10] 那我現在為何又自相矛盾，主張夢只不過是一種被滿足了的欲求呢？

我這樣做，是因為我不願接受一個愚蠢的誤解，這種誤解或許會使我們在夢的問題上苦心研究所獲得的結果喪失殆盡。它將夢和夢的隱念混為一談，並認為夢的隱念怎樣，則夢也會怎樣。不錯，夢能表現你們所列舉的一切——意圖、警告、反省、準備、解決問題的企圖等等，也能以這一切來取代夢。但如果仔細觀察，你們便可發現所有這一切均只適用於已被轉化成夢的潛隱夢念。由釋夢的經驗你們得知，人們的無意識思維所關涉的正是這些意向、準備或反省，而後則由夢的工作使它們成夢。假若你們現在的興趣不在於夢的工作，而在於人們無意識的思想活動，那麼，你們便會將夢的工作排除在外，而說夢是一種警告、一個意向之類的，這在實踐上完全是正確的。精神分析活動經常在從事的便是努力去除夢的形式，而代之以夢所由引起的相應的潛隱夢念。

9 標準版註：這是指「朵拉」病例分析中的第一個夢（1905*e*, *S.E.*, 7, pp. 64-67）

10 標準版註：參見〈一個作為證據的夢〉（1913*a*）。

於是，在考察夢的隱意的過程中，我們十分偶然地發現，我們剛才所講過的所有複雜的心理活動均可以無意識地發生——這一發現既令人驚奇，又使人困惑！

但話說回來，只要當你們清楚地意識到了自己所使用的是一種簡化的表達方式，當你們不相信自己所描述的多樣性與夢的基本性質有關聯時，你們才是正確的。當你們說到一個「夢」時，你們所指的必然要麼是顯夢（即夢的工作的結果），要麼至多是夢的工作本身（即將潛隱夢念轉化為顯夢的心理過程）。對「夢」一詞的任何其他用法都會導致概念的混淆，導致謬誤的發生。[11] 如果你們眼下所描述的乃是隱含於夢背後的隱意，那你們就直接說明好了，千萬不要因說話含混而使問題變得模糊難懂。夢的隱意是夢的工作建構顯夢時所運用的材料，你們為什麼總是想把材料與建構材料的活動混為一談呢？你們這樣做，比那些只知道這種活動的結果，而不能解釋其由來或形成方法的人，高明多少呢？

夢的唯一要點就是影響到思想材料的夢的工作。雖然在某些實際的情境中我們也許可不管它，但我們在自己的理論中沒有理由忽視它。分析觀察進一步表明，夢的工作從不侷限於把這些思想轉化為你們所熟悉的古老的或退化的表達方式。相反地，它總是擁有某些不屬於前一天隱念的事物，這才是夢的形成的真正動機。這個不可或缺的東西便是無意識的欲求，夢的內容獲得新的形式正是為了滿足這一欲求。因此，如果你們只考慮夢所表現的思想，那麼夢可以是任何東西——一種警告、一種意向、一種準備等等，但它也總是一種無意識欲求的滿足；而且如果你們把夢看成是夢的工作的產物，那麼夢就只能是無意識欲求的滿足。因此，夢並不單純只是一種意向或一個警告，而總是藉助於某個無意識欲求使這些意向、警告……等，轉化為古老的思想模式，並藉此轉化以滿足此一欲求。（參見本講註十三）可見，欲求滿足這一特徵才是夢的不變特性，其他的則可有可無。無意識欲求所運用的材料中，有一部分可能又是另一個欲求，在這種情況下，藉助於無意識的欲求，夢也可以表現前一天的某個潛隱欲求的滿足。

所有這一切對我來說都非常清楚，但是我不知道是否已成功讓你們理解其中的道理。而我現在也很難向你們證明這一點。因為這需要對更多的夢進行謹慎的分析，而且就另一方面而言，如果不把它和我們以後所要講述的內容連繫在一起，我們的夢理論中這最關鍵、最重要的一點，將很難令人信服。由於一切事物之間都有著密切的連繫，因此，若不考量其他有著類似性質的事物，人們將不可能深入洞悉某一事物的性質。迄今，我們對與夢最親近的相關事物——精神官能症症狀——還一無所知，所以我們應該暫時滿足於在這點上我們已獲得的成就。在此，我將舉最後一個例子，並為你們呈現一個新的考量。

我要舉的仍是前面已討論過幾次的那個夢，那個用一個半弗洛林買三張票的夢（我可以向你們保證，我當初選取這個例子並沒有任何特殊目的）。你們知道，這個夢的隱意是：夢者聽到自己的朋友剛訂婚的消息時，後悔自己結婚太早，對自己的丈夫亦有了輕視之意，她認為如果自己能耐心等待，或許可以找到一個更好的丈夫。我們也已經知道運用這些意念建構這個夢的欲求：它是一種窺視的欲望，一種想去劇院看戲的欲望，而這個欲望很可能是她古老的好奇

11 標準版註：關於「夢」這個名詞的恰當用法的進一步討論，可見於一九一四、一九二五年為《夢的解析》（頁五〇六～五〇七、五七九～五八〇）所增補的兩個腳註，以及〈夢與心電感應〉第一節的末尾（1922*a*, *S. E.*, 18, pp. 207-208）。

心的衍生物，這個好奇心希望能發現婚後會發生些什麼事。我們都曉得，兒童的這種好奇心通常指向父母的性生活；這是一種幼年的好奇心，而只要它仍持續存在，它將成為源自嬰兒期的本能衝動。然而，夢者在白天所得知的消息並沒有喚醒這種窺視的欲望，而只引起了氣憤和懊悔。這個欲求衝動起初和夢的隱意並無任何關係，而分析時就算不考慮這一衝動，我們也能得到釋夢的結果。然而，憤怒本身不能產生夢，只有當這種想法喚醒了想要看看結婚後到底會有何種結果這一古老欲求時，夢才得以產生。隨後，透過用去劇院看戲替代結婚，這個欲求賦予夢的內容所採用的形式——一個較早的欲求滿足的形式：「你看，現在我可以到劇院去看以前不被允許看的一切了，但你還不能去！我已經結婚了，可你還得等著！」藉由這種方式，夢者現有的處境便被轉化成它的反面，過去的勝利取代了她最近的失敗。結果，窺視欲望與好勝心同時得到了滿足，這種滿足進而決定了顯夢的內容，在顯夢裡實際的情況是：夢者正坐在劇院裡，而她的朋友卻無法進來。夢的其餘內容則強化了這個滿足情境，是這一情境不易理解的變型，但其背後仍隱藏著夢的隱意。夢的解釋就是要不管那些用來表現欲求滿足的內容，從那些晦澀難解的暗示中，重建令人痛苦的潛隱夢念。

談了這麼多，我所要呈現的新考量，便是要請你們注意現已突顯出來的潛隱夢念。我請你們不要忘記：（1）對夢者來說，這些夢念是無意識[12]的；（2）這些夢念完全合乎情理且相互連貫，所以我們可以把它們看成是對夢的起因的自然反應；（3）它們可以是任何心理衝動或理智活動的等價物。現在，我想在較以前更嚴格的意義上描述這些夢念，將它稱為「日間餘念」，不管夢者是否承認它們。我現在就能將日間餘念和潛隱夢念區分開來，依照前面的說法，我把我們在釋夢中所了解的一切都稱為潛隱夢念，而日間餘念則只是潛隱夢念的一部分。因此，我們的觀點是，除了日間餘念之外，似乎還有某個東西，它也是無意識的一部分，是一種強有力卻被潛抑的欲求衝動，正是這種衝動才使夢的建構成為可能。這種欲求衝動對日間餘念的影響造成了潛隱夢念的更進一步的特質——它無須像清醒時表現得那樣合乎情理和易於理解。

我曾用過一個比喻，以說明日間餘念與無意識欲求之間的關係，在此，我還是得利用它來說明。任何企業都必須有一個支付必要費用的資本家，和一個知道如何經營的**企業家**。在夢的建構裡，資本家這個角色總是由無意識欲求來扮演，它為夢的建構提供精神能量。**企業家**則是日間餘念，它決定要如何使用這筆費用。當然，資本家本人也可能知道如何經營，也擁有必要的專業知識，而**企業家**自己也可以擁有資本。這可以簡化實際的運作，但從理論上看卻增加了理解的困難。在經濟學中，總是將同一個人所扮演的資本家和**企業家**兩種角色區分開來，這使我們的比喻又有了可以立足的基本情境。在夢的建構中，也有同樣的變化，這一問題我要留給你們自己去探究。[13]

至此，我不能再繼續往下講了，因為你們可能早就存著一個疑問，現在應該讓它提出來了。你們會問：「日間餘念果真是無意識的嗎？它和夢的形成所需要的無意識的欲求意義相同嗎？」

12 標準版註：參見第一講註四、註五。
13 標準版註：這一比喻最初見於《夢的解析》第五卷，第七章，第三節（頁五六一～五六二）。該處討論更為詳盡。

你們的疑問是有道理的，這是整個研究中非常重要的一點。它們都是無意識的，但含義有所不同。夢的欲求屬於一種不同的無意識——一種起源於嬰兒期，有其特殊機制的無意識。（第十三講）如果能用不同的名稱來區別這兩種無意識，當然是再好不過。但我們卻寧願等到我們熟悉了精神官能症的領域之後再說。當無意識僅有一種時，人們就認為它是某種不可思議的東西，而當我們承認不區分出兩種無意識就無法說明問題時，人們又會說些什麼呢？[14]

讓我們就講到這裡吧。這又是一個尚未完成的主題。但這樣做，難道所蘊含的不正好是一種期待，期待在我們自己或他人的努力下，能將這些知識繼續向前推進嗎？就我們已經了解的而言，難道還不夠新奇、不夠令人吃驚嗎？[15]

14 標準版註：「無意識」這一術語的用法，在佛洛伊德理論中至關重要。在本書的演講中，他有多處論及這一概念。但是，他顯然已對這一術語感到不滿意，所以，幾年後他在《自我與本我》中修訂了他對這一整個主題的看法。我們可以在那本著作的編者序中，找到對這一問題及其發展歷史的詳細闡述（1923*b*, *S. E.*, 19, p. 4 f.）。《精神分析引論新編》的第三十一講解釋了對這一問題的新解決辦法（1933*a*）。

15 標準版註：德文版的句末皆為複數「dieser Wünsche」（那些期待們），但比對佛洛伊德原始手稿，他實際上似乎寫過，或打算寫出單數「dieses Wunshes」。〈一個作為證據的夢〉中有較為簡短但基本相似的描述（1913*a*）。

第15講

疑問與批評

Uncertainties and Criticisms

女士、先生們：

在結束夢的討論之前，我們還必須對我們的創見、我們的學說，所引起的最常見的疑難之點進行討論。你們當中認真聽講的人肯定也積累了一些相關的材料。

（1）你們可能形成這樣的印象：即使正確地運用釋夢的技術，我們由釋夢工作所獲得的發現仍包含了許多不確定之處，很難保證在把顯夢解譯為夢的隱意時不出現錯誤。為了支持自己的觀點，你們會爭辯說，第一，人們無法揣測夢裡的某個特殊元素究竟應取其真實意義還是取其象徵意義，因為被運用為象徵的事物並沒有因此而停止表現自身。倘若人們在斷定這一點時沒有客觀的線索可供參考，那麼，對這一特殊元素的解釋就只得由釋夢者任意抉擇了。第二，由於在夢的工作中兩個相反的事物常常結合在一起，因而，我們很難確定對夢的某個特殊元素究竟應該從肯定意義上去理解，還是應該從否定意義上去理解——究竟取其本意，還是取其反面意義。（第十一講）對釋夢者來說，這又是一個任意抉擇的機會。第三，夢裡經常出現夢所喜歡採用的各種倒置（第十一講），這又為釋夢者大開方便之門，可以運用這種倒置去解釋他所選擇的任何一段夢境。第四，你們可能也聽說過，沒有人敢斷定自己所找到的解釋就是唯一可能的解釋，相反地，總是存在著忽視同一個夢中還有其他完全可被接受的「多重解釋」的危險（第十一講）。在這種情況下，你們會認為，既然釋夢者可以任意決定，那麼，釋夢結果的客觀性便難以保證。而且，你們可能還會認為這種過錯並不在於夢，而在於我們對夢的解釋不夠全面，而這又是因為我們的觀點和前提不正確的緣故。

你們的所有質疑材料都是合理的，但是我認為這仍不能證明你們以下的兩個結論：（a）夢的解釋是由釋夢者任意選定的；（b）既然結果不確定，我們的研究方法的正確性就難免受到質疑。假若你們所談的不是釋夢者的任意抉擇，而是他的技術、經驗和理解，那麼我還有可能同意你們的意見。當然，我們不能避開這種個人因素，特別是在處理釋夢中更為困難的問題時。在其他科學研究中，情形也莫不如此。運用同一特殊技術，每個人的優劣自有不同，這是無法避免的事情。但是其他讓你們覺得任意選擇的解釋——例如象徵的解釋——則可以藉由以下的事實來澄清：一般說來，夢念之間的相互關係、夢和夢者的生活的關係，以及夢所由發生的整個心理情境，能從所呈現的種種可能決定中選擇出一個適當的決定，而去除其他不適用的決定。當我們指出兩歧性或不確定性乃是夢所應有的特徵，則由於我們對於夢的解釋尚不完美就斷定我們的假說不正確，這種結論自然就無效了。

你們還記得我曾說過，夢的工作就是將夢念轉化為與象形文字類似的原始表達方式（第十一講）。然而，所有這些原始表達方式都具有這種不確定性或兩歧性的特徵，我們卻未曾對它們的適用性產生過懷疑。你們知道，夢的工作中相反事物的渾然一體，類似於最古老語言中所謂的「原始文字的對立意義」。我們應該感謝語言學家阿貝爾（一八八四）在這方面所做的貢獻，他懇求我們不要認為用這些模棱兩可的話語進行溝通就必定產生誤會。相反地，說話者想要表達的意義究竟是正面還是反面，均可以透過說話者的語調、姿勢，以及整個講話所處的情境而揣測出來。在書寫時，沒有姿勢的輔助，就以插圖來加以取代。例如，意義含糊不清的象形文字「ken」一字，若要表示「弱」，可以附上一屈膝者的圖；若要表示「強」，則可以附上一直立者的圖。這樣雖語音和符號模棱兩可，我們卻不至於發生誤解。（第十一講）

古老的表達方式（例如，最古老的語言文字）有著很多現代文字不能容忍的模糊性。在一些閃族人的文字中經常只有單字的子音，讀者還得根據自己的知識及上下文去增補那些被省略了的母音。象形文字所採用的方法極為相似，但不完全一樣，由於這個原因，古埃及人的文字至今仍令我們無法揣測。埃及人的神聖文字還有其他種種不確定性，例如，圖案的繪製究竟是由左向右，還是由右向左，這有很大的隨意性。要讀懂這些圖案，人們必須根據人臉、鳥等等方面的規律。而且圖案有時還可能排列成直行；在比較小的物品上題字時，作者亦有可能根據裝飾的需要及可供使用的空間而改變符號的排列順序。無疑地，最令人困擾的是象形文字的字與字之間沒有分隔點。每一頁圖畫之間的距離相等，在一般情況下，人們幾乎不可能確定某個符號究竟是前一個字的結尾還是一個新字的開頭。在波斯的楔形文字中，兩個字之間常有一個斜的楔形物，這樣便可以將它們分隔開來。

漢語是一種非常古老的語言文字，現在仍為四億人所使用。你們千萬不要以為我懂漢語，我只是因為希望從漢語中找到一些與夢的不確定性類似的東西，所以才獲得了一點有關漢語的知識。我的期望並未落空，漢語裡有許多不確定性的例子，足以令人驚訝。眾所周知，漢語是由許多構成音節的音所組成的，有的音為單音，有的音則為複音。其中，有一種主要的方言有大約四百個音，據估計，這種方言的詞彙裡約有四千字，由此可斷定每一個音平均約有十種不同的意義——有些較少，有些則更多。由於人們無法僅僅從上下文推測說話者要傳達給聽者的，究竟是該音十種意義中的哪一種，因而，人們想出了許多避免引起歧義的方法。在這些方法中，一種是把兩個音合而為一，另一種是發音時採用四個不同的「聲調」。從比較的角度，一個更為有趣的事實是這種語言實際上是沒有語法的，要分辨出各單音節詞究竟是名詞、動詞還是形容詞，幾乎是不可能的。而且，漢語中沒有詞的變化形式，因而誰也不能分辨性別、數目、詞尾變化、時態或語氣。所以，人們可以說，這種語言是由原料組成的，恰如我們的思想語言因夢的工作可以分解為原料，而省略了所有相互關係的表達。漢語裡所有不確定之處都是由聽者根據上下文按自己的理解去決定的。我曾記下了一則中國諺語：「少見多怪」，這是不難理解的，它既可理解為：「一個人所見愈少，那麼其所覺得怪異的事情便愈多。」也可理解為：「一個見識很少的人，必然會有很多事情讓他覺得怪異。」當然，這兩種翻譯的區別是很清楚的，它們僅在語法上略有不同。儘管有這些不確定性，我們仍可肯定地說，漢語是一種極好的表達思想的工具。由此可見，不確定性並不必然導致歧義。

當然，我們必須承認，夢的表達方式所處的地位遠比這些古代的語言和文字不利。因為語言、文字畢竟是溝通的工具，也就是說，無論採用何種方法，無論藉助於什麼幫助，其目的都是希望能讓人了解。但夢所缺少的正是這一特徵，夢不想把任何事情告訴他人，所以，夢絕不是溝通的工具；相反地，它的目的是不希望讓人了解。由於這個原因，如果夢裡有許多疑難之處無從決定，我們也不必為此感到驚訝或茫然若失。由比較所得的結果，我們可發現這些不確定性乃是各種原始表達方式的普遍特徵，遺憾的是，人們卻常以這種不確定性來否認我們釋夢的正確性。

夢實際上究竟能被理解到什麼程度，這一問題只有透過實際進行釋夢和經驗才能回答。[1]我想我們已經達到很深的程度了，假若我們參考受過正規訓練的分析者所提供的結果，那麼我們的觀點就可以得到進一步的證實。我們知道一般人，包括科學家，在遇到科學成果的不確定性時往往喜歡持懷疑態度，以表示自己的優越。我想他們這樣做是不對的。你們也許不知道，在巴比倫和亞述的碑文譯解史上也曾有過類似的情形。曾經有個時期，公眾輿論都傾向於把楔形文字的翻譯者視為幻想家，將他們的整個研究視為「欺人之談」。但是皇家亞細亞協會於一八五七年做了一次判定是非的實驗，該協會要四位德高望重的從事這種研究的專家，即羅林森、欣克斯、福克斯．塔爾波特及奧佩特，將新發現的碑文各自譯就，然後再密封寄到該協會。在比對這四篇譯文之後，該協會宣布專家們的譯文大致相同，所以，業已取得的成就是可以相信的，並預期將來能達到更大的成就。從那以後，不懂此道的學者就再也不敢妄加嘲弄了，人們

1 標準版註：參見佛洛伊德的後期論文「解釋的可能性的種種限制」，即〈從整體上對釋夢的某些補充說明〉的第一節（1925*i*）。

閱讀楔形文件時也不再持懷疑態度了。

（2）一些人覺得，我們在釋夢時所獲得的許多結果似乎都是牽強的、虛假的、勉強拼湊的——換句話說，是武斷的，甚至是滑稽可笑的。因而他們便對此研究結果表示懷疑，我想你們也肯定不免於此吧。這一類的批評很多，我隨便就可以找到一個例子。在自由的瑞士，某師範學院的院長因對精神分析感興趣而在最近遭到免職。他為此提出抗議，伯恩某報登載了教育當局對他的申訴的判決書。我將其中幾句與精神分析有關的話摘述如下：「此外，我們對於許多例證牽強附會和不自然的特徵感到驚訝，而引述蘇黎世大學費斯特博士的著作也是如此……一所師範學院的院長竟然不加批判地接受這些主張和虛構的證據，真是出人意料。」據說這幾句話是某個人「冷靜判斷」之後做出的決定。而我認為，正是這種冷靜才是「矯揉造作的」。現在，讓我們更仔細地考察一下這幾句評論，同時也加上一點思考和專業知識，期望這樣做不致對這種冷靜的判斷帶來什麼不利。

對於深層心理學的某些微妙問題，一個人僅憑自己所得到的第一印象就能立即做出正確的判斷，這真令我們耳目一新。我們的解釋在他眼中似乎是牽強且不自然的，他並不喜歡這些解釋；因此，我們的解釋是錯誤的，整個研究也是毫無價值的。可是他從來未曾想過還有其他的可能性：這些解釋為何使人產生這種印象，也許有相當好的理由。如果想到了這一點，他也許會進一步探究這些好理由究竟是什麼。

目前所研究的問題與置換作用的結果有本質上的關聯，作為夢的稽查作用最有力的工具，諸位已對它熟悉。藉著置換作用，夢的稽查作用創造了種種我們稱之為暗喻的替代結構。但是這些暗喻並不容易辨認，也很難由它追溯到背後的真正事物，這些暗喻透過最奇特的、最不尋常的、外部的聯想與真正事物發生連繫。[2]然而，在這些情況下，夢的稽查作用的目的都是把事物隱藏起來。但是，我們千萬不要期待可以在原本的位置上找到被隱匿的事物。目前的邊界稽查員在這一點上比瑞士教育當局要精明得多了。在搜尋文件和計畫書時，他們不會只檢查公事包和文件夾，還會考慮到間諜和走私者們可能會把違禁物品藏在最隱密的地方，讓他們不易發現——如雙層鞋底之間。倘若隱匿的物品在這種地方尋獲，那當然可以說它們是「穿鑿附會」出來的，但這樣確實可以如此發現很多東西。[3]

如果我們了解隱夢元素與外顯的替代物之間有著最離奇的連繫，有時甚至顯得滑稽可笑，這種認識的基礎是來自我們豐富的夢例分析經驗，而這些夢例的解釋通常不是我們自己完成的。單憑我們自己的力量，我們經常無法對這樣的夢例做出解釋，即使是最聰明的人也做不到這一點。夢者要麼突然透過直接聯想為我們做出解釋（他能夠做到這一點，因為正是他製造了這個代替物），要麼為我們提供如此多的材料，使我們不再需要特別的聰明才智，便可看到答案自然而然地呈現在我們面前。假如夢者不用任一種方法來幫助我們，那麼我們便永遠無法理解這些顯夢元素。現在我為大家舉一個最近遇到的例子。我有一個女患者，她的父親在她接受

2 標準版註：參見第十一講註七。
3 標準版註：在德文版中，還有一些無法翻譯的雙關語。

治療期間突然去世，從那以後，她經常夢見父親。有一次她夢見她父親說：「十一點一刻了，十一點半了，十一點三刻了。」對於這個奇怪的報時夢，她唯一能聯想到的是她父親希望已成年的孩子能準時回家吃飯。毫無疑問，這個聯想與這個夢元素有關聯，但它不能說明該夢的起源。根據當時的治療情境，我們懷疑她對她所敬愛的父親暗中懷有的一種厭惡與不滿，在這個夢中起了一定的作用。她接下來的聯想表面上似乎與夢境沒有什麼關聯。她說，前一天她曾聽到一段有關心理學的討論，她的一位親戚說過這樣一句話：「原始人（the Urmensch）在我們所有人的身上復活。」由這句話我們似乎可獲得有關此夢的解釋。正是這句話，使患者獲得了一個讓已死的父親再度復活的極好機會。於是，在夢裡，她便讓自己的父親成為一個「報時者」（Uhrmensch），讓他在中午時分一刻一刻地報時。

這個例子很像一個詼諧，你們一定注意到了這一點；事實上，人們常常把夢者的詼諧當成是釋夢者的詼諧。此外，還有其他一些例子，要區分我們所處理的究竟是詼諧還是夢，並不是一件容易的事。但你們應該還記得在某些失誤動作例如口誤的案例中，也出現過同樣的疑難。（第三講）一個男人說曾夢見自己與叔父同坐一輛汽車（automobile），他的叔父吻了他。[4] 他自己馬上加以解釋：「此夢有『自體性欲』（autoerotism）之意。」（「自體性欲」是原欲學說中的一個術語，表示不藉助於外界事物而獲致情欲的滿足。）難道這個人跟我們開玩笑，並把自己所想到的詼諧當作夢來告訴我們嗎？我絕不會這麼想，我相信他是真的做了這個夢。但是夢與詼諧這種令人困惑的類似之處究竟起源何處呢？這個問題曾一度讓我走過一段曲折的路，讓我不得不對詼諧本身做詳盡的研究。[5] 研究的結果使我發現了詼諧的起源：讓前意識[6] 思想序列暫時聽任無意識的擺布、加工，這種思想序列就會變成一個詼諧。在無意識的影響下，該思想序列常受那些占主導地位的機制（凝縮作用和置換作用）的支配，換句話說，受我們在夢的工作中所發現的同樣過程的支配；詼諧和夢之間的相似性便源於這一共同的特點。不同的地方在於，非故意的「夢的詼諧」不能像真正的詼諧那樣帶來快樂。假如對詼諧做更深入的研究，你們就能知道其中的緣故了。「夢的詼諧」留給我們的印象是一種拙劣的詼諧，它不能使我們發笑，只讓我們覺得平淡無味。[7]

然而，在這一點上，我們正沿襲古人釋夢的方法。這種釋夢的方法除了留給我們許多無用的東西之外，還為我們留下一些絕好的範例。我想再敘述一次那個在歷史上很重要的夢，普魯塔克和達爾狄斯的阿耳特彌多魯斯對此夢的記載略有不同，夢者是亞歷山大大帝。（第五講）當大帝想圍攻那個防禦極其牢固的提爾城（公元前三三二年）時，他曾夢見自己看見一個跳舞的森林之神（satyros）。隨軍釋夢者阿里斯坦德羅斯解釋了這個夢，他將「Satyros」一字分為 σα Τυροδ（Sa Turos，「提爾城是你的了」），因此向大帝保證說攻城一定獲勝。受這一解釋的激勵，亞歷山大大帝

4 標準版註：此夢在《夢的解析》第五卷，頁四〇八～四〇九亦有描述。
5 標準版註：《詼諧及其與無意識的關係》。佛洛伊德在《夢的解析》第四卷，頁二九七～二九八講述了寫這本書的原因：一位批評者（威廉・弗利斯）抱怨他所報告的夢中有太多的詼諧。在這本有關詼諧的書中，也有一段敘述了這個經過（1905*c*, *S. E.*, 8, p. 173）。
6 標準版註：在本書第十九講有對這一術語的解釋。
7 標準版註：參見《詼諧及其與無意識的關係》第六章（1905*c*, *S. E.*, 8, p. 173, 179-180）。這一點在第十一講也曾提及。

繼續攻城，最後終於占領了提爾城。這個解釋表面看來似乎很牽強，但無疑是正確的。[8]

（3）我可以想像得到，當你們聽說甚至連一些一直從事釋夢工作的精神分析師也反對我們的理論時，會留下特別深刻的印象。若你們希望從中發現很多被忽略掉的新錯誤，那你們將會失望；而且，由於概念的混淆和錯誤的歸納，使得他們所提出的主張與醫學上有關夢的觀點同樣地錯誤百出。有一種主張你們是熟悉的，該主張告訴我們，夢所關心的是適應當時的情況和解決將來的問題——亦即，夢有一種「指向未來的目的」（米德，一九一二）。我們已經指出，該主張的立足點並不牢靠，它混淆了夢和夢的隱意，進而忽略了夢的工作。（第十四講）夢的隱意屬於無意識智力活動，以其特徵而言，所謂「指向未來的目的」一方面並不新奇，另一方面也不詳盡，因為無意識的智力活動除了要為將來做準備外，還有許多其他的事情要做。[9]還有一種更令人困惑的觀點，認為每一個夢的背後都有死亡的意念存在。（斯特克爾，一九一一，頁三四）這觀點究竟是什麼意思我還不清楚，但我懷疑它混淆了夢與夢者的整個人格。（參見《夢的解析》）

還有一種歸納，雖然有一些很好的夢例，但卻是不合理的。它認為每一個夢都可以有兩種解釋：一種是我們所講的「精神分析」的解釋；另一種則是所謂的「神祕的」解釋，它認為夢與本能衝動無關，而是表現了更高級的心理功能（西爾伯勒，一九一四）。[10]這種夢間或有之，但是你們若想將這種觀點推廣到大多數的夢，是徒勞無益的。除此之外，還有一種主張，認為凡夢都可進行兩性解釋，都可解釋為男性傾向和女性傾向二者的混合（阿德勒，一九一〇）。（參見《夢的解析》）雖然我已為你們介紹過這種觀點，但你們可能仍無法理解。當然，這種夢也偶爾有之，而且你們以後還將了解，這種夢的建構和某些歇斯底里症的症狀類似。我提及這些新發現的夢的普遍特點，為的是告誡你們不要信以為真，或者至少讓你們不要懷疑我對這些理論的看法。

（4）夢的研究的客觀價值會因為某個觀察到的現象而受到質疑：接受精神分析治療的患者，往往會根據他們的醫生所喜愛的理論安排夢的內容，於是，有些人便常常夢見性的衝動，有的人則夢見爭權奪利，有些人甚至會常常夢見復活（斯特克爾）。然而，只要考慮下述兩點，這個現象的重要性就會減輕了：（a）人類在有精神分析治療可以影響他們的夢之前，就已經開始做夢了；（b）現在正在接受治療的人，在未接受治療之前也會做夢。這一新發現所指出的事實是顯而易見的，它與夢的理論沒有任何關係。引發夢的日間餘念是清醒生活中有著強烈興趣的經驗的殘餘物。當醫生所說的話和所給的暗示對患者有重大影響時，它們就進入日間餘念的範圍，並為夢的建構提供精神刺激，恰如前一天其他未處理完的帶有情感色彩的興趣一樣，而它們的作用也與侵擾夢者睡眠的軀體刺激類似。醫生所引起的思緒，就像夢的其他起因一樣，既可呈現於顯夢之內，也可在隱夢之中發現。的確，我們知道夢可由實驗引起，抑或更確切地

8 標準版註：此夢在《夢的解析》第四卷，頁九九的腳註中也有過報告。

9 標準版註：佛洛伊德在《夢的解析》第五卷，頁五〇六～五〇七、五七九～五八〇的兩個腳註中詳盡討論了米德的這一理論。

10 標準版註：在《夢的解析》第五卷，頁五二三～五二四，〈夢與心電感應〉（1922*a*, *S. E.*, 18, p. 216），以及〈後設心理學對夢理論的一個補充〉（1917*d*, *S. E.*, 14, p. 228），都對這種解釋進行了充分的討論。

說，夢的材料的一部分可透過實驗而引入夢中。在對患者產生影響這一點上，精神分析師所起的作用與實驗者相同，例如，毛爾里．沃爾德常在實驗時將被試者的四肢擺成某種特殊的姿勢。（第五講）

夢者常有可能在夢的**材料上**受到影響，但絕不可能在夢的**真實內容**上受到干擾。夢的工作機制和無意識的夢欲求絕非外界影響所能及。在考察那些因軀體刺激而產生的夢時，我們已發現夢生活的特點及獨立性，可以從夢對所受的身體刺激或心理刺激的反應中表現出來。（第五講）我們正在討論的這種論點，這種對夢的研究的客觀性的懷疑，顯然也是立足於一種混淆——這次，是將夢和夢的材料混為一談了。[11]

女士、先生們，有關夢的問題，這便是我想要為你們說明的一切。如你們所猜想的，有許多東西我不得不將其略過，而且我所講的每一點似乎都不夠詳盡。然而，這都是由於夢的現象與精神官能症現象之間關係密切的緣故。在我看來，夢的研究可作為精神官能症理論的一個引言，這樣做，顯然要比先研究精神官能症，然後再研究夢正確。但是，恰如夢的研究為理解精神官能症預先鋪路一樣，只有在有了關於精神官能症的知識之後，我們才能真正了解夢。[12]

我不知道你們會怎麼想，但是我可以向你們保證，我並不後悔讓你們花費這麼多精力、這麼多的時間來討論夢的問題。一個人若想如此迅速地認識精神分析所主張的這些理論的正確性，捨此別無他法。要證明精神官能症的症狀有某種意義、有某種目的並起源於患者的生活經歷，需要數月、數年的努力。另一方面，若要證明同樣這些點也適用於起初極度雜亂而不可理解的夢，並因此而進一步證實精神分析的種種前提——心理過程的無意識本質，它們所遵循的各種特殊機制及其所表現的本能力量，則只需要花幾個小時的努力便足夠了。只要我們還記得夢的結構與精神官能症的症狀極其類似，同時仔細考慮從夢者到一個清醒而又有理性的人轉變的迅速，我們便能肯定地說，精神官能症也是建立在心理生活的各種力量的均衡有所改變的基礎之上。[13]

11 標準版註：有關這一點的進一步討論，請參見〈論釋夢的理論與實踐〉的第七節（1923*c*, *S. E.*, 19, p. 113 f.）。
12 標準版註：本書最後一講的末尾亦提及了夢的問題。
13 標準版註：佛洛伊德在《精神分析引論新編》的第二十九講的開頭，再次討論了這一問題（1933*a*）。

第三篇

精神官能症通論

General Theory of the Neuroses

第16講

精神分析與精神醫學
Psycho-analysis and Psychiatry

女士、先生們：

在新學年開始，我很高興又看到你們繼續參加我們的討論。去年，我為諸位講的是精神分析如何解釋失誤動作和夢的問題。今年我想使大家對精神官能症現象有所了解。你們很快就會發現，這種現象與失誤動作、與夢有許多共同之處。但我必須事先告誡諸位，今年我演講的態度與去年有所不同。去年我總是先求得你們的同意，然後才前進一步；所以，我總是和你們一起探討，對你們的種種反對意見做出讓步——事實上，我常常將你們以及你們的「常識」視為某種決定性的因素。但這次我不準備這樣做了。理由很簡單，失誤動作和夢是你們很熟悉的現象；事實上，與我一樣，你們對這些現象有豐富的經驗，或說，能夠輕而易舉地獲得許多相關經驗。然而，你們對精神官能症現象卻是陌生的，只要你們不是醫生，要想接觸這些現象，除了聽我報告之外，別無他途。一個人如果對需要判斷的材料不熟悉，即使有最好的判斷能力，那又有什麼用呢？

但你們千萬不要將我的告誡理解為：我為你們做的演講只是教條性的，只許你們無條件地接受。你們若有這種誤解，那真是太冤枉我了。我並不希望你們深信不疑；我所希望的是刺激你們的思考，使你們能消除成見。你們若因為對材料缺乏了解而不能做出判斷，那麼，你們可以暫時不相信，但也不必拒絕。你們應該靜靜地聽講，同時讓我所講的東西對你們發生影響。深信不疑是不易求得的，即便輕易獲得了，也會很快就失去價值，一遇到新情況便會土崩瓦解。只有那些像我一樣，對同一材料研究了多年、自己在研究過程中有了類似的新的、驚異的經驗的人，才能真正做到深信不疑。在知識的領域，輕易相信、迅速改變、即刻反對又有什麼益處呢？難道還不清楚，「一見鍾情」是發生在完全不同的另一領域——情感的領域——的事情嗎？我們並不需要我們的患者在治療時深信精神分析的真實性並加以擁護。這種態度反而會引起我們的懷疑。我們認為最理想的態度乃是一種合理的懷疑。所以，你們也應該努力讓精神分析的觀點、一般的或精神醫學的觀點在你們心中同時默默地發展，直到有機會能使這兩種觀點相互影響，相互競爭，以得出某種結論。

另一方面，你們也不應該認為我所講的精神分析的觀點純粹是一種沒有根據的推測。相反地，它是以經驗為依據的——也許是觀察資料的直接陳述，也許是從中思考而得的結果。這種研究進行得是否適當、合理，將在這門學科的發展情況中體現出來。事隔將近二十五年之後，我現在也算上了年紀，[1]所以我可以毫不客氣地說，這些觀察資料都是我經過特別的努力、專心致志和深入鑽研的結果。我常常覺得，我們的反對者根本就不願意考慮我們的論點的起源，彷彿這些論點都是一些主觀臆斷的見解，任何人都可以隨意反對似的。對我來說，反對者的這種行為實在無法諒解。它或許是由於醫生很少和精神官能症患者接觸，很少留心傾聽他們述說，因而想不到自己絕對有可能從病人的述說中獲得一些有價值的東西——也就是說，絕對有可能對病人進行周密的觀察。我想趁此機會告訴大家，在演講的過程中，我不會過多地涉及相反的觀點，尤其是不會與某一個人進行爭辯。我從不相信「爭論是真理的源泉」。我認為，此話出自於古希臘詭辯家之口，由於過分地誇大了辯論術的作用，所以是不可靠的。在我看來，所謂科學的論辯整體上是沒有多大成效的，更不用說這種爭辯總是帶了個人強烈的主觀色彩。直到幾年前，我還可以誇口說我只曾參加過一次正規的科學辯論——對手是慕尼黑的洛溫費爾德。[2]辯論以我們倆成為好友而告終，這種友好關係至今仍保持著。但是很久以來，我未曾再做這樣的嘗試，因為我不確定是否也能得到同樣的結果。[3]

你們肯定會產生這樣的印象：我這麼公開地拒絕討論足可證明我太固執己見，而且太不虛心，或說得更文雅、更符合科學用語些，我這人簡直是頑固不化。對此，我的回答是：一個人的某種信念既然是辛勤研究所得，他當然有權堅持那個信念。何況，在研究過程中，我已多次對我觀點中的某些要點進行過修改、調整，並代之以新的觀點——當然，每次修改我都已公諸

1 標準版註：此時佛洛伊德已年近六十歲。

2 標準版註：此辯論圍繞著佛洛伊德有關焦慮的早期理論這一主題展開。佛洛伊德有關焦慮問題的第二篇論文都是在回應洛溫費爾德的批評。洛溫費爾德雖然始終不是佛洛伊德理論的追隨者，但在經過辯論之後，對這些觀點已更加能夠接受。參見該論文的編者註（1895*f*, *S.E.*, 3, p. 121）。

3 標準版註：這裡暗示了當時佛洛伊德與阿德勒和榮格之間在理論上的爭議，尤其是在其〈精神分析運動史〉中（1914*d*）。

於眾。可是這種坦誠得到了什麼結果呢？有些人無視我自己已做過修改的事實，至今仍繼續根據我以往已經廢棄的假設來批評我。另一些人則指責我改動過多，將我看成一個不可信賴的人。一個經常改變自己看法的人當然是不值得信賴的，因為他的最新主張也很有可能是錯誤的。但一個堅持己見、從不願讓步的人，又難免會被人們視為固執或頑固不化！面對批評家的這些自相矛盾的批評，除了我行我素之外，我還能做什麼呢？我已決定之後將一如既往，仍根據我新近的經驗不斷地修改或撤換自己的理論。至於我的那些基本的觀點，迄今為止，我還沒發現有更改的必要，並希望將來仍是如此。[4]

因此，我現在準備為你們講述精神分析關於精神官能症現象的觀點。我們最好從我們所熟悉的現象開始，這樣的話，以後要進行比較、對照會更方便些。症狀性動作（第四講）便是我的首選對象，在診治病人的過程中，我常看到許多人表現出這種動作。對於那些來診療室向我們講述自己長期以來所遭受的痛苦的人，我們分析師通常不會有太多的表示。我們有較淵博的知識，這讓我們很難像其他醫生一樣發表這樣的意見：「你沒什麼病」，然後再加點建議：「你應當接受一些水療。」有人問我的一位同事如何處理那些來就診的患者，他聳聳肩說：「我會罰他們用很多的錢來賠償我時間的損失。」所以，當你們聽說即使是最忙碌的精神分析師在診療時間內所接待的患者也是寥寥無幾時，便不會感到奇怪了。我在候診室與診療室之間裝了兩道門，而且襯上厚毛呢，這樣布置的目的是顯而易見的。當我讓病人由候診室進來時，他常常忘記關門，而且常常是讓兩扇門都敞開著。一看到這種情況，我會毫不客氣地請他或她回去將門關好——不管此人是一位衣著考究的紳士，還是一位時髦女子。這往往給人留下一種傲慢的印象。有時，我也覺得自己這種要求很愚蠢，特別是碰到一個自己連門的拉手都不能碰，看見別人替他關好門又很高興的情況時。但在大多數情況下，我的要求都是對的。為什麼呢？因為一個人若是連醫生的候診室與診療室的門都不關，那他實在是缺乏禮貌，對這樣的人，用不著友好地接待。我的這些看法是否正確，在聽完演講之前，我請你們不要忙於下結論。因為，患者的這種粗心大意只會出現在一個人在候診室的情況下，如果有其他陌生人在場，他就不會不關門。他非常清楚，在他與醫生談話時，最好不要讓其他的人聽到，因此，他總是會把兩扇門都關好。

由此可見，患者的這種疏忽既不是偶然的，也不是毫無意義的；事實上，它有其重要性，因為正如我們將要看見的那樣，它表明了新來者對醫生的態度。在我們的世界，有很多這樣的人，他們崇尚世俗的權威，渴望臣服於權威的腳下，為權威的光環所籠罩。而忘了關門的患者

4 標準版註：到本次演講時為止，佛洛伊德觀點的主要變動，或許是他放棄了精神官能症純粹是由創傷而引起的觀點，而主張先天本能力量的重要性與幻想所扮演的重要角色。關於這一點，請見其論文〈我對性欲在精神官能症病因中的作用的看法〉（1906*a*, *S. E.*, 7, pp. 273-278）。當然，他後來的觀點也有一些重要的修改——例如，對焦慮的本質（參見《抑制、症狀與焦慮》〔1926*d*, *S. E.*, 20, p. 157 f.〕）和女性性欲的發展（參見〈兩性解剖學差異所帶來的心理後果〉的編者註〔1925*j*, *S. E.*, 19, p. 243 f.〕）。但最突出的是在《超越快樂原則》一書中對本能理論的修正，和在《自我與本我》一書中對心理所做的新的結構性描述（1923*b*）。十五年後，佛洛伊德在《精神分析引論新編》中對所有這些變動均做了討論（1933*a*）。

便是這其中的一員。他可能會先打電話，問什麼時候最容易見到醫生；他已經先想像出一幅候診室裡尋求幫助的人潮雲集的畫面，正如尤利烏斯·梅恩分店外面的人群一樣。[5]現在，他走進的卻是一個空蕩蕩的、布置簡樸的候診室，不免大失所望。他原本打算獻給醫生那麼多的敬意，現在卻不得不讓醫生付出代價，所以——他忘了關候診室與諮詢室之間的門。他這樣做，意思是對醫生說：「啊，這裡空無一人，我在這裡接受診療時，不可能再有人進來了。」倘若他的傲慢在開始時不予以嚴厲懲戒，那麼在診療時他也同樣會表現出傲慢、無禮的態度。

從這種小小的症狀性動作的分析中，你們所獲得的其實都是你們以前就已了解的東西：（1）這種動作不是偶然的，而是具有某種動機、意義和意向的；（2）這種動作存在於某種可找到原因的心理背景中；（3）藉著暗示，這種動作提供了有關某種更為重要的心理過程的訊息。但除此之外，該動作還告訴你們，它的執行者並沒有意識到這一過程，因為將兩扇門都敞開的患者均不肯承認自己有意藉此表示對我的輕蔑。有些患者在走進空蕩蕩的候診室時可能有一種失落感，但這種印象與其後發生的症狀性動作之間的連繫，確實是他們沒有意識到的。

在對這種症狀性動作進行了一些簡單的分析之後，我們再來看看我所觀察到一位病人的表現。我之所以選擇這個例子，不僅因為我對它記憶猶新，而且還因為它敘述起來比較簡便。當然，在敘述時，許多細節也是不可或缺的。

一位休假回家的年輕軍官請我去為他的岳母治病，儘管他岳母的家庭環境不錯，但卻因為某個荒謬的意念，而使得自己及家人深感痛苦。如此，我就認識了這位年已五十三歲，但仍保養得很好的婦人，她的性情友善純樸，並坦率地向我講述了下面這個故事。她與在一家大工廠當經理的丈夫同住鄉間，婚姻非常幸福，丈夫對她呵護備至，讓她讚不絕口。他們從戀愛到結婚已有三十年的歷史，其間從未發生任何紛爭、不睦和嫉妒。她的兩個孩子都已結婚成家，婚姻美滿幸福。她的丈夫（孩子的父親）責任感很強，到現在仍不願退休。一年前，她收到了一封指控她丈夫與一位年輕女孩私通的匿名信，但很難令她置信——也很難讓她理解——的是，她竟然立即信以為真了。自此以後，她的幸福生活就被毀壞了。此事的詳細經過大致如下：她有一個女僕，她很器重她，經常與她談心。該女僕對另一個出身與她相仿、卻比她走運的女友充滿敵意，那位女友設法接受商業上的訓練，進了工廠，沒有去當女僕。由於工廠的男職員都服兵役去了，人手短缺，該女友便擢升到一個很不錯的職位。她現在住在工廠裡，與所有有身分地位的人來往，他們都稱她為「女士」。那位在生活上不太成功的女僕，自然隨時準備羅織這位女友的種種罪狀。有一天，老婦人與女僕談到了剛才來訪的一位紳士，據說該紳士沒有與自己的妻子同住，卻與另一位女子姘居。她不知怎麼地，突然說：「我最害怕的事，就是聽到我親愛的丈夫也有這種風流韻事。」第二天，她就收到一封匿名信，字跡是偽造的，信中告訴她的正是令她最害怕的事情。她斷定（有可能是正確的斷定）此信是那位不懷好意的女僕寫的，因為信中指出她丈夫的情婦正是該女僕痛恨的那位女友。儘管該女士一眼就識穿了這一詭計，而且也看過很多例子，知道這種怯懦的告發信是多麼地不可信，但她還是立刻就被這封信給擊

5 標準版註：戰爭年代奧地利一食品雜貨連鎖店外面排的人龍。

倒了。她深受刺激，立即派人將丈夫叫回，大加責備。她的丈夫對這種指控付諸一笑，並盡可能地安撫她。他也把家庭醫生（也是工廠裡的醫生）找來撫慰這位不幸的女士。他們做的第二件事也很合理：辭退了女僕，但未辭退那位被指控的情敵。此後，經過多次撫慰，這位婦人有時會表示不再相信那封匿名信的內容，但都無法維持很久。她只要聽到那位年輕女子的名字，只要在街上一見到她，老婦人便頓生懷疑，深感痛苦並對該女子加以斥責。

這就是那位婦人的病史。不需要許多精神醫學的經驗就可發現，與其他精神官能症相比，她在敘述自己的病症時太心平氣和了——用我們的說法是，她有所掩飾；而且，她對那封匿名信中的指控仍篤信無疑。

那麼，精神醫學專家究竟會採用什麼態度來看待諸如此類的病症呢？我們已經了解他對患者不關診療室的門這一症狀性動作的態度。他聲稱這是一件沒有心理學價值的偶發事件，他不會為它多費心思。但是我們卻不能用這種態度去對待這一妒婦的疾病。症狀性動作似乎是無關緊要的，但是症狀卻是重要的，而且會引起我們的注意。從主觀上看，症狀伴有強烈的痛苦；從客觀上看，它直接威脅到全家人的生活；因此，精神醫學無疑應對此發生興趣。一開始，精神醫學專家將致力於描述此一症狀的基本特徵。那個折磨著這位婦人的想法本身不能說是荒謬的，那位上了年紀的先生的確有可能與那位女孩有不正當的關係。但這其中也存在著其他荒謬、難以理解的東西。患者除了匿名信中的指控，並沒有其他理由去相信她親愛而忠實的丈夫會做出這種行為，儘管有這種行為的丈夫並不少見。她知道這封匿名信不能作為證據，而且對信的來源她也能做出滿意的解釋。因此，她應該對自己說，這種嫉妒是毫無根據的。事實上，她也這樣做了，但儘管如此，她依然痛苦萬分，彷彿這種嫉妒是完全合理的。這種從現實來看不合邏輯的意念通常叫做**妄想**。因此，這位有教養的婦人正是由於這種**嫉妒妄想**而深感痛苦，這無疑就是這個病例的主要特徵。

在這第一點成立之後，我們對此症狀的心理學興趣將會大增。既然一種妄想在考察了現實之後仍不消失，它肯定不是由現實所引起的。那它究竟源於何處呢？妄想有著各式各樣的內容，但在我們的案例中，為什麼唯獨以嫉妒妄想為內容呢？哪種人才會產生妄想，特別是嫉妒妄想呢？我們很想聽聽精神醫學專家對此的見解，但在這一點上，他也不能給我們圓滿的解釋。我們向他請教了許多問題，但他卻只研究一個。他將研究這位婦人的家族史，也許他會這樣回答我們：「妄想會發生在其家族史中反覆發生類似的或其他的精神異常的人身上。」換句話說，假使該婦女產生了妄想，那便是由遺傳所引起的。毫無疑問，這種解釋多少有些道理，但這難道就是我們想要知道的一切嗎？難道這就是這種疾病發生的唯一原因嗎？對患者產生的是嫉妒妄想而不是其他妄想的事實，我們能滿足於假定它是一個無關緊要、變幻莫測或無法解釋的問題嗎？我們難道應該從其反面意義上去理解這種認為遺傳影響占支配地位的論點——也就是捫心自問，無論該婦女曾經有過什麼樣的經歷，她都注定了要在某個時候產生某種妄想嗎？你們或許想知道科學的精神醫學為什麼不能為我們提供更多的解釋。但我給你們的回答是：「他是一個老是給你們烏有之物的騙子。」精神病學家不知道如何進一步闡釋這種病症，他只能滿足於診斷和預測——儘管經驗豐富，但他仍不能確定——此病將來的變化。

但精神分析在此能有更多的作為嗎？是的，當然可以。我希望能夠告訴你們，即使像這樣一個難於解釋的病症，精神分析也能發現某些東西，使初步的了解成為可能。首先，我請你們注意這個難以覺察的細節：患者妄想的根據——即那封匿名信——是她自己惹來的，因為她在前一天曾告訴那位詭計多端的女僕，如果她的丈夫與年輕女子私通的話，會令她痛苦萬分。因此，是她先讓女僕有了寄匿名信的念頭。因此，患者的妄想並不因這封匿名信而存在；作為一種恐懼——或者，會不會是一種欲求呢？——它早已存在於患者的心中。現在讓我們把從兩個小時的分析中所發現的微小跡象增補進去。在患者講述了自己的病情經過之後，我請她再敘述一下自己的思想、意念及回憶，但她卻不合作，很冷漠地拒絕了。她說她沒有別的想法，她已把一切都告訴我了。兩小時之後，分析只得停止，因為她聲稱自己已感覺很好，並確信這種病態的意念不會再有了。她這樣說自是出於阻抗，害怕再進行分析。然而，在這兩個小時裡，她還是說了幾句話，這幾句話使我們不僅能夠而且必須做出某種特殊的解釋，這種解釋很清楚地闡釋了其嫉妒妄想的起源。她本人深深地愛上了一位年輕人，愛上了那位勸她來我這裡治病的女婿。她本人對這種愛一無所知，即便知道，也極為有限。由於他們是岳母與女婿的關係，所以這種愛戀極易作為一種純潔的感情隱藏起來。憑我們已有的經驗，我們不難推知這位五十三歲的誠實的妻子、令人尊敬的母親的心理。這種戀情、這種畸形、不可能的事情，當然不能進入她的意識之中；但它仍然存在著，即使它是無意識的，仍給該婦女一種強大的壓力。壓力既已產生，就不能不尋求釋放，最容易的緩解辦法無疑就是運用置換機制，而這一機制在嫉妒妄想的產生中總是發生著作用。假如不只是她在和一個年輕人戀愛，而是她的老丈夫也與某個年輕女性有了外遇，那麼她就不必為自己的不忠而受到良心的譴責了。因此，幻想她丈夫的不忠實便是對她自己心靈創傷的一種撫慰。她自己的愛不為她所意識到，但這份愛情的「鏡像」——過去曾帶給她許多撫慰——現在作為一種強迫意念和妄想進入了意識之中。在這種情況下，針對她的妄想所做的任何解釋和說明都不會有任何效果，因為所有的說明都是指向於它的鏡像，而不是指向那深藏於無意識之內、不可侵犯且賦予妄想力量的原本之物。

下面，讓我們將精神分析對於此病症的研究結果做個總結吧！雖然分析時間略嫌短暫，分析中又遇到了阻礙，但它還是有助於我們對此病的理解——當然，我們假定我們以正確的方法進行了此一研究，在這一點上我還不能讓你們自己來判斷。（1）妄想已不再是荒謬或不可理解的；它是有意義的，它不僅有合理的動機，而且還符合患者的情感體驗脈絡。（2）作為對某種無意識心理過程的反應，這種妄想是必需的，至於這一無意識的心理過程，我們是從某些跡象中推測出來的。正是由於與無意識心理過程的這一連繫，妄想才獲得了自己的妄想特性，才會對現實的和邏輯的影響產生一種阻抗。妄想本身是一種欲望，是一種撫慰。（3）這種妄想之所以為嫉妒妄想，而非其他種妄想，顯然是由隱藏在這疾病背後的經驗所決定的。[6]你們自然還記得，她在前一天就已對那個狡詐的女僕說過，最令她害怕的事情莫過於自己丈夫的不忠。你們也不會忽略，這一病例與我們所分析過的症狀性動作之間有兩個重要的類似之處：它們都是有意義的或有意向的；它們都與某一情境所涉及的無意識事物有關。

當然，這並沒有回答所有我們對這案例可能提出的問題。相反地，問題還有很多——有些

6 標準版註：在早期的德文版中，這句話是以一種不是很清楚的形式出現的。

問題我們還無法解決，有些問題則是由於情況特別不利而無法解決。例如，這位婚姻美滿的婦女為什麼會愛上自己的女婿呢？她的這種解脫為什麼採用這種鏡像形式（即將自己的心態投射到丈夫身上），而不採用其他可能的形式呢？你們千萬不要以為提出這種問題毫無意義，是多此一舉。我們已掌握了不少可供我們使用的材料，這些材料或許都可用來回答這些問題。該婦女現在已到了一個關鍵期，在這一時期，女性的性欲會突然變得莫名地亢進，僅憑這一點就可以解釋這一事件了。或許，還有另一個可能，那就是近幾年來，那位出色而忠實的丈夫的性能力已經滿足不了這位仍舊保養得很好的婦女的需求了。經驗告訴我們，只有這種男人才會特別忠於自己的妻子，才會非常體恤她心靈的種種苦惱和不安。再者，這位婦人病態的愛的對象正好是女兒的年輕丈夫，這一事實也不是毫無意義的。母女間本就有著強烈的性愛連繫，這一連繫可以追溯到母親的性欲結構中，而其往往就以這種轉化得到延續。在這一點上，我或許有必要提醒你們，岳母與女婿的關係從人類最早時期起就被視為一種特別令人尷尬的關係，在原始人中，就已有了種種強而有力的禁忌規範和「避諱」。[7] 而在文明社會中，無論是在正面或反面的意義上，這種關係都經常逾越了這些規範。在我們的這一病例中，究竟這三種因素中是哪一種在起作用？或是其中的兩種因素在起作用？還是三種因素都起作用了呢？我無法回答這些問題，因為我對這個病例畢竟只進行了兩個小時的分析，以後就再也未能繼續下去。

先生們，我注意到，我已經講了許多你們尚未準備了解的內容，為的是在精神醫學和精神分析之間做一個比較。現在我要問，你們覺察到了二者之間的不同了嗎？精神醫學既不採用精神分析的技術，也不對妄想的**內容**做任何判斷，它只是從遺傳的角度給我們提供一個很籠統的、遙遠的病因學理論，而不是首先指明那些更特殊、更新近的原因。這其中是否存在著矛盾，存在著某種對立？二者能不能相互補充？遺傳因素與經驗的重要性是否相牴觸？這兩種因素可否以最有效的方式合而為一？你們可能會同意，精神醫學的研究確實沒有任何與精神分析的研究相牴觸的地方。反對精神分析的不是精神醫學而是精神醫學學者。精神分析與精神醫學之間的關係類似於組織學與解剖學之間的關係：一個研究器官的外部形態，另一個從組織和細胞的角度研究它們的構造。這二種研究相互連繫，相互補充，很難設想二者之間存在著矛盾。你們知道，解剖學現在已被我們視為科學醫學的基礎。但在過去，也有那麼一個時期，為研究身體的內容結構而進行人體解剖是為社會所禁止的，正如現在用精神分析去了解身體的內部機制為社會所唾罵一般。我們期望，在不久的將來，人們會認識到，倘若精神醫學對心理生活的無意識過程沒有正確的知識，那麼，它就不能算是以科學為基礎的精神醫學。

然而，這個屢遭辱罵的精神分析在你們當中或許可以找到一些朋友，看到精神分析能夠從另一方面——即治療方面——證明自己的合理存在，他們會歡呼雀躍。正如你們所知道的，迄今為止，我們的精神醫學療法無法影響妄想。精神分析既然洞察了這些症狀的機制，那麼，它能夠對妄想產生影響嗎？不，先生們，它也不能，和其他形式的療法一樣，它也對這些病症無能為力（至少就目前而言是這樣）。**我們**能了解患者有過什麼經歷，卻沒有辦法讓患者自己也

7 標準版註：參見《圖騰與禁忌》（1912-1913）第一章。

能了解。對於這種妄想，我們只能做初步的分析，不能進行進一步的研究，其原因在座的諸位剛才都已聽見了。你們是否會因此而主張既然分析是徒勞無益的，那麼，我們就應放棄對這些案例的分析？我認為不能。只管研究，不問是否會立即見效，這既是我們的權利，也是我們的責任。最終——我們現在還不能說何時何地——知識的零星片斷都會轉化為某種力量，變為某種治療的力量。即使精神分析不能治療妄想以及其他形式的神經和精神疾病，它仍是科學研究的不可取代的工具。在這樣情況下，我們確實還不能利用這種工具，我們試圖研究的是與人有關的材料，而人是有生命的，倘若人們沒有參與我們研究的意願和動機，我們的研究將難以為之。因此，在結束我們的演講之前，我必須告訴你們，在許多種神經疾病上，我們的知識已轉化為治療的力量，而在有利的情況下，我們對這些疾病的治療已獲得了任何其他治療方法所不能達到的、在醫學上堪稱首屈一指的成功。[8]

8 標準版註：此系列最後一講（第二十八講）主題為精神分析是一種心理治療。

第17講

症狀的意義

The Sense of Symptoms

女士、先生們：

在上一講中，我曾講過，臨床精神醫學很少注意的個別症狀的外在形式或內容，正是精神分析研究的起點，精神分析首先發現症狀具有某種意義，並與患者的經歷有關。最初發現症狀有意義的是約瑟夫·布洛伊爾，他曾研究和治癒過（在一八八〇至一八八二年間）一位歇斯底里症患者，從那以後，此病就受到人們的普遍關注。法國學者皮埃爾·讓內也以自己獨立的研究提出了同樣的證據，事實上，他發表的時間還早於布洛伊爾，後者直到十年後（一八九三和一八九五年），即我和他合作時，才將自己的觀察結果公諸於世。最初發現者究竟是誰，無關緊要，為什麼呢？你們知道，每一個發現都不是一蹴而就的，往往需要經過多次驗證才能完成。而且，成功也並不總是與榮譽成正比，例如，美洲就不是以哥倫布的名字來命名。在布洛伊爾和讓內之前，著名的精神醫學家勞伊萊特[1]就已提出，即使是瘋子的妄想，如果我們知道怎樣去解釋的話，也都有意義可尋。我必須承認，很長時間以來，

1 標準版註：富朗梭瓦·勞伊萊特，見勞伊萊特（1834, p. 131）。

我一直很讚賞讓內關於精神官能症症狀的解釋，按照他的解釋，精神官能症症狀乃是支配患者的隱意識意念的表現。[2]遺憾的是，此後讓內的態度就變得非常保守，彷彿他想承認，無意識對他來說只不過是一種語詞形式、一個權宜的名詞、**一種表達方式**——並沒有真正的意義。[3]從那時起，我就不再閱讀讓內的著作了，在我看來，他無端地失去了許多本可以為他所得的榮譽。

因此，像失誤動作和夢一樣，精神官能症症狀也有某種意義，也與這些症狀的所有者的生活有著某種關聯。為了讓你們更清楚地理解這些重要發現，下面我將舉幾個例子。事實上，我並不能證明每個精神官能症症狀都是如此，而只能主張。任何人只要自己做一些觀察，都能找到證據。但由於某種原因，我在選取例證時將不會選擇歇斯底里症的病例，而會選擇另一種非常值得注意的、與歇斯底里症在本質上有著極為密切的關係的精神官能症，同時我將先對這種精神官能症做些簡單的介紹。

這種精神官能症叫做「強迫性精神官能症」，它不像人們所熟悉的歇斯底里症那樣眾所周知。它不那麼嘈雜，因而不會妨礙他人；它的表現更像是患者的私事，幾乎沒有明顯的身體症狀，所有的症狀都萌生於心理領域之內。強迫性精神官能症和歇斯底里症都是精神官能症的表現形式，精神分析的建立最初就是基於對這兩種疾病的研究，它的療法的功效也集中在兩種疾病的治療上。但是強迫性精神官能症——它沒有從心理跨越到軀體表現這一令人費解的現象——在精神分析的努力下，我們對它比歇斯底里症更了解、更熟悉。迄今，我們已認識到，在某些極端的特徵上，強迫性精神官能症較歇斯底里症更耀眼地表現了精神官能症的本質。

強迫性精神官能症表現為，患者內心充滿著他並不感興趣的想法，時常感受到種種不可思議的衝動，並被迫做一些毫無樂趣而又不得不做的動作。這些想法（強迫意念）本身可能毫無意義，對患者來說也可能無關緊要；它們經常是十分愚蠢的，而且總會成為某種艱苦的心理活動的起點。患者常為這種心理活動而筋疲力竭，他雖極不情願有這種心理活動卻無法抗拒，他冥思苦想，不能自已，彷彿那個問題至關重要。他意識到的種種衝動也可能給人造成一種幼稚和無意義的印象，但通常都有某些最可怕的內容，例如，引誘患者犯下重罪。因此，他不僅把這些衝動當作與自己不相容的東西加以拒斥，而且還極端厭惡地逃避它們，並通過禁止、宣告無效，以及限制自己自由等方法來防止自己實現它們。事實上，這些衝動從來未曾真正地被實現，患者總是成功地擺脫和防止了它們。患者所真正做的——所謂的強迫性動作——都是些絕對無害的瑣事，其中大部分都是一些日常活動的重複或儀式性的繁瑣細節。一些必要的活動（例如上床、洗澡、穿衣或散步）都變得非常地冗長，成了幾乎不可能完成的任務。對於各種不同形式和種類的強迫性精神官能症來說，病態的意念、衝動和動作所占的比例並不相同；確切地說，通常是某一因素占主導地位，由此也就決定了精神官能症所屬的類型或形式。然而，各種不同的強迫性精神官能症之間也有明顯的共同元素。

2 標準版註：例如，見讓內（1888）。
3 標準版註：關於此一問題的要旨，請見讓內（1913, p. 39）。

當然，這是一種古怪的疾病。我想即使精神醫學家藉助於最荒唐的想像，也杜撰不出此種疾病。一個人若不是親眼所見，很難相信會有這種病症存在。然而，你們切不可有這樣的印象，以為只要規勸患者採用某種新方法，勸他不要再有這些愚蠢的想法，不要再有這些幼稚的舉動，要做一些合理的事情等，患者就可獲得幫助。患者對自己的情況一清二楚，因此，他自己也很願意這樣做，他會贊同你們的見解，甚至自己也能向你提出同樣的見解，但他就是控制不了自己。有某種能量支撐著強迫性精神官能症動作的執行，在常態心理生活中，我們可能找不到什麼東西可與這種能量相比擬。患者所能做的僅僅是：置換和交換，用另一種比較溫和的意念替代原來那個愚蠢的意念，將某種預防措施或禁止轉換為另一種，用某種動作代替原來的繁瑣細節。總之，他能置換強迫意念，但不能消除它。這種將症狀置換到與其原來形式無關的某個東西上的能力構成了患者疾病的主要特徵之一。此外，還存在著一個引人注目的現象，患者心理生活中所交織的（第十九講）種種矛盾（極性）出現極為明顯的分化。**多疑**不僅表現在那些有著積極和消極內容的強迫意念中，而且還表現在理智領域，甚至對那些通常極為肯定的事情患者也會產生懷疑。凡此種種，最終便使得患者日益優柔寡斷，萎靡不振，並失卻自由。而在另一方面，他又經常表現得精力充沛，固執己見，智力亦高於常人。他通常極富道德心，極為認真負責，行為舉止亦嚴守規範。不難想像，要想了解這種矛盾的人格特質和症狀，會是一項多麼艱苦的工作。我們眼下所要做的便是理解這樣的一些症狀，進而對它們做出解釋。

你們現在可能想先了解一下當代精神醫學對強迫性精神官能症相關問題的態度，我們前面曾提到這個問題。精神醫學僅僅提供了各種不同的強迫意念的名稱，此外就再也沒有什麼更進一步的內容了。它堅信帶有這些症狀的患者都是「退化的」。這很難讓人滿意，事實上，它是一種價值判斷——是一種譴責，而不是解釋。按照這種判斷，我們便應當認為，每一種可能的怪癖都是因為退化。不錯，我們是應該把那些帶有此類症狀的人視為性格上與其他人有所不同的人。但我們也許會問：他們真的比其他精神官能症患者例如歇斯底里症患者、比那些患有精神病的人要更「退化」嗎？顯然，這樣描繪他們的性格未免失之籠統。而當我們了解到那些才能卓著，名揚後世的名人也有類似於此的症狀時，我們就不能不懷疑這種描繪是否正當合理了。雖然，由於偉人們自己的慎重，也由於傳記作者們的掩飾，我們對這些楷模的內心世界所知甚少；但是他們當中仍有熱愛真理的人，例如埃米爾．左拉，而我們也因此得知他終身都患有許多古怪的強迫性習慣。[4]

精神醫學在以「退化的偉人」（dégénérés supérieurs）來描述這些人之後，便全身而退了。做得相當漂亮！但從精神分析中發現，我們有可能永遠消除這些古怪的強迫性症狀，正如我們有可能永遠消除沒有退化的人的其他疾病的症狀一樣。我自己就有過許多這樣的成功經驗。[5]

我只想舉出兩個強迫性精神官能症症狀分析的例子：第一例是舊的案例，以它為例，是因為我現在還沒有找到一個可替代它的更好的例子；另一例則是我最近才遇到的。我之所以只舉

4 佛註：見E．陶拉斯，《關於埃米爾．左拉的醫學心理學研究》，巴黎，一八九六年。

5 標準版註：佛洛伊德畢生討論得最多的可能是強迫性精神官能症。在其〈對一例強迫性精神官能症的說明〉的附錄中，可以找到一系列更重要的參考書目（1909*d*, *S. E.*, 10, pp. 319-320）。

出兩個例子，是因為這類報告無可避免地冗長、鉅細靡遺。

一個年約三十的女士患有極為嚴重的強迫性精神官能症，要不是我們的工作因造化弄人而受到影響的話，我本來可以幫助她的（關於這一點，我以後再告訴你們）。除了其他一般的動作之外，該女士在一天之內總是多次重複下述明顯的強迫性動作。她常常從自己的房間跑進另一個房間，在房間中央的一張餐桌旁站定，按鈴命女僕前來，吩咐她做一件無關緊要的事，或什麼也不做就讓她離去，之後再跑回自己的房間。這種症狀雖然並不十分令人痛苦，卻足以引起我們的好奇心。不需要醫生的任何幫助，患者自己就用最明確且不容異議的方式對這個症狀提出了解釋。我不知道我對這一症狀的意義能有什麼猜測，或是能提供什麼樣的建議。每當我問患者：「你為什麼要那樣做？那樣做有什麼意義？」她總是回答道：「我不知道。」但有一天，在我成功地消除了她的一個很重要的、根本性的疑慮之後，她突然知道了問題的答案，並對我說起與這一強迫性動作有關的事情。十多年前，她與一個年齡比她大得多的男人結婚，在新婚之夜，這個男人性無能。那天夜裡，他曾多次從自己的房間跑入她的房間，嘗試了一次又一次，但每次都以失敗告終。第二天早晨，他生氣地說：「女僕來鋪床時，我會覺得羞愧。」說完，隨手拿起房間裡的一瓶紅墨水倒在床單上，但斑點並沒有灑在適當的位置上。一開始，我並不了解這一回憶與前述強迫性動作有什麼關係，我所能找到的唯一類似之處便是從一個房間到另一個房間跑來跑去的動作反覆出現，或許還有女僕進入房間的那一幕。後來，病人領我去看了隔壁房間的桌子以及桌布上的大斑點。她進一步解釋說，自己站在桌旁，為的是讓召喚來的女僕能夠看到這一斑點。因此，儘管有一些其他的東西尚待了解，但仍可肯定地說，發生於新婚之夜的情景與她目前的這一強迫性動作之間有著密切的關聯。

首先，患者顯然認同於自己的丈夫；透過模仿他從一個房間跑進另一個房間的動作，她扮演著他的角色。進一步延伸這個類比，我們還必須同意，桌子和桌布替代了床和床單。這似乎有些牽強附會，但我們可以從對夢的象徵作用的研究中獲得佐證。我們常發現，桌子在夢中可以解釋為床，桌子和床[6]合在一起則代表結婚，所以桌子可以取代床，床也可以取代桌子。

這一切似乎已經證明，這一強迫性動作有某種意義，它似乎是這個重要場景的一種表現，是一種重複。然而，我們不應滿足於這些認識。倘若我們更仔細研究二者之間的關係，那麼，我們或許可以獲得一些更深入的認識——對強迫性動作的意向的認識。這一動作顯然以召喚女僕前來為核心，而患者向女僕展示紅斑，則正好與她丈夫所說他會在僕人面前丟臉這句話形成對比。於是她扮演了丈夫的角色，丈夫在女僕面前便不用再害羞了，因為斑點正好在它應在的位置上。由此可見，她不僅是重複這一場景，而且還延伸它、修正它，使它正確無誤。另一方面，透過這一動作，她也在修正另一件事情，那天夜裡這件事情使她痛苦萬分，而必須動用到紅墨水來加以遮掩。這件被她修正的事情便是丈夫性無能的事實。因此，這一強迫性動作所說的是：「不，這不是真的，他不必在女僕面前感到害羞；他不是性無能。」患者以其強迫性動作表現了這一欲求，並以做夢一樣的方式，使這一欲求在目前的強迫性動作中獲得了滿足，因此患者強

6 標準版註：英文片語為「bed and board」（夫妻關係），這一片語本身就是從拉丁文中結婚的法律用語翻譯過來的。

迫性動作的目的在於讓她的丈夫擺脫過去的不幸。

我所能告訴你們的有關這個女人的一切都與這個解釋相符。或更確切地說，我們所知道的一切都會讓我們對其難以理解的強迫性動作做出上述解釋。這個女人已與丈夫分居多年，正在考慮是否要正式離婚。但是她的內心並無法擺脫他，她強迫自己忠於丈夫，於是離群索居，以免受到他人的誘惑；她在想像中替他開脫，誇大地讚揚他的品行。事實上，她的病症最深層的祕密在於藉此使她的丈夫免於惡意的毀謗，使自己和丈夫的分居合理化，使他在分居後仍然能夠過著舒服的生活。因此，透過分析這個無害的強迫性動作，我們已了解了此一疾病最深層的原因，而且同時讓我們了解到一般強迫性精神官能症的諸多祕密。我樂於看到你們能對此病例進行更多的研究，因為它兼有在所有強迫性精神官能症中我們不能完全期待的各種情況。在此例中，症狀的解釋是患者在沒有分析者的任何提示或干涉的情況下自己發現的；它的起源不是幼年時已被遺忘的事件，而是患者成年時仍記憶猶新的生活。我們對症狀的解釋常受到批評者的異議，但在這個特殊的案例中，一切的異議都站不住腳。我們不能期待在所有的情況下我們都會有這麼好的運氣。[7]

還有一點需要提及。不引人注目的強迫性動作，竟帶領我們進入患者生活最隱密的部分，你們難道不會對此感到驚訝嗎？一個女人最不願意告訴他人的莫過於新婚之夜的經過，但我們現在卻了解了她性生活的隱私。這難道是一件很偶然的事，完全沒有深層的含義嗎？無疑地，這有可能是我選擇此例所造成的結果。但我們先別急於判斷，還是先看看第二個例子，此例與前例有很大不同——它是一種很普通的睡眠儀式。

一個發育良好、天資聰穎的十九歲女孩，她是父母的獨生女，受到了良好的教育，智力亦優於常人。小時候，她一直機靈活潑，但在過去的幾年中，卻無緣無故地變成了精神官能症患者。她動輒發怒，特別是對自己的母親；總是抑鬱寡歡，猶豫不決，疑慮重重。最後，竟認為自己不能獨自走過廣場或穿過比較寬的街道。我們不想詳述其複雜的病情，大致說來，她的病情至少可有兩種診斷：懼曠症和強迫性精神官能症。我們只想詳細陳述以下事實：她也形成了某種睡眠的儀式，以此作為對父母的折磨。在某種意義上，每一個正常的人臨睡前都有自己的睡眠儀式，或說建立了某些必要的條件，一旦這些條件未得到滿足，他便無法入睡；他在從清醒到睡眠的過渡階段上增加了某些儀式，每夜都以同樣的方式重複一次。但是正常人所要求的睡眠必要條件都是合理的，而且若外界情境需要他做出改變，他也能很容易地完成，用不著花太多的時間。然而，病態的儀式則是不易改變的，哪怕付出再大的代價，它也要得到徹底的執行。表面看來，它也有合理的理由，而與常態儀式的區別僅在於患者執行時顯得過於謹慎。但如果更仔細地加以考察，我們就會發現患者為這一儀式所列舉的理由往往並不夠充分，儀式中有些東西不能用其理由去解釋，有些則與其理由相牴觸。就我們這位女患者來說，她也為自己的睡眠儀式找到了藉口：她睡覺時需要安靜，必須消除一切聲響。為此，她做了兩件事。一是

7　標準版註：佛洛伊德在論文〈強迫性動作與宗教儀式〉中對此案例有較為簡短的說明，但在某些點上比此處說明得更為詳細（1907*b*, *S.E.*, 9, pp. 120-122）。

讓自己房內的大鐘停止運行，將房內所有其他小鐘錶移至室外，就連自己的小手錶也不能放在床頭櫃裡。二是將花盆和花瓶之類的東西放到寫字檯上，以防它們在夜裡掉落摔破，干擾其睡眠。她也知道，就維持睡眠安寧而言，所有這些手段都只有表面上的理由，即使將小手錶放在床頭櫃裡，她也聽不見它的滴答聲，而我們每個人的經驗也都可以證明，鐘擺有規律的滴答聲絕不至於干擾睡眠，相反地，它還可以催人入眠。至於她所做的第二件事，患者也承認，即使將花盆與花瓶放在原處，它們也不致於掉落、摔碎，因此她的擔憂完全是多餘的。睡眠儀式中還包含一些其他的動作，這些動作似乎完全忽略了她要求安靜的需要。例如，她將自己臥室與父母臥室之間的門半開著（為此，她用各種障礙物頂住門，使其維持半開），這似乎反而會弄出許多聲響。不只如此，儀式中最重要的部分在於那些與床有關的規定。床頭的大枕頭不可碰到木製床背，小枕頭必須疊成菱形放在大枕頭上，她的頭要正好放在這一菱形之上。蓋上鴨絨被（或我們在澳大利亞稱之為「Duchent」[8]）之前，她必須先抖動鴨絨被，讓羽絨往下落，使被子的下端變厚，然後，她再去擠壓這些堆積在一起的羽絨，使之重新變得均勻平整。

請原諒我不準備再多講關於儀式其他的繁瑣細節了。這些細節不僅對我們沒什麼幫助，相反地，還會使我們離題太遠。但我請你們不要忽視這一事實：所有這一切都不是執行得很順利，她每做一件事，總是會擔心沒做好，必須再三檢查、重複；她先是懷疑這個，然後又懷疑那個，結果每次都要折騰一、兩個小時，在這期間自己不能入睡，為她擔憂的父母也得不到安寧。

對這種病症的分析不像前一位患者的強迫性動作那麼簡單。我不得不對她進行種種暗示，向她提出一些解釋的意見。對此，患者總是用一個「不」字堅決否認；即便接受了，也帶著輕蔑的懷疑。但在最初的拒斥之後，她開始考慮我所提供的各種可能性，搜集與它們有關的聯想，回憶一些相關的事情，試圖找到某種連繫；最後，在她自己的努力下，她接受了所有的解釋。此後，她逐步減少那些強迫性手段，在治療結束之前，她甚至已完全捨棄了她的睡眠儀式。你們一定得了解，在沒有完全弄清楚症狀的意義之前，我們所進行的分析絕不會對任何單一症狀進行系統化的說明與處理；相反地，我們會被迫捨棄任何特定的主題，繼續進行其他的分析，並期望能從其他方面重新涉及這一問題。因此，下面我將要告訴你們的有關這一患者的症狀的解釋，其實是由許多研究結果綜合而成的。我們的研究工作常為其他工作所打斷，要獲得這些研究結果往往歷時數星期、甚至數個月。

我們的患者逐漸認識到，時鐘正是作為女性生殖器的象徵，才必須在夜間被移到臥室之外。鐘、錶——儘管在別處我們還可找到其他的象徵解釋[9]——可以成為女性生殖器的象徵，是因為鐘錶有著週期性的過程及相等的時間間隔。女人常自誇自己的月經如時鐘一樣規律，便是例證。然而，我們的患者的焦慮特別指向時鐘的滴答聲會擾亂她的睡眠。鐘的滴答聲可比作性興奮時陰蒂的悸動或顫動。[10]事實上，這種令她苦惱不已的感覺曾多次使她從睡夢中驚醒，由於

8 標準版註：在德國的其他地方可見到這個法文字「duvet」。它通常是一個未分隔的羽毛袋，不像英格蘭那樣縫成一格一格的。

9 標準版註：在對「鼠人」的分析中，佛洛伊德提到強迫性精神官能症患者不喜歡鐘錶的另一個理由（1909*d*, *S. E.*, 10, p. 232）。

10 標準版註：佛洛伊德在論文〈與精神分析疾病理論相違背的一例妄想症〉中報告了一個類似的比喻（1915*f*, *S. E.*, 14, p.

害怕陰蒂勃起，所以她每夜必將所有運行著的鐘錶全部移至室外。與所有器皿一樣，花盆和花瓶也都是女性的象徵，（第五講）因此，謹防它們在夜間掉落、摔碎也有某種意義。我們都知道在訂婚儀式上打破一個花盆或盤子這一廣為流傳的習俗。在場的每一個男人都取走一片碎片，我們可以把這種做法看成是男人們放棄了在一夫一妻制建立以前的婚姻規定中，他們所擁有的權利，而不再要求自己也能擁有新娘的一種表現。[11]這個女孩將這一儀式與她睡眠儀式相關的部分連結起來，由此便回想到了某件事情，並產生了一些聯想。在孩提時代，有一次她拿著一個玻璃杯或瓷瓶，忽然失足跌倒，割破了手指，流血不止。長大以後，她對性交的事逐漸有所了解，因此生怕自己在新婚之夜不流血而不能證明自己是個處女。因此，她謹防花瓶跌碎，就是要拋開那整個關於處女和初次性交流血等事件的情結——也就是要拋開那種既怕流血又怕不流血的恐懼。而她採取的種種防範手段——她認為是為了要避免噪音——與此之間只有著相當遙遠的連繫。

有一天，她突然明白了大枕頭不得接觸床背的含義，發現了儀式的中心意義。她說，對她而言，大枕頭總是代表一個女人，而挺立的床背則代表一個男人。因此，她想——藉由魔法（我們一定會這麼說）——將男人與女人隔開，也就是說，將自己的父母隔開，不讓他們性交。早些年，在她尚未形成睡眠儀式之前，她曾試圖用一種更直截了當的方式達到同一目的。她假裝恐懼（或是利用某種已存在的恐懼傾向），讓父母臥室和幼兒室之間的門打開（她現在的儀式中確實仍保留著這一規定）。利用這種方法，她就有機會偷聽父母的動靜，但這樣做卻使她失眠了好幾個月。她這樣打擾自己的父母還不滿足，還不時要睡在父母床上，而且是睡在父親和母親之間，於是「大枕頭」和「木製床背」真的被分開了。後來，她長大了，睡在父母之間變得不舒服，於是她便藉由刻意假裝的焦慮，設法使母親和她交換位置，好和父親睡在一起。這一情境無疑是她的幻想的起點，其影響可在儀式中看出來。

如果大枕頭代表女人，那麼抖動鴨絨被使所有的羽毛都集中在被子的下端並使之隆起，也有某種意義。它的意思是使女人懷孕；但同時她也從未忘記要再鋪平羽絨，以免母親懷孕，因為多年來，她一直擔心父母性交會再生下一個孩子，使她多一個競爭對手。另一方面，倘若大枕頭代表女人（母親），那麼小枕頭就只能代表女兒了。為什麼這個小枕頭要呈菱形擺放在大枕頭之上，而她的頭得正好放在小枕頭的中心線上呢？她輕易地就回想起牆上的塗鴉常以菱形代表女性生殖器。假若真是如此，那她自己所扮演的就是男人的角色，她自己的頭顯然是用來替代男性生殖器（請參考以殺頭代表閹割的象徵）。[12]

你們會說，未婚女子的頭腦裡有這些想法真是太瘋狂了。我認為確實如此。但你們不要忘記，這些事情並不是我創造出來的，我只是在解釋它們而已。而且，這樣的睡眠儀式也是一種很奇怪的事，[13]你們可以看出這一儀式與解釋所揭示的幻想之間的對應。但我更希望你們注意

270）。

11 標準版註：參見《圖騰與禁忌》對「群體婚姻」的說明（1912-1913, *S. E.*, 13, p. 7）。以及〈處女的禁忌〉對「群體婚姻」的討論（1918*a*, *S. E.*, 11, p. 194 f. 196n2）。

12 標準版註：參見佛洛伊德關於這一主題的論文。該論文簡要地說明了此一病例（1916*c*, *S. E.*, 14, p. 339）。

13 標準版註：很久以前，佛洛伊德在他有關防禦性精神神經症的第二篇論文的腳註中就報告過一個同樣得到詳盡闡釋

的是，這一儀式並不是**單一**幻想的產物，而是許多幻想的沉澱物，儘管這些幻想有著某個交會點；而且，你們還要進一步注意到，這個儀式所制定的種種規則在某一點上正面地再現了患者的性欲求，而在另一點上則從反面的意義加以再現——即一部分是對性欲求的表現，一部分是對它的防禦。

假若我們把這種儀式與患者的其他症狀連繫起來，那麼，我們的分析就會獲得更多的結果。但我現在還不想朝這一方面推進。你們必須滿足於這一線索，即該女孩從其童年起就對自己的父親產生了一種性的依戀。這也許就是她對自己的母親不友好的緣故（參見前文）。我們也不能忽視下述事實：在這裡，我們對症狀的分析再次涉及了患者的性生活。如果我們更經常地深入了解精神官能症症狀的意義和意向，可能就不會對此大驚小怪了。

透過上述兩個例子，我已向你們證明了精神官能症症狀與失誤動作、夢一樣，也有某種意義，並與患者的經歷有密切的關聯。我能夠期望你們僅憑這兩個例子就相信這一特別重要的觀點嗎？不，我當然不會有此期望。但你們能因此而要求我繼續舉出更多案例，直到你們完全信服為止嗎？不，你們也不能這樣做。因為我對每個病例的說明都非常詳盡，因此我將得花上五個小時，才能解決精神官能症理論中的這個問題。因此，我必須滿足於以此兩例來證明我的主張，你們要不滿意的話，可以參閱與這一問題有關的著作，如布洛伊爾對於他的第一個病例（即歇斯底里症）症狀的經典解釋，[14] 榮格（一九〇七）在他只是精神分析師，並未期望成為一個新理論的倡導者時，對早發性痴呆中最晦澀難懂的症狀的出色闡釋，以及後來各種期刊上所登載的各篇論文。其中不乏對此主題的精密調查研究。精神分析師深為精神官能症症狀的分析、詮釋和解譯所吸引，以致有一個時期竟完全忽略了精神官能症的其他問題。

如果你們當中也有人付出過這種努力，那麼，豐富的證據材料一定讓他留下了深刻的印象。但是，他也會遇到某個困難。如我們所發現的，症狀的意義與患者的經歷有著某種連繫，個人經歷在症狀形成中所發揮的作用越多，我們就越有理由期待能清楚地了解這種連繫。於是，當我們遇到某個荒謬的意念與某個無意義的動作時，我們的任務就是去發現一個人過去的某一生活情境，正是這一情境，他的荒謬意念才變得合理，他的無意義動作才有某種目的。那位跑到桌子旁按鈴召喚女僕的患者的強迫性動作就是此類症狀的完美典範。然而，也存在著大量的、性質與此完全不同的症狀。這些症狀應被視為某種疾病的「典形症狀」，對所有的病例來說，這些症狀大致相同，個別差異消失殆盡，即便存在，也至少被縮小到很難把它們與患者的個人經歷、與他們所經歷的特殊情境連繫起來的程度。讓我們再來看看強迫性精神官能症吧。我們的第二個患者的睡眠儀式中就有許多典型的症狀，儘管該案例中同時也有許多的個人特點，而可以進行我稱之為「歷史性的」解釋。但是所有這些強迫性精神官能症患者都有一個共同的傾向，他們總是規律地重複某個動作，並使它們與其他動作分隔開來。大多數患者終日洗濯不止。我們現在已不再將懼曠症（場所恐懼症或對空間的恐懼）視為強迫性精神官能症，而將它們稱

的睡眠儀式（1896*b*, *S.E.*, 3, pp. 172-173）。

14 標準版註：亦見於《歇斯底里症研究》（1895*d*, *S.E.*, 2, p. 21 f.）。

為「焦慮性歇斯底里症」，這一類患者經常以枯燥、單調的方式表現著相同的特點：他們害怕密閉的空間、開闊的廣場或長的街道。如果有一熟人相伴，或有車輛尾隨之類的，他便會有受到保護的感覺。然而，在這種類似的背景下，不同的患者仍表現了他們的個人特點（人們眼中的「怪念頭」），在不同的案例中，有時這些特點會彼此矛盾。某位患者只逃避狹窄的街道，而另一個則對寬闊的街道有恐懼感；某位患者只有在街上行人稀少時才敢出去，另一位則正好與此相反，非得街上擠滿人時才敢上街。歇斯底里症也是如此，它雖然帶有許多個人的特點，但仍有許多共有的典型症狀，這些共有症狀似乎無法輕易地對其做出歷史性的解釋。事實上，我們絕不可忘記正是這些典型症狀給了我們診斷的方向。假定在一個歇斯底里症病例中，我們已經追溯到某一典型症狀起源於某一經歷或一系列類似的經歷（例如，某種歇斯底里性嘔吐起源於一系列令人噁心的印象），那麼，當分析發現某種類似的嘔吐表面上似乎起源於另一種完全不同的經歷時，我們就會感到困惑。在這種情況下，歇斯底里症患者彷彿由於某種未知的原因而必然會嘔吐，而由分析所追溯到的種種歷史性原因只不過是這種內在必然性所利用的藉口而已。

因此，我們現在面對著一個令人沮喪的發現，雖然我們可以根據患者的經歷對個人的精神官能症症狀做出令人滿意的解釋，但當我們涉及到更為常見的典型症狀時，我們的技術就失效了，我們也因此陷入了困境。何況，我尚未告訴你們在尋求症狀的歷史性解釋的過程中我們將遇到的所有困難。但我也不想這麼做，因為，儘管我在你們面前不願有任何掩飾或隱瞞，但我卻不能在我們的共同研究開始時就將你們置於茫然迷惑之中。的確，在盡力去理解症狀的意義的道路上，我們才剛剛邁出一小步，但我們將堅持我們業已取得的成果，並逐步地尋求那些我們尚未理解的東西。因此，我將盡力用下述想法來安慰你們：我們很難想像一種症狀與另一種症狀之間存在著任何本質上的區別。倘若個人症狀這樣明顯地取決於患者的經歷，那麼，各種典型症狀當然也可能可以追溯到某種本身就很典型的經歷——人類所共有的經歷。而其他總是會出現在精神官能症中的特點則可能是一種普遍的反應，由於患者的某些病理變化，而被強加於患者身上；例如，強迫性精神官能症中的重複動作或多疑，便屬於這種情形。簡言之，我們沒有理由過早地灰心喪氣，我們還要看看還可發現些什麼新東西。

在夢的理論中，我們也遇到了極為類似的困難。在前面對夢的討論中，我並未處理這些困難。夢的顯意有各式各樣的內容，因人而異，而我們之前也已詳盡說明，藉助分析，我們從中發現了什麼隱藏的內容。但除此以外，還有一些夢也可稱為「典型的」夢，為每個人所共有，夢的內容也完全相同，這也為我們的解釋帶來了同樣的困難。這些夢包括跌落、飛行、漂流、游泳、受到抑制、裸體，以及其他焦慮的夢——在不同的夢者身上，有不同的解釋，而無法說明它們千篇一律與典型的特點。但在這些夢中，我們也注意到，這一共同的背景也表現出各人不同的特點；或許隨著我們知識的增長，我們將可以把我們過去從其他夢中所獲得的對夢的理解運用到這些夢的解釋上，不再有任何的限制。[15]

15 標準版註：參見《夢的解析》第五章有關「典型的」夢的那一節（1900*a*）。

第18講

創傷的固著——無意識

Fixation to Traumas—The Unconscious

女士、先生們：

在上一講中，我曾表達過一種期待，希望我們的工作是以我們的發現，而不是疑慮，作為進一步探索的基礎。因此，接下來我們將討論從前述兩個案例的分析中得到的兩個最有趣的結論。

我們先看第一個結論。兩位患者留給我們的印象是，她們都「固著」於自己過去的某個特殊的階段，彷彿無法使自己從中解脫出來似的，並因此與現在和將來都失去了連繫。於是，他們讓自己寄居於疾病中，恰如古時僧侶退隱於修道院中以承受其不幸的命運。帶給第一位患者這種命運的是那實際上早已結束了的婚姻。她藉由自己的症狀繼續與丈夫保持著關係。從她的症狀中，我們似乎能聽到她那為他辯護、寬恕他、讚美他和替他痛惜的聲音。雖然她還年輕，還能吸引其他男人，但她卻採取種種真實的和想像的（魔法般的）防範措施，以保持對她丈夫的忠誠。她不見生人，不講究個人外表；此外，她一旦坐下來，就無法很快地起身，[1] 她拒絕簽名，不送禮，理由是不能讓別人從她那裡得到任何東西。

第二位患者的情況也是如此。這位少女從青春期前就對父親產生了一種性依戀。她自己得出的結論是，只要她病得這麼重，她就不能結婚。然而，我們可以猜測，她病得很重，其目的就是為了不結婚，為了能繼續和父親在一起。

假如這種態度是精神官能症的一種普遍特徵，而不只為這兩位患者所特有，那麼我們就不能不問：一個人為什麼、以什麼方式，以及出於何種動機，可以採取這種特異而不明智的生活態度。事實上，這種態度也的確是各種精神官能症普遍而又重要的特徵。布洛伊爾的第一位歇斯底里症患者（第十七講）同樣固著於她照料病重的父親的那一時期。儘管她已康復，但在某些方面，她仍舊斬斷了與生活的連繫；儘管她仍健康能幹，但她逃避一個女人正常的生命過程。[2]分析表明，我們的每一個患者都藉由他們疾病的症狀和結果固著於他們過去的某一特殊時期。事實上，在絕大多數的案例中，這一過去的時期往往是他們生命的早期階段——如童年期，甚至是哺乳期。

與這種精神官能症最類似的，是近來由戰爭所引發的一種流行病——我們稱之為「創傷性精神官能症」。當然，類似的病例也出現在大戰之前，出現在火車事故以及其他危及生命的可怕事故之後。創傷性精神官能症本質上與我們通常藉助於分析來研究、治療的自發性精神官能症不同；對於這種精神官能症，我們也不能成功地運用有關其他精神官能症的觀點去說明，我希望在將來某個時候能向你們解釋這一限制的原因。[3]但從另一方面來看，我們也可以認為這兩種精神官能症在某一點上完全相同。創傷性精神官能症清楚地表明固著於創傷發生時的情境就是病源之所在。這些患者時常在夢中重複這種創傷的情境；[4]就那些可以分析的歇斯底里症而言，我們發現，其發作就是讓病人完全回到這個創傷的情境。[5]彷彿這些患者尚未完成這個創傷的情境，似乎仍面臨著一個尚未處理好的緊急工作似的。我們非常重視這一觀點，因為它向我們表明了怎樣才能理解所謂的心理過程的經濟學觀點。[6]事實上，「創傷」一詞僅具有經濟學上的意義，假若一種經歷在短期內讓心理承受了一種強有力的刺激，致使心理再也不能用正常的方法來應付或適應，並導致心理能量的運作方式受到永久性的干擾，我們稱這種經歷為創傷的經歷。

這一類比必然會使我們將精神官能症患者所固著的那些經歷稱為創傷的經歷。這為我們提供了精神官能症形成，一個簡單的決定因素。因此，精神官能症相當於某種創傷性疾病，其成因也是由於患者無力應付某種情感色彩極為強烈的經歷。的確，這就是布洛伊爾和我（一八一三、

1 標準版註：佛洛伊德在另一處說明這個案例時，對此症狀做過進一步的描述和解釋（1907*b*, *S.E.*, 9, pp. 120-121）。

2 標準版註：安娜．O終生未婚。見瓊斯（1953, pp. 247-248）。

3 標準版註：在本書第二十四講再次提到了創傷性精神官能症。在後來的《精神分析與戰爭性精神官能症》導言中，佛洛伊德又做了更多的說明（1919*d*）。

4 標準版註：幾年以後，這一點在佛洛伊德對「強迫性重複」的第一次討論中扮演了一定的角色。參見《超越快樂原則》（1920*g*, *S.E.*, 18, p. 13, 23）。

5 標準版註：這一點在布洛伊爾和佛洛伊德〈論歇斯底里現象之精神機制：緒言〉的第四節中就已得到了確認（1893*a*, *S.E.*, 2, p. 14）。

6 標準版註：參見本書第二十二講。

一八九五）在以理論說明我們所觀察到的新事實時，提出的第一個公式。[7]我在上一講所講到的第一位患者（那位與丈夫分居的少婦）的情況，可以用這一公式加以解釋。她還沒有從失敗的婚姻中解脫出來，仍然依附於她的創傷情境。然而，我們的第二個病例（那位固著於其父親的少女）則向我們表明這個公式並不是完美無缺的。一方面，小女孩愛父親很常見，這種愛也常隨著年齡的增加而減弱，因而將「創傷」一詞應用於此就會失去其所有的意義；另一方面，患者的歷史向我們表明，她最初的性愛固著在那時並沒有產生任何危害，而是幾年以後才在強迫性精神官能症的症狀中重現。從這裡我們可以看出，精神官能症的成因是極為複雜的，是由許多因素決定的。但我們也不必因此而將對創傷的探究看作是錯誤的並加以摒棄，或許我們在其他地方還用得著它。

因此，我們必須再次中斷我們已經邁出了幾步的研究之路。這條路現在已無法走下去了，我們得先學習所有其他的東西，而後才能繼續走下去。[8]有關這一固著於過去某個特定階段的問題，我們只想補充說，這種行為已遠遠超出了精神官能症的範圍。每一種精神官能症都包含著這樣一種固著，但並非每種固著都導致精神官能症、都與精神官能症相符、或都是由精神官能症所引起。例如，親友死去的悲慟就是對過去某物的情感性固著的一個完美例子，它實際上表現出與現在和將來最徹底的疏離。但即使是外行人也能清楚地區分悲慟和精神官能症。另一方面，也有一些精神官能症可被視為悲傷的病態形式。[9]

或許也會發生這樣的情況，一個人由於遇到了足以動搖其生活基礎的創傷事件而完全停滯不前，進而對現在和將來不再發生任何興趣，永久地沉浸在對往事的回憶之中。可是，像這樣一位不幸者並不一定會成為精神官能症患者。因此在描繪精神官能症的特性時，我們不要太重視這一特性，不管它是多麼常見，多麼重要。

現在讓我們看看我們透過分析而獲得的第二個發現；在考慮這個發現時，我們不必擔心我們得對自己的觀點做出某些修正。我已為你們描述過我們的第一位患者是怎樣執行一種毫無意義的強迫性動作，又是如何敘述這段與此動作有關的過去回憶。我還提過我後來是怎樣考察這二者之間的關係，又是如何從相關的回憶中發現這種強迫性動作的意圖。但還有一個值得我們特別注意的因素，卻被我忽略了。儘管患者經常重複其強迫性動作，但她並不知道這一動作起源於自己過去的經歷。她對二者之間這種關係一無所知，而只能如實地回答說自己並不知道究竟是什麼促使她執行這種動作。透過治療，突然有一天，她成功地發現了這種關係，並把它告訴了我。然而她仍不清楚自己這一強迫性動作的意圖——即修正過去的痛苦事件和稱頌自己親愛的丈夫的意圖。在花了很長時間、很多氣力之後，她才理解並向我承認了這種動機就是其強迫性動作的驅力。

7 標準版註：例如，參見布洛伊爾和佛洛伊德〈緒言〉的第二節，尤其是它的最後兩段（1893*a*, *S.E.*, 2, p. 11）。
8 標準版註：本書第二十二講又談到了這一主題。
9 標準版註：關於這一點，請參見佛洛伊德的後設心理學論文〈悲慟與憂鬱症〉（1917*e*），儘管此文是兩年以前寫的，但實際上在本次演講之後才發表。本書第二十六講又簡略地提到了憂鬱症。

將發生在她不幸的新婚之夜後的場景和患者的情感動機連結起來，就構成了我們所說的強迫性動作的「意義」。然而，在進行這種強迫性動作時，她對這種意義的兩個方面都一無所知——既不知它「從何處來」，也不知它「往何處去」。（詳見下文）因此，她一直在進行著某些心理過程，她的強迫性動作便是這些心理過程的結果；她以一種正常的心理方式知道了這個結果，但這個結果的心理前提卻沒有進入到她的意識之中。她的表現與伯恩海姆催眠實驗中的被試者相同，伯恩海姆曾做過一個催眠實驗，他命令被催眠者於醒來後五分鐘在病房內打開一把雨傘。被催眠者醒後執行了他的命令，但他並無法想到任何與這個動作有關的動機。[10] 當我們談到**無意識心理過程**的存在時，我們所看到的就是這樣的事態。我們願意向世界上任何人提出挑戰，只要他能對這種事態做出更正確、更科學的說明，我們將很樂意放棄我們關於無意識心理過程的假設。但是，在沒有人做到這一點之前，我們仍將堅持這一假設。若有人提出反對，說這裡的無意識沒有任何真正的科學意義，只不過是一種權宜之計、只是**一種表達方式**，那麼，我們只能聳聳肩表示遺憾，只能將他所言視為不可理解而拒絕加以考慮。非真實的東西竟能產生出像強迫性動作這樣明顯的現實效果！[11]

在第二位患者身上，我們也遇到了本質上相同的事情。她為自己制定了一條規定：大枕頭一定不能與床背接觸。儘管她並不知道這一規定起源何處、有何意義、有何種動機，她仍不得不遵守這一規定。無論她是認為這一規定無關緊要，還是竭力反對它、怒斥它、拒不執行它——所有這一切都不能阻止她執行這一規定。這一規矩非得遵守不可，她也曾探究其原因，但仍茫然不得而知。然而，我們必須承認，強迫性精神官能症的這些症狀——沒有人知道從哪裡來的意念和衝動，不受任何來自其他正常部分的心理的影響，讓患者本人留下的印象為它們是全能的外來客，是混入人間的不死的妖魔——清楚地表明心中有一個特別的、與其他區域隔絕的區域。它們透過一條明白無誤的途徑，使我們確信心中無意識的存在。正是由於這個原因，所以，僅對意識心理學有所了解的臨床精神醫學，也只能將這些症狀稱為某種特殊的退化特徵，而沒有治療它們的方法。當然，強迫意念和強迫衝動本身並不是無意識的，強迫動作的執行也是有意識的，倘若不強行進入意識之內，它們就不會變成症狀。但是我們透過分析所推知的這些症狀的心理前提、透過解釋所揭示出的有關連繫都是無意識的，至少在患者經由分析工作意識到它們之前是如此。

至此，你們若進一步考慮下述情況：我們在前面兩個例子中所確立的事態均可在各種精神官能症的各種症狀中得到證實——亦即，患者總是不了解他們症狀的意義，而分析通常表明這些症狀皆是無意識過程的衍生物，但在各種有利的情況下，它們可以被變為意識的；假若你們考慮到了這些點，你們就會理解在精神分析中，同時是無意識而又是心理的事物是不可或缺的，而且我們處理它們的方式，就好像它們是可以用感官知覺到的事物一樣。同時，你們還應該認識到，一個人若僅僅知道無意識概念，而從未進行過分析，從未有過釋夢的經

10 標準版註：佛洛伊德對這一事件所做的更詳細的說明，見於他的最後一篇尚未完成的論文〈精神分析的一些基本課程〉(1940*b*)。他親眼目睹了這一事件的發生過程。

11 標準版註：參見本書第十七講。

驗，或從未探索過精神官能症症狀的意義和意向，那麼，他是不能對這一問題做出自己的判斷的。為了我們的目的，我還得重複一遍：可能藉由分析解釋賦予精神官能症症狀某種意義，是無意識心理過程存在——或你們喜歡的話：無意識心理過程假說的必要性——的一個不可動搖的證據。

但這一切還不是全部。藉助於布洛伊爾獨自做出的第二個發現（在我看來，它比第一個發現更為重要〔第十七講〕），我們能從精神官能症症狀與無意識的關係中學習到更多的東西。不僅症狀的意義通常是無意識的；而且症狀的意義是無意識的這一事實，與其存在的可能性之間也存在著一種不可分離的關係。你們很快就會理解這一點的。我贊成布洛伊爾的這一主張：每當遇到一種症狀時，我們都可推知，患者心中存在著某種特定的無意識過程，症狀的意義便蘊含於其中。但是這一意義也必須是無意識的，症狀才會發生。症狀從來不從意識過程中產生，一旦有關的無意識過程變為意識的，症狀便會消失了。由此你們可以立即發現一種治療的方法，一種消除症狀的途徑。事實上，布洛伊爾就是用此方法使歇斯底里症患者恢復健康——也就是說，使患者不再受到症狀的影響；他發現了一種將患者蘊含症狀意義的無意識過程帶入意識之內的技術，這種技術一旦奏效，患者的症狀也就消失了。

布洛伊爾的這一發現並非推論的結果，而是必須透過患者的合作才能做出的一種幸運的觀察。[12]為了理解這一發現，你們犯不著煞費苦心地將它與你們已知的某些知識連繫起來，而應當認識到這一發現包含著一個新的、根本的事實，藉助於這一事實，許多其他的東西均可得到說明。因此，請允許我用另一種方式來重述這一發現。

症狀的形成是用來替代其他某個沒有發生的事情。在正常的情況下，某些特殊心理過程本應該發展到意識接受到了有關它們的訊息時才告終結。然而，這種情況並未發生，相反地，這些過程由於受到阻止，不得不停留在無意識之內，症狀便出現了。因此，此處發生了一種帶有交換性質的事件，倘若這種情況得以倒轉，那麼，精神官能症症狀的治療就能達到自己的目的。

布洛伊爾的這一發現至今仍是精神分析療法的基礎。當我們把無意識的過程變為意識的過程時，症狀就會消失，這一論題早已為後來的研究所證實，儘管在實際運用時仍會遇到種種最不可思議、最難以預料的複雜問題。我們的治療就是透過把無意識的東西變為意識的東西來進行的，只有實現了這一轉變，我們的治療才會獲得應有的效果。

現在我必須簡明扼要地講幾句題外話，要不然，你們會誤以為這種治療工作太容易完成了。從我至今所講的東西來看，精神官能症似乎是某種無知——亦即，對一個人應當知道的心理事件一無所知——的結果。這與蘇格拉底的名言「罪惡建立在無知之上」很相似。對於有分析經驗的醫生來說，要推測某一患者的哪一種心理衝動仍為無意識的，是一件非常容易的事情。因此，他對患者的治療應當沒有多大的困難，他只需把自己的知識告訴患者，以彌補其無知，如此就能幫助患者康復。症狀的無意識意義至少有一部分可以很容易地用這種方法處理，儘管醫生並無法推測到另一部分——即症狀與患者經歷之間的關係；因為醫生本人並不知道這些經

12 標準版註：布洛伊爾對這一事件的描述見於《歇斯底里症研究》中關於安娜的案例史（1895*d*, *S. E.*, 2, pp. 34-35）。

歷，而只有等到患者回憶起這些經歷並告訴了他之後，他才能知道。但即使如此，在一些案例中仍可以找到代替的方法。醫生可以從患者的親戚那裡詢問這些經歷，他們通常都知道究竟是什麼經歷為患者帶來了創傷，有時他們還能講出一些不為患者本人所知的經歷，因為這些經歷均發生於患者的早期生活中。因此，若將這兩種方法合併使用，我們就可望在短時間內、毫不費力地治好患者無知的病源。

事情若果真如此發展就好了！但在這一點上，我們遇到了我們最初沒有預料到的困難。知識並不是一成不變的：存在著各種不同的知識，而它們在心理學上的價值也都不同。莫里哀曾說過：「人各不同。」[13]醫生的知識不同於患者的知識，因此，不能產生相同的效果。假使醫生將自己的知識作為一個訊息傳達給患者，那麼他將得不到任何效果。不，這樣說是不對的，儘管這樣做不會產生消除症狀的效果，但它卻能產生另一種效果——使分析得以開始，而其第一個徵象經常就是患者的否認；此後，患者知道了自己以前不知道的症狀的意義，然而他所了解的仍很有限。於是，我們知道了無知不只一種，為了了解這些無知的差異所在，我們有必要對心理學進行更深入地了解。[14]儘管如此，我們的前述論點，即一旦知道了症狀的意義，症狀便會隨之消失仍然是正確的。我們想要補充的是，這種知識必須以患者內在的改變為基礎，而這種內在的改變又只能透過具有某種特定目標的心理工作去引發。在此，我們會碰到各種問題，把這些問題匯集在一起就變成了症狀建構的**動力學**。

先生們，現在我得問問你們，我告訴你們的東西是否太含糊、太複雜了。我經常收回或修正我所說過的話——引發一系列的思考，然後又放棄它們。這是否會使你們感到困惑呢？倘若真是這樣，我將非常抱歉。但我極不喜歡為了使事情簡單化而犧牲真理。對於我們的研究主題，我總是試圖闡明它們的多面性和複雜性。如果你們願意全盤接受，我當然不會反對。同時我也認為，如果我為你們所講的東西超出了你們目前的運用範圍，那也不會有任何害處。畢竟，我知道每一位聽者或讀者都會在腦海中將自己所聽、所讀的東西整理成適當的形式，精煉它或簡化它，並從中挑選出自己想要保留的東西。從某一點上來說，一個人所聽、所讀的愈多，那麼他所得的也就愈多，這是無庸置疑的。儘管我的演講中做了很多修正與補充，但我仍希望你們已經清楚地掌握了我所講的內容中的主要部分——關於症狀的意義、無意識，以及二者之間的關係。無疑地，你們也已了解了我們今後的努力將朝兩個方向發展：首先，發現人們如何得病，以及他們怎麼會對生活採取一種精神官能性的態度——這是一個臨床的問題；其次，了解疾病的症狀如何從精神官能症的決定因素中發展出來——這仍是一個心理動力學的問題。這兩個問題最終必定交匯於某一點上。

對此，我今天已不想講得更多了。但既然我們還有一點時間，為了使它不至於浪費，我想請你們注意我們的兩個案例分析中的另一個特徵：患者的記憶缺失，即他們的失憶症。這又是一個只能在以後才能得到充分理解的特徵。正如你們在前面已了解到的那樣（第十三講），精神

13 標準版註：《屈打成醫》第一幕，第六景。
14 標準版註：佛洛伊德在本書第二十七講再次談到了這一問題。

分析治療的任務可以表述為下述公式：使所有病態的無意識事物都成為有意識的。而你們或許會驚訝地發現，這個公式還可以轉換為另一個公式：填補患者所有的記憶缺失，消除其失憶症。二者其實是同一回事。因此，我們的意思是說，精神官能症患者的失憶症與其症狀的起源有一種重要的連繫。然而，若考慮我們前面分析的第一個病例，你們就會發現這種失憶症的觀點很難得到證實，患者並沒有忘記其強迫性動作源起的情境，相反地，她對它仍有著鮮明的記憶，而其他被忘記的事物也並未在症狀的產生中發生作用。我們的第二個患者（即那個執行強迫儀式的少女）的情況，儘管不是那麼清楚，但大體上是類似的。她並未真正忘記其早年的行為：她堅持將父母的臥室和自己的臥室之間的門打開，並將母親從父母睡的床上趕走。她對這些事記得非常清楚，儘管回憶過程中顯得猶豫不決和不大情願。我們認為唯一值得注意的是，第一位患者，儘管她曾無數次地執行其強迫性動作，但她從未注意過這與其新婚之夜的體驗有何類似之處，當直接要求她尋找其強迫性動作的動機時，她也未曾想到這件事。那位少女的情況也是如此，此外，她的儀式及儀式的原因還與某個情境有關，而這個情境每晚都會重複發生。15
在這個病例中，既沒有真正的失憶症，也沒有記憶缺失，但是某種可以引起記憶再現或重現的連繫卻被中斷了。

這種記憶的干擾足以產生強迫性精神官能症，至於歇斯底里症則有所不同。歇斯底里症通常以範圍更大的失憶為特徵。在分析個別的歇斯底里症症狀時，一個症狀經常便可以引發一系列的事件印象，而這一系列的印象在被回憶起之前，一直是被患者遺忘的。一方面，這一系列印象可以回溯到患者生命最初的階段，因此，歇斯底里症的失憶可以看成是嬰兒期失憶的直接延續，正是由於嬰兒期的失憶，我們正常人才對自己心理生活的早期階段一無所知。（第十講）另一方面，我們驚訝地發現，即使是患者最近的經歷也有被忘記的可能，而且，那些促使疾病發生或者導致病情加重的誘因，如果不是全部被遺忘，至少也有一部分記不起來了。常常會出現這樣的情況：某些重要的細節從這些新近回憶的整體印象中消失，或被錯誤的記憶所取代。同樣地，某些新近經歷的記憶只在分析行將結束之前才出現——亦即，這些記憶一直被阻止到最後一刻，並在事件的連續性上留下一些顯而易見的缺口。

記憶能力所受到的這類限制，我已說過就是歇斯底里症的特徵，其中某些事態的確也以症狀——歇斯底里發作——的形式出現，而無須在記憶中留下任何痕跡。假如強迫性精神官能症的情況與此有所不同，你們就可以斷定，我們所處理的有關失憶的現象其實是歇斯底里症變化的一個心理特徵，而非精神官能症的一個普遍特點。然而，如果我們考慮到下述情況，這一區別的重要性就會降低了。我們已把兩種東西包含在症狀的「意義」之中：即症狀的「來源」，和症狀的「去向」或「目的」（參見前文）。也就是說，症狀的「意義」包括症狀源自的印象、經歷，以及症狀所欲達成的目的。於是，症狀的「來源」可分解為種種印象，這些印象均來自外界，一度肯定是意識的，可能到了後來才由於遺忘而變成無意識的。但是，症狀的「去向」，即其目的，都是一種內心的過程，這一過程開始時可能是意識的，但也有可能一直都不是意識的，而從一開始就棲居於無意識之中。因此，症狀的「來源」——即症狀所賴以維持的經歷——是

15 標準版註：指其父母睡在一起。

否已被遺忘，像歇斯底里症中所發生的情況一樣，並不是非常重要；它對無意識的依賴是取決於症狀的「去向」，即其目的，而其可能從一開始就是無意識的——這在強迫性精神官能症和歇斯底里症中都是完全相同的。

但不難想像，我們如此強調心理生活的無意識性質，必將遭到人們對精神分析最為刻薄的批評。你們不要為此驚訝，不要認為對我們的拒斥只是由於無意識的難以理解，由於難以獲得作為無意識存在證據的種種經歷。我認為這些拒斥的起源非常地深遠。幾個世紀以來，人類幼稚的自戀被科學之手給予了兩次沉重的打擊。第一次打擊是人們認識到我們的地球不是宇宙的中心，而只是無窮大的宇宙體系中的一個很小的部分。這使我們想起了哥白尼的名字，儘管亞歷山大的學說也包含著類似的觀點。第二個打擊則是生物學研究摧毀了原先認為的，人類在萬物之中的特殊地位，證明了人也是動物界的物種之一，也同樣具有一種無從擺脫的獸性。這一對人類價值的重估已由我們這個時代的達爾文、華萊士及他們的先驅者所完成，不過也同樣遭到了當代人最為激烈的反對。然而，人類的妄自尊大還受到了來自當前心理學研究的第三次、同時也是最為沉重的打擊，這種研究企圖證明自我甚至不是自己居所的主人，而只能知道一點在它的心靈中無意識地進行著的事件的訊息。我們精神分析者不是第一個也不是唯一一個提倡內省的人；但是我們不得不賦予它最有力的表達方式，並用能影響著每一個人的經驗材料來支持這個論點。因此，我們的科學便遭到了人們的普遍反對，這些人甚至無視學術的謙恭和邏輯的嚴謹。[16]不止於此，我們還以另一種方式擾亂了世人的安寧，對於這一點，你們很快就會知道了。

16 標準版註：佛洛伊德在〈精神分析發展過程中的一個困難〉這篇論文中更詳盡地闡述了這一主題（1917*a*, *S. E.*, 17, p. 139 f.）。

第19講

阻抗與潛抑[1]

Resistance and Repression

女士、先生們：

在進一步了解精神官能症之前，我們還需要做一些新的觀察。此處有兩種這樣的觀察，二者均非常值得注意，且令人驚訝。事實上，透過我們去年所做的討論，你們已經準備好理解這兩種觀察。[2]

首先，當我們著手恢復患者的健康，減輕其疾病的症狀時，患者經常表現出激烈而頑強的阻抗，這種阻抗貫穿整個治療。這個事實很奇怪，簡直令人難以置信。此事最好不要告訴患者的親人，他們會把這看成是我們想掩飾治療的漫長或失敗的一個藉口。患者表現出這種阻抗的現象，但他們也

1 標準版註：佛洛伊德在《歇斯底里症研究》中就已說明了他有關潛抑的理論的要點（1895*d*, *S. E.*, 2, p. 268-270）。在〈精神分析運動史〉中，他也對自己的發現做了類似的敘述（1914*d*, *S. E.*, 14, p. 16）。在有關這一主題的後設心理學論文的編者註中，可以找到對佛洛伊德潛抑理論的發展的說明（1915*d*, *S. E.*, 14, p. 143 f.）——這篇文章與〈論無意識〉一文的第四節，包含了佛洛伊德對這一問題的最深刻的思考（1915*e*, *S. E.*, 14, p. 180 f.）。

2 標準版註：關於阻抗的概念在本書第七講中有過介紹。第二種觀察的描述見於本講後半部分。

拒絕承認它是阻抗；倘若我們能使他接受我們的這一觀點，並承認其存在，那就等於我們在治療上取得了一大進步。這一道理只要稍加思考就會明白！患者因其症狀已使自己及親友深感不安，為了消除這些症狀又蒙受了時間、金錢和精神上的巨大損失，而我們卻相信，患者站在疾病的那一邊，反抗試圖幫助他的人。這種話聽起來是多麼不合情理啊！然而事實確實是如此，你們如果指責我們不合情理，那我們只想回答，類似的事情太多了。一個人由於牙痛難忍而去看牙醫，當牙醫拿起鉗子準備處理他的蛀牙時，他仍會試圖阻止他。

患者的阻抗種類繁多，非常微妙，往往難以察覺，其表現方式亦變化多端。醫生必須持懷疑態度並隨時小心提防。

在精神分析治療中，我們仍使用你們在釋夢時就已熟悉了的相同技術。我們先讓患者處於一種安靜的、停止一切思考的自我觀察狀態，然後再要他們按出現的先後順序向我們報告其內心所覺察到的一切情況——情感、思想、記憶等等。同時我們明確地告誡他，不要對這些聯想存著任何選擇或排除的動機，無論這種聯想是太令人厭惡或太輕率而難以說出口，還是該動機太微不足道、太不相干或毫無意義而無說出的必要。我們敦促他只注意那些他意識到的東西，而不要對他發現的東西做任何評論；我們向他保證治療會獲得成功，特別是治療時間的長短都取決於他是否遵守分析的這一基本技術規則。[3]我們已從釋夢的技術中了解到，引起懷疑和反對的聯想，正是那些其中有著使無意識得以揭示的材料的聯想。（第七講）

設置了這一基本技術規則後，我們所遇到的第一件事便是患者將它作為阻抗攻擊的目標。他用盡一切辦法逃脫它的束縛。他一會兒說自己什麼也沒想起來，一會兒又說想到的事情太多，不知從何說起。隨後，我們驚訝地發現，他已對種種批判性反對做出了讓步：他談話時所出現的長時間停頓便是證明。於是，他承認自己確實有某件無法說出口的事情——他不好意思說出口；而他也因此無法遵守他的諾言。有時，他會說想起了某事，但此事與他自己無關，而是與另一個人有關，因此不需要說出來。有時，他又會說此時想起的事情實在太微不足道、太愚蠢且太無意義：這些事絕對不會是我想要讓他想起的事情。患者的報告便在這眾多的花招中進行著，而我們也只能回答：「要講出一切」的意思就是「要講出一切」。

我們很少遇到患者不會試圖將自己想法的某一部分隱藏起來，以防治療過程真正地觸及它們。有一個在我看來相當聰明的男子，就曾用這種方法將一段個人的戀愛經歷隱藏達數星期之久。當要求他說明他破壞這條神聖規則的原因時，他自我辯解說，這段特殊的經歷屬於他個人的私事。分析治療當然不承認患者有這種庇護權。那就相當於我們一方面設法逮捕罪犯，另一方面卻又允許在維也納城設一特區，嚴禁在霍黑·馬克特廣場或聖斯蒂芬教堂抓人，而事實上，

3 標準版註：佛洛伊德在本書第七講已陳述過此規則與釋夢的關係。在《夢的解析》的第二章，他第一次闡述了這一規則（1900*a*, *S. E.*, 4, pp. 100-102）。此後，在為洛溫費爾德的一本書撰寫的文稿中，他也做過闡述，參見佛洛伊德（1904*a*, *S.E.*, 7, p. 251）。「基本規則」這個術語首次運用於〈移情作用的動力學〉這篇技術性論文中（1912*b*, *S. E.*, 12, p. 107）。在這篇文章中，編者的一個腳註提供了其他一些早期的參考文獻。最充分的說明或許見於另一篇技術性論文〈論治療的開始〉（1913*c*, *S. E.*, 12, pp. 134-136）。此後，對此有所涉及的可能還有《自傳研究》第四章開頭處的一段話（1925*d*, *S. E.*, 20, pp. 40-41）；以及在《抑制、症狀與焦慮》的第六章接近末尾處，對遵守這一規則的障礙的更為深層原因有一個有趣的暗喻（1926*d*, *S. E.*, 20, p. 121）。在後面這段文章中，當討論「隔離」的防禦過程在一般有指向的思維中所起的作用時，佛洛伊德特別提到了強迫性精神官能症患者在這一方面所感覺到的困難。

我們又完全確定能在這個庇護區裡找到他。我曾經允許一名在外面的世界有著重要影響力的男子擁有這種例外的權力，因為作為一名官員，在就職宣誓的約束下，他不能將某些事情告訴他人。結果的確令他滿意，但卻令我非常失望，而我決定即使在類似的情況下，我也不會再做這樣的嘗試了。

強迫性精神官能症患者完全了解怎樣運用自己的多心和疑慮，來使我們的技術規則變成幾近無用的東西。[4]焦慮性歇斯底里症患者有時則透過只產生種種牛頭不對馬嘴的聯想，而使這一規則變得荒唐可笑，她們的這些聯想並無助於分析的進行。但我並不打算告訴你們處理這些困難的方式。我只想說，透過我們的決心和堅韌不拔的努力，我們最終成功地使患者從阻抗轉向較能遵守這一基本技術規則——而此時，阻抗又轉向了另一個領域。

阻抗此時是以理智的形式出現的，它藉助種種的論據，利用未受過專門訓練的正常人在精神分析理論中所發現的種種困難和荒謬，而來與我們爭論。我們此時的職責便是從每一位患者口中聽取科學界對我們的一切批評和反對。因此，在我們的耳中，這些所有從外界傳來的吶喊沒有一個聽起來是新奇的，只不過是茶杯裡的風暴。但是患者願意與我們辯論，他急於讓我們指導他、教導他、反駁他，為他介紹一些文獻，好讓他可以得到進一步的了解。他很樂意成為精神分析的擁護者——條件是分析不要牽涉到他個人。然而我們可以把這種好奇心看作是一種阻抗，看作是他對我們這個特殊任務的一種逃避，這當然是我們所不允許的。在強迫性精神官能症的病例中，我們不得不做好遇到某些特殊的阻抗策略的準備。患者通常會允許分析順利進行，以使其疾病的種種問題能逐漸變得明朗。然而，我們最終會對我們的啟發為什麼沒有產生實質性的進展，為什麼沒有減輕症狀而深感疑惑。此時，我們才了解阻抗已經撤退到懷疑這一強迫性精神官能症的特徵上，而從這個位置成功地抵抗了我們的分析。患者彷彿在說：「是的，一切都很不錯，都很有趣，我也很樂意繼續下去。它若當真有效，就會大大減輕我的疾病。但是我並不相信它真的有效，而只要我不相信它，它就對我的疾病沒有任何的影響。」事情可以這樣持續很久，一直到我們最終發現了這個未被說出的阻抗態度本身，而此時就會爆發決定性的爭鬥。[5]

理智的阻抗並不是最糟的，人們常常可以戰勝它。然而，患者也知道如何在分析架構內進行這種阻抗，所以，戰勝這種阻抗就成了一個最困難的技術問題。患者不是回憶而是重複其早年的種種態度和情感衝動，透過所謂的「移情作用」來反抗醫生和治療。[6] 若患者是男性，他通常從他與其父親的關係中選取這種材料，並使醫生成為其父親的替代物。在這種情況下，患者往往會藉助於下述方法來進行阻抗：藉助於爭取人格、思想獨立的努力；藉助於野心，而野心的第一個目標就是力爭與父親平等或超越父親；藉助於不願在自己的生活中再次背上恩情的包袱的態度。所以，我們有時會產生這樣的印象：患者已捨棄了治好疾病的意圖，而試圖將醫

4 標準版註：參見最後一個腳註。

5 標準版註：在本書第十七講曾提到懷疑在強迫性精神官能症中發揮的作用。稍後，在提交給布達佩斯會議的論文中，佛洛伊德又提到了處理這種病例時運用某些特殊技術和方法的必要性（1919*a*, *S. E*, 17, p. 160）。

6 標準版註：本書第二十七講對這種現象進行了詳盡的討論。

生置於錯誤的境地，使醫生認識到自己的無能，徹底地打敗醫生。女性則天生較會利用一種充滿感情且伴有情欲的移情作用，以達到阻抗的目的。她們往往移情於醫生，假使這種依戀達到一定的程度，那麼，她們對於治療直接情境的一切興趣，以及她們在治療開始時所願意承擔的所有責任都會蕩然無存；她們慣有的妒忌，以及在無論受到多麼委婉的拒絕時——這是無可避免的——都會產生的怨恨肯定會破壞她們與醫生的關係，這樣一來，分析就失去了一種強有力的動機力量。

我們不應片面地譴責這種阻抗。它們包含了患者許多最重要的過去經歷的材料，而以如此令人信服的方式重現出來，因此，如果分析師的技術精湛，知道怎樣將這種阻抗轉化為分析的助力，它們就能成為對分析的最好支持。然而，一個明顯的事實是，這些材料起初仍總是作為一種阻抗，而表現出一種對治療不友善的**外觀**。我們還可以說，患者用來反抗治療的就是患者自我的性格特徵和態度。據此，我們發現這些性格特徵的形成與精神官能症的決定因素有關，是在對它的要求的反抗中形成的。而我們還遇到了那些在正常狀況下不會出現，或不會達到相同程度，而可以視為是潛隱的性格特徵。你們切不可形成這樣的印象，以為我們認為這些阻抗的出現是分析治療中一種無法預期的危險；不，我們知道這些阻抗一定會出現的，事實上，只有當我們不能明確地將它們喚起，不能向患者闡明它們時，我們才會感到不滿。的確，我們終於明白，克服這些阻抗正是分析的基本職責[7]，而且只有這些阻抗才能讓我們確定，我們對患者的治療已初見成效。

如果你們進一步考慮到，患者經常利用分析期間所發生的所有偶然事件來干擾分析的進行，利用分析範圍外的每一個能夠分散注意力的事物、利用對分析滿懷敵意的專家的每一種評論、利用任何偶發的身體疾病、利用任何使精神官能症複雜化的情境，甚至利用其病情的改善，來作為他懈怠的理由；如果你們考慮到了所有這一切，你們就差不多了解了這種阻抗的種種形式和方法（雖然仍不很完全），每一個分析都伴隨著這種阻抗。[8]

我之所以如此詳細地說明這一點，是因為我現在必須告訴你們，我們這一有關精神官能症患者對自己症狀的消除的阻抗經驗，已構成了精神官能症的動力學觀點的基礎。起初，布洛伊爾和我所運用的心理治療方法是催眠術，布洛伊爾用來治療他的第一位患者[9]的，就完全是這一方法。那時我也仿效過他，我承認，那時我的工作進行得比較順利，花的時間也較短。但治療效果卻不固定，維持時間也不長；由於這一原因，我最終放棄了催眠術。[10]此時我才明白，只要仍採用催眠術，就不可能了解這些疾病的動力學。[11]因為在這種狀態下，醫生是觀察不到

7 標準版註：這是分析技術的較晚期的發展，例如，佛洛伊德在其紐倫堡會議上的論文中有一段話對此做了說明（1910*d*, *S. E.*, 11, p. 144）。

8 標準版註：整體而言，此處對阻抗所採用的形式的描述，與佛洛伊德在其他地方所做的描述同樣地全面。但是，在他的〈移情作用的動力學〉中，他對移情—阻抗這一特殊情況進行了更詳細地討論（1912*b*）。

9 標準版註：參見第十八講。

10 標準版註：佛洛伊德使用催眠術的確切時期（一八八七～一八九六），可在《歇斯底里症研究》中關於露西．R的案例中找到（1895*d*, *S. E.*, 2, pp. 110-111）。

11 標準版註：佛洛伊德告訴我們，他是在對伊麗莎白．馮．R進行分析時首次認識到阻抗的重要性，那時他正在使用無須催眠的「施壓」技術。見《歇斯底里症研究》（1895*d*, *S. E.*, 2, p. 154）。

患者的阻抗的。催眠雖然逐退了這種阻抗，為分析研究開闢了一片自由的領域，但這種阻抗卻以一種無法攻破的形式鬱積在這一領域的邊界，恰如強迫性精神官能症中懷疑所產生的影響一樣。因此，我可以說，在我捨棄了催眠術的幫助之後，精神分析才算真正的開始。[12]

然而，假若對阻抗的確認是如此地重要，那麼，在假定它的存在時，我們就應該小心謹慎，而非草率行事。或許確實有由於其他原因而使聯想失敗的精神官能症病例，或許對我們的假設的種種駁斥的確值得我們注意，或許我們輕率地就將患者的理智批評視為阻抗而置之不理，這對患者來說是極不公平的。但是，先生們，我們並不是沒有經過慎重考慮就做出這種判斷的。我們有機會觀察所有這些挑剔的患者在阻抗出現之前以及消失之後的情況。因為阻抗在治療期間總是不斷改變其強度的，當我們探討一個新問題時，阻抗總是不斷增強，當我們處理這一問題時，阻抗則變得最為強烈，而當問題處理完畢之後，這一阻抗也就隨之消失了。除非我們犯有技術上的錯誤，否則，我們絕不至於遇到患者所能做出的最強烈的阻抗。因此，我們可以確信，在分析過程中，同一患者總是無數次地忽而放棄自己的批判態度，忽而又開始進行阻抗。假若我們把令患者感到特別痛苦的無意識材料帶入其意識中，那他就會表示強烈的抗議，即使他以前就已了解並接受了許多，但此刻也難免前功盡棄，彷彿那收穫的已被一掃而空。在他竭力進行反抗時，他的表現可能像一個情感遲鈍的人。但在我們成功地幫助他克服了這個新的阻抗後，他又會恢復其洞察力和理解力。由此可見，其批判並非一種獨立的機能，不應受到如此地重視，它只是其情感態度的工具，並受其阻抗的指導。假使有他不喜歡的東西，他可能會表示強烈的反對，但若是合乎他的心意的東西，他就會馬上信以為真。或許我們所有的人也都是如此。一個接受分析的人，他的理智之所以明顯地受情感生活的支配，那是因為在分析時我們使他感受到了強大的壓力。

那麼，我們究竟如何解釋患者奮力反抗其症狀的消除和使其心理過程恢復常態這一事實呢？我們說我們已成功地發現了這種強烈反對患者狀況發生任何改變的力量；它們與過去引起這種狀況的力量必然是相同的。在其症狀形成的過程中，必定發生過某種事件，而我們可以從我們在症狀的**消解**過程中所獲得的經驗，重建這一事件。我們已從布洛伊爾的觀察中知道，症狀的存在有著一個前提：某種心理過程必然沒有被正常地結束——若其正常地結束，它將可進入意識之中。這一症狀就是那時尚未完結的過程的替代物（第十八講）。現在我們知道了那種我們推測的力量究竟在哪裡發生作用。一種激烈的反抗一定曾抵制這一心理過程進入意識之中，而使其仍維持著無意識的狀態。正是因為它是無意識的，它才有力量形成一種症狀。在精神分析治療期間，這一同樣的反抗再度出現，以抵制我們將無意識的東西轉化為意識的東西。這就是我們所覺察到的阻抗。我們建議將這種由阻抗所揭露出來的致病過程稱為**潛抑**。

現在，我們必須對這種潛抑過程形成一個更為確定的觀點。它是症狀形成的先決條件，但是我們並無法找到任何與其相似的心理過程。讓我們以一個衝動，一個力圖轉化為行動的心理

12 標準版註：參見佛洛伊德用極其類似的字句在其〈精神分析運動史〉中所做的說明（1914*d*, *S.E.*, 14, p.16）。在此以前，他並不打算劃出這樣一條明確的分界線（1914*d*, *S.E.*, 14, pp.7-8）。

過程為例。我們知道它可以受到我們稱之為拒絕或譴責的抵制。如果發生這種情況，那麼它所能支配的能量就會減弱，它就會變得軟弱無力，不過仍能留存於記憶之中。這整個的決策過程都是在自我的知識的範圍之內進行的。但倘若我們假定同樣的衝動受到潛抑，結果將會截然不同。在這種情況下，它將保存其能量，但不會留下記憶的痕跡；此外，潛抑過程將在自我未曾注意到的情況下完成。因此，這種比較並沒有讓我們了解潛抑的本質。

我想先為你們講一些理論概念，只有這些概念能賦予潛抑概念更明確的定義。為達到這一目的，最重要的是，我們應該從「無意識的」這一詞的純粹描述性意義前進到這個詞的系統意義。[13]也就是說，我們認為某個心理過程是意識的或無意識的，只不過是該過程的一個屬性，而且並不必然是一個明確的屬性。倘若某個過程一直都是無意識的，那麼它不能進入意識之中或許只是它所經歷的某種變化的一種跡象，而不是變化自身。為了想像出這種變化，讓我們假定，每一種心理過程——我們必須承認存在著一種例外的情況，我們以後會再提及[14]——最初都存在於無意識階段或狀態之中，然後才由此進入意識狀態，恰如一張照片開始時只是一張負片，只有變成正片之後才成為一張照片。然而，並不是每一張負片都必然變成正片；每一種無意識心理過程也不必然都會變為意識的。這種關係最好表示為：某一單個的過程最初屬於無意識系統，後來在某種條件下才進入到意識系統。

對於我們而言，有關這些系統的最粗略的概念其實就是最便利的概念——一種空間概念。因此，我們可以將無意識系統比喻為一個大門廳，在這個大門廳裡，心理衝動彼此推擠，就像許多人在門廳裡彼此推擠一樣。與大門廳毗鄰的是一個較窄小的房間——一間接待室——意識就在這個地方。但是在這兩個房間之間的門口，有一個守門人正在履行自己的職責：他就像一名稽查員，對各種不同的心理衝動加以審查，假若這些心理衝動令他不快，他就不允許它們進入接待室。你們很快就可看出，那位守門人究竟是在門口就將某種特殊的衝動逐回，還是等到衝動進入到接待室之後才將它趕回，並無關緊要。這只是一個他的看守是否嚴密、識別是否敏捷的問題。如果我們繼續考察這個比喻，我們就能進一步擴充我們的術語。另一個房間中的意識並無法看到位於無意識門廳的衝動，因此這些衝動起初一定是無意識的。如果它們擠到了門口，卻被守門人趕回，那麼它們也無法進入意識之中；[15]我們稱之為**被潛抑的**。但是就連那些守門人允許跨越門檻的衝動也並不一定會成為意識的；只有當它們成功地引起了意識的注意時，它們才能成為意識的。因此，我們可以合理地將這第二個房間命名為**前意識系統**。在這種情況下，「成為意識的」可保留其純粹的描述性意義。然而，對於任何特定衝動而言，潛抑的變化在於守門人不允許它從無意識系統進入到前意識系統，而這位守門人就是我們試圖利用分析治療解除潛抑時所遇到的抵抗。

現在，我知道你們可能會說這些概念既粗略又荒謬，不應該在科學說明中出現。我知道它

13 標準版註：參見本書第十四講註十一。下文中所討論的阻抗和潛抑的空間類比，與他在《精神分析五講》的第二講中所使用的比喻非常類似（1910*a*, *S. E.*, 11, pp. 25-27）。

14 標準版註：毫無疑問，這個後來似乎沒有再提到的例外情況，必然是外部知覺。

15 標準版註：「Bewusstseinsunfähig」，這一術語是布洛伊爾提出來的，他以「hoffähig」（有權進入宮廷）為原型建構了此一術語。參見他為《歇斯底里症研究》第五節所撰寫的文稿（1895*d*, *S. E.*, 2, p. 225n）。

們的確很粗略，甚至還知道它們是不正確的，而且假若我沒有弄錯的話，我已經用某個更好的概念來替代了它們。[16]而你們是否仍會認為它是荒誕的，我就不得而知了。它們只是初步的假設，就像安培的人體模型在電流中游泳一樣。[17]只要它們有助於使我們的觀察為他人所了解，我們就不應該蔑視它們。我可以向你們保證，這些粗略的假設，即兩個房間、它們之間的守門人，以及站在第二個房間盡頭作為觀察者的意識，都非常接近真實的情況。而且我很想聽到你們承認，我們的術語如「無意識」、「前意識」和「意識」，遠比其他學者所提出的或正在使用的術語如「下意識」、「並存意識」或「意識內」等，少了許多偏見，而且更容易被證明是合理的。[18]

因此，如果你們警告我，說我為解釋精神官能症症狀所假定的心理機構建置，必須具有普遍的有效性，而且必須能為我們提供理解正常機能的知識，我會認為這是一個更重要的問題。在這一點上，你們當然是對的。我們暫時還不能進一步探索這部分的意義，但是假若我們透過對病態的研究，能夠了解那些被精心掩飾的正常心理事件，那麼，我們對症狀形成的心理學的興趣必將大增。

或許你們也已了解是什麼東西支持我們做出這樣的假設：兩個系統、它們之間的相互關係以及它們與意識的關係。畢竟，無意識和前意識之間的守門人就是**稽查作用**，如我們所發現的，顯夢所採取的形式受到它的支配。（參見第四講）那個誘發夢的形成的日間餘念就是前意識的材料，這些材料在夜間以及睡眠狀態下受到了無意識的和被潛抑的欲求衝動的影響；它們與那些衝動結合在一起，藉助於它們的能量，而有能力去建構隱夢。在無意識系統的支配下，這些材料受到了加工處理（通過凝縮作用和置換作用），其處理方式是正常心理生活——前意識系統——所不了解或只在例外情況下加以運用的。這種運作方式的不同被我們視為是這兩個系統的特徵；而前意識與意識的關係則只被我們視為是表明它是屬於這兩個系統中的哪一個的一種徵象。[19] 夢並非病態的現象，健康的人在睡眠狀態下也會做夢。我們有關心理機構的假設結構可以使我們了解夢和精神官能症症狀的形成，至於正常的心理生活，無疑也可應用這一假設去說明。

關於潛抑，我們要說的也就這麼多。不過它只是症狀形成的一個**先決條件**。我們知道，症狀是被潛抑所逐回的某種東西的替代物。儘管我們已對潛抑有所了解，我們想理解這種替代結構所要走的路仍然很長。就問題的另一方面而言，從我們對潛抑的觀察中還會衍生一些問題：何種心理衝動受到潛抑？透過什麼力量潛抑才得以完成？潛抑出於什麼動機？迄今為止，我們對這些問題僅略有所知。在研究阻抗時，我們了解到阻抗起源於自我的力量，起源於已知的和潛隱的性格特徵；（參見前文）所以，正是這兩種力量造成了潛抑，或至少對潛抑的產生起了某

16 標準版註：不是很清楚佛洛伊德當時所指的是什麼。
17 標準版註：A．M．安培（1775-1836），電磁學的創始人之一。在早期的一次試驗中，他曾利用一個人體模型磁鐵證實了電與磁之間的關係。
18 標準版註：佛洛伊德在《非專業分析者的問題》這一著作的第二章的接近末尾處，對他反對「下意識」這一術語做出了解釋（1926e, *S. E.*, 20, pp. 197-198）。也請參見編者對〈論無意識〉第一節所做的一個腳註（1915e, *S. E.*, 14, p. 170）。
19 標準版註：參見本書第十三講和第十四講結尾處的討論。

種作用。我們目前所知道的僅此而已。

在這一點上，我早些時候向你們提及的第二個觀察（在本次演講的開頭）便能對我們有所幫助了。一般說來，分析可使我們了解精神官能症症狀的意向，對你們來說，這並不是什麼新東西。我已在前述兩個精神官能症案例中向你們闡明了這一點。[20]但是，這兩個案例究竟能說明什麼呢？你們堅持要用兩百個案例——即無數個案例——來進行說明。你們這樣要求是對的，唯一的困難是我無法做到這一點。你們必須再次用你們的經驗或信念來代替這一要求，而這種信念則可用所有精神分析者一致的報告為基礎。

你們應該還記得，在我對其症狀進行了極詳盡研究的兩個病例中，這種分析使我們觸及到了患者最為隱密的性生活。在第一個病例中，我們還十分清楚地認識到了我們正在研究的症狀的意向或目的；在第二個病例中，這種意向或目的可能在某種程度上被我們以後要提及的某種因素所掩蓋（參見本講下文）。而我們所分析的每一其他案例都向我們顯示了我們在這兩個例子中所發現的東西。在每一個例子中，透過分析我們都可以推知患者的性經歷和性欲求；而且在每個例子中，我們必然會觀察到其症狀都是為同一意向服務的，我們發現這種意向就是性欲求的滿足，而這種症狀就是為患者的性滿足服務，它們是患者生活中不能獲得的滿足的替代物。

想一想我們的第一位患者的強迫性動作。這位婦女與丈夫分居，她深深地愛著他，但由於他的缺陷和弱點，她無法和他一起生活，但她又不得不繼續忠於他，她不能讓其他人取代他的位置。她的強迫性症狀正好滿足了她的欲求，她可因此而抬高丈夫，否認並修正他的弱點，尤其是他的性無能。這種症狀就像夢一樣，基本上是一種欲求的滿足。但不同於夢的是，它是一種性欲求的滿足，而夢則並不總是性欲求的滿足。至於我們的第二位患者，你們至少可以知道其儀式的目的在於力圖阻止父母的性交，或阻止他們再生一個孩子。你們可能還猜測到了，實際上她是在竭力想取代其母親的位置。因此，這個症狀的目的也在於試圖排除性滿足的障礙，以滿足患者的性欲求。不久後，我就會講到我前面暗示過的那個對患者的意向或目的起掩蓋作用的因素。

先生們，有關這些陳述的普遍有效性，我想預先說明一下我在之後必須設置的限制條件。因此，我要向你們指出，我所做的有關潛抑、症狀的形成，及意義的陳述均源自三種形式的精神官能症——焦慮性歇斯底里症、轉化性歇斯底里症，以及強迫性精神官能症；因此，它們起初只適用於這三種精神官能症。這三種疾病，我們通常將它們統稱為「**移情性精神官能症**」，[21]也由此劃分出精神分析治療可以發揮作用的範圍。精神分析尚未對其他精神官能症進行徹底的研究；而就其中的某一類疾病而言，它之所以受到忽視，正是因為治療不可能對其造成影響。你們不應該忘記精神分析還是一門很年輕的科學，它的研究還需要付出許多精力和時間；更不要忘了，在不久前，還只有一個人單槍匹馬地從事著這種分析。然而，我們現在正試圖從各方面了解這些不屬於移情性精神官能症的其他精神官能症。我希望以後能向你們介紹，為了適應

20 標準版註：參見本書第十七講。
21 標準版註：本書第二十七講有對此術語的解釋。

這些新材料，我們是怎樣擴展我們的假設和研究結果，並向你們闡明，這些進一步的研究非但沒有使精神分析陷入自相矛盾的境地，相反地，還使它獲得了更高的統一性。[22]於是，假若我在此所說的一切可以適用於移情性精神官能症，那麼，請允許我先引入一些新知識，以增加症狀的價值。在一個對生病的決定性原因的比較研究中，其所得到的結果可以表述為下述公式：當現實阻止人們滿足其性欲求，使其受到挫折時，人們便會以某種方式罹病。[23]你們可以看出這兩個結果是如何完美地彼此吻合。只有這樣，症狀才能被視為是對生活中所缺少的種種滿足的取代。

無庸置疑，人們仍然可以對精神官能症症狀是性滿足這一主張提出各種異議。今天，我只提及其中的兩種。當你們對許多精神官能症患者進行分析研究時，你們或許會搖搖頭告訴我，在許多案例中，我的主張都不正確；症狀似乎有某種相反的目的，試圖排除或制止性滿足。我不想爭辯你們的解釋是否正確，精神分析中的種種事實通常比我們想像的要複雜得多。如果它們都很簡單，那麼，或許就不需要精神分析去對它們加以闡釋了。的確，我們的第二位患者就以其對性滿足的敵視表現出這種禁欲特徵的跡象：例如，她將時鐘和手錶移開，就有避免夜間陰蒂勃起這一難以想像的含義；又如她謹防花瓶跌落、摔碎，這表示她想保護自己的童貞。（第十七講）在我所分析的某些其他睡眠儀式的案例中，這種否定的特徵更為明顯，這種儀式可能由各種用來排除性的記憶與誘惑的防禦措施所構成。然而，我們也經常發現，在精神分析中相反之事並不意謂著矛盾。[24]我們可以擴充我們的論點，說症狀要麼是以性滿足為目的，要麼是對性的禁止，而大體說來，歇斯底里症通常以積極的欲求滿足為其主要特徵，而強迫性精神官能症則以消極的禁欲特徵為其要點。倘若症狀能夠為性的滿足及禁止這兩種目的服務，那麼，這種兩面性或兩極性在一部分症狀機制中有著很好的基礎，只是迄今我還沒有提及這種機制。因為就像我們將聽到的那樣，症狀只是一種妥協的產物，起因於兩種相反傾向之間的相互衝突；它們不僅代表著被潛抑的力量，還代表著潛抑的力量，而此二者有著相同的起源。某一方可能表現得更為強烈，但很少出現另一方影響完全不存在的情況。在歇斯底里症中，兩種意向常常融合在同一症狀中。而在強迫性精神官能症裡，這兩個部分通常是分離的；於是這種症狀就成了雙向的（分成了兩部分），並寓於兩種相互抵消的動作之中。[25]

我們無法輕易地駁回第二種異議。假使你們考察一系列的症狀解釋，你們可能會認為在這些解釋裡，替代的性滿足這一概念已被擴張解釋到了極限。你們肯定會強調下述事實：這些症狀並沒有提供真正的滿足，它們通常侷限於重現一種感覺，或表現一個由某種性情結所引發的幻想。此外，你們還會進一步指出這些假定的性滿足常以一種幼稚的和可恥的形式呈現，它要麼近似於一種手淫的行為，要麼使人回想起早在兒童期就已被禁止的種種猥褻下流習慣——這些習慣均已被打破。而且，你們也會因此表示驚訝，無法想像我們竟把殘忍的、令人恐懼的，

22 標準版註：參見本書第二十六講有關自戀的討論。
23 標準版註：更詳細的說明見於本書第二十二講。
24 標準版註：參見本書第十一講有關內容。
25 標準版註：類似的例子及討論可見「鼠人」案例史的第一部分第五節（1909*d*, *S. E.*, 10, pp. 191-192&n）。

或違反自然的欲望滿足說成是性滿足。先生們，在我們對人類的性生活進行徹底地研究並規定「性」一詞的範圍之前，我們不可能在這一點上形成一致的意見。

第20講

人類的性生活[1]

The Sexual Life of Human Beings

女士、先生們：

關於「性」一詞的含義，在人們眼中肯定是一個無可爭議的問題。首要的是，人們認為性的事物是某種不正當、不應該談起的事物。有人告訴我，說一位著名的精神科醫生的學生們曾試圖使老師相信歇斯底里症患者的症狀經常是性事物的表現。為此，他們把他帶到一位女性歇斯底里症患者的床邊，該患者的症狀顯然是在模仿生孩子的過程。但那老師搖搖頭說：「生孩子完全與性無關啊。」完全正確，無論如何，生孩子都不必被視為是一種不正當的事情。

我知道，你們會因我對這麼嚴肅的事情開玩笑而生氣。但它並不完全是玩笑。認真地說，要確定「性」概念究竟包含了什麼內容並非易事。或許唯一恰當的定義應該是「與兩性之間的差別有關的一切事物」。但是你們會認為這太沒特色、

1　標準版註：佛洛伊德關於這一主題的主要著作當然是他的《性學三論》，在接下來二十年的一系列版本中，他對此做了大量的補充和修正。他有關這一主題的其他主要文獻可見《性學三論》的附錄（1905*d*, *S. E.*, 7, pp. 244-245）。本講以及下一講中的材料主要即來自《性學三論》。

太空泛了。如果你們將性行為視為中心點，那麼，你們或許會將這一概念定義為每一件以獲得快樂為目的、與異性肉體有關，特別是與異性性器官有關的事物，其最後的目標便是生殖器的結合和進行性行為。但若這樣定義的話，你們就會真的把「性」事物與「不正當的」事物等同起來，而生孩子也就真的不屬於性事物了。另一方面，你們若將繁殖機能視為性的核心，那麼你們就有可能將許多目的不在於繁殖卻無疑是性的事物，例如手淫，甚至接吻等，排除在性的定義之外。但是，對於下定義時總會遇到的種種困難，我們已有了心理準備，因此，在為「性」概念下定義時，我們應當放棄那種力求完美的念頭。我們可以推測，在「性」概念的形成過程中，也曾出現了西爾伯勒所謂的「重疊性錯誤」。[2]

事實上，一般說來，當我們想到「性」時，我們並不會不了解人們所說的「性」究竟是什麼意思。它兼指兩性之間的區別、快樂的追求、繁殖的機能，以及某些不正當又必須保密的事物的特徵——這一合成的意義已可應付日常生活中所有的實用目的。但對科學來說，這是不夠的。透過審慎的研究（這樣的研究只有透過無私的自律才有可能進行），我們已了解到有些人的「性生活」完全背離於正常人。我們可以說，某些「性倒錯」的人似乎沒有兩性的區別，只有同性成員才能引起他們的性欲求，對他們而言，異性，特別是異性的性器官並不是他們的性對象，在極端的個案中，甚至還可能是一種令人厭惡的對象。當然，這意謂著他們完全放棄了繁殖的機能。我們將這種人稱為同性戀者或性倒錯者。這些人有男有女，他們常常（儘管不是總是）在其他方面無可指責地表現出很高的智力和道德發展水準，只是因為命運的這一偏差才成為受害者。科學家們稱他們為人類的一個特殊種類——即享有與其他兩性同等權利的「第三性別」。我們以後可能有機會對這種主張進行批判性的考察。（參見第十六講）性倒錯者喜歡將自己視為人類的「精英」，但事實並非如此，他們當中至少也有許多低劣的和無用的人，就像其他兩種不同的性別一樣。

不管怎麼說，此類性倒錯者都以與正常人近似的方式去對待其性對象。但是，我們現在遇到了許多變態者，其性活動與一般人感興趣的性活動有著很大的不同。就其性行為的多樣性和古怪程度而言，我們只能將他們比喻作布勞伊格赫爾畫中表現聖安東尼的誘惑的種種怪物，或比作福樓拜筆下出現在他的懺悔者面前的一大隊早已消失的諸神和信徒。[3]如果我們不想因此而混淆，我們就需要對這亂七八糟的一群人進行整理與分類。因此，我們把那些像同性戀者一樣，性**對象**發生改變的人歸入第一類，而把性**目標**發生了根本變化的人歸入第二類。第一類包括那些捨棄生殖器的結合，不管其他器官構造是否適合，或是否會讓人產生嫌惡的感覺，都以對方身體的其他器官或部位來替代生殖器的人（例如他們用嘴或肛門代替陰道）。另一些人雖然仍以生殖器為對象——卻不是因為其性機能，而是因為其他機能，在這些機能中，生殖器由於構造上的原因或位置的鄰近而扮演了一定的角色。我們發現，對這些人而言，排泄功能——

2 標準版註：「überdeckungsfehler」。參見西爾伯勒，（1914, p. 161）。西爾伯勒心中所想的似乎是，當你實際上在看兩個相互重疊，但又互不相同的東西時，你卻誤以為是在看一個東西。

3 標準版註：福樓拜的《聖安東尼的誘惑》，最後版本的第五部分（1874）。

其在兒童教養期間就已被當作不適當的舉動擱置到一邊——仍保持著喚起他們整個性興趣的能力。另一些人則完全不以生殖器為對象，而把身體的其他部位——例如，女性的胸部、腳或毛髮，當作情欲的對象。還有一些人並不認為身體的各個部位有何重要，他們轉而用一件衣服、一隻鞋，或一件內衣褲來滿足一切欲求——戀物癖。最後，還有些人確實也要求完整的性對象，但他們對對象的要求極為明確——多是怪異或可怕的要求，甚至要求其對象必須是沒有抵抗能力的死屍，而以犯罪暴力的方式殺死對方，以滿足其欲望。這種駭人聽聞的事情就不必多說了！

至於第二類性倒錯者，他們把正常人的前戲當作自己性欲求的目標。有些人只想觀看他人、撫摸他人或窺視他人的性行為；有些人則裸露自己本應隱蔽的身體部位，並模糊地期待對方以相應的動作作為回報。還有一些虐待狂，其性的目標就是令對方痛苦和受到折磨，程度從使對方蒙受羞辱到使對方身體受到嚴重傷害不等；與虐待狂相反的是受虐狂，他們唯一的快樂就是承受來自其所愛的對象的各種凌辱和折磨，無論是象徵性的還是真實的。還有一種人，他們將前述好幾種性變態的情況結合、交織於一身。最後，我們應該知道，以上各類又各有兩種形式：一種形式是在現實中尋求其性滿足，另一種形式則是僅通過**想像**來求得滿足，這些人無須真正的對象，而是以其幻想來代替。

無庸置疑，所有這些瘋狂的、古怪的、可怕的事物的確構成了這些人的性活動。不僅他們自己這樣看待它們，知道它們可以相互替代，而且我們也必須承認這些性活動在他們的生活中所起的作用與我們正常的性滿足是相同的；他們為其付出了同樣的，且通常是更大的犧牲，而且我們可以或粗略或詳細地追溯這些變態現象到底在什麼地方基於常態，又在什麼地方與常態相背離。你們亦可再次觀察到性活動的不正當特性，不過該特性的強度在這裡增加到了令人厭惡的地步。

那麼，女士、先生們，對這些與眾不同的性滿足，我們究竟應持何種態度呢？如果我們表示憤慨和反感，並堅信我們自己沒有這些欲望，顯然對問題的解決毫無助益。這並不是我們要尋求的答案，當一切都說過和做過了之後，我們仍面對著一個與其他的現象領域一樣的現象領域。如果藉口說這些現象都是不常見的和古怪的，因而沒有必要加以研究，很容易被駁倒。相反地，我們處理的這些變態現象都是一些很常見和很普遍的現象。然而，倘若人們爭辯說，我們不需要讓這些現象誤導我們對於性生活的觀點，因為它們全都是性本能的變態和偏離，對此我們則需要嚴肅地加以回應。如果我們不能了解性的這些變態形式，不能使它們與正常的性生活獲得理論上的一致性，我們也就無法理解正常的性欲。總之，對這些倒錯如何發生、對它們與正常的性生活的關係，給予理論上較完滿的解釋，仍是我們一項不可迴避的工作。

為此，我們想藉助於一些知識和兩個新的觀察。這些知識是由伊凡・布洛赫（一九〇二～三）所提出。在他看來，那種認為所有這些倒錯都是「退化的徵兆」的觀點是根本錯誤的；事實上，無論哪個時代，從遠古到現代，無論哪個民族，從最原始到最文明的，都存在著這種性目標的偏離，存在著這種與性對象關係的鬆散；而且，這些變態有時也為一般人所容許和認同。我要藉助的兩個觀察則出自精神分析對精神官能症的研究，這兩個觀察必然會對我們有關性倒錯的觀點產生關鍵性的影響。

我曾經說過精神官能症症狀乃是性滿足的替代物（第十九講），我也曾指出，要想透過對症狀的分析來證明這一主張將會遇到許多困難。這是因為我們必須要把那些所謂的倒錯的性需求的滿足也包括在「性滿足」這一範圍之內，因為出乎意料地，我們會經常必須對症狀做出這樣的解釋。同性戀者或性倒錯者常自詡為與眾不同的人，但當我們了解到在每一個精神官能症患者身上都可以發現同性戀衝動，發現許多症狀都表現出這種潛在的倒錯時，這種誇耀賴以立足的基礎就立刻坍塌了。那些自稱為同性戀的人其實只是一些有意識的和顯明的性倒錯者，與潛隱的同性戀的數目相比，這些人的數目實在微不足道。無論如何，我們必須將這種選擇同性為性對象的現象視為日常性生活中的一種變異，我們也越來越認識到應賦予這一現象特別重要的意義。毫無疑問地，這並不會完全消除顯明的同性戀和正常的性態度之間的差別；這些不同仍有其實際上的意義，但其理論價值卻被大幅削弱了。我們甚至已經發現，有一種特殊的疾病，也就是那種不屬於移情性精神官能症的妄想症，通常是源自一種想要抑制極其強烈的同性戀衝動的企圖。[4]你們可能還記得我們的那位患者（第十七講），在其強迫性行為中，她的表現就像一個男人，像她已分居的丈夫；女性精神官能症患者通常以這種方式表現出帶有某男子特徵的症狀。即使我們不把這看成是同性戀，但它與同性戀的前提條件有著密切的關係。

正如你們可能已知道的那樣，歇斯底里性精神官能症能在身體的任何器官系統產生症狀，因而能擾亂身體的所有機能。分析表明，所有試圖用其他器官來替代生殖器的所謂倒錯衝動，都透過這種方式表現自身：因此，這些器官便起著與其所替代的生殖器一樣的作用。事實上，歇斯底里症的症狀已使我們認識到，身體的各器官除了其原有的機能之外，還兼有性（喚起情欲）的機能；如果性的要求太強烈，那麼，身體器官原有的作用便會受到干擾。[5]我們看到，我們所遇見的無數作為歇斯底里症症狀的感覺與神經分布，發生在與性沒有明顯關聯的器官上，都表明它們是倒錯的性衝動的滿足，而這些器官就由此獲得了性的意義。而且，我們也了解到營養器官和排泄器官究竟在多大程度上特別能成為性興奮的工具。在此，我們發現了與性倒錯相同的事物；但只有在性倒錯的案例中，這種情況才是顯而易見和明白無誤的，而在歇斯底里症案例中，我們則不得不透過解釋症狀而走一條迂迴曲折的道路，於是，我們並不將倒錯的性衝動歸諸患者的意識，而是將它們置於無意識中加以探求。

在強迫性精神官能症所出現的諸多症狀中，最重要的就是由過度強烈的性虐待衝動（因此，其性目標是倒錯的）的壓力所引起的那些症狀。與強迫性精神官能症的結構一致，這些症狀確實主要用於防禦那些欲求，或表現滿足與防禦之間的鬥爭。但是滿足並非完全沒有得到任何實現，它透過間接的方法成功地在患者的行為中達到自己的目的，它們常將矛頭指向自己，而使其變成某種自我折磨。這種精神官能症的其他形式，種種強迫性的憂慮，相當於在通往正常性滿足的過程中占有一席之地的動作的過度性欲化——對觀看、碰觸或探索的過度性欲化。在此，我們便可以解釋撫摸恐懼與強迫性洗手的重要性了。出人意料的是，居然有那麼多的強迫行為

4 標準版註：對妄想症這一問題的進一步討論見於本書第二十六講。

5 標準版註：在那篇關於視覺的心因性異常的論文中，佛洛伊德花了更大的篇幅討論這一觀點（1910*i*, *S. E.*, 11, p. 215 f.）。

可以追溯到手淫，它們經常是經過偽裝和修飾的手淫；[6]一個眾所周知的事實是，儘管手淫是一種單調的動作，但其卻伴有最多種形式的性幻想。

要向你們更清楚地說明性倒錯與精神官能症的關係，對我來說並沒有太多困難；但是我認為就我們的目的而言，我所說的已經足夠了。然而，我們必須小心，不要被我所說的症狀的意義所誤導，從而高估了人們倒錯傾向的頻率和強度。正如你們所了解的那樣，正常的性滿足受到挫折亦可導致精神官能症。（第十九講）然而，當這種真正的挫折發生時，這種性需求會轉向不正常的性興奮方式。你們稍後將會了解此種轉向發生的方式。（第二十二講）但無論如何，你們將會認識到，由於這種「並行的」阻擋，倒錯衝動的力量勢必要比正常性滿足在現實中未曾受到妨礙時來得更為強烈。[7]而且，在顯明的性倒錯中也會看到一種類似的影響。在某些案例中，若正常性本能的滿足在暫時性原因或永久性社會法規的作用下遭遇到太大的困難，這種倒錯的衝動就會產生，或變得更加活躍。[8]而在其他案例中，倒錯傾向卻不依賴於這些條件，因此，我們可以說，倒錯傾向是那些特殊個體的正常性生活。

或許，你們此時會覺得我不是在解釋，而是在混淆正常的性欲與倒錯的性欲之間的關係。但你們不要忘了，倘若在現實生活中獲得正常性滿足的難度增大，或受到剝奪，那些原先沒有表現出倒錯傾向的人也會因此而表現出了這一傾向，那麼，我們就必須假定這些人身上有倒錯的傾向；或者，如果你們願意的話，也可以說倒錯肯定以一種潛隱的方式存在於這些人的身上。

這帶領我們來到我曾告訴過你們的第二個新的觀察（參見前文）。[9]精神分析研究本身也必須涉及兒童的性生活，這是因為分析（成人）症狀時所出現的回憶和聯想常可追溯到童年早期，而對兒童的直接觀察可一點一點地證實我們由這些分析推知的事物。[10]於是，我們可以發現，所有這些性倒錯傾向都起源於童年期，兒童不僅具有所有的性倒錯傾向，而且還會相應於他們自己的不成熟度，在不同程度上實現這些性倒錯行為——簡而言之，性倒錯僅僅是一種被分割成不同衝動、被放大的幼兒性欲。

無論如何，你們現在要用一種新的眼光來看待性倒錯，一定要認識到它們與人類性生活的關係：但這一切，卻是以你們對這些不協調的東西深感吃驚和痛苦為代價的！毫無疑問，你們首先會傾向於否認這一切：否認兒童有所謂的性生活、否認我們所觀察到的事實的正確性，否認兒童的行為與後來被譴責為性倒錯的行為之間有連繫的論證。所以，我想先向你們解釋一下你們之所以反對的動機，然後再為你們描述我們所觀察到的事實。從生物學的觀點來看，假設兒童沒有性生活——性興奮、性需求和某種性滿足——而是在十二歲至十四歲之間突然獲得性

6 標準版註：在〈強迫性動作與宗教儀式〉一文中，佛洛伊德詳細地討論了強迫性行為的發展機制（1907*b*, *S.E.*, 9, p. 123 f.）。

7 標準版註：這種透過互相連繫的管道並行流動的類比，在佛洛伊德的《性學三論》的第一篇的第六節有更清楚的解釋（1905*d*, *S.E.*, 7, p. 170）。也請參見本書第二十二講。

8 標準版註：最後這一種觀點在佛洛伊德的論文〈「文明的」性道德與現代精神官能症〉一文，特別是在第二〇〇～二〇一頁中有詳細的討論，（1908*d*, *S.E.*, 9）。

9 標準版註：第一個觀察是性倒錯在精神官能症中所起的作用。下文的內容，在本書第十三講中曾簡短提及。

10 標準版註：這些直接觀察中最早的一個見於「小漢斯」的案例（1909*b*）。

生活，這（與我們觀察到的事實不符）與假設他們出生時並沒有生殖器，到了青春期才長出來，一樣是不可能而荒謬的。真的在青春期覺醒的是生殖機能，它運用現有的生理和心理材料，以達到自己的目的。你們的錯誤在於混淆了性和生殖的概念，在這樣的情況下，你們將阻礙自己理解性欲、性倒錯和精神官能症的道路。然而，這種錯誤是一種帶有偏見的錯誤。更令人奇怪的是，這個錯誤的起因在於你們自己都曾經是兒童，而且在孩提時代你們都曾受到教育的影響。當性本能作為一種生殖衝動爆發時，社會必須承擔起其最重要的教育職責，馴服和限制這種性本能，使其受到與社會的要求一致的個體願望的支配。社會也致力於延緩性本能的充分發展，直到兒童在智力上的成熟達到一定的程度為止，因為可教育性實際上會隨著性本能的完全侵入而消失。否則的話，性本能就會衝垮每一道堤壩，並將人們辛苦建立起來的文明沖刷得一乾二淨。馴服工作並非易事；其成功有時太小，有時卻又太大。人類社會的動機最重要的是經濟方面的動機，因為如果社會的成員不工作，社會就沒有足夠的食物來維持其成員的生活，因此，社會必須限制其成員的數目，使人們的精力從性活動轉向工作。簡而言之，它面對著永恆而原始的生存要求，而其一直持續至今。[11]

以經驗為鑑，教育工作者無疑已經認識到，對新一代的性意志的馴服應及早進行，必須從兒童性生活時期就開始進行教育，而不要等到青春期風暴之後才開始。正是由於這一原因，他們不滿幼兒所有的性活動，並加以禁止；人們確立了一種意念，要讓兒童的生活變為無性的，而隨著時間的推移，人們便真的相信兒童是無性的，就連科學也以之作為自己的信條。從此以後，為了避免與信仰、意向相牴觸，人們便對兒童的性活動（這並不只是低劣的成就）視而不見，或只滿足於在科學中採用不同的觀點了。兒童是天真無邪的，而任何以其他方式來描繪他們的人，都可被指控為是對人類溫柔、神聖感情的無恥褻瀆。

只有兒童不贊同這些常規習俗。他們非常天真地堅持其肉體的權利，不斷地提供證據，證明自己仍必須接受通往純潔的教育淬鍊。令人奇怪的是，那些否認兒童有性生活的人們並不因此放鬆他們在這方面的教育，而且還以最為嚴厲的態度對待兒童的各種性表現——他們將其說成是「幼稚的惡作劇」。從理論上來看，最有趣的是，與兒童沒有性生活這一偏見最為牴觸的時期——即兒童五、六歲的時期——正好是被大多數人遺忘的時期，這一時期只有透過分析研究才能被重新想起，不過它們也有可能在較早時就已形成了夢。（參見第十二講）

現在我要告訴你們一些有關兒童性生活的確鑿無疑的事實。為了方便起見，讓我同時引進「原欲」的概念。恰如「饑餓」一般，「原欲」可被我們用來指謂本能（在這種情況下是性本能，但在饑餓的情況下則為營養本能）藉以表現自己的一種力量。其他概念，如性「興奮」和「滿足」則無須進行解釋。你們自己可以輕易地發現，襁褓中的嬰兒的性活動大多是需要加以解釋的；或許，你們會以此作為反對的原因。這些解釋的獲得有賴於分析考察，追溯症狀的起因。嬰兒的第一次性衝動是依附於其他重要生命機能出現的。正如你們所知道的，嬰兒的主要興趣是攝取營養，當兒童在吮乳之後熟睡時，他們露出一種愉快的滿足神情，這種神情和成年時體驗到

11 標準版註：參見本書第一講。

性滿足之後的神情類似。這當然不足以做出某種推論。但我們可以觀察到，當嬰兒並非真正需要更多食物時，他仍會重複吸吮營養的動作；此時，他並非受饑餓的驅使。我們將此稱為「肉欲的吸吮」，[12]而當他在吸吮時，他會再次帶著愉快的神情入睡，這一事實向我們表明，享樂性吸吮這一動作本身就已為他帶來了滿足。此後不久，如我們所知道的，他會變成如果不吸吮著某個東西就無法入睡。布達佩斯的小兒科醫生林德納（一八七九）首先指出這一動作帶有性的特性。那些負責照顧兒童的人，與那些對這一問題沒有理論觀點的人，對這種吸吮似乎也有著類似的看法。他們深信這一動作的唯一目的是獲得快樂，將它歸類為兒童的「惡作劇」的一種；倘若兒童不主動放棄這一動作，他們就會以讓他痛苦的方式強迫他放棄。於是，我們了解到嬰兒的這一吸吮動作除了獲得快樂之外並別無其他的目的。我們相信兒童最初是在攝取營養時體驗到這種快樂的，但他們很快就學會了將它從所依附的條件中分離出來。我們只能將這種快樂歸屬於嘴和嘴唇等區域的興奮；我們將身體的這些部分稱為「性感帶」，並把從吸吮中所獲得的快樂描述為性的快樂。無庸置疑，我們還得進一步討論這種描述是否恰當、合理。

如果嬰兒能夠說話，他無疑會說吸吮母乳的動作是其生命中最為重要的事情。他這樣說並不離譜，因為在這種單一的動作裡，他可以同時滿足兩種重要生命需求。因此，當我們從精神分析中了解到這一動作終生都保有如此多的心理重要性時，我們並不感到驚訝。吸吮母乳是整個性生活的起點，是後來每一次性滿足的無與倫比的原型，當有所需求時，幻想經常會重現這段回憶。這種吸吮牽涉到使母親的乳房成為性本能的第一個對象，至於這第一個對象對日後每一個對象的選擇有何重要影響，以及它的轉化物和替代物對我們的性生活，甚至是對最不相關的性生活領域，產生了怎麼樣的深遠影響，我還無法向你們解釋。但首先，嬰兒會在其吸吮活動中放棄這一對象，而以自己身體的一部分來取代。他開始吸吮自己的拇指或舌頭。透過這種方式，他使自己不必依賴外界事物也能獲得快感。並且，他還將興奮擴大到身體的第二個區域，以增強這種快感的強度。性感帶在產生快感方面並不是同等的，正如林德納醫生所報告的一樣，幼兒在感覺周圍事物的過程中發現了由其生殖器所提供的特殊的興奮區域，從而找到了從吸吮到手淫的途徑，因此，這是一個極為重要的經驗。

在認識這種肉欲的吸吮的過程中，我們已了解了幼兒性生活的兩個關鍵特點。它依附於重要生理需求的滿足出現，以及其表現出**自體性欲**的行為——亦即，它在幼兒自己的身體上尋找和發現其對象。性生活與營養攝取的明顯關係，在某一程度上，也出現在其與排泄機能的關係中。我們斷定幼兒在大小便時也有快感，不久後，他們會設法做這些動作，期望通過黏膜性感帶的相應興奮，盡可能地獲得最大的快樂。正是在這一點上，他們第一次（與盧·阿德里亞－薩洛米〔一九一六〕敏銳觀察到的現象一樣）遇到了對他們尋求快感抱持著敵視態度的外界抑制力量，並由此窺見了日後的內在與外在衝突。幼兒不得隨意排泄，而需在他人指定的時間裡排泄。為了使他放棄這些快樂的源泉，他被告知與大小便有關的一切都是不體面的，必須祕密地進行。在此，他首次被迫以犧牲快樂來換取社會的尊重。最初，他對其排泄的態度是截然不同的。他對自己的糞便並不感到厭惡，還把它們看作是自己身體的一部分而不願遺棄，並把它們

12 標準版註：德國托兒所在此使用的字眼為「lutschen」或「ludeln」，英文沒有明顯相應的詞彙。

當作最好的「禮物」送給他特別看重的人。甚至在教育的薰陶下放棄了這些傾向後，他仍把糞便視為很好的「禮物」與「金錢」。另一方面，他似乎還把解尿看成是值得驕傲的行為。[13]

我知道你們早就想打斷我的話，並大聲喊道：「真是庸俗不堪！你竟然對我們說，排便是性滿足的來源，而且我們在幼兒期就利用了這一來源！還說什麼糞便也是一種有價值的東西，肛門也是一種生殖器！所有這一切我們都不相信——但我們的確了解了為什麼小兒科醫生及教育工作者會對精神分析及其發現避之唯恐不及了。」不，先生們，你們只不過已忘記了我一直試圖就其與性倒錯的關係，向你們介紹幼兒性生活的事實。你們為什麼沒有注意到，對許多成年人而言，無論是同性戀還是異性戀，肛門在性交過程中的確取代了陰道的作用？為什麼沒注意到還有許多人終生都保留著排便時的快感，並將它視為一件重要的事情？至於兒童對排便的興趣，從觀看別人排便中所獲得的快樂，你們則可讓那些年齡稍大而能將此事告訴你們的兒童自己來證實。當然，你們千萬不能事先恐嚇他們，要不然他們會明白，對於這一問題必須保持緘默。至於其他你們不願相信的事情，我想請你們參考一下精神分析的發現以及對兒童直接觀察的結果；我還得補充一點，對於這一問題，你們得有真正的領悟力，才能不為成見所束縛。假如你們認為幼兒性活動和成人性倒錯之間的關係是一件令人吃驚的事，我也不會妄加抱怨。但事實上這種關係是自明的：如果兒童有某種性生活，那麼它肯定具有倒錯的性質，因為兒童除了一些模糊的暗示之外，並沒有將性欲轉變成生殖機能的能力。另一方面，捨棄生殖機能乃是所有倒錯的共同特徵。事實上，如果某種性活動放棄了生殖目的，而以獲得快樂作為一種獨立於生殖目的之外的目標，那麼，我們會將其描述為一種性倒錯。因此，正如你們將會看到的那樣，性生活發展的突破和轉折點在於它成為從屬於生殖目的的活動。一切未發展到此程度、不願從屬於生殖目的而只以獲得快樂為唯一目的的性活動，均被賦予「倒錯」這一不光彩的名字，從而遭到人們的禁止。

因此，請允許我繼續進行我對幼兒性生活的簡要說明。我已報告的有關兩種器官系統（營養的和排泄的）的說明可能可以在其他器官上得到證實。兒童的性生活的確完全是由許多本能活動所構成，這些活動相互獨立，尋求獲得快感，一部分是從自己的身體上獲得快感，一部分則已從外界對象上獲得快感。在這些器官中，生殖器很快就變得非常突出。有些人不藉助於任何其他生殖器或對象，不間斷地手淫以便獲取來自自身生殖器的快樂，他們從幼兒期手淫開始，持續到青春期必要的手淫[14]，且在青春期之後又持續了一段長度不定的時間。附帶說一句，手淫是一個不易盡述的話題：它是一個需要從許多角度去考察的問題。[15]

雖然我非常希望進一步縮小這個討論的範圍，但我仍必須為你們說明一下兒童的性探索：

13 標準版註：在〈性格與肛門期性欲〉（1908*b*）一文，及某篇與此次演講年代接近的論文〈論本能轉化：以肛門期性欲為例〉（1917*c*）中，佛洛伊德討論了糞便與金錢的關係。在《夢的解析》的一個夢例分析中也顯現了排尿與驕傲之間的連繫（1900*a*, *S. E.*, 5, p. *469*）。

14 標準版註：「Notonanie」字面意義是必要的手淫，也就是說，由環境強加於主體的必要手淫。

15 標準版註：佛洛伊德對這一主題最詳盡的說明見於〈寫給關於手淫的討論〉一文，在該文中，有一個編者提供了進一步的參考文獻（1912*f*, *S. E.*, 12, p. 241 f.）。

它們是幼兒性欲的特徵，對精神官能症的症狀具有重大意義，因此不能被忽略。[16]幼兒對性的探索開始得很早，有時在三歲前就開始了。這種探究與性別差異無關，[17]因為這對兒童來說根本沒有意義，他們（至少是男孩子們）認為男性生殖器為兩性所共有。假如一個男孩後來發現他的妹妹、或一起玩耍的女同伴的陰戶，他開始時會竭力否認其所看到的事物的真實性，因為他無法想像一個跟他一樣的人怎麼會沒有這個重要的器官。後來，他對擺在自己面前的這個事實感到惶恐不安；而且，早些時候他所受到的任何威脅——因為他對自己的小生殖器的興趣過於強烈——此時便有了延遲性的影響。於是，他便受到了「閹割情結」的支配，[18]假若他保持正常，那麼這一情結所採取的形式在其性格的形成中會起很大的作用；假若他生了病，那麼這一情結會在他的精神官能症中扮演重要的角色；倘若他接受分析治療，這個情結又會對其阻抗造成很大的影響。至於小女孩，我們可以說，她們覺得自己處於非常不利的地位，因為她們自己缺少一個大的、看得見的陰莖，她們嫉妒男孩子們擁有此物，而且主要是由於這一原因，她們才產生了一種想成為男人的欲求——這種欲求以後可以在任何精神官能症患者身上重現，如果她們在扮演女性角色的過程中遭遇不幸的話。此外，在其童年時代，女孩的陰蒂所起的作用與男孩的陰莖完全相同：它的特點是特別容易興奮，而且可以從中獲得自體性欲滿足。女孩子成為婦人的過程在很大程度上取決於將這種感受性適時而完全地由陰蒂轉移到陰道口，而在所謂性冷感的婦女身上，陰蒂仍頑固地保留著這種感受性。

確切地說，兒童的性興趣從提出嬰兒來自何處這一問題開始[19]——這一問題構成了斯芬克斯所提出謎題的基礎（希臘神話：斯芬克斯為一獅身女怪，她編了一個謎語來難倒路過的行人，這個謎語是「早晨用四隻腳走路，中午用兩隻腳走路，晚上用三隻腳走路，這是什麼？」）——它多半出於幼兒對新生兒到來的自我恐懼。人們現成的答案是：嬰兒是鸛鳥銜來的；（第十講）然而，即使是很年幼的兒童，他們對這種說法的懷疑程度常常出乎我們的意料之外。受到成人欺騙的感覺使兒童深感孤獨，於是他想獨立尋求解答。然而，兒童無法自行解答這一問題，他那未發育完成的性構造使其認識能力受到了明顯的限制。他起初假定嬰兒來自於那些吃了特殊食物的人們，但不知道只有女人才能生孩子。後來他意識到了這種限制，於是不再把吃視為嬰兒的起源——雖然這一性理論仍保留在童話故事中。當兒童長大一點時，他很快就注意到父親在生孩子中必定起著某些作用，但他仍不能猜到這是一種什麼樣的作用。倘若他碰巧目睹了一次性交行為，他會把它看作是男人企圖制服女人，或看作一場爭鬥，這是對性交的虐待式誤解。因此，假若他發現母親的床上或內衣上有血跡，他會把這看作是父親傷害母親的證據。到了童

16 標準版註：參見〈論兒童的性理論〉（1908*c*）。

17 標準版註：後來，佛洛伊德在論文〈兩性解剖學差異所帶來的心理後果〉的一個腳註中，對這個聲明及下一段開頭的那個相關聲明做了修正（1925*j*, *S. E.*, 19, p. 252 n）。在這篇論文中，他主張性差異的問題先出現，然後才是嬰兒的來源問題，至少在女孩子中是如此。

18 標準版註：本書第八講、第二十三講都曾提及此一情結。有關閹割情結，佛洛伊德最早發表的討論見於「小漢斯」的案例史（1906*b*），雖然他在一篇關於兒童性理論的早期論文中已涉及這一概念（1908*c*, *S. E.*, 9, p. 217）。後來，佛洛伊德詳盡地考察了閹割情結和伊底帕斯情結的關係，特別是在有關〈伊底帕斯情結的消解〉（1924*d*）以及〈兩性解剖學差異所帶來的心理後果〉（1925*j*）的兩篇論文中。

19 標準版註：見前一個腳註。

年後期，他無疑會猜想男人的性器官在製造孩子中扮演著重要的角色，但是對這一器官的機能，他所知道的仍然只有排尿。

一開始，兒童都以為嬰兒一定是從腸子裡生出來的，出生的過程便如排便一般。一直到兒童對肛門的興趣消失，他們才否定這種想法，繼而代之以另一種假定，認為嬰兒的出生處一定在肚臍或兩乳之間的區域。以這樣的方式，兒童在自己的探索過程中逐漸接觸到性的事實；或者，他們會為自己的無知悵然若失，進而不理會這些事實，一直持續到青春期之前，此時他會接受到一些貶抑的、不完全的解釋，這經常會造成創傷性的影響。

先生們，你們肯定聽過這樣的批評：為了證實精神官能症的性起源，證實症狀帶有性的意義，精神分析使得性的概念變得過於空泛。我現在便想請你們自己判斷一下，精神分析對性的概念的延伸是否恰當、合理。我們的延伸只限於使性的概念足以包含倒錯者與兒童的性生活，換句話說，我們只是使性的概念重新獲得了它應有的範圍。在精神分析理論之外，所謂的「性」只涉及狹義的性生活，其只以生殖為目的，而被描述為正常的性生活。

第21講

原欲的發展與性的組織
The Development of the Libido and the Sexual Organizations

女士、先生們：

我覺得我還沒有使你們清楚地認識到性倒錯對我們的性欲觀點的價值，因此，我想盡可能對我說過的話進行修正和補充。

也許你們認為，我們之所以延伸性的概念——這讓我們受到非常猛烈的批評——完全是由於性倒錯的緣故。但事實並非如此，對幼兒性欲的研究在這一點上發揮的作用更多，且最關鍵的是性倒錯與幼兒性欲之間的一致性。然而，無論幼兒性欲在童年後期的表現多麼明顯，它們發端時的表現似乎充滿著不確定性。任何選擇漠視它們的發展史及分析內容的人，都會否認它們具有性特徵，而只認為它們具有某些未被明確區分的特徵。你們切不可忘記我們現在還缺乏公認的標準去判斷某一過程是否具有性的特性，除非將生殖機能視為一種標準，但這一標準在我們看來又太狹隘，因而必須加以否定。生物學標準，例如威廉．弗利斯（一九〇六）所假定的二十三天和二十八天的週期性仍有很大的爭議；而我們所臆測的性過程的化學特性仍有待發現。另一方面，成人的性倒錯是明顯而確定的，其名稱——這是大家所共知的——就已表明它們肯定具有性的性質。不管它們是否被描述為退化現象或其他現象，絕沒有人敢不將它們歸類為性生活的現象。因此，我們完全有理由主張性欲與生殖並非同一回事，因為所有的性倒錯都明顯地否定了生殖的目的。

在此，我發現了一個很有趣的類似現象。儘管對大多數人來說，「意識的」和「心理的」是同一回事，但我們仍不得不延伸「心理的」概念，並承認某個非「意識的」事物亦為「心理的」事物。同樣地，儘管有些人宣稱「性」和「與生殖有關的」(或者，假如你們喜歡較簡潔的說法便是：「生殖器的」)意義相同，但我們仍不可避免地假設存在著某種「性」事物，其與「生殖器」無關——即與生殖無關。此處的類似性雖然只是形式上的，但並非沒有更深刻的意涵。

但是，倘若性倒錯的存在是這一問題如此關鍵的論據，為什麼這麼久沒有人能完成這一工作、解決這一問題呢？對此，我真的無話可說。我認為這與下述事實有關：這些性倒錯受制於一個非常特殊的禁令，這一禁令甚至影響到理論的形成，並妨礙科學對它們的思考。彷彿人們不只無法忘記它們是令人厭惡的事物，還無法忘記它們也是可怕而危險的事物——彷彿人們覺得它們充滿著誘惑力，而必須從心靈深處去抑制自己對那些享用著它們的人的祕密羨慕。這使人們不由得想起了著名的嘲諷作品《唐懷瑟》中，表達譴責的伯爵的告白：

情愛的冰山就這樣使他忘記了榮譽和責任！
奇怪的是，這些事情怎麼沒發生在
像我們這樣的人身上。[1]

事實上，性倒錯者都是些可憐的人，確切地說，他們不得不為其難以獲得的滿足付出極其昂貴的代價。

儘管性倒錯活動有奇怪的對象和目標，但使其明確帶有性特徵的是下述事實：性倒錯的滿足通常仍以達到高潮和射精結束。當然，只有就成年人而言才是這樣，對於兒童來說，高潮和射精幾乎是不可能的，它們會被一些暗示所取代，而這些暗示也不被認為帶有明確的性特徵。

為了使我們有關性倒錯的觀點趨於完善，我必須補充一些其他的東西。不管性倒錯的名聲多麼狼藉，不管它們與正常的性活動相比有多麼不同，只要透過冷靜的思考，我們就可看出，正常人的性生活中常有這樣或那樣的倒錯特性。就連接吻也可說成是一種倒錯行為，因為它是雙方口腔性感帶的接觸而非雙方生殖器的接觸。然而並沒有人把它當成性倒錯而加以拒斥，相反地，它被允許出現在戲劇表演中，作為性行為的一種暗示。但是，接吻可以很容易地轉變為一種完全的倒錯——這是說，假如它變得如此強烈，以致直接導致射精和高潮，而這並非罕見的事情。我們還知道，對某些人而言，撫摸和注視其對象是性興奮不可或缺的先決條件；另一些人會在高潮時擰捏或啃咬對方；戀人之間，最強烈的興奮並非都是由生殖器所激起，而是由其對象身體的某一其他部位所激起。類似的事情不勝枚舉，若將具有這些特性的人排除在正常人之外，並認為他們是性倒錯者，那是毫無道理的。相反地，我們將越來越清楚地認識到，倒

1 標準版註：內斯特羅，《唐懷瑟》。

錯的本質既不在於性目標的擴展，也不在於生殖器的被取代，甚至也不總是在於對象的變換，而僅僅在於進行這些偏差行為時的排他性，因而擱置了以生殖為目的的性行為。至於那些僅是作為正常性行為的前戲的倒錯行為，它們根本就不是真正的性倒錯。當然，這一事實大大縮小了正常和倒錯性欲之間的鴻溝。我們很容易推知，正常的性欲是由先前就已存在的某些東西演化而成的，在這個過程裡，去除了這些東西的某些無用的特點，並把其餘的特點匯集在一起，以使它們從屬於某種新的目標，即生殖的目標。

在利用我們所熟悉的倒錯現象，以根據更清楚的前提再次研究幼兒性欲之前，我必須先請你們注意它們之間的一個重要的差別。一般說來，倒錯的性欲是非常集中的：其所有的行為都針對一個目標——通常是唯一的目標；某一本能會占據主導地位，它要麼是可以觀察到的唯一本能，要麼是支配其他本能服從於自己的目的。在這方面，倒錯和正常性欲之間除了各自占優勢的本能不同，以及其性目標因此有所不同之外，其他方面都是相同的。人們可以說，它們二者均建立了一個井然有序的王朝，只是握有統治權力的家族不同。幼兒的性欲通常與此不同，它缺乏這種集中和組織，其獨立的本能具有同等的權利，它們各行其是以獲得快樂。當然，這種集中的缺乏和存在，皆符合倒錯和正常性生活都起源於幼兒性欲。順便提一句，也有某些倒錯性欲的案例，它們與幼兒性欲極為類似，其無數的本能各自獨立地完成（更確切地說是「堅持」）自己的目標。類似於此的倒錯現象，與其說是倒錯，還不如說是性生活中的幼稚行為。

做了這些準備之後，接下來我們便可以思考下述這個我們不能迴避的建議了。有人會問我們：「根據你們自己的證據，後來的性生活是由童年期的不明確表現發展而來的，既然它們是不明確的，那你們為什麼要如此固執地將它們說成是性欲呢？你們為什麼不滿足於只描述它們的生理方面，不滿足於只說在吃奶的嬰兒身上，觀察到了諸如肉欲的吸吮或肉欲的排便延宕等活動，並以此向我們表明嬰兒在力求『感官快樂』呢？[2]用這種方法，你們就再也不必假定連最小的嬰兒也有性生活，並因此招致人們的反感了。」——的確，先生們，我並不反對感官快樂，我知道性交的極度快樂也是一種與生殖器有關的感官快樂。但是你們能告訴我這個原來無關緊要的感官快樂是何時獲得這種後來才具有的性特徵嗎？我們對「感官快樂」的認識是否多於對性的認識？你們會回答說，感官快樂獲得性特徵的時間正是在生殖器開始發生作用時，「性」也就是「生殖器的」。你們甚至會駁斥根據性倒錯所提出的反對意見，並向我指出在大多數性倒錯中，即使可以不通過生殖器的結合獲得高潮，但其目標畢竟還是生殖器的高潮。假若你們由於倒錯的存在而否定生殖與性的關係，並賦予生殖器活動適當的地位，那麼，在決定什麼是性的特徵這一點上，你們就會處於強有力的地位。但是，如果真是這樣，我們就不再有什麼分歧了。這只是一個生殖器與其他器官之爭的問題。無數的經驗向你們表明，其他器官可以替代生殖器獲得快感，例如接吻、淫蕩的倒錯行為，或歇斯底里症的症狀等，你們究竟如何處理這

2 標準版註：「Organlust」。這一術語見於〈本能及其演變〉一文中，此處似乎是佛洛伊德第一次使用該術語（1915*c*, *S. E.*, 14, p. 126）。他在《精神分析引論新編》中再次使用了這一術語（1933*a*, *S. E.*, 22, p. 98）。當然，自《性學三論》發表以來，這一概念便已為人們所熟知（1905*d*, *S. E.*, 7, p. 197）。

些經驗呢？在歇斯底里症中，原來屬於生殖器官的刺激信號、感覺和神經衝動，甚至生殖器勃起的過程，經常被移置到身體的其他遙遠的部位——例如，向上移置到頭部和臉部。這樣一來，你們就沒有什麼論據可以作為你們對性特徵的觀點的基礎了，無疑地，你們必須下定決心仿效我的做法，也將「性」這一描述擴展到童年期旨在追求感官快樂的早期活動上。

現在，為了證明我的學說的合理性，我必須請你們考慮其他兩點。你們知道，我們之所以將兒童早期所有尋求快感但又不太明確的活動都稱為「性」活動，是因為在分析過程中，我們處理了很多確切的性材料，然後才從症狀追溯到兒童的這些活動。但是它們本身並不一定因此就是性活動——我同意這一點！但讓我們做個類比。假定有兩種雙子葉植物，例如蘋果樹和豆科植物，我們無法從其種子觀察到它們的發展，但對這兩種植物，我們都可以從已發育成熟的植物回溯其發展過程，直至其最初的帶有雙子葉的芽苗。兩種植物的雙子葉外表都是灰色的，看起來非常類似。那我是否可以假定，它們開始時真的很相似，是到了後來才產生了蘋果樹和豆科植物之間的特殊差異呢？或者，儘管我不能從雙子葉中看出任何差異，但是相信這種差異早已存在於芽苗裡，這從生物學的觀點來看是否更為正確呢？當我們把嬰兒的這種尋求快感的活動稱作「性」活動時，也是基於同樣的道理。在此，我還不能討論是否每一種感官快樂都應被稱為性的快樂，或是否還有一些快樂不能被稱為性的快樂。我對感官快樂及其決定因素所知甚少；鑑於分析的回溯特徵，如果我最後獲得的仍是不確定的因素，我也不會感到意外。

還有一點！即使你們已成功地使我相信最好把襁褓中的嬰兒的活動看成是非性欲的，但整體而言，你們對你們想要主張的論點，也就是兒童的性純潔，所能提供的論據甚少。因為從三歲起，兒童無疑就已有了性生活：大約在此時，生殖器已開始活動，幼兒在這個時期開始手淫，或許還是經常性的，以求得生殖器的滿足。性生活的心理和社會現象也不容忽視；對象的選擇、對特定的人的情感偏愛、對某一性別的偏愛、妒忌等——所有這些現象都已為獨立於、先於精神分析的觀察事實所證實，而且任何審慎觀察這些現象的觀察者也可以證實這些現象的存在。你們會提出異議，說你們從未懷疑過情感的早期覺醒，你們只是懷疑這種情感是否帶有「性」的特性。的確，三歲至八歲的兒童已經學會了隱匿這些情感的性特性。但是如果留心觀察，你們還是會搜集到足夠的證據來證明這種情感帶有「肉欲」的目標；而且，無論你仍缺少什麼證據，都可以透過分析研究輕而易舉地得到充分的補充。這一生命時期的性目標與當時兒童的性探索——我已為你們舉了一些例子——有著密切的關係（第二十講）。某些目標的倒錯特性當然是取決於兒童尚未發育完成的體格，因為他尚未發現性交行為的目的。

從大約六歲至八歲起，我們可以觀察到性的發展呈現出一種停滯和退化的現象，從文化的角度來看，這是極為有利的，這一時期應被稱為潛伏期。這種潛伏期也可以不存在：性活動和性興趣的發展並不一定得有任何的中斷。潛伏期開始之前的大多數經驗及心理衝動現在都成了幼兒失憶症的犧牲品——遺忘（我們已討論過（第七講）），它使我們不能回憶起我們最早時期的經驗。每一次精神分析的任務就是將這一被遺忘的時期帶回到記憶中。我們不能不懷疑，性生活的萌芽——發生在這一時期——為它的被遺忘提供了動機，這種遺忘實際上是一種潛抑的結果。

從三歲起，兒童的性生活就與成人的性生活有許多類似之處了。我們已經知道，它與成人性生活的不同之處在於，因生殖器尚未成熟而缺乏穩定的組織，存在著不可避免的倒錯特點，當然整個傾向也都較為微弱。但從理論的觀點來看，最有趣的性（按我們的說法則是原欲）發展階段存在於更早的時期。這一發展過程發生得如此之快，以致我們不能透過直接觀察掌握住其短暫的情況。只有藉助於精神分析對精神官能症的研究，我們才能了解原欲發展的更早期階段的情況。這些情況雖然只是構想，但可以肯定的是，一旦你們從事了實際的精神分析工作，你們就會發現它們都是必要且有用的構想。你們很快就會獲悉，病態的現象常常能使我們了解那些在正常情況下很容易被忽視的情況。

因此，下面我就可以向你們描述在確立生殖器的首要地位之前，兒童性生活所採取的形式了。生殖器的首要地位在潛伏期之前的最早幼兒期就已有所準備，而從青春期起獲得永久的組織。在這個生活的早期階段，存在著一種可稱為「前生殖器的」鬆散組織。此時，占優勢的不是生殖器的本能，而是虐待欲和肛欲的本能。「男性」和「女性」之間的差別在此還沒有發生作用，而是由「主動的」和「被動的」之間的差別取代了它的位置，這一差別可稱為性的兩極性的先驅，後來便與性的兩極性連結在一起。在這一階段的活動中，看起來像是男性的活動（從生殖器階段的觀點來看），變成一種支配本能的表現，這種支配本能很容易轉變為殘酷行為。帶有被動目標的傾向則依附於這一時期極其重要的肛門性感帶。窺視和求知的本能起著強大的作用，而生殖器在性生活中則只起著排尿器官的作用。這一階段的本能並非沒有對象，但這些對象不必合成為一個單一的對象。這個虐待欲—肛欲的組織是生殖器主導階段的直接先驅。詳細的研究表明了這一組織在後來的定型狀態中究竟有多少被保留下來，而且還探明其本能是用什麼方式被迫在新的生殖器組織中扮演一定的角色。[3]在原欲發展的虐待欲－肛欲階段背後，我們可以瞥到一個更早、更原始的組織階段，在此階段，口腔這個性感帶起著主要作用。你們可以猜得到，肉欲的吸吮這一性活動（第二十講）就屬於這一階段。古埃及人的藝術中的兒童都把手指放在嘴中，包括神聖的賀魯斯（埃及的鷹頭神）也是如此，它們對人性的理解令人敬佩。而到了最近，亞伯拉罕（一九一六）才舉例說明了這個原始的口腔階段在之後的性生活中所留下的種種痕跡。

先生們，我可以猜想剛才這些有關性組織的描述與其說是指引你們，不如說是對你們造成了阻礙，這也許是因為我講得太過詳細的緣故。但是你們一定要有耐心。你們剛才所聽到的東西在日後運用時將會有更大的價值。現在你們應牢記性生活（或者，我們稱之為原欲機能）並不是作為某個現成的東西出現的，甚至也不是按照它自己的樣子進一步發展起來的，而是經過了一系列前後相繼的階段，這些階段互不相同；因此，其發展經過了多次的重複——恰如毛蟲變成蝴蝶的過程一樣。這一發展的轉折點就是使所有本能都從屬於生殖器的首要地位之下，同時使性欲隸屬於生殖機能。在這之前，性生活可稱為不集中的——即不同的本能為求得感官快樂而進行獨立的活動。這種無政府狀態由於發育不全的「前生殖器的」組織的開始——虐待欲－

3 標準版註：後來，佛洛伊德在虐待欲欲－肛欲欲組織與生殖器組織之間插入了一個「陽具」階段。見佛洛伊德（1923*e*）。

肛欲階段，在此之前有最為原始的口欲期——而得到緩解。此外，還有多種我們仍未完全了解的階段，它們引領著某一階段過渡到下一個更高級的階段。我們以後就會知道[4]了解原欲所經過的這一漫長而又頗多變化的發展過程，對我們有關精神官能症的說明而言，將會是多麼地重要。

現在我們繼續討論這一發展的另一層面——即性本能與其對象的關係。更確切地說，我們將對這一發展做概括的考察，以便多留一些時間來詳細研究它的某個相當後期的演變。性本能的某些成分從一開始就有對象，且堅持不變——例如，支配本能（虐待欲）和窺視本能。其他那些與身體的某些特殊性感帶有確定連繫的成分，在起初它們仍依附於非性欲的機能時，有著明確的對象，一旦它們脫離了這些非性欲機能（參見第二十講），就放棄了這一對象。例如，性本能的口欲成分的第一個對象乃是使嬰兒營養需求得以滿足的母親乳房。這種性欲的成分，在（營養）吸吮的同時得到滿足，進而以**肉欲的**吸吮動作使自己獨立出來；它放棄了外界的對象，並以自己身體的某一部位代之。口欲本能於是成為**自體性欲的**，而與肛欲本能及其他一開始就是自體性欲的本能相同。此後的發展簡要說來有兩個目標：（1）放棄自體性欲，再次以外界的對象代替自己的身體；（2）將各種獨立本能的對象統合起來，而以一個單一的對象加以取代。當然，這一目標只有在對象再次是整個身體——類似主體的身體——時才能達到。而且，除非許多自體性欲的本能衝動被當作無用的東西而加以摒棄，否則這一目標是無法完成的。

發現對象的過程相當複雜，迄今為止，我們尚未對這些過程進行全面的論述。為了我們的目的，我想特別強調，在青春期之前的兒童時期，當這一過程在某些方面業已完成時，其所發現的對象幾乎與口欲快感本能的第一個對象完全相同，後者是口欲本能依附於營養本能時發現的。[5]所發現的對象儘管實際上不是母親的乳房，但至少是母親。我們稱母親為第一個愛的對象。因為我們所說的愛著重於性傾向的精神層面，而暫時不管或拋開這種傾向的身體的或「肉欲」的本能要求。當兒童以母親作為自己的愛的對象時，他心理上的潛抑作用已開始運作，這使得他無法察覺自己的性目標的某一部分。這種以母親為愛的對象的選擇稱為「伊底帕斯情結」，在精神分析對精神官能症的解釋中占有重要的地位。精神分析之所以招來這麼多的批評，很可能也與這一點有關。（參見第八講）[6]

歐戰時發生了這樣一個故事。在波蘭境內的某一德軍前線上，有一個篤信精神分析的醫生。他的治療有時會產生出人意料的效果，因而引起同事們的注意。當有人問到他時，他承認他使用的是精神分析的方法，並聲稱他很樂意將自己的知識傳授給同事們。因此，部隊裡的軍官們、他的同事，以及他的上級們每天晚上都聚集在一起聽他講述精神分析這一神祕的學說。起初，一切都進行得很順利，但當他講到伊底帕斯情結時，他的一位上級站起來說，他不相信會有這

4 標準版註：實際上是在下一講。
5 標準版註：本書第二十六講有對此的進一步解釋。
6 標準版註：佛洛伊德第一次發表有關伊底帕斯情結的說明見於《夢的解析》（1900*a*, *S. E.*, 4, pp. 261-266）。儘管他早在一八九七年十月十五日致弗利斯的一封信中就已提到了這一概念（1950*a*, Letter 71）。而「伊底帕斯情結」這一名稱在很久之後才被引入，參見佛洛伊德有關對象選擇的一種特殊類型的論文（1910*h*, *S. E.*, 11, p. 171）。

樣的事情，演講者真是太卑鄙、太可恥了，竟將這樣的事講給他們這些為國家戰鬥並已身為人父的人聽，以後再也不准進行這樣的講演了。這便是這個故事的結局。這位醫生也因此不得不調任到前線的其他地方。在我看來，假如德國的勝利要求科學以這種方式去「組織」，那將是一件非常糟糕的事情，在這種組織之下，德國的科學絕不可能繁榮起來。

現在你們可能非常急於了解這一可怕的伊底帕斯情結的含義。其實，你們從它的名稱就可以了解它的意義。諸位都知道希臘傳說中有關伊底帕斯國王的故事，神諭告訴他，他命中注定要弒父娶母，於是他盡一切可能逃避神諭所預言的命運，當他得知自己仍在不知不覺中犯下了這兩個大罪時，他便以刺瞎雙目來懲罰自己。我希望你們能自己體會索福克勒斯由此故事改編的悲劇的動人效果。這位雅典劇作家的作品中展示了一種方法，即通過長時間巧妙的詢問，以及新證據的不斷發現，使伊底帕斯很久以前的行為逐漸呈現出來。這種探索的過程與精神分析的進程有著某種相似之處。在對話過程中，約卡斯達，即那位不明真相的母親和妻子，反對這種持續的探詢。她指出，許多人都做過與母親性交的夢，但這種夢不值得大驚小怪。我們卻不小看這種夢——特別是許多人都做過的典型的夢；而且確信約卡斯達所提到的那種夢與這一傳說奇特可怕的內容有著密切的連繫。

出乎意料的是，索福克勒斯的悲劇似乎更有理由像那位頭腦簡單的軍醫的演講一樣，遭到觀眾的唾罵，但結果卻沒有。因為從根本上來說，它是一個不道德的作品：它使人們逃脫了道義上的責任，將神描述為罪惡的提倡者，同時還表現了人們的道德衝動在罪惡面前是多麼地軟弱無能。有人可能會輕易地認為作者是想藉這一傳說來表達對神和命運的控訴；在批評和敵視神的歐里庇得斯的作品裡，或許確實能見到這種控訴。但虔誠的索福克勒斯卻絕不可能有這層意思。這個難題被下述這個虔誠的詭辯解決了：即使神助長了罪惡，也必須順從神的意志，這才是最高尚的道德。我不認為這個道德問題是此劇的要點，它並不影響全劇的效果。觀眾並不會因此受到感動，他們的感動是來自這一傳說本身的神祕含義和內容。觀眾的反應就像是藉助於自我分析認識到了自身的伊底帕斯情結，並以神的意志和神諭作為自己無意識的崇高偽裝。他好像被迫回憶起兩個欲求——殺掉父親，取代父親的位置娶母親為妻——而又對這兩個欲求深感驚恐。他理解了劇作家的聲音，這聲音彷彿在對他說：「無論你如何辯駁自己不須為這些罪惡負責，無論你如何聲明自己已做了多少努力來對抗這些罪惡的意圖，這一切都是徒勞無功。你是有罪的，因為你還不能摧毀這些惡念，它們仍存留於你的無意識之中。」這裡面包含著心理學的真理。即使一個人將自己的邪惡衝動潛抑在無意識之內，想對自己說再也不用對它們負任何責任了，他仍然會覺察到這一責任而有罪惡感，儘管他並不知道這種罪惡感的基礎。[7]

毫無疑問，伊底帕斯情結可以被視為是罪惡感的最重要的來源之一，精神官能症患者經常受到它的折磨。此外，在一九一三年出版的一本題為《圖騰與禁忌》的書中，我亦對人類宗教和道德的早期階段進行了研究。我在該書中提出了一種假設，認為人類有史以來的所有罪惡感，

7 標準版註：參見本書第十三講中靠近結尾的一段。

亦即宗教和道德的主要根源，都與伊底帕斯情結有關。對此，我很樂意多說一些，但我想還是就此為止最好。一旦提起了這一話題，往往就會沒完沒了。但眼下我們最應該做的，是回過頭來談談個體心理學。

那麼，兒童在潛伏期之前選擇對象時，若對他們進行直接的觀察，我們可以搜集到哪些有關伊底帕斯情結的東西呢？不難發現，小男孩都想獨占母親，覺得父親的存在令人討厭，如果父親對母親表現出柔情，他會忿恨不平，而當父親外出旅行或不在場時，他便顯得興高采烈。他經常用言語直接表達自己的感情，允諾母親之後要娶她為妻。你們會以為這不足以和伊底帕斯的行為相比擬，但事實卻非如此。這二者從根本上看是同一回事。有時，同一個兒童也很喜歡父親，這種情況常令我們迷惑不解。然而，相反的——或最好說「矛盾的」[8]——情感態度在成年人身上可能引起衝突，在兒童身上則可以長時期並行不悖，恰如這些情感後來永遠共存於無意識中一樣。你們可能又要提出異議，認為小男孩的行為源於自我的動機，沒有理由假定它們來自於性欲情結：兒童的母親關心他的一切需求，所以他想阻止母親去照顧他人。事實也的確如此；但在這種情境裡，也像在其他類似的情境裡一樣，自我興趣[9]僅僅為相關的性欲傾向提供一個支撐點。小男孩可能毫不掩飾地表現出對母親的性好奇，他可能堅持晚上睡在母親身邊，或可能堅持要看母親更衣，甚至企圖引誘她，就像其母親經常注意到並引為笑談的那樣——所有這一切無疑都表明了他與母親之間的關係具有性欲的性質。我們不要忘記，母親對小女孩的照顧與對男孩的照顧是相同的，卻沒有產生同樣的結果[10]；父親也常常和母親一樣無微不至地照料男孩，卻得不到小男孩同等的重視。總而言之，任何批評都不能取消情境中的這種性偏愛的因素。站在小男孩的自我興趣的角度來看，他若只允許一個人而不是兩個人照料他，那真是太愚蠢了。

如你們所見，我只描述了男孩與其父母的關係。就小女孩而言，情形也是如此，不過要做一些必要的變動：[11]女孩常常在情感上依戀父親，想除掉母親以代替她的位置，並時常仿效成年女性的樣子撒嬌——這會讓我們覺得可愛，特別是在聰明的小女孩身上，但這卻使我們忘記了隱藏在這一幼兒情境背後可能發生的嚴重後果。我們必須補充，父母自己對孩子的偏愛往往遵循著性別吸引的原則，這對喚起孩子的伊底帕斯態度產生了決定性的影響。在幾個孩子當中，父親常明顯偏愛小女兒，母親則往往溺愛兒子。但是就連這個因素也不可能嚴重動搖兒童伊底帕斯情結的自發性質。

當又有了新的孩子時，伊底帕斯情結乃擴大為一種家庭情結。由於自我的利益受到了損害，於是兒童對新弟弟或新妹妹的到來產生一種厭惡感，並希望除掉他們。大體說來，與那些由

8 標準版註：參見本書第二十六講相關部分。
9 標準版註：這一術語在本書第二十六講中出現多次，編輯在該講中對此做了評論。
10 標準版註：然而，請參見下一個腳註。
11 標準版註：直到許多年之後，佛洛伊德才充分意識到兩性的伊底帕斯關係缺乏對稱性。這一點見於他的〈兩性解剖學差異所帶來的心理後果〉一文（*1925j*）。他在後來的〈女性性欲〉一文中又做了詳盡的闡述（*1931b*）。《精神分析引論新編》的第三十三講（*1933a*），以及他死後出版的《精神分析綱要》的第七章（*1940a*），也再次討論了這一問題。

父母情結所引起的情感相比，兒童更容易用言語來表達這些怨恨的情感。倘若這種欲求得到了滿足，倘若這個不受歡迎的新成員不久後果真死去了，我們從後來的分析中會發現，這種死亡對兒童來說是一種重要的體驗，即使這種體驗不一定非得保留於他的記憶之中。由於弟弟或妹妹的出生而處於次要地位，並第一次與母親幾乎完全隔離的兒童，是不會輕易寬恕母親讓自己喪失這個地位的；此時，在成人身上被稱為痛恨的情感也會萌生於兒童心中，並通常成為一種永久性隔閡的基礎。我們已提到過，兒童的性探索及其所有結果通常隨著這一極為重要的體驗展開。（第二十講）隨著弟妹的長大，該男孩對他們的態度會發生某些非常重要的變化，他可能會將他的妹妹當作愛的對象以取代他那不忠實的母親。假如是幾個哥哥爭奪一個小妹妹，那麼，在育嬰室內便能看到充滿敵意的競爭情境，後者在將來的生活中將發生非常重要的作用。小女孩的情形也是如此，當父親不再像從前那樣在情感上對她感興趣時，小女孩就可能以哥哥來替代父親。當然，她也有可能把小妹妹當作她在幻想中為父親生下的孩子的替代品。

透過對兒童的直接觀察，透過對從童年一直保留下來、未受到分析影響的清晰記憶的研究，你們可發現許多性質上與此類似的事實。你們可由此推知，兒童在兄弟姊妹中的排行順序是決定其後來生活型態的一個非常重要的因素。無論研究哪一個人的生活史，我們都應考慮到這一點。但更重要的是，有鑑於這種訊息隨手可得，再回想起科學對亂倫禁忌的解釋，你們便難免忍俊不住了。（參見第八講）這一方面的發現是無止境的。據說，性傾向會從同一家庭的異性成員身上轉移開來，因為他們從小就生活在一起；或者，由於生物學上有避免同種繁殖的傾向，所以人們在心理上對亂倫有一種天生的恐懼。所有這些解釋都沒有看到的是，如果確實有可靠的自然障礙以抵抗亂倫的誘惑，那麼法律和習俗就沒有必要做出嚴厲禁止的規定了。事實與上述解釋恰好相反。人類的第一個選擇對象往往屬於亂倫範圍，就男性而言，其選擇對象就是母親和姊妹；要阻止這種固執而幼稚的傾向實現，就需嚴厲禁止。在現今仍存在的原始民族及野蠻人中，反對亂倫的禁令比我們的要嚴厲得多。西奧多·賴克（一九一五～一六）最近在他的一本非常優秀的著作中提到野蠻人認為青春期代表著重生，青春期儀式則意謂著將男孩從對母親的亂倫依戀中解放出來，並使他和他的父親重新和好。

神話將告訴你們，人類雖然對亂倫深惡痛絕，但卻毫不猶豫地賦予神這種權利。讀一讀古代史，你們就會發現，與姊妹亂倫的婚姻乃是統治者的神聖義務（如埃及的法老和秘魯印加帝國的國王），而普通人卻不能享受這種特權。

與母親亂倫是伊底帕斯的一大罪行，殺父則是另一罪行。人們可以注意到，這兩種罪行也是圖騰制度——即人類的第一個社會宗教制度——所禁止的兩大罪行。[12]

接著，我們將把視線從對兒童的直接觀察轉向對成人精神官能症患者的分析研究。這種分析對進一步了解伊底帕斯情結有何幫助呢？一言以蔽之，分析進一步證實了該傳說所描繪的一切。它表明，每一個精神官能症患者自身都是伊底帕斯，或說，在對這個情結做出反應時都成

12 標準版註：參見佛洛伊德的《圖騰與禁忌》（1912-1913）。

了哈姆雷特。[13]這兩種說法並沒有什麼不同。當然，分析所說明的伊底帕斯情結誇大和強化了幼兒所有的情結。精神官能症患者已不再戰戰兢兢地暗示對父親的憎恨和希望他死去的欲求，對母親的情感也公開承認其目的就是娶母親為妻。我們真的應該將這種濃厚而又強烈的情感衝動歸於童年期嗎？會不會是因為在分析中無意間摻入了某個新因素而使我們受騙上當了呢？這個新因素是不難發現的。每當有人敘述一件過去的事情時，即便他是歷史學家，我們也必須考慮到他是否在無意間使過去的時期帶有現代或近代的色彩，進而使得他所描繪的過去事件有所偏頗。而對精神官能症而言，甚至連這一因素是否完全是在無意間造成的都仍是個問題。稍後，我們將必須找尋此一現象的原因，並必須對這一「追溯往昔的幻想」做出公正的評判。[14]我們也能輕易地看出，對父親的這種憎恨會因許多來自之後的年代及環境的因素的影響而增強，對母親的性欲也會轉化成兒童所陌生的形式。但是，試圖透過追溯往昔的幻想來解釋整個伊底帕斯情結，並將它歸屬於較晚的年代，將是徒勞無功的。它的幼兒核心及或多或少的附屬物仍然保留著，對兒童的直接觀察可以證實這一點。

由分析伊底帕斯情結所確立的臨床事實，有著最重要的實用意義。我們知道，在青春期，當性本能首次全力以赴地尋求滿足時，那一舊的、熟悉的亂倫對象會被重新拾起，並受到新的原欲灌注[15]。幼兒的對象選擇僅僅是一種軟弱無力的選擇，但它是序曲，為青春期的對象選擇指明了方向。在青春期，各種非常強烈的情感過程開始發揮作用，可能循著伊底帕斯情結的方向前進，也可能反其道而行；然而，由於它們的亂倫前提已變得令人無法忍受，所以這些過程在很大程度上必須停留於意識之外。從此時開始，人類個體就必須致力於掙脫對父母的依附，只有完成了這一重大任務，他才不再是一個孩子，才成為社會群體中的一員。對兒子而言，這一任務在於將原欲欲求從母親身上轉移開來，並將它們用於一個真實的、外界的愛的對象的選擇；假若他仍敵視父親，那麼他就必須設法和父親重新和好；假若他因兒時的反抗反而變得過度順從，那他就必須竭力擺脫來自父親的壓力。這一切，乃是每個人都要面對的任務；出人意料的是，這些任務很少以理想的方式——也就是說，以在心理上和社會上都是正確的方式完成。無論如何，對於精神官能症患者來說，這些問題根本就沒有得到解決：作為兒子，他終生都屈從於父親的權威之下，也無法將其原欲轉移到一個外界的性對象之上。換一個角度來看，女兒也難逃這一命運。在這層意義上，伊底帕斯情結可以被視為是精神官能症的核心。[16]

先生們，你們可以想見，我已省略了許多與伊底帕斯情結有關，而在理論和實用上都十分

13 標準版註：佛洛伊德最早發表的關於《哈姆雷特》（以及關於伊底帕斯）的評論見於《夢的解析》（1900*a*, *S. E.*, 4, pp. 261-266）。

14 標準版註：參見本書第二十三講的後一部分。

15 標準版註：「Besetzt」，即能量的灌注。「Besetzungen」，即精神能量的灌注，這是佛洛伊德理論的基本概念，在佛洛伊德的一篇早期論文的編者附錄中可以找到對這一點的討論（1894*a*, *S. E.*, 3, pp. 63-64）。這一術語在下文中經常出現。

16 標準版註：前幾年，佛洛伊德經常使用這一個句子。在他的「鼠人」的案例史的一個腳註中，這一句子就已出現了（1909*d*, *S. E.*, 10, p. 208n）。

重要的事實。對這一情結的各種變型或可能的倒轉，我也不想涉及了。[17]對於它的較為遙遠的連繫，我只想向你們提示一下，它對文學作品產生了極為重要的影響。奧托・蘭克（一九一二b）在他一本很有價值的著作中指出，各個時期的劇作家們都是以伊底帕斯情結、亂倫情結及它們的各種變型和偽裝作為主要的題材。遠在精神分析出現之前，伊底帕斯情結的兩種罪惡欲求就已被確認為無法禁止的本能生活的真正表現。在法國《百科全書》的編纂者狄德羅的著作中，你可以找到下面這段著名的對話（《拉摩的侄兒》），它曾由歌德等人譯成德文：

> 倘若聽任這個小野蠻人自行其是，讓他保留其所有愚蠢的東西，再將一個三十歲男人的強烈情感加到這個缺乏理智的幼兒身上，那麼，他將會扼死其父親，而與母親同睡。[18]

但還有某些其他東西我可不能略而不談。伊底帕斯的母親兼妻子曾做了一些有關夢的提示，我們應該從中得到某些幫助。你們還記得我們對夢的分析的結果嗎？記不記得構成夢的欲求經常具有倒錯或亂倫的性質？記不記得夢者經常出乎意料地表現出對那些與其關係最為親密的人的敵意？那時，我們未曾解釋這些邪惡衝動的起源，（第九講）現在你們自己也可以做出解釋了。它們是原欲配置和對象能量灌注[19]，它們起源於幼兒早期，早已為意識生活所摒棄，但仍於夜間出現，在某種意義上仍具有一定的活動能力。然而，由於這些倒錯的、亂倫的和殺人的夢境並不是精神官能症患者所特有，而是每一個正常人都曾經歷，因此，我們可以得出結論：正常人在自己的發展道路上均曾經歷倒錯現象和伊底帕斯情結的對象能量灌注，這是一條正常發展的途徑，精神官能症患者所不同的是，在健康人的夢的分析中所發現的現象，在他們身上表現得更為嚴重、更為明顯。而這也就是我為什麼在講解精神官能症症狀之前，先講解有關夢的研究的原因之一。

17 標準版註：在《自我與本我》的第三章有對後面這一點的詳盡論述（1923*b*, *S. E.*, 19, p. 31 f.）。

18 標準版註：佛洛伊德在其〈專家對赫爾斯曼案例的意見〉的腳註中再次引用了這段話（歌德翻譯的德文版本）（1931*d*）。在他死後出版的《精神分析綱要》的第二部分末尾，也引用了這段話（法文）（1940*a*）。

19 標準版註：也就是，集中在對象身上的精神能量灌注。

第22講

關於發展與退化的一些思考——病因學
Some Thoughts on Development and Regression—Aetiology

女士、先生們：

你們已經聽說過，原欲機能在以正常的方式行使生殖機能之前，必須經過一個漫長的發展。現在我想請你們注意這一事實在精神官能症的病因問題上的意義。

我想我們同意普通病理學的理論，假定這種發展過程涉及兩種危險：（1）停滯；（2）退化。換句話說，鑑於生物過程趨於變異的普遍傾向，每一預備階段絕不會都經歷同樣的成功和完全的取代：部分機能將永遠滯留在這些早期階段，而整個發展亦受制於某些發展上的停滯。

讓我們在其他的知識領域尋找一些與這種過程類似的東西。在人類歷史的早期，我們經常看到，當整個民族離開自己的故鄉去尋找一個新的領地時，肯定並非所有的人都能到達新的定居點。除了一些人的傷亡，移民中通常總有一小部分的人會在中途停下、定居下來，而大部分的人則繼續前進。又如，拿與人類相近的高等哺乳動物來說吧，你們知道，在高等哺乳動物中，雄性的性腺原本深置於腹腔之內，但在胚胎的某一特定階段開始了遷移，使它們移置到了骨盆腔頂端的皮膚之下。作為這種遷移的結果，我們發現許多雄性個體的這對器官中仍有一個滯留在骨盆腔內，或是永遠滯留在它們所必須經過的腹股溝管之中，或是這一腹股溝管仍舊敞開著，而它本應在性腺通過之後關閉的。又如，當我還是個年輕的學生時，我曾在馮・布呂克的指導下從事最早的研究工作，那時我關心的是一種很原始的小魚的脊髓背根的起源問題；[1]我發現在這些神經根的神經纖維起源於灰質後角內的大細胞，而在其他脊椎動物身上並非如此。但不久後，我又發現這種神經細胞也出現在灰質之外，而分布於從灰質到背根神經節的整條路徑上。由此，我斷定神經節的這些細胞都是從脊髓沿神經根移動而來的。神經節細胞的演化史也證明了這一點。在這條小魚身上，整條遷移路徑都可由那些滯留下來的細胞呈現出來。[2]

假如你們更仔細地研究這一問題，就能輕易看出上述比較的缺點。因此，我乾脆直截了當地說，就每一種特定的性傾向而言，它的某些部分會停留在發展階段的較早時期，即使其他部分都已達到了它們的最終目標。在此你們會注意到，我們將每一種性傾向描繪為一股潮流，從生命開始起，這股潮流就一直不停地奔流著，但我們在某種程度上人為地將它們分成前後相繼的發展階段。你們完全有理由認為，這些觀點仍需要進一步加以闡明，但這樣做會使我們離題太遠。讓我講得再清楚一些吧，我們假定，某一部分傾向在較早階段的停滯，可以稱為**固著**——一種本能的固著。

這種分成幾個階段的發展還會遇到第二個危險：那些已經向前行進的部分也很容易向後退回到這些早期的發展階段——我們稱之為**退化**。假如某種傾向的機能運作——也就是達到其滿足的目的——在其隨後的或更高級的發展形式中遇到了強大的外部障礙，那麼這種傾向就會向後退，形成這種退化。我們可以假設固著和退化是相互依存的。一個傾向在發展途徑上的固著越強，其機能也就越容易退化到固著之處，以逃避外部的困難——而已向前發展的機能也就因此愈不能抵抗發展過程上的外部障礙。試想一下，一個正在遷徙的民族如果在遷徙過程中有很多人滯留於途中，繼續前進的人要是被擊敗或遇到強敵，就很可能退回到那些中途停留之處。而且，留在中途的人數愈多，他們被擊敗的危險也就愈大。

你們不應忽視固著與退化的關係，對了解精神官能症而言，這一點非常重要。這一關係為你們奠定了更堅實的基礎，以解決精神官能症致病原因的問題——也就是我們接著就會碰到的精神官能症病因學問題。

接下來，讓我們更詳細地談談退化問題。在了解了原欲機能的發展之後，我將為你們講解下述兩種退化：（1）退回到原欲最初灌注的對象，正如我們所知道的，這些對象都有亂倫的性質；（2）整個性組織都退回到更早的階段。這兩種退化均見於移情性精神官能症中（第十五講），並在其機制中發揮了重大作用。第一種退化更是精神官能症患者經常表現出的一種特徵。當我們把另一種精神官能症，即自戀性精神官能症也考慮進來時，關於原欲的退化，我們要講

1 標準版註：七鰓鰻的幼體。

2 標準版註：這是佛洛伊德最早期兩篇論文的研究結果的摘要（1877*a*, 1878*a*）。他本人更早期所做的摘要見於（1897*b*, Nos. II and III, *S. E.*, 3, pp. 228-229）。

的東西將會更多，只是我們暫時不想研究這個主題。[3]這些疾病不僅能使我們得以了解原欲機能的其他發展過程，還向我們呈現了相應於這些過程的新的退化形式。但首先，我覺得我應該警告你們不要將**退化**和**潛抑**混為一談，同時應幫助你們清楚地理解這兩種過程間的關係。[4]正如你們所知（第十四講），潛抑是將某種原本可以成為意識的，即原本屬於前意識系統（Pcs）的心理動作，變成無意識的——將其推回到無意識系統（Ucs）之中——的過程。[5]同樣地，我們還可以說，潛抑是藉助稽查作用將無意識的心理動作阻止於意識閾外，使之不得進入毗鄰的前意識系統的過程。因此，潛抑概念不必涉及到與性的關係：我必須提醒你們特別注意這一點，它是一種純心理的過程。為了更清楚地說明這一過程的特點，我們或許可將它比喻為一種「地形學的」過程。藉此，我們是想強調它與我們假定存在的心理區域有關，或者，我們也可以放棄這一笨拙的假設，而強調它與那個由不同心理系統構成的心理機構的建構有關。

上述比喻使我們首次注意到，迄今為止，我們都是從狹義而非廣義的角度來使用「退化」一詞。假如我們賦予它較廣泛的意義——從較高的發展階段退回到較低的發展階段，那麼，潛抑也可以歸入退化這一概念之中，因為它也可以被視為是某種心理動作在自己的發展過程中退回到較早、較底部階段的現象。然而，就潛抑而言，我們關心的並不是這種倒退運動，因為當一種心理動作被阻滯在較低的無意識階段時，我們也在**動力學**的意義上說這是一種潛抑。事實上，潛抑是一種地形學、動力學的概念，而退化則是一種純描述性的概念。無論如何，我們迄今所談論的與固著有關的退化作用，乃是專指原欲退回到發展的停頓階段的現象——換句話說，它是某種在本質上與潛抑截然不同，且完全獨立於潛抑的東西。我們不能將原欲的退化稱為一種純粹的心理過程，也無法在心理機構中找到與其相應的位置。儘管它的確對心理生活產生了最強烈的影響，但其中最顯著的因素仍是器質因素。

先生們，像這樣的討論肯定使人感到枯燥無味。讓我們轉向臨床的材料以找出它的實際用途，這將讓人留下更深刻的印象。你們知道歇斯底里症和強迫性精神官能症是移情性精神官能症的兩個主要代表。事實上，在歇斯底里症中，原欲通常會退化到最初的亂倫性對象，但並未退化到性組織的早期階段。為了抵消這一退化，歇斯底里症的機制中最重要的便是潛抑作用。如果我敢統合有關此精神官能症我們已知的知識，並給予某種建構，那麼我就可以這樣解釋這一情形。本能已在生殖器主導之下統合起來，然而這種統合的結果卻遇到了與意識連結在一起的前意識系統的阻抗。因此，生殖器組織在無意識中是有效的，但在前意識中卻不能以同樣的方式發生作用；而前意識的這種拒斥造成了一種狀態，其與生殖區占主導地位之前的狀態類似。但仍是一種完全不同的狀態。

在原欲的兩種退化中，那種退回到性組織的早期階段的退化更引人注目。由於這種退化在

3 標準版註：在本書第二十六講有對它們的討論。
4 標準版註：這兩個詞非常相似，這是英語特有的不幸。在德語中，「Regression」和「Verdrängung」並沒有這麼相似。
5 標準版註：「Pcs」和「Ucs」是前意識和無意識心理系統的縮寫，佛洛伊德在《夢的解析》的第七章首次引入（1900*a*, *S. E.*, 5, p. 540 f.）。

歇斯底里症中不存在，也由於我們對精神官能症的整個觀點仍過度地受到歇斯底里症研究的影響，因此，我們對原欲退化的意義的明確認識，遠晚於我們對潛抑的認識。當我們不只考慮歇斯底里症和強迫性精神官能症，還考慮另一種精神官能症，即自戀性精神官能症時，我們就必須準備對我們的觀點進行進一步的擴展與重估。

相反地，就強迫性精神官能症而言，原欲退化到早期的虐待欲—肛欲組織階段是最明顯的事實，而且這種退化還決定了症狀的內容。當這種退化發生時，愛的衝動不得不將自己偽裝成虐待的衝動，強迫意念「我想要殺死你」，當其卸下某些不可或缺的附加成分時，其根本意義僅能是「我想要擁有你的愛」。如果你們進一步考慮這個衝動在對象上也同時發生了退化，因此這種衝動僅指向那些最親近和最親愛的人，那麼你們可以想見，這些強迫意念將會讓患者覺得多麼地恐怖，同時它們又與他的意識知覺多麼地不相容。但是潛抑在這些精神官能症的機制中也起了重要的作用，雖然這種作用在像我們這樣粗略的介紹中很難得到詳細的說明。在缺乏潛抑的情況下，原欲的退化絕對不會引起精神官能症，而僅能導致性倒錯。由此可見，潛抑是精神官能症特有的過程，而且也是它們最重要的特徵。在往後的演講中，我可能會有機會把我們對性倒錯機制的了解告訴你們，那時你們將會看到，事情並不像我們期待的那麼簡單。[6]

先生們，如果你們將我告訴你們的有關原欲的固著與退化的知識，視為精神官能症病因探索的一種準備，那麼，你們將最能接受我剛才所講的一切。到目前為止，我只為你們提供了一條相關的訊息：如果人們的原欲滿足的可能性被剝奪，那麼他們就會罹患精神官能症——就像我所說的，他們由於「挫折」而生病——而且他們的症狀正是其受到挫折的滿足的一種替代物。（參見第十九講）當然，這並不是說原欲滿足的每一挫折都會使人罹患精神官能症，而僅是我們在每一個接受檢視的精神官能症案例中，都可以辨識出挫折因素。因此，（邏輯上而言）這一命題是不可逆的。無庸置疑，你們也會知道這一主張並不是想揭示精神官能症病因的所有奧祕，而只是想突顯一個重要且不可或缺的關鍵因素。

在進一步探討這一命題時，我們是考慮挫折的性質，還是考慮那些受挫折影響的人們的特殊性格呢？畢竟，挫折很少是普遍和絕對的。挫折若要能致病，它無疑必須影響對象所渴望的，而且可能是唯一的滿足方式。一般說來，人們有許多方法忍受原欲滿足的被剝奪，而不至於生病。首先，我們知道人們能夠忍受這種剝奪而不至於受傷害：他們不愉快，他們深受渴望之苦，但他們不會生病。其次，我們必須記住，性本能衝動有著極大的**可塑性**，如果我可以這樣形容的話。在本能衝動中，某種衝動可以替代另一種衝動，某種衝動還可以接管另一種衝動的強度；假使某種衝動的滿足在現實中受到挫折，另一種衝動的滿足常常能夠提供完全的補償。它們相互連繫，恰如裝滿液體的管道，互相連接而形成網絡；[7] 儘管它們都仍屈從於生殖器的主導地位——這是一種很難用單一圖示表現出來的狀態。此外，性欲的本能，與由它們混合而成的性傾向一樣，也有改變對象、以另一個對象來替代的能力——因此，其對象往往換成另一個更容

6 標準版註：正如他在這本書結尾（第二十八講）所說的一樣，這似乎是他沒有機會回過來探討的要點之一。
7 標準版註：參見第二十講註七。

易獲得的對象。這種置換和迅速接受替代物的能力，肯定大大地削減了挫折的致病作用。在這些預防因剝奪而致病的過程中，有一種過程獲得了特殊的文化意義：性傾向放棄其獲取本能的或生殖的快樂的目標，而代之以另一個目標，這個目標在起源上與所放棄的目標有所連繫，但本身已不再是性欲的目標，而必須被描述為社會的目標。我們將此過程稱為「昇華」，因為人們一般認為社會目標比性欲目標（本質上是利己的）崇高。順便指出，昇華只是性傾向隸屬於其他非性的傾向的一種特別途徑。（參見第二十講）稍後，我們必須從另一層面再次討論這一問題。[8]

至此，你們可能會有這樣的印象，有了所有這些忍受剝奪的方法之後，剝奪就變得無關緊要了。但情況並非如此，它們仍保有致病的能力。整體而言，應付剝奪的方法仍是不夠的。人們忍受原欲未能得到滿足的能力非常有限，並不是每一個人都具備原欲的可塑性和自由靈活性。昇華作用只能處理一部分的原欲，更不用說許多人形成昇華的能力十分不足了。這些限制因素中最為重要的顯然是原欲的靈活性，因為它使一個人的滿足取決於極少數的目標和獲得的對象。只要你們還記得，原欲的不完滿發展使它固著於性組織和對象選擇的早期階段，這些原欲固著的範圍很大，數目也很多，但是它們大多無法得到真正的滿足；那麼，你們就會認識到，原欲固著作為第二種有力的因素，與挫折一起共同構成了致病的原因。概言之，原欲固著代表前置的、內在的因素，挫折則代表偶發的、外部的因素。

我想趁此機會告誡你們，不要在沒有必要的爭論上表態。在科學問題上，人們很喜歡選擇一部分的真理，並把它當作全部的真理，然後又由於支持這一部分的真理而拒斥了真理的其他部分。正是在這樣的方式下，許多學派的觀點已從精神分析運動中分裂出去了；有些學派承認自我的本能而否認性本能；另一些學派則重視現實生活的影響，而忽視個體過去生活經驗的重要性[9]，諸如此類。在此，我們遇到了類似的情況，而可以指出某個對比並開始一場爭論。精神官能症究竟是**外因性**還是**內因性**的疾病呢？它們是某種特殊構造的必然結果，還是生活中某些有害的（創傷的）經歷的產物呢？說得更具體些，它們是起源於原欲的固著（及性構造的其他特點），還是起源於挫折的壓力呢？在我看來，這一難題與下面這個問題同樣不合理：嬰兒是父親生的，還是母親生的呢？你們會回答這兩個決定因素都是不可或缺的。而精神官能症的情形儘管與此不完全相同，但也極為類似。就它們的起因而言，精神官能症的案例會形成一個連續的系列，其中，兩個致病因素——性構造和經驗，或你們喜歡的話，就稱它們為原欲的固著和挫折吧——以這樣的方式呈現：一個因素居優勢時，另一個因素便退居次要地位。在這一系列的一端，有一些極端的案例，你們可以肯定地說：這些人由於其原欲的發展與常人不同，所以不論他們經歷了什麼，不論他們生活得如何小心謹慎，他們都必然會罹病。而在這一系列的另一端，則有另一些與此相反的極端案例：只要生活不為他們帶來某種致病情境，他們便不會罹病。對於介乎於二者之間的那些案例而言，性構造中的傾向與其生活中的有害經驗結合在一起，倘若他們沒有這些有害的經驗，那麼，其性構造就不會使他們罹患精神官能症。假如他

8 標準版註：參見下一講的結尾。
9 標準版註：佛洛伊德在其〈精神分析運動史〉的第三節中詳盡地討論了阿德勒和榮格學派（1914*d*）。

們的原欲得到了妥善的處理，那麼，這些有害的經歷也不會對他們產生創傷性的影響。在這一系列中，我或許會認為前置因素較具重要性，但即使是這種看法，也得視你們決定將精神官能症的範圍擴展到多遠而定。

先生們，我建議將這樣一種系列稱為「互補系列」。在此，我想先告訴你們，我們將來還有機會去建構其他類似於此的互補系列。[10]

原欲堅持於特定傾向和對象的固執——可稱為原欲的「堅持性」——是作為一種獨立的因素出現的，且因人而異。其決定因素是什麼，至今仍不為我們所知。但是對於它在精神官能症病因學上的意義，我們當然不會再加以低估了。[11]另一方面，我們也不應高估這種關聯的密切程度。因為在很多情況下，類似的原欲「堅持性」也會出現在正常人身上（不知什麼原因），而且現在已經發現，它是那些在某種意義上與精神官能症患者相反的人，即性倒錯者，的決定因素。甚至在精神分析之前人們就認識到（參見比納〔一八八八〕），在性倒錯者的回憶中常可發現某種兒時的變態本能傾向或對象選擇的印象，其原欲便終生附著於此。要解釋究竟是什麼使得這種印象對原欲有如此強烈的吸引力，通常是不可能的。下面，我將告訴大家一個我親自觀察到的案例。

此人是一位男子，至今，他對女人的生殖器及其他一切誘惑物都已無動於衷，而只會對穿了鞋的某種特定形態的足部產生不可遏制的性興奮。他能回憶起六歲時發生的一件事，這件事對其原欲的固著有著決定性的作用。他坐在即將為他上英語課的家庭女教師身旁的一張凳子上。女教師是一位上了年紀、乾瘦而相貌平平的老處女，她的眼睛是淡藍色的，鼻子塌陷。那一天，她因腳受傷而穿了一隻天鵝絨的拖鞋，並將腳擱在坐墊上。她的腿則很得體地遮掩了起來。此後（在他於青春期偷偷嘗試了正常性行為之後），瘦削的腳——像他那時看見的女教師的腳——就成了他唯一的性對象。如果這種腳還連繫著其他特點，而能使他聯想起那位女英語教師，他就會情不自禁地被吸引。然而，其原欲的這種固著並不足以使他成為神經精神官能症患者，而只會使他成為性倒錯者——我們將這種人稱為戀足癖。[12] 由此可見，儘管原欲過度且不成熟的固著對精神官能症的起因來說是不可或缺的，但是其影響卻遠遠超出了精神官能症的範圍。正如我們已談論過的挫折一樣，這一決定因素對精神官能症的發生來說也不具決定性。

這樣一來，精神官能症的起因問題似乎變得更加複雜了。事實上，精神分析的研究已使我

10 標準版註：這似乎是佛洛伊德首次使用「互補系列」這一術語。這個概念可以追溯到很遠，在關於焦慮性精神官能症的第二篇文章中，它以不同的形式出現，而被描述為一種「病因學上的相等性」；在該文的編者註中可找到有關這一概念的歷史的討論（1895*f*, *S. E.*, 3, p. 121-122）。在本書第二十三講，以及在《精神分析引論新編》（1933*a*），和在《摩西與一神教》（1939*a*）第一部分的第三篇論文中，也出現過這一概念。

11 標準版註：至少早在《性學三論》的第一版中，佛洛伊德就討論過這一有著不同名稱的因素（1905*d*, *S. E.*, 7, p. 242）。在〈與精神分析疾病理論相違背的一例妄想症〉一文的一個編者註中，有關於這一點的許多參考文獻（1915*f*, *S. E.*, 14, p. 272）。

12 標準版註：兩、三年前，佛洛伊德曾在維也納精神分析協會宣讀過一篇有關類似案例的論文——甚至很可能就是同一篇案例。這篇論文尚未出版，但厄尼斯特·瓊斯在其《佛洛伊德傳》的第二卷（1955, pp. 342-343）做了摘要。在佛洛伊德以戀物癖為主題的那篇論文的編者註中，說明了佛洛伊德對戀物癖的許多討論（1927*e*）。

們了解到一個新的因素，我們尚未在病因系列中探討過這一因素，但很容易在因精神官能症發作而失去健康的人身上看出它的存在。我們通常可以在這種人身上發現種種欲求衝動的競爭，或心理衝突——這是我們慣用的說法。人格的一部分支持某些欲求，而另一部分則反對和逃避它們。沒有這種衝突，便沒有精神官能症的存在。這似乎沒什麼特別的，正如你們所知，我們的心理生活永遠擺脫不了這種有待解決的衝突。因此，這種衝突能否成為致病原因，無疑取決於它們能否滿足某些特定條件。我們必須要問，這些條件究竟是什麼？這些致病衝突是什麼心理力量之間的衝突？這種衝突與其他致病因素之間有什麼關係？

對於這些問題，我希望能給你們一些適當的回答，雖然這些回答可能是非常簡略的。這種衝突因挫折而起，由於原欲得不到滿足而被迫尋找其他對象和途徑。它的必要前提是，這些其他的途徑和對象在部分人格中引起了不快，結果被強行禁止，使得新的滿足方法不可能實現。症狀的形成便是以此為出發點而發展。對此，我們將留待之後討論。[13]然而，遭到否定的原欲傾向仍可採取某種迂迴的途徑繼續前進，雖然它不得不以某種扭曲、緩和的方式避開對它的否定。原欲所採取的這種迂迴途徑便是症狀的形成。症狀乃是原欲新的、或替代的滿足，它由於挫折的緣故而變得十分必要。

心理衝突的含義還可適當地用另一種方式闡明：外部的挫折必須輔以內部的挫折才足以致病。當然，在這種情況下，外部和內部的挫折與不同的途徑和對象有關。外部的挫折去除了滿足的一種可能性，內部的挫折則試圖去除另一種可能性，由此，衝突便產生了。因為這種表現方式有某種尚不為人知的內涵，所以我比較喜歡它。它可能暗示內部的障礙在人類發展的史前時期起源自現實的外部障礙。[14]

那麼，致使原欲傾向遭到反對的力量源自何處？致病的另一部分衝突又是什麼？整體而言，這些力量是一些非性欲的本能力量。我們把它們歸入「自我本能」一類。[15] 有關移情性精神官能症的精神分析並不能讓我們找到輕易剖析這種本能的方法，至多讓我們從患者對分析的反抗中獲得某種程度的了解。因此，致病的衝突乃是一種存在於自我本能和性本能之間的衝突。在許多案例中，衝突似乎發生在各種純粹的性傾向之間。但實質上這是同一回事，因為我們可以說，在兩個相互衝突的性傾向中，總有一個是「與自我一致的」，[16] 另一個則是引起自我防禦的。因此，它依然是自我本能與性本能之間的一種衝突。

先生們，當精神分析主張某一心理事件是性本能的產物時，它已遭到人們的強烈反對。人們再三抗議道，在心理生活中除了性本能之外，還有其他的本能和興趣；我們不應該認為「一切」都來自於性，等等。面對這些抗議，我感到由衷地高興，因為從中我發現反對者的觀點與我們一致。精神分析從未忘記還存在著非性欲的本能力量。它明確區分了性本能和自我本能，儘管這種區分尚有種種異議，但它的立意顯然不是主張精神官能症起源於性欲，而是認為精神

13 標準版註：參見下一講。

14 標準版註：參見本書第二十三講。在〈精神官能症發病類型〉（1912*c*）一文中，佛洛伊德討論了挫折作為精神官能症的起因的所有問題。

15 標準版註：〈本能及其演變〉的編者註說明了佛洛伊德對這個術語的運用（1915*c*, *S.E.*, 14, p. 114 f.）。

16 標準版註：「Ichgerecht」，即，與自我一致。

官能症起源於自我和性欲之間的衝突。雖然精神分析探究了性本能在疾病、在日常生活中的作用，但它毫無理由否認自我本能的存在、否認自我本能的重要性。它之所以始於對性本能的關心，理由很簡單，一是因為移情性精神官能症使性本能的研究變得極為容易；二是因為精神分析一向以研究不為他人所重視的問題為自己義不容辭的責任。

精神分析並非不關注人格中的非性欲部分。它明確區分了自我本能和性本能，進而使我們清楚地認識到自我本能經歷了一個重要的發展過程——在這一過程中，自我的發展不僅依賴於原欲，而且還影響著原欲。我們對自我發展的了解仍遠遠不及對原欲發展的理解，這是因為，只有研究了自戀性精神官能症之後[17]，我們才能洞悉自我的結構。不過，我們仍有費倫齊（一九一三）有關自我發展的理論研究可資借鑑，其中至少有兩點能讓我們用來作為研究這一發展的堅實基礎。我們並不相信一個人的原欲興趣從一開始就與其自我保存的興趣對立，相反地，我們認為自我在其發展的每一階段均致力於與性組織的相應階段協調，使自己適應於原欲的發展。在原欲發展的過程中，各階段的持續演進可能有著某種規定的程序，但也並不排除原欲的發展受到自我影響的可能。我們同樣可以期待在原欲與自我的發展階段間找到某種平行、某種對應；事實上，這種對應受到干擾可能就是一個致病因素。於是，一個重要的問題擺在我們面前：假如原欲強烈地固著於發展的某一階段，自我的發展將呈現出怎樣的情形？自我可能會接受這種固著，使得倒錯或幼稚行為得以發生；但也有可能對原欲的這種做法表現出某種不順從的態度，在這樣的情況下，原欲經歷某種**固著**的地方，自我便會經歷某種**潛抑**。

於是，我們找到了精神官能症病因學中的第三個因素，即**衝突的傾向**，這一傾向同時取決於自我與原欲兩方面的發展。如此，我們對精神官能症起因的了解便更趨完滿了：（1）精神官能症最通常的先決條件是挫折；（2）迫使精神官能症朝著特定方向發展的是原欲的固著；（3）精神官能症的產生也與衝突的傾向有關，這一傾向萌生於自我的發展，旨在否認原欲衝動。因此，精神官能症的起因問題並非像你們所想像的那麼神祕而難以理解。然而，事實上我們將會發現我們尚未完成這方面的工作，還有一些新的東西尚待補充，也必須進一步考察那些我們已經了解的東西。

為了向你們說明自我發展對衝突的形成，以及對精神官能症病因的影響，我想舉一個例子。此例儘管完全出自杜撰，但事實上並非毫無可能發生。我稱此例為（借用內斯特羅滑稽劇的劇名[18]）「樓上樓下」。管家住在樓下，富有而受人尊敬的主人住在樓上。假定他們都有孩子，而且主人允許其小女兒與管家的小女兒在一起自由玩耍，不對她們進行任何監視。她們的遊戲很容易就變成「惡作劇的」——亦即，帶有性的特徵；她們分別扮演「父親和母親」，並相互窺視彼此最隱密之處，甚至互相刺激對方的生殖器。管家的女兒雖然只有五、六歲，卻有很多機會觀察與性有關的事情，因而在遊戲中她很有可能扮演勾引男人的女人。此類經歷即使持續的時間不長，仍足以引起兩個小女孩的性衝動。當此類遊戲完全停止之後，這些衝動在隨後的幾年

17 標準版註：在本書第二十六講進行了討論。
18 標準版註：約翰・內斯特羅（1801-1962），其喜劇和滑稽劇在維也納頗負盛名。

裡便表現為手淫行為。雖然她們的經歷相同，但在各自身上導致的結果卻有很大的差異。管家的女兒也許會繼續其手淫行為，直到月經開始為止，她那時會毫無困難地終止手淫行為。幾年之後，她會找到一位愛人，或許會生一個孩子。她會從事某種職業，可能會成為一位受人歡迎的女演員，以一位貴婦人的身分終其一生。她的事業也很可能不太輝煌，但無論如何，她絕不至於因早年的性活動而受到傷害，不至於患上精神官能症。那位主人的女兒的情況就截然不同，還在孩提時，她就認為自己做了某件不正當的事；不久後，或許是在經歷了激烈的掙扎之後，她放棄了手淫的滿足，但心中仍不免有某種苦悶之感。在少女時期，她對人的性交有了一定的了解，故對手淫產生一種難以形容的厭惡感，並寧願自己對此一無所知。此時，她可能會感受到一種新出現的、難以遏制的手淫壓力，但她不敢將此事告訴別人。往後幾年裡，當她應該向男性施展其女性魅力時，精神官能症便突然發作了，這使她無法結婚，且喪失了對生活的希望。若是透過精神分析了解其精神官能症，我們就會發現這個受過良好教育且聰明高尚的女子完全潛抑了自己的性衝動，然而這些衝動仍無意識地附著於她孩提時代與朋友共有的那些微不足道的經驗上。

為什麼兩個小女孩早期擁有相同的經驗，此後的生活卻迥異呢？主要是因為，她們之中有一個人的自我經歷了某種發展，另一個人則沒有。對管家的女兒來說，後來生活中的性活動像童年期一樣，是自然而無害的。對主人的女兒來說，情況則有所不同。她受過良好的教育，內心裡亦接受了教育的影響，於是她的自我便確立了一種理想，認為女性應該保持純潔且清心寡欲，這種理想與性活動並不相容；她所受的理智教育降低了她對必須要扮演的女性角色的興趣。由於她的自我在道德和理智層面得到了較高的發展，因而使她陷入了與其性欲需求的衝突之中。

接下來，我將花一些時間說明自我發展的另一層面，這不僅是因為在我心中還有某些更遠大的目標，另一方面也因為我們曾嚴格地區分了自我本能與性本能，但這種區分並非不證自明的，而接著我們所說明的內容將可為其提供合理的基礎。在判斷這兩種發展過程——自我與原欲的發展過程——時，我們必須強調我們迄今尚未考慮的一個層面。因為從本質上來說，此二者均來自遺傳，均為整個人類遠古漫長發展的縮影。就原欲的發展而言，我敢說，其**種系發生**的起源是顯而易見的。請考慮一下某些動物的生殖器官與嘴有著密切的連繫，某些動物的生殖器官則很難與排泄器官區分開來，還有些動物的生殖器官則與運動器官有關——所有這些你們都能W．波爾希（一九一一～一三）的名著中找到有趣的描述。人們會驚訝地發現，在動物中存在著各種性組織的倒錯現象。然而，就人類而言，這種種系發生的觀點卻非顯而易見，因為對人類而言，本質上屬於遺傳的東西在個體發展中尚須重新獲得，[19]這可能是因為原先引起這種發展的條件現在依然存在，並繼續對每一個體產生影響。我想補充一點，這些條件的作用原先都是富有原創性的，但現在卻只能起著一種喚醒作用。此外，在每一個體中，既定的發展過程亦

19 標準版註：這是仿效歌德《浮士德》中的一首兩行詩，佛洛伊德很喜歡引用它。例如，《圖騰與禁忌》（1912-1913, *S. E.*, 13, p. 158），以及他那本未完成的《精神分析綱要》（1940*a*）結尾處的幾句話。

有可能受到新近外部影響的干擾而發生改變。不過，我們已經了解那種迫使人類不得不經歷這種發展，且至今仍沿著這一方向施加影響的力量，那便是現實所引起的挫折。換一個更正確、更偉大的名稱，便是生命需求的壓力——必要性（Ανάγκη）。作為一位嚴厲的教育者，她教會了我們許多東西，精神官能症就是其嚴厲所帶來的惡果；但任何一種教育都冒著這種風險。順便指出，這種有關生存必要性的理論並不需降低「內在發展傾向」的重要性，假若這種傾向真的存在的話。

值得提及的是，在現實的必要性面前，[20]性本能和自我保存本能的表現方式並不相同。自我保存本能及其有關的一切較易教育，它們很早就學會了遵循必要性的旨意，學會了使自己的發展與現實的教導一致。這是可以理解的，因為它們不能以其他方式獲得自己所需要的對象；如果沒有那些對象，個體就難逃死亡的厄運。性本能則較難教育，因為它們從一開始就不需要對象，它們像寄生蟲一樣依附於其他的身體功能，亦可用自體性欲的方式從自己的身體求得性欲的滿足，因此，它們從一開始就不必受到現實必要性教育的影響。在大多數人身上，這種任性而不受影響的特徵（我們稱之為「非理性的」）在某些方面會持續終生。此外，對年輕人而言，一旦他們出現完整而強烈的性需求時，他們就無法教育了。教育工作者已充分認識到了這一點，並採取了相應的措施；但如果他們接受了精神分析的研究結果，那麼，他們便可能將教育的主要影響轉移到童年的最早時期，即從嬰兒期開始。小東西常在四、五歲時就已發展完成，此後，他只不過漸漸顯露其已有的稟賦而已。

為了全面了解我所指出的這兩組本能之間的差異的意義，我們將不得不回過頭去，介紹一種應被稱為**經濟學**的考量。（第十八講）這會將我們引向精神分析的一個最重要，但不幸也是最難以理解的部分。我們可能會問，我們的心理機構的運作是否有著一個主要的目的？而我們可能會回答（這是第一個近似的答案）：這個目的指向於快樂的獲得。我們的整個心理活動似乎都是趨樂避苦的——自發地受**快樂原則**的調節。[21]有關這一原則，我們最想知道的是什麼樣的條件會引起快樂，什麼樣的條件又會帶來痛苦，然而這種知識正好是我們所缺少的。我們只能大膽地說：快樂**以某種方式**與心理機構中的刺激量的減少、降低或消失有關，而刺激量的增加則會帶來痛苦。對人類所獲得的最強烈的快樂——完成性行為的快樂——所做的考察，已證明這一點是無可置疑的。既然這種快樂的過程與心理興奮或能量的量有關，我們便稱這種考量為經濟學的考量。值得注意的是，在描述心理機構的任務與成就時，我們也可不用這種強調獲得快樂的方式，而代之以另一種更為全面的方式。我們可以說，心理機構有著這樣的目的：控制與處理來自內部和外部而影響到它的刺激量和興奮總和。[22]明顯地，性本能自始至終都趨向於快樂的獲得，它們保持其原有的機能不變。其他本能，即自我本能，起初也具有同樣的目的。但是在必要性的影響下，它們很快學會了用其他原則來取代快樂原則。對它們來說，避免痛苦

20 標準版註：「Reale Not」，即現實所施加的要求。下文內容請參見〈對心理活動的兩個原則的系統論述〉的第三段（1911*b*, *S. E.*, 12, p. 222）。

21 標準版註：見下一個註釋。

22 標準版註：這有時被稱為「恆常原則」。在佛洛伊德有關防禦性精神神經症的第一篇論文的編者附錄中，有對這一原則及與之相關的「快樂原則」的討論（1894*a*, *S. E.*, 3, p. 65）。也請參見第二十八講的相關註釋。

的任務與獲得快樂的任務同樣重要。因此，自我發現它有時不可避免地要捨棄直接的滿足，延緩快樂的獲得，忍受某些不快樂，甚至完全放棄某種快樂的來源。於是，受過教育影響的自我就變成了「理性的」；它不再讓自己屈從於快樂原則的控制，轉而遵循**現實原則**，[23]這一原則從本質上來說也是追尋快樂的獲得，但這種快樂即便在被延緩、被削弱的情況下，也必須考慮到現實是否允許。

從快樂原則到現實原則的轉變乃是自我發展中最重要的進程之一。我們已經知道，一直到了後來，性本能才極不情願地進入這個發展階段；而以後我們將會知道，人類的性欲只滿足與外界現實建立這樣一種鬆散的連繫，將會帶來什麼樣的後果。對於這一問題，我最後還要講一點。如果人的自我也經歷了像原欲一樣的發展過程，那麼，在聽到所謂的「自我的退化」時，你們就不會感到意外了。那時，你們一定會急於知道，自我向其發展的早期階段的退化在精神官能症的發生中究竟有著什麼樣的作用。[24]

23 標準版註：這一術語首先見於〈關於心理活動的兩個原則的系統論述〉，該文的編者註追溯了這一概念的起源（1911*b*, *S.E.*, 12, p. 219）。

24 標準版註：在一八九五年的〈科學心理學計畫〉的第一部分末尾的一個編者註中，有對佛洛伊德的退化觀的發展，以及他對這一術語的不同用法的一些說明（1950*a*, *S.E.*, 1）。

第23講

症狀形成的途徑

The Paths to the Formation of Symptoms

女士、先生們：

在外行人看來，症狀乃疾病的本質，消除了症狀也就意謂著治癒了疾病。而在醫生看來，症狀與疾病有著很大的不同，消除了症狀並不意謂著治癒了疾病。但是症狀消失之後的疾病實際留下的僅剩形成新症狀的能力。因此，我們不妨暫時採取外行人的立場，假定闡明了症狀的意義，也就意謂著了解疾病。

症狀——我們眼下處理的當然是心理的或心因性的症狀和心理的疾病——於患者的整個生活來說是有害的，或至少是無益的。症狀帶來的主要損害在於它們本身所造成的心理消耗，以及反抗它們所必須的進一步的心理消耗。只要症狀大量地形成，這兩種消耗可能導致患者可資利用的心理能量枯竭，進而使他無力承擔生活中所有重要的任務。既然這一結果主要取決於所消耗的能量的量，所以你們很容易看出，「患病」實質上是一個講求實效的概念。但如果你們堅持理論的觀點而忽視這一數量問題，那你們便很可能會說，我們全都有病——也就是說，都有精神官能症——因為症狀形成的先決條件也存在於正常人身上。

我們已經認識到，精神官能症的症狀是某種衝突的結果，而這種衝突起源自原欲滿足的新方式。（第二十二講）兩種相互對抗力量在症狀中再度相遇，並藉由症狀所形成的妥協而相互調和。正因如此，症狀才具有這麼大的抵抗力：它獲得了雙方的支持。我們還了解到，衝突的一方是未滿足的原欲，它在現實中遭遇了挫敗，此時必須尋求其他的滿足途徑。假如現實仍是嚴酷無情的，那麼，儘管原欲樂於用另一對象來取代那個被拒絕的對象，它最終仍不得不選擇退化的途徑，竭力在某種已被遺棄的組織或對象中尋求滿足。原欲於是走上了退化的道路，退回到以前的發展中曾經歷過固著的地方。

倒錯的途徑與精神官能症的途徑迥然不同。如果這些退化作用沒有引起自我的反對，精神官能症就不會產生，原欲將會得到某種真正的滿足，儘管這種滿足已不再是正常的了。但自我不僅支配著意識，而且還控制著運動神經分布，也因此控制了心理欲望的實現。假若它不同意這些退化，衝突便會接踵而至。事實上，只要原欲被阻遏，它便會順應快樂原則的要求，逃向能使其能量灌注得以釋放的地方。在自我面前，原欲必須撤退。向它提供這種逃避之處的，便是在過去的發展中曾出現的那些固著，而其現在又以退化的方式再度進入——面對這些固著，自我過去也曾藉助潛抑來保護自己。透過退化時向被潛抑之處的灌注，原欲得以從自我及其法則前撤回，同時摒棄了過去在自我的影響下所獲得的一切教育。原欲一旦獲得滿足，便很容易控制，但在內外挫折的雙重壓力之下，原欲就變得難以駕馭，並執迷於過去的美好時光；這是原欲本質上難以改變的特徵。它將其能量轉移至某些意念，而形成一種能量的灌注，這些意念隸屬於無意識系統，受到無意識系統中所有可能發生的過程支配，特別是凝縮作用和置換作用。於是，其與夢的建構便有著完全相似的環境條件。在夢的建構中，夢本身在無意識中就已形成了，而且是某個無意識欲求幻想的滿足，它與一部分的意識（前意識）活動形成對立，這種活動執行稽查作用，且在獲得保障的情況下，允許形成顯夢以作為一種妥協。同樣地，無意識中表現原欲的意念[1]也不得不考慮到前意識自我的力量。自我對其曾提出的反對會成為一種「反精神灌注」[2]，而迫使它選擇某種同時亦能表現反對本身的表現方式。於是，症狀便表現為某種受到多重扭曲的無意識原欲欲求滿足的衍生物，表現為某種精心選擇的矛盾，同時具有兩種彼此完全對立的意義。然而，在最後一點上，夢的建構與症狀的形成有所不同。就夢的形成而言，前意識的目的僅在於保持睡眠，阻止任何擾亂睡眠的東西進入意識之中；對無意識的欲求衝動，它絕不會高喊：「不！相反！」由於睡眠狀態本身阻止任何發洩變為現實，較不具危險性，因此它可能採取較為容忍的態度。

於是，你們會看到，由於固著的存在而使衝突下的原欲有可能逃脫。這些固著的退化性灌注巧妙地避開潛抑作用，使原欲在一種我們所觀察到的妥協條件下得到釋放（或滿足）。透過這種迂迴的途徑，即**透過**無意識和過去的固著，原欲最終成功地獲得了真正的滿足——雖然這

1 標準版註：「Vertretung」，即原欲——被視為是軀體的——的心理表現。此概念的進一步討論見於〈本能及其演變〉的編者註，特別是第一一二頁的腳註（1915*c*, *S. E.*, 14, pp. 111-113）。

2 標準版註：即一種在某個意義上與原初本能力量對立的力量，參見〈論無意識〉第四節（1915*e*, *S. E.*, 14, p. 181）。

種滿足極其有限且難以識別。對於這一結論，我想再補充兩點。第一，我想請你們注意，一邊是原欲與無意識，另一邊是自我、意識與現實，雖然它們一開始時沒有什麼關聯，但在此處卻是如此緊密地相互連繫。第二，我想請你們記住，有關這個問題，我所講過的一切以及我接下來要講的東西，僅與歇斯底里精神官能症的症狀形成有關。

那麼，為了要突破潛抑，原欲到哪裡去尋找它所需要的固著呢？在幼兒的性活動和性經歷中，在被捨棄的傾向裡，在童年期就已被放棄的對象裡；因此，原欲所回到的正是這些地方。這一童年期的重要性是雙重的：一方面，在此時期，兒童先天就有的本能傾向首次表現出來；另一方面，他的其他本能首次被外界的印象和偶然的經驗所喚醒和激發。我認為，我們做出的這種區別無疑是合理的。的確，先天傾向的表現不容任何懷疑，但分析的經驗迫使我們假定，童年期純粹偶然的經驗也能引起原欲的固著。在這一點上，我看不出有任何理論上的困難。天賦傾向無疑也是過去祖先經歷的遺產，它們也是從前某個時期習得的。沒有這種習得，便不會有現在的遺傳傾向。倘若我們認為，這種習得的過程——它帶來了現在的遺傳傾向——到了後代就消失了，你們覺得合理嗎？相較於患者祖先的經驗和他自己成熟期的經驗，人們往往喜歡完全忽略幼兒期的經驗，這是不應該的；相反地，童年期的經驗特別應予以重視。正是因為它們發生於個體尚未完全發展的時期，它們才越顯重要，才更容易產生創傷性的後果。羅克斯[3]等人對發展機制所做的研究已經表明，用針刺入一個正在分裂的胚胎的胚層，可使其發展受到嚴重的妨礙。同樣的損傷施於幼體或成年的動物，則不會造成任何傷害。

至此，我們已將成人的原欲固著引進了精神官能症病因學的方程式中，以代表發生精神官能症的體質因素。（第二十二講）現在，為了我們的目的，可再將它分為兩部分：遺傳體質和童年早期所獲得的傾向。正如我們所知，圖表是深受學生喜歡的方法。所以，我將以圖表法來概述這一主張：[4]

精神官能症的起因＝原欲固著所產生的傾向＋偶然的經驗（創傷的）

原欲固著所產生的傾向：
性體質（史前經驗）
幼兒期的經驗

這種遺傳的性體質表現為各種不同的傾向，其取決於某種單獨存在或與其他本能結合在一起的本能的特定遺傳強度。性體質與幼兒期經驗構成了一種「互補系列」，正如成人的傾向與

3 標準版註：威廉．羅克斯（1850-1924），實驗胚胎學的奠基人之一。

4 標準版註：讀者可能會發現，若將這個圖表以系譜圖的形式畫出，將更容易理解：

性體質（史前經驗）＋幼兒期的經驗
｜
原欲固著所產生的傾向＋偶然的經驗（創傷的）
｜
精神官能症

偶發經驗所構成的互補系列一樣。(第二十二講)在這兩個系列中，我們發現了一些同樣極端的案例，也發現了相關兩個因素之間的相同關係。由此，便帶來了一個問題：最顯著的原欲退化——原欲退化到性組織的較早階段——是否可能不由遺傳的體質因素所優先決定？關於這一問題，我們不妨暫緩回答，留待我們更廣泛地考察了精神官能症的形式之後再說。

下面，讓我們仔細考慮一下：分析研究表明，精神官能症患者的原欲被繫於其幼兒期的性經驗上。這意謂著這些經驗在人類的生活和疾病中占有非常重要的地位。就治療工作而言，它們有著同等的重要性。但從另一種觀點來看，我們不難認識到這一點時常有被誤解的危險，使我們錯誤地將自己對生命的觀點片面地奠基於精神官能症的情形上。畢竟，在強調幼兒期經驗的重要性時，我們排除了下述事實：原欲是在它的新位置上被逐出之後，才退化性地回到這些**幼兒期經驗**。一旦考慮到這一點，我們很可能得到相反的結論：這些原欲經驗的重要性並不存在於它們發生的當時，而是在後來的退化過程中。你們應該還記得，在討論伊底帕斯情結時，我們曾考慮過一個類似的二選一的問題。(第二十一講)

同樣地，我們也會發現要做出決定並非難事。毫無疑問，幼兒期經驗的原欲灌注(及由此而來的致病重要性)在原欲退化的情況下將會大大地增加。但如果將這一點視為唯一的關鍵，那是不正確的。某些其他考量也需受到重視。

首先，觀察表明，幼兒期經驗肯定具有其特殊的重要性，這在童年期就可以找到證據。兒童也會罹患精神官能症，在這種精神官能症中，時間上的回溯因素必然大幅減少，甚至完全不存在，因為這種疾病的發作緊隨在創傷性經驗之後。恰如研究兒童的夢有助於我們了解成人的夢一樣，研究兒童的精神官能症也有助於我們更正確地了解成人的精神官能症。[5]兒童的精神官能症很常見，遠超出了人們的想像，它們經常被忽視，被當作壞孩子或頑皮孩子的表現，養育者也常以自己的權威壓制它們；但在回想中，它們總能輕易地被辨識出來。它們通常以**焦慮性歇斯底里症**的形式出現。之後，我們將了解到這意謂著什麼。（第二十五講）如果在往後的生活中突然發作了某種精神官能症，那麼，分析結果通常會告訴我們，它是幼兒期曾模糊呈現的精神官能症的直接延續。然而，正如我曾說過的那樣，在某些案例中，童年期精神官能症的這些徵象會持續演變為終生的疾病。對於某些病例，我們雖然已可以在童年期分析這些兒童的精神官能症——當它們真正出現時；[6]但在大多數情況下，我們仍不得不由成年精神官能症患者身上推知他的童年期精神官能症的情況。在這種情況下，我們必須小心謹慎以避免錯誤。

其次，我們應該認識到，如果童年期沒有什麼吸引原欲的東西，那麼，很難想像原欲會如此經常地退化到這一時期。我們曾經假定，在原欲發展的某些特定點會出現固著，這種固著的意義在我們看來僅在於它保留了一定的原欲能量。最後，我還想向你們指出，在幼兒期經驗和隨後生活經驗的強度與致病意義之間，存有某種互補關係，這和我們前面討論過的那兩個系列

5 標準版註：參見本書第八講。在此，佛洛伊德想到的無疑是他對「狼人」的分析。當時他已完成這一分析，但尚未發表：〈有關一例幼兒精神官能症發展史的思考〉（1918*b*）。

6 標準版註：參見「小漢斯」的案例史（1909*b*）。

的關係非常類似。就某些病例而言，其致病原因完全在於童年期的性經驗，有關這些經驗的印象往往會造成確定的創傷性效果，只要輔以一般的性組織及其不充分的發展，便足以引發疾病。而對另一些病例而言，病因全在於後來發生的衝突，對於這些病例，我們在分析中也會發現其仍強調童年期的印象，但這似乎完全是退化作用所致。於是，我們便看到了「發展的停滯」和「退化」兩種極端情況，而二者之間又存在著不同程度的合作。

從教育的角度來看，這些事實具有一定的意義：教育可藉由較早地干預兒童的性發展以防止精神官能症的發生。只要一個人將主要注意力放在幼兒期性經驗之上，那麼他必然會假定，在預防精神官能症的發生方面，他所能做的一切便是關注兒童發展上的遲緩，避免兒童的發展遭遇這種經驗。然而，我們已經了解到，引起精神官能症的先決條件相當複雜，我們若只考慮到單一因素，一般來說並無法預防精神官能症的發生。對兒童的嚴格保護往往沒有價值，因為這種保護對體質因素無能為力。此外，這種保護的困難程度遠遠超出了教育者的想像，而且常常帶來兩種不容低估的新危險：第一，如果保護得太多，往往造成過度的性潛抑，產生某種有害的結果；第二，會使兒童在對青春期即將產生的、潮水般奔湧的性需求沒有任何防禦的情況下步入生活。[7]因此，有關兒童期的預防在何種程度上是有利的，以及改變對當下情境的態度是否能成為預防精神官能症一種更好的途徑等問題，都仍存有著很大的疑問。

接下來，讓我們回到症狀的問題上。症狀藉由使原欲退化到較早時期，退化到對象選擇或性組織的較早階段，而為受挫的原欲滿足創造了一種替代物。不久前，我們發現精神官能症患者時常滯留於過去生活的某一時期；[8]現在我們才知道這個過去的時期正是其原欲得到滿足並感到快樂的時期。精神官能症患者回顧自己的生活史，四處尋覓，直到找到了這樣一個時期為止，即使必須回復到襁褓中的嬰兒期也在所不惜——當他們從後期生活的線索中回憶或想像起這一時期之時。症狀以某種方式重現了這種早期幼兒式的滿足，但受到起源於衝突的稽查作用的扭曲，通常會轉化為一種痛苦的情感，並與疾病的誘發原因交織在一起。在這種由症狀所帶來的滿足中，存在著許多奇怪的東西。

我們可以不管下述這個事實：患者不但認識不到這種滿足，反而深以為苦，並抱怨不已。這一轉變乃是精神衝突的一種機能，正是在這種衝突的壓力之下才必須形成症狀。從前對患者來說是某種滿足的東西，現在確實會引起他的抵制或厭惡。我們非常熟悉這一極為尋常卻有啟發性的心理變化模式。一個曾經很渴望吸吮母乳的兒童，幾年後可能會對喝牛奶表現出強烈的厭惡，很難加以消除；假若牛奶或其他含有牛奶的飲料表面形成了一層薄膜，這種厭惡便會增強而使其感到噁心。或許，我們不能排除這種可能性，這層薄膜使他回想起他曾經十分喜愛的母親的乳房。然而，在這兩種情況之間，存在著斷奶經歷的創傷性影響。

除此之外，還有某件事使症狀——作為一種原欲滿足的方法——顯得奇怪而難以理解。症狀不會讓我們想起任何我們習慣上視為滿足的東西，它們通常漠視對象，從而放棄了與外界現

7 標準版註：佛洛伊德在《精神分析引論新編》第三十四講，有闡述其困難之處。

8 標準版註：參見本書第十八講的開頭部分。

實的連繫。我們可以看出，這是拋開現實原則並退回到快樂原則的結果。但這也是返回了某種擴大了的自體性欲，這是一種最早期的滿足性本能的方法。這些替代用自身的某種變化取代了外界的某種變化：他們用內部的行為代替了外部的行為，以適應代替了行動——從物種史的觀點來看，這也是一個非常值得注意的退化作用。只有將它與我們仍須從症狀形成的分析研究中了解的某些新東西連繫起來，我們才能對此有所了解。我們還必須記住，與夢的形成中相同的無意識過程，即凝縮作用和置換作用，在症狀形成中也發揮著作用。與夢一樣，症狀也表現著某種被滿足的欲求：一種以幼稚方式獲得的滿足。但透過極度的凝縮，這種滿足可能被壓縮成某個單獨的感覺或衝動；透過極度的置換，這一滿足則可能侷限於整個原欲情結的某一微不足道的細節。因此，即使遇到下述情況，我們也用不著疑惑：我們經常難以在症狀中識別出這種原欲的滿足，儘管我們推測到了這種滿足的存在，並總能加以證實。

我曾提醒過你們，我們尚有某些東西需要了解；這些東西確實令人感到驚訝和困惑。你們知道，透過對症狀的分析，我們發現了原欲所固著及症狀源自的幼兒期經驗。令人驚訝的是，這些幼兒期的經驗並非總是真實的；事實上，在大多數案例中它們都是不真實的，而且在某些案例中，它們正好與歷史事實相反。如你們所見，相較於其他任何發現，這一發現更加有力地動搖了發現這些結果的分析的可信度，也動搖了病患陳述的可信度，而正是基於這些陳述，我們才得以進行分析並了解精神官能症。但就此問題而言，還有某件非常令人困惑的事情。假如透過分析所發現的幼兒經歷都是真實的，那麼，我們就會覺得自己的認識有著堅實的基礎；假如它們都是假的，都是患者的虛構和幻想，我們就不得不放棄這個不可靠的依據而另尋出路。然而，此二者均非真實的情況，真實情況是，分析中建構或回憶而得的童年期經驗有時無疑是虛假的，有時則肯定是真實的；就大多數案例而言，這些經歷往往是真實與虛構的混合。因此，症狀有時表現了真正發生的事件，我們可以認為這些事件對原欲的固著造成了影響；有時則表現了患者的幻想，而我們當然不能把這些幻想的事件視為致病的病因。要區分這兩種情況並不是件容易的事。我們或許可以從下述的類似發現中找到出路——我們發現在還沒有精神分析這一方法之前（第八講），人們也在意識中保留了某些已被遺忘的時期的記憶，而成為一種孤立的童年記憶，這些記憶也同樣可能是虛構的，或至少是真假相混的。但在這樣的情況下，要指出其中的虛假並不困難；因此，我們至少可以相信，之所以會出現這種出人意料的失望，其責任並不在於分析，而是以某種方式來自患者。

稍加思考，我們就可輕易理解這種令我們如此困惑的事態。它是對現實的低估，是對現實與幻想之間的差別的忽視。我們往往對患者用虛構的故事浪費我們的時間感到生氣。在我們看來，現實與幻想有著天壤之別，二者的價值截然不同。再者，患者在其正常思維中也是以這種眼光去看待事物的。但當他提供一些材料，引導我們從其症狀的背後到達以其幼兒期經歷為原型的欲求情境時，我們開始懷疑自己所處理的究竟是現實還是幻想。此後，我們能根據某些線索做出真偽的判斷，而必須想辦法將這些判斷告訴患者。然而這總會產生種種困難。如果一開始我們就直截了當地告訴患者他所講的全是幻想，他想藉此偽造其童年經驗（正如每一民族都以一種傳說偽造其遺忘的史前史），我們注意到他對這一主題的興趣會突然減低，而這並不是我們樂見的情況。他也想體驗真實，也藐視一切僅僅是「想像的」東西。然而，如果我們讓患者相信我們正在研究的乃是其童年期的真實事件，直到分析工作結束時再告訴他真實結果，那麼我們就冒著這樣的風險：他會指責我們犯了錯誤，會嘲笑我們太容易上當受騙了。患者需要經過很長一段時間才能採納我們的建議：我們應該同等對待幻想與現實，不應該從一開始就為所研究的童年經驗究竟是屬於真實還是幻想而煞費苦心。很顯然地，這也是對這些心理產物唯一正確的態度。這些心理產物也擁有某種現實。無論患者是為自己創造出這些幻想，或是真正體驗過這些幻想所包含的內容，對其精神官能症而言，此二者有著同等的重要性。這些幻想擁有與**物質現實**不同的**心理現實**，而且我們逐漸了解到，**在精神官能症的領域中，心理現實才是關鍵性的**。

在某些經常發生於精神官能症患者早期歲月的事件中（很少有不發生的），有幾種事件特別重要，因此值得我們加以強調。對此，我將列舉以下事件：（1）窺視父母性交；（2）被成年人引誘；（3）閹割的威脅。如果認為這些事件絕對不存在於物質現實，那就大錯特錯了；相反地，患者家中較年長的人經常能明確無誤地證實這些事件的物質現實性。這種事很常見，例如，當一個淘氣的小男孩開始玩弄自己的陰莖，而且不知道必須暗中進行時，他的父母或褓姆便會恐嚇他，威脅要割掉他的陰莖和他那隻罪惡的手。如果問他的父母，父母會坦率地承認確有其事，因為在他們看來，讓孩子產生這種恐懼乃是一件對孩子有益的事情。很多人對這種恐懼有著正確而有意識的記憶，尤其當這種事發生於較晚一點的時期時更是如此。倘若恐嚇出自母親或其他某個女性之口，她通常會威脅小孩，說父親或醫生將執行這種懲罰。法蘭克福的小兒科醫生霍夫曼寫過一本著名的《斯特魯韋爾彼得》（該書之所以著名，正是因為其作者對童年期的性欲及其他情結有深刻的了解），在該書中，你們會發現作者提及以割掉大姆指作為對吸吮指頭的懲罰，而以此替代了閹割。在精神官能症患者的分析中，兒童似乎經常受到閹割的恐嚇，但這卻是不太可能的。我們寧願認為，兒童依據某些線索，加上他自身對自體性欲被禁止的了解，以及他對女性生殖器的印象，將這一恐懼納入了他的幻想之中。（參見第二十講）無論是在無產階級或是資產階級的家庭裡，兒童都有可能在毫無理解力或記憶力的情況下看見父母或其他成人的性交，而且他也有可能在後來的回溯中理解這些印象，並對其做出反應。然而，假如這種性交被描繪得非常詳細（一般這些細節是很難觀察到的），或是他所描述的這種性交是如動物性交一般，從背後進行的（這是最常出現的描述），那麼毫無疑問地，這種幻想是從觀察動物（如狗）交媾而來，而其動機則是該兒童青春期未被滿足的窺視欲。最極端的情況是幻想自己仍是一個在母親子宮中的胚胎時所觀察到的父母性交。被引誘的幻想特別有趣，因為它們經常不是幻想而是真實的記憶。然而，幸運的是，它們仍然不像分析的結果所表明的那樣常見。受較大的孩子或同年齡的孩子引誘的情況，甚至較受成年人引誘的情況常見。如果敘述自己曾在童年期經歷這種事件的人是女孩子，引誘者通常是父親，而這種控訴的想像性質與產生這種想像的動機都是非常清楚的。[9]兒童在未被引誘的情況下幻想被引誘，經常是想藉此屏

9 標準版註：佛洛伊德後來對此所做的進一步解釋，參見其有關「女性性欲」的論文（1931*b*, *S. E.*, 21, p. 238）。《精神分

蔽其性活動中的自體性欲時期。他因手淫而羞愧，於是在回憶中幻想童年早期確曾有過一個心愛的對象。然而，你們切不可因此而以為兒童受男性近親引誘的情況純屬虛構，大多數分析師都曾治療過這樣的病例，在她們身上，這些事件都是真實而無可懷疑的；但即便如此，這些事件仍是發生在童年後期，而被移置到更早的時期中。

我們所獲得的唯一印象是，童年期的這些事件乃是精神官能症不可或缺的基本元素。如果它們真的曾發生，那再好不過。但假若它們未曾於現實中發生，那麼它們必定是幻想的產物，是幻想從許多暗示中拼湊出來的。無論這些童年事件主要是幻想或是現實，都有著一樣的結果，迄今我們還沒發現這些結果有何不同。在此，我們又看到了我們前面多次提到過的那種互補關係，而且它還是我們所遇到過的互補關係中最為奇特的一種。這些幻想的必要性及其材料究竟來自何處？無庸置疑，它們起源於本能，但仍有待解釋的是，為什麼每一個個案都創造了有著同樣內容的同樣幻想？對於這一問題，我有一個在你們看來似乎很荒唐的答案。我將這些幻想及其他一些幻想稱為**原始幻想**，並相信這些原始幻想是由種系遺傳而來的一種天賦。當個體自身經驗不足時，他會藉由這些幻想超越自己的經歷而進入一些遠古的經歷中。在我看來，我們今天在分析中所發現的所有幻想——對兒童的引誘、窺視父母性交而引起的性興奮，以及閹割的威脅（或閹割本身）——在遠古時代的人類家庭中都曾是真實的事件，兒童不過是在幻想中用史前的事實來填補自身經驗的空白而已。許多事實一再讓我產生這樣的推測：相較於其他任何學科，精神官能症的心理學中蘊含著更多有關人類遠古發展的知識。[10]

先生們，討論了剛才所講的一切，我覺得有必要更深入地研究被稱為「幻想」（或想像）的心理活動的起因和意義。[11]你們知道，幻想普遍被認為是極具價值的心理活動，但它在心理生活中的地位卻不清楚。接下來，我將談談這一問題。你們知道，人類的自我迫於外界必要性的壓力逐漸學會了接受現實並遵循現實的原則。在這一過程中，它不得不暫時或永久地捨棄各種享樂欲望——不只是性欲滿足所帶來的快樂——的對象和目標。但人們時常發現放棄快樂是一件相當困難的事，唯有找到某種補償才能做到這一點。因此，他們都保留了某種心理活動，使所有這些被捨棄的快樂源泉和獲得快樂的方法都能在這種心理活動中繼續存在，以一種脫離現實要求、脫離我們所謂「現實檢驗」[12]的方式存在。不久之後，每一種欲望都採用了一種在想像中獲得自身滿足的方式，毫無疑問地，在想像中獲得的欲求滿足也能帶來快樂，儘管人們知道這不是真實的。因此，在幻想活動中，人類繼續享受那種（在現實中早已被他們捨棄的）不受外界束縛的自由。他們忽而成為尋求快樂的動物，忽而又成為理智的人。的確，僅憑那些從

析引論新編》的一個編者註中，完整地介紹了佛洛伊德對於這一主題的觀點的演變過程（1933*a*, *S.E.*, 22, pp. 120-121）。

10 標準版註：此處有關「原始幻想」及其遺傳的可能性的討論，在很大程度上是根據佛洛伊德在「狼人」案例中的研究發現，這是他在兩、三年前就已完成的一項研究，在發表這篇文章時（比本書的發表晚了一年），他為原稿增補了兩大段文字，重新提到了本文中的這一討論（1918*b*, *S.E.*, 17, pp. 57-60, 95-197）。

11 標準版註：在〈創造性作家與白日夢〉（1908*e*）和〈歇斯底里症的幻想及其與雙性性欲的關係〉（1908*a*）中，有佛洛伊德早期關於幻想的主要討論。

12 標準版註：即判斷事物真假與否的過程。有關這一過程的深層含義的討論見於〈後設心理學對夢理論的一個補充〉（1917*d*, *S.E.*, 14, pp. 230-234）；至於完整的說明，請參見該文的編者註（1917*d*, *S.E.*, 14, pp. 220-221）。

現實中獲得的微不足道的滿足，他們根本無法生存下去。狄奧多爾・馮塔納曾說過：「我們不能沒有輔助性的建構物。」[13] 幻想這一心理領域的創造，可以用「保護區」或「自然保護區」的建立作為一完美的類比。我們知道農業、通訊和工業的發展必然會造成原始地貌的改變，使它們迅速受到文明的侵蝕，在這些地區，人們便可以建立「保護區」或「自然保護區」，以保護那些在其他地方因需求而遭到破壞的原始狀態。任何東西，包括那些無用，甚至有害的東西，都能在這裡隨意地生長和繁殖。幻想的心理領域正是這樣一個從現實原則手中奪回的保護區。

幻想最著名的產物就是所謂的「白日夢」，我們前面已討論過這種白日夢（第五講）。它是野心、狂妄和性愛欲求在想像中的滿足；在現實中越受節制的事物，在「白日夢」中則表現得越豐富強烈。幻想的幸福的本質——擺脫現實的束縛，再次獲得快樂的自由——在白日夢中表現得淋漓盡致。我們知道，這些白日夢乃是夜夢的核心和原型。根本上，夜夢不過是一種白日夢，其因夜間本能衝動的釋放而得到利用，並被扭曲成夜間心理活動所採用的形式。我們已經知道，即使白日夢也不一定是有意識的——也有無意識的白日夢。因此，這種無意識的白日夢不僅是夜夢的來源，而且也是精神官能症症狀的來源。[14]

聽完我下面所講的內容後，你們就會明白幻想在症狀形成中所發揮的重要作用。我已經解釋過原欲在受挫的情況下是怎樣退化性地灌注到那些它早已放棄，但仍有少許能量依附其上的固著點。我無意收回或修改這一結論，但不得不在這中間添加一個連接的環節。原欲是怎麼樣退化性地灌注到這些固著點之上？無論在任何意義上，原欲所捨棄的對象和傾向其實並沒有被完全地捨棄。這些對象、傾向及其衍生物仍存留於幻想中，且具有一定的強度。因此，原欲只需退回到幻想中，便可以找到通往每一個被潛抑的固著的途徑。這些幻想原先為自我所容忍：不管它們與自我之間差別多麼懸殊，但只要具備某個特殊的條件，二者之間就不會發生衝突。這是一種具有**數量**性質的條件，但此條件因為原欲退回到幻想之中而被攪亂了。由於原欲的參與，幻想的能量灌注大增，於是它們開始提出種種要求，尋求變成現實。這就使得幻想和自我之間發生了某種衝突。無論它們以前是前意識的還是意識的，現在它們都受到了來自自我的潛抑，也同時受到來自無意識的吸引。從目前已是無意識的幻想出發，原欲退回到幻想在無意識中的起源——退回到原欲自身的固著點上。

原欲退回到幻想之中乃是症狀形成過程的一個中間階段，它似乎需要一個特別的名稱。榮格曾創造了一個很貼切的名稱「內傾」，但之後卻賦予這一名稱另一種最不恰當的意義。[15]我們將繼續使用這一名稱，以內傾表示原欲脫離了現實的滿足，及迄今一直無害而受到容忍的幻想的過度灌注[16]。一個內傾的人雖然還不是精神官能症患者，但他正處於一種極不穩定的狀態之

13 標準版註：佛洛伊德在《文明及其不滿》（1930*a*）第二章以類似的方式再次引用此句。

14 標準版註：參見佛洛伊德於一九二〇年為《性學三論》的第三篇論文增補的一個腳註（1905*d*, *S. E.*, 7, p. 226）。

15 標準版註：佛洛伊德早些時候在其〈移情作用的動力學〉一文的一個腳註中討論了這個問題（1912*b*, *S. E.*, 12, p. 102 n1）。在該文中，他說榮格似乎只將「內傾」運用於早發性痴呆症。該腳註還提供了進一步的參考文獻。

16 標準版註：即灌注了過多的心理能量。佛洛伊德通常在這個意義上使用這一術語，例如〈論無意識〉（1915*e*, *S. E.*, 14, p. 197），《超越快樂原則》（1920*g*, *S. E.*, 18, pp. 31-32），和〈幽默〉（1927*d*, *S. E.*, 21, p. 165）。另一方面，他有時又以這一術語特指無意識意念和前意識意念之間的區別。這主要見於〈論無意識〉一文（1915*e*, *S. E.*, 14, p. 194, 202），和《精神分析綱要》（1940*a*）的第四章。也請參見一八九五年的〈科學心理學計畫〉第一節的第三部分（1950*a*）。

下：在接踵而至的力量轉移中，他肯定會形成一些症狀，除非他替被淤積的原欲找到了其他出路。精神官能症滿足的不真實特點及其對幻想與現實之間差別的忽視，從另一個角度來看，乃是由原欲滯留於內傾階段這一事實所決定的。

你們肯定已經注意到，在這些最後的討論中，我已經將一個新的因素——即相關能量的數量與大小——引入了病因鏈索的結構中。今後，我們將不得不隨時考慮這一因素。對病因的決定因素僅僅進行質的分析是不夠的。換句話說，對這些心理過程僅採取動力學的觀點是不夠的，還需要一種經濟學的研究觀點。我們必須提醒自己，即使兩種傾向之間早已具備了發生衝突的先決條件，衝突也不一定會發生，只有在達到一定強度之後，衝突才會爆發。同樣地，就引發疾病而言，體質因素的重要性，也應視遺傳傾向中某種本能的強度較另一種本能多了多少而定。可以假定，人類的遺傳傾向就質的方面而言是相似的，差別僅在於量。就對精神官能症的抵抗能力而言，這種數量的因素也是關鍵性的。一個人抵抗精神官能症的能力有多強，取決於他能懸擱的未發洩原欲究竟有多少，以及其原欲中究竟有多大一部分能從性目標轉移到昇華的目標上。心理活動的最終目標，從質的方面來看，可以說是一種趨樂避苦的努力，而從經濟學的角度來看，則是控制心理機構中起作用的興奮量（刺激量），不讓它們積聚而產生痛苦。[17]

這就是有關精神官能症的症狀形成我想告訴諸位的內容。但我必須再次強調下述事實：我所說的一切只適用於歇斯底里症症狀的形成，即使是強迫性精神官能症——除了基本的東西保持未變外——其症狀形成也與此有著許多的不同。在歇斯底里症中，自我對於本能的要求已表現出抵抗，而這種與本能要求對立的反精神灌注在強迫性精神官能症中變得更加顯著，並以所謂的「反向作用」的形式支配了臨床的表現。在其他精神官能症裡，我們發現了類似的，甚至更為廣泛的差異，只是我們對這些精神官能症症狀形成的機制尚未進行徹底的研究。

然而，在結束本講之前，我還想請你們暫時將注意力轉向一種最值得大家感興趣的幻想生活。因為存在著一條從幻想返回現實的途徑——藝術的途徑。藝術家從根本上來說也是一種內傾的人，與精神官能症患者相去不遠。他受到過度強烈的本能需求的壓迫，他渴望贏得榮譽、權勢、財富、名望，以及女性的愛；卻缺乏獲得這些滿足的方法。結果，與其他未獲得滿足的人一樣，他逃避現實，將所有的興趣和原欲轉移到幻想生活的欲求建構上，而這條途徑可能會導致精神官能症。如果他發展的結果並不全是精神官能症，那麼一定是有各種因素匯合起來抵抗了病魔的入侵；事實上，我們也都知道藝術家常因精神官能症而使自己的才能受到了部分的抑制。他們的體質可能包含著某種強大的昇華能力，包含著使關鍵性的潛抑產生一定程度的鬆弛。無論如何，藝術家以下述方式找到了一條回到現實的途徑。可以肯定的是，藝術家並不是唯一一個過著幻想生活的人，想像的領域是人類普遍認同的，每一個願望未達成的人都期待從幻想中緩解痛苦，求得安慰。但對那些非藝術家的人來說，從幻想的源泉中所獲得的快樂極為

17 標準版註：在此，佛洛伊德似乎已將「快樂原則」和「恆常原則」等同起來，儘管在前面論及這個問題時，曾暗示過對這種做法的懷疑。後來，他明確地區分了這兩個原則，見佛洛伊德（1924*c*, *S. E.*, 19, pp. 159-161）。〈本能及其演變〉一文中的一個編者註詳細討論了佛洛伊德對這兩個原則的看法的發展過程（1915*c*, *S. E.*, 14, p. 121）。

有限，其潛抑作用的冷酷無情迫使他們滿足於那種可以成為意識的、貧乏的白日夢。真正的藝術家則不然。首先，他懂得如何潤飾自己的白日夢，刪除太具個人色彩的部分，不再令陌生人反感，進而能與他人共享其中的快樂。他也懂得怎樣淡化它們，使它們不輕易暴露出其被禁止的起源。此外，他擁有某種神祕的力量，能夠形塑某些特殊的材料，使之成為其幻想的一個真實意象；他還知道怎樣將大量的快樂與其無意識幻想的這種表現連繫在一起，這樣一來，他至少能暫時控制、解除潛抑作用，使其無法發生作用。倘若他能完成所有這一切，那麼，他就能夠使他人從他們自己的、已變得不可接近的無意識快樂源泉中再次獲得安慰和緩解；他因此贏得了他們的感激和欽佩，進而，透過他的幻想，他贏得了原本只能在幻想中才能獲得的東西——榮譽、權勢和女人的愛。[18]

18 標準版註：參見〈創造性作家與白日夢〉（1908*e*, *S. E.*, 9, p. 153）；佛洛伊德的《精神分析五講》的第五講（1910*a*, *S. E.*, 11, p. 50）；〈對心理活動的兩個原則的系統論述〉（1911*b*, *S. E.*, 12, pp. 224）；以及他的〈精神分析對科學興趣的要求〉文稿的第二節（6）（1913*j*, *S. E.*, 13, pp. 187-188）。

第24講

一般精神官能症狀態

The Common Neurotic State

女士、先生們：

既然我們在上次討論中已處理了如此困難的問題，那麼，我建議我們暫時擱置這一主題，先聽聽你們的意見。

因為我知道你們並不滿意。你們所想像的「精神分析引論」[1]可能與我所講的完全不同。你們期待聽到生動的實例而非理論。你們可能會說，當我為你們講述那個「樓上樓下」的寓言時（第二十三講），你們理解了精神官能症的起因；然而，觀察材料應該是真確的事實，而非虛構的故事。你們還會說，當我一開始向你們描述那兩種症狀（我們希望這次不再是捏造的），描述其解答及其與患者生活的關係時（第十七講），你們逐漸明白了症狀的「意義」。你們希望我沿著這條路走下去。但我不但沒有這樣做，反而講了許多冗長而又難以理解的理論，這些理論沒完沒了，且不斷地有新的東西添加進來；我使用了許多未曾向你們解釋的概念；我從對事物的描述說明開始，繼而引入動力學的觀點，然後又從動力學的觀點轉移到所謂經濟學的觀點。這些技術名詞究竟有多少相同的內涵？

1 標準版註：見本書序言。

換來換去是否僅僅為了避免理論上的自相矛盾？我的演講並沒有講清楚，你們也越聽越糊塗。我提出了許多生僻的概念，例如快樂原則、現實原則，以及物種的遺傳天賦等；對於這些概念，我還沒來得及說明就將其拋開，轉向其他對你們來說更遙遠的概念。

為什麼我不從大家都熟悉且感興趣的精神官能症狀態——精神官能症患者的特性，他們對人類交媾及對外界影響的難以理解的反應，他們的煩躁易怒，他們那難以預測且不明智的行為——出發，來介紹精神官能症理論呢？為什麼我不循序漸進地先引導你們理解較簡單的一般精神官能症狀態，然後再引導你們去理解精神官能症的那些不可思議而極端的表現呢？

先生們，我的確同意你們的意見。我對自己的表達能力還未自大到認為每一個缺點都具有某種特殊魅力的程度，我也認為若以其他方式進行我們的討論，或許更利於你們理解。事實上，我的初衷原是如此。然而，一個人並非總能實現自己合理的意圖。材料本身常常有某些東西使他不得不改變初衷。即便是熟悉的材料，作者也不一定能完全依照自己的心意編排。材料的特點決定了對它的敘述方式，演講者所能做的僅是在講過之後問自己，為什麼是以這種方式而非其他方式來講解呢？

一個可能的理由是「精神分析引論」這個標題已不再適用於目前這一討論精神官能症的章節。失誤動作與夢的研究為精神分析提供了入門的引論，而精神官能症理論則是精神分析理論本身。我相信，除非以這種集中的方式講解，要在如此短的時間內讓你們了解精神官能症相關主題是不可能的。我所做的講解，正是試圖以這種集中的方式，在較短的時間內向你們連貫地說明症狀的意義、重要性、內外部決定因素及形成機制。在不同的程度上，這一切是了解精神分析的核心。這些講解牽涉到許多有關原欲及其發展的知識，也包括一些有關自我發展的知識。從前面的一些初步介紹中，你們已預先對精神分析的技術前提，以及無意識和潛抑（阻抗）作用的主要特點有了一些了解。在下面的演講中（第二十六講），你們將會發現精神分析工作更進一步發展的立足點。我曾坦率地承認，我所說的一切均來自對單一一組精神異常——即所謂的「移情性精神官能症」——的研究。事實上，就症狀形成的機制而言，我只說明過歇斯底里症的情況。即使你們尚未獲得全部的知識，尚未記住每一細節，我還是希望你們已對精神分析所運用的方法、所探索的問題及所得出的結果有了一些印象。

你們希望我對精神官能症的描述可以從精神官能症患者的行為開始，說明他們患病的方式、如何抵抗精神官能症及如何適應等問題；我曾贊同你們的這一期待。這無疑是一個有趣且值得研究的主題，而要處理這個主題也不會非常地困難。然而，我們的講解也有理由不由此開始。這樣的安排可能會讓我們遺漏無意識的發現，忽視原欲的重要性，進而以精神官能症患者自我的角度來判斷一切事物。顯然，患者的自我是不值得信賴或不公正的，自我實際上就是那種否認無意識並使其受到潛抑的力量，我們怎麼能相信它會公正地對待無意識呢？被潛抑得最厲害的乃是那些無法被接受的性欲要求，而我們必然無法從自我的觀點了解這些要求的範圍和意義。自從我們發現潛抑作用這一概念之後，我們就意識到，不要讓爭論雙方中的一方（即勝利的一方）成為衝突的裁決者。我們得防備自我將我們引入歧途。假如我們相信自我，那麼它似乎在每一方面都是主動的，它的症狀似乎都出於它本身的意願和創造。但我們知道，它經常被置於被動的地位，此後它又試圖掩飾這一事實。事實上，它並不總是冒險做出這種嘗試，在強迫性精神官能症症狀裡，它不得不承認自己遇到了一種異己的力量，面對這種異己的力量，它只能艱難地防禦自身。

一個人若不聽從這些勸告，寧願將自我的偽裝當成金科玉律，那麼他會省卻許多煩惱，而用不著花費心力去反對精神分析對無意識、性欲和自我被動性的強調。他可以像阿爾弗雷德·阿德勒一樣主張「精神官能症人格」[2]是精神官能症的原因而非結果；但他卻無法說明症狀形成的某個細節，也無法解釋某個夢。

不過，你們會問，是否可以在不完全忽視精神分析所揭示的因素的情況下，公正評價自我在精神官能症狀態和症狀形成中的作用。我的回答是：這肯定是可能的，我們遲早也會這麼做；但是，精神分析研究並不能以此作為實際的**出發點**。至於精神分析何時會面臨這個任務，那當然是可以預知的。有一類精神官能症叫作「自戀性精神官能症」，自我在這類精神官能症中所起的作用遠較我們迄今研究過的那些精神官能症廣泛。研究這些異常，將有助於我們對自我在精神官能症中所起的作用做出公正可靠的評價。[3]

然而，自我與其精神官能症之間有一種非常明顯的關聯性，因而使我們一開始就有可能去考慮它。這種關聯性似乎為各種精神官能症所共有，但在那種至今我們尚不太了解的異常——**創傷性精神官能症**——中特別明顯。要知道，在各種形式的精神官能症的起因和機制中發揮作用的，總是那些相同的因素，但在症狀形成中起主要作用的因素時有不同，有時是這個因素，有時又是另一個因素。這種情況類似劇團中演員角色的扮演。每一個演員通常都扮演自己固定的角色——英雄、密友、惡棍等；但每個演員都選擇不同的劇目以發揮自己的表演特點。同樣地，轉化為症狀的幻想在歇斯底里症中表現得最為明顯；自我的反精神灌注或反向作用在強迫性精神官能症中占主導地位；在妄想症的妄想形成中，則以在夢的形成中我們稱之為「潤飾作用」(第十一講)的機制有著最重要的地位。

因此，在創傷性精神官能症中，尤其是在那些由戰爭的恐怖而引起的創傷性精神官能症中，我們可以清楚地看出自我的利己動機，它尋求保護與利益——這種動機本身不足以致病，但一旦疾病已經發生，則會得到它的贊同和維護。這種動機力圖保護自我，使它能在誘發疾病的危險情境中保全自身，它不允許恢復健康，除非這些危險已不再有捲土重來的可能，或它已為所承受的危險得到了補償。[4]

然而，自我也在任何其他精神官能症的發展和延續中得到相同的利益。我曾指出，症狀也由自我所支持(第二十三講)，因為它們在某一方面能為自我的潛抑目的提供滿足。此外，以形成症狀來解決衝突也是最便利的方法，最符合快樂原則的要求：它無疑使自我省卻了許多令它痛

2 標準版註：「Uber den nervösen Charakter」是阿德勒早期著作中某本書的書名，這本書的英文譯名為《精神官能症體質》(1912)。

3 標準版註：佛洛伊德在本書第二十六講進一步論述了這一問題。

4 標準版註：參見佛洛伊德有關戰爭性精神官能症的研究(1919*d* & 1955*c*, *S. E.*, 17, p. 207 f.)。

苦的內部工作。事實上，就某些精神官能症而言，就連醫生也不得不承認，用精神官能症來解決衝突乃是一種最無害、最能為社會所容許的方法。當你們聽到與病魔搏鬥的醫生有時也會站在疾病的那一邊時，你們切莫感到驚訝。醫生並不會規定自己在各種情況下都必須狂熱地追求健康。他知道世界上並非只有精神官能症這一種痛苦，還存在著其他真實而無法免除的痛苦，他還知道在某些情況下，一個人甚至必須犧牲自己的健康。他了解，由一個人做出這種犧牲，可以讓許多人免除劇烈的痛苦。因此，如果我們可以說，每當精神官能症患者面臨衝突時，他都會逃入疾病之中，[5]那麼我們必須承認，在某些案例中這種逃避是完全合理的；而知道這種情形的醫生也就只好靜靜地、不無遺憾地退卻了。

但是，讓我們拋開這些特例，繼續進行我們的討論。在一般情況下，我們認識到藉助於逃入精神官能症這一方法，自我獲得了某種內在的「來自疾病的利益」。在某些生活情境中，這還會進一步伴隨著某種可察覺到而多少具有實際價值的**外部利益**。請看下面這個最普通的例子。一位受到丈夫粗暴對待的婦女，如果她的體質原本就有可能發生精神官能症，如果她太怯懦或太富道德感而無法從另一個男人那裡獲得撫慰，如果她不夠勇敢，無法無視外界的看法而與丈夫分開，如果她不具獨立生活的能力又沒有把握找到一個更好的丈夫，如果她因為性欲而仍依戀這個粗暴的丈夫；在這樣的情況下，她就會在精神官能症中尋找出路。此時她的疾病會成為她與丈夫鬥爭的武器——一種可用於防禦又能濫用於報復的武器。她雖然不敢抱怨自己的婚姻，卻可以訴說自己的病痛。她讓醫生成了她的幫手，她迫使原本粗暴的丈夫照顧她，為她花錢，允許她偶爾離家外出，使她得以擺脫婚姻的壓迫。事實上，當這種來自疾病的外部或偶然的收穫非常豐碩，且沒有真實的替代物時，你們就不能期待治療能有多大的療效了。

聽到這些觀點，你們可能會抗議，說我所講的這些疾病帶來的利益都是我曾拒絕過的觀點，即精神官能症乃是出自自我的意願與創造。（參見前文）先生們，別忙於下結論！這些觀點或許只包含下述意義：自我可能會忍受那些自身無論如何也不能避免的精神官能症，而如果精神官能症有什麼可供利用之處，自我也會充分地加以利用。的確，這僅僅是事情的一面，即快樂的一面，精神官能症若有益處，自我無疑會接受它；但它不僅僅只有益處。一般說來，自我很快就會看到接受精神官能症乃是做了一筆蝕本生意。它為緩和衝突付出了昂貴的代價，症狀本身包含的痛苦大致相當於衝突所帶來的折磨，可能還要更大些。自我想魚與熊掌兼得，渴望既不放棄疾病所帶來的利益，又能擺脫症狀所帶來的痛苦，而這正是是它所無法做到的。這表明自我並不像它所想的那樣是完全主動的，我們應將這一點牢記在心。

先生們，假如你們是醫生，那麼你們很快就會在與精神官能症患者的接觸中發現，最悲嘆、抱怨自己疾病的人並不一定最渴望與你們合作，對治療工作的阻抗也並非最少。相反地，你們會很容易地看見，任何增加疾病所帶來的利益的事物，都將強化由潛抑作用所造成的阻抗，都將增加治療的難度。但除了這部分與疾病相伴而來的利益之外，我們還得補充另一部分較晚發生的利益。當像疾病這樣的一種心理組織已經持續一段時間之後，其行為最終會像一個獨立的

5 標準版註：這個句子最早見於佛洛伊德有關歇斯底里症發作的論文中，其中提到了更多的參考資料（1909*a*, *S. E.*, 9, pp. 231-232）。

有機體，表現出某種自我保護的本能，並在自身與心理的其他部分（哪怕是從根本上敵視它的那些部分）之間建立一種暫時的安排，任何可以再次證明它有用、有利的機會，它都不會輕易錯過。事實上，它獲得了一種繼發性功能，藉以鞏固自己的地位。下面我們將舉一個並非來自病理現象，而是來自日常生活的明顯例子。一個有能力養活自己的工人，在意外的工作事故中造成了殘疾。他再也不能工作了，但結果卻獲得少量的殘障津貼，並學會了怎樣利用自己的殘疾去乞討度日。他的這一新的生活方式雖然比較低賤，卻完全是因為這一事故剝奪了他舊有的生活方式。如果你最終治癒了他的傷殘，那麼，你首先就剝奪了他賴以生存的手段，隨之而來的問題是他能否繼續從事以前的工作。精神官能症的情況也與此類似，也存在著這種對疾病第二次的利用，我們可以稱之為疾病所帶來的繼發性利益，以別於出自疾病的原發性利益。[6]

然而，整體而言，我想奉勸你們：雖然不要低估由疾病獲益的實際重要性，但也不應過度重視其理論意義。畢竟，除了前面我們曾提到的特例外，我們還會想到奧伯蘭德爾在《飛頁》中用來說明「動物智力」的例子。[7]一個阿拉伯人騎著駱駝在狹窄陡峭的山路上行走。在轉彎處，他突然發現前面有一頭獅子即將向他猛撲過來。此時，他已無路可逃，一面是絕壁，一面是懸崖，閃或逃均不可能，他只有束手待斃了。駱駝卻不這麼想，牠縱身一躍，帶著騎士一同跳入了深淵——獅子就只好在一旁乾瞪眼了。精神官能症為患者提供的幫助通常不會比這個結局好到哪裡去。原因可能在於，以形成症狀的方法來解決衝突畢竟是某種自發進行的過程，它並不足以適應生活的需要。而且患者在這個過程中放棄了運用其最好和最高級的能力。假如可以選擇的話，比較好的辦法是與命運做一場有尊嚴的抗爭。

但是，先生們，對於我為何不從一般精神官能症狀態出發來講解精神官能症理論的原因，我仍有必要向你們做進一步的交代。你們可能會猜想，這是因為假如我那樣做的話，我就很難證明精神官能症起源於性欲。其實不然。對於移情性精神官能症，我們首先必須解釋其症狀，然後才能發現它的性的起因。就所謂的「現實性精神官能症」[8]的常見形式而言，性生活在病因上的重要性是顯而易見的。我在二十多年前發現這一事實，當時我問自己為什麼在診察精神官能症患者時經常將他們的性活動排除在外？那時，為了向患者詢問這方面的情況，我甚至犧牲了自己在患者心中的名望。但在短暫的努力之後，我便可以斷言：「如果性生活正常，那麼

6 標準版註：佛洛伊德在一八九七年十一月十八日致弗利斯的一封信中，簡要說明了這兩種出自疾病的益處之間的區別（1950*a*, Letter 76），雖然對這一區別的闡釋首次見於上一個腳註所引用的那篇論文（1909*a*）。在「朵拉」的案例史中，他也花了較多的篇幅討論此問題（1905*e*, *S. E.*, 7, pp. 42-45）。殘疾的乞丐、受虐待的妻子也再次見於這篇論文。但佛洛伊德後來認為在該文中所做的那些分析是不正確的，在一九二三年，他又增補了一個很長的腳註，對此問題做了或許是最清楚的說明（1905*e*, *S. E.*, 7, p. 43）。

7 標準版註：見本書第二講註五。

8 標準版註：「Aktualneurosen」。「Aktual」，與法文的「actuel」一樣，有「當代的」、「當前的」之意。這個表示特徵的修飾詞之所以用於這組精神官能症中，是因為它們的起因純粹是當代的，而不是像精神神經症那樣起源於患者的過去生活。

就不可能有精神官能症」——我所指的是「現實性精神官能症」。[9] 無庸置疑，這種說法忽略了患者的個體差異；再者，「正常的」一詞也缺乏固定的意義。但大致說來，這種說法直到今天仍未失去其價值。由此，我就在精神官能症的特殊形式和特殊的性創傷之間確定了某種特定的關係；假如今天仍有類似的病理材料供我研究，那麼我肯定亦會得出同樣的結論。我經常發現，一個人若沉溺於某種不完全的性滿足（如手淫）中，那麼他肯定會罹患某種特殊形式的「現實性精神官能症」，倘若這種不完全的性生活方式被另一種同樣受到指責的性生活方式所取代，那麼這種精神官能症就會被另一種精神官能症所取代。進而，我便能從患者病情的改變中推斷出其性生活方式的變化。[10] 那時我還學會了固執地堅持我的猜測，直到我戰勝了患者的詭計，並迫使他們證實了我的觀點為止。事實上，自那以後，患者就很少找我了，他們寧願去找那些不會熱衷於詢問其性生活的其他醫生。

即使在那時，我也注意到精神官能症的起因並非總是與性有關。一個人的確會因某種性的創傷而致病；但另一個人則可能是由於喪失了財富或者剛經歷了一場使人精疲力竭的器質性疾病。以後，當我們對自我和原欲之間的相互關係有了某種更深刻的了解時，我們會對這些情況做出解釋；而且對二者之間的關係了解得愈深刻，對這些變化的解釋也會愈令人滿意。一個人只有在其自我喪失了以某種方式分配其原欲的能力時，精神官能症才會發生。一個人的自我愈強大，完成原欲分配的任務就愈容易。自我的削弱，無論出於何種原因，都會導致原欲要求的過度膨脹，進而使精神官能症有可能發生。自我和原欲之間還有其他更為密切的關係；[11] 但這些關係並不在我們現在討論的範圍內，所以我暫時不予以討論。對我們來說要注意的是：無論哪一種病例，無論疾病是怎樣產生的，精神官能症的症狀都是由原欲來維持的，在這種情況下，原欲顯然被不正常地運用了。

然而，現在我必須將你們的注意力引向「現實性」精神官能症與精神神經症症狀之間的主要區別。我們前面所講的大多是第一組精神神經症，即移情性精神官能症。現實性精神官能症和精神神經症的症狀均起源於原欲，症狀因此成了原欲的異常運用，成了替代性的滿足。但是，「現實性」精神官能症的症狀——如頭痛、疼痛、某一器官的不適和某種機能的虛弱或抑制——均沒有任何「意義」，即沒有任何心理意義。它們主要表現於身體上（例如，就好像是歇斯底里症的症狀一般），本身也完全屬於軀體過程，其發生與我們已知的所有複雜的心理機制毫不相干。因此，以往認為精神神經症的症狀與心理機制無關，現在看來現實性精神官能症的症狀才與心理機制無關。假若情況真是如此，那麼它們如何成為原欲的運用呢？我們不是認為原欲是一種在**心靈**中運作的力量嗎？先生們，其實這是一個非常簡單的問題。請你們回想一下人們反對精神分析的第一個理由吧！反對者認為精神分析一直想發現一種有關精神官能症現象的純心

9 標準版註：引自佛洛伊德為洛溫費爾德的一本書撰寫的一篇有關性欲在精神官能症病因中的作用的論文（1906*a*, *S. E.*, 7, p. 274）。但佛洛伊德早在十幾年前就已獲得這一結論了。在佛洛伊德兩篇論焦慮性精神官能症的論文中，也以幾乎同樣的文字對此進行了說明，其中還可找到許多以後要講到的觀點（1895*b* & *f*）。

10 標準版註：參見佛洛伊德早期的論文〈性欲在精神官能症病因中的地位〉中一個與此有關的例子（1898*a*, *S. E.*, 3, pp. 273-274）。

11 標準版註：無庸置疑，這是暗指「自戀」這一主題。本書第二十六講有對這一主題的討論。

理學理論，但由於心理學理論從來不能解釋任何疾病，所以發現這樣一種理論的希望幾近於零。這些人顯然忘記了，性機能並不完全是心理的東西，恰如它不純粹是軀體的東西一樣。它既影響軀體活動，也影響心理生活。倘若在精神神經症的症狀中，我們了解了性機能的**心理**運作受到干擾的種種表現，那麼在「現實性」精神官能症中找到了性生活受到干擾在**身體**上的直接後果，我們將不感意外。

臨床醫學已給我們提供了可用來解釋這些干擾一個很有價值的線索，而許多研究者都已思考過這一點。「現實性」精神官能症的症狀細節，及其影響每一個器官系統和每一種機能的這一特點，均明顯類似於外來有毒物質的慢性影響，及突然戒除此種物質所引起的病理狀態——即中毒和戒斷的狀態。這兩類疾病的關係還可以藉著某些介於兩者之間的狀態，如格雷夫斯氏症（即甲狀腺機能亢進）而變得更為緊密；我們已經了解到，格雷夫斯氏病同樣是有毒物質作用的結果，只是這種毒素並非來自體外，而是起源於患者體內的新陳代謝。有鑑於這些類比，我想我們必須將精神官能症視為是性的新陳代謝受到干擾的結果，不管這種干擾發生的原因是由於這些性毒素產生得太多，已非患者所能應付；還是由於內部的、甚至是心理的狀況限制了他對這些物質的恰當運用。自遠古時代起，人們就十分敬重這種有關性欲性質的假設，他們將愛稱為「沉醉」，認為戀愛是由春藥引起的——雖然此處的作用因素在某種程度上是一種外在的因素。這不僅使我們想起性感帶的概念，而且還使我們想起了我們的主張，即性興奮可以在許多不同的器官中產生。（第二十一講）但「性的新陳代謝」或「性的化學現象」仍是一些沒有內容的詞語；我們對此一無所知，甚至無法斷定我們是否可以假定性的物質具有雌雄兩種，[12]是否可以將某種性毒素視為是所有原欲刺激作用的媒介。實際上，我們所創造的精神分析理論在結構上是一種上層建築，總有一天我們將不得不為它找到器質的基礎。但我們現在對此仍一無所知。

精神分析之所以被視為一門科學，其原因並不是在於它所處理的材料，而是在於它所使用的方法。這種方法不但能運用於精神官能症理論的研究，也能用於文明史、宗教科學，以及神話學的研究，而不會曲解它的基本性質。精神分析的目標與成就在於揭露了心理生活的無意識層面。「現實性」精神官能症的症狀可能是由於毒素的直接損害所引起的，因此它的問題並不在精神分析的研究範圍內。精神分析在闡明這些問題上無能為力，必須將它們留給生物—醫學去研究。

現在你們或許已較能理解我為什麼不以另外的方式來安排我的材料了。假如我們的講題是「精神官能症理論引論」，那麼正確的途徑當然是先講「現實性」精神官能症的簡單形式，然後再講那些由原欲的干擾所引起的更為複雜的精神疾病。有關前者，我還得從各種不同的來源搜集我們已經知道或我們相信自己知道的知識；而有關精神神經症，精神分析將作為闡明這些疾病的最重要的技術手段而被提出來加以討論。但是我打算講的是「精神分析引論」，在我看來，為你們講解一些有關精神分析的觀點，要比傳授你們一些有關精神官能症的知識更為重要；因

12 標準版註：在其他地方，例如，在《精神分析引論新編》中，佛洛伊德強烈地拒絕了這一概念（1933*a*, *S. E.*, 22, p. 131）。

此，那些無助於精神分析研究的「現實性」精神官能症在我的演講中就不再具有重要的地位了。我也相信我為你們做出了較好的選擇。因為精神分析的假設影響極為深遠，與其有關的事物也相當廣泛，因此它值得每一位受教育者注意，而精神官能症理論只不過是醫學上的一個章節而已。

但你們也完全有理由期望我們應對「現實性」精神官能症進行一些討論，僅憑它們與精神神經症在臨床上的密切關聯，我們就應該這麼做。那麼我可以告訴你們，我們區分出三種「現實性」精神官能症的純粹形式：神經衰弱、焦慮性精神官能症和慮病症。[13]但即使是這樣的分類也受到了某些質疑。所有這些名稱的確在臨床上被運用，但其含義卻很難界定而有許多變動。甚至有些醫生反對在混亂的精神官能症現象中進行分類，反對區分個別的臨床病症或疾病，甚至不承認「現實性」精神官能症和精神神經症之間的區別。我認為這太片面了，並沒有選擇通往進步的道路。我剛才所提到的精神官能症形式有時以其純粹形式出現，但更常見的是彼此混合在一起，並與某種精神神經症混雜出現。但這並不影響我們在它們之間做出某種區分。試想一下礦物學在研究礦物與岩石時的不同。礦物乃是就其個別結構加以描述，這無疑是基於礦物通常是以結晶體的形式出現，而與它的環境有著明顯的區隔；而礦石則是礦物的混合體，我們確信這一混合體的形成並非出於偶然，而是在一定的條件下形成的。在精神官能症理論中，我們對精神官能症的發展過程知之甚少，以致不能像岩石學一樣追溯此一混合體的形成條件。但如果我們從區分個別臨床實體——此與礦物學中的礦物相當——出發，這當然是一種正確的研究方法。

「現實性」精神官能症和精神神經症二者症狀之間存在著某種值得注意的關係，這種關係對我們進一步了解精神神經症症狀的形成有著重大的幫助。「現實性」精神官能症的症狀經常是精神神經症症狀的核心和初始階段，這可以在神經衰弱和所謂「轉化性歇斯底里症」之間、在焦慮性精神官能症和焦慮性歇斯底里症之間，以及在慮病症和以後將要提到的所謂精神妄想症（早發性痴呆和妄想症）（第二十六講）之間清楚地觀察到。讓我們以歇斯底里性頭痛或背痛為例吧。分析向我們表明，藉助於凝縮作用和置換作用，這些疼痛已變成了原欲幻想或記憶的替代性滿足。但這種疼痛一度也是真正的疼痛，隨後成為性毒素的直接症狀，成為原欲興奮的軀體表現。我們並不想斷言所有歇斯底里症症狀都包含這種核心，但在很多情況下，原欲興奮所產生的軀體影響（無論是正常的還是病態的）特別適於歇斯底里症症狀的形成，這也是一個不容否認的事實。在這種情況下，它們所發揮的作用恰如被牡蠣用來包裹珍珠母的砂子。同樣地，性行為所伴隨的性興奮的暫時表現也被精神神經症用來作為症狀形成最便利也最適合的材料。

還有一種類似的症狀形成的進程，這對診斷和治療特別重要。有些人儘管具有精神官能症傾向，但並未真正發展成精神官能症，然而一旦身體發生了某種病理變化（發炎或損傷），症狀形成的活動便會開始啟動；因此這種活動乃是迅速地把握現實中的症狀，而將其轉變為渴望找到表達工具的無意識幻想的表現。在這種情況下，醫生的治療策略時有不同。他可能盡力消

13 標準版註：有關把慮病症作為第三種「現實性」精神官能症的討論，見於佛洛伊德〈論自戀〉一文的第二節（1914c, *S. E.*, 14, p. 83 f.）。

除該症狀賴以立足的器質基礎，而不管其精神官能症的細節；他也可能針對藉此有利時機形成的精神官能症，而不顧其器質性因素。治療結果將證明那一種治療策略正確，對於這樣的混合病例來說，治療並沒有普遍的原則可以遵循。[14]

14 標準版註：從佛洛伊德的演講內容中，我們可以清楚地看出他很早就發現了「現實性」精神官能症的病因及其與精神神經症之間的區分。這個術語的第一次出現是在〈性欲在精神官能症病因學中的地位〉一文（1898*a*, *S. E.*, 3, p. 279），但其觀點至少可以追溯到一八九五年。在〈論「狂野的」精神分析〉一文的一個編者註中，列舉了詳盡的參考文獻（1910*k*, *S. E.*, 11, p. 224）。

第25講

焦慮
Anxiety

女士、先生們：

我在上一講[1]中所講述的有關一般[2]精神官能症狀態的內容，在你們看來一定是我的所有看法中最不完整的一部分。我知道這是事實，而且我想最令你們驚訝的莫過於其中居然未曾談及焦慮問題，[3]大多數精神官能症患者都抱怨焦慮是最

1 標準版註：佛洛伊德一生，始終關注著焦慮的問題；其觀點經歷了許多變化。他早期對此的主要討論見於兩篇論焦慮性精神官能症的論文（*1895b, 1895f*）；後期對此問題的主要討論則見於《抑制、症狀與焦慮》。在後文的編者導讀中可以找到對其觀點發展的一些說明（*1926d, S. E.*, 20, p. 78 f.）。我們應該牢記，他後來曾對本次演講的內容進行了某些重要的——有些是根本的——修正，他曾在《抑制、症狀與焦慮》的附錄A中概述了這些變化（*1926d, S. E.*, 20, pp. 157-164）。在更後期的《精神分析引論新編》第三十二講中，他以特別清晰的形式重述了自己最後的看法（1933*a*）。然而必須記住，恰如佛洛伊德本人在本書序言中所說的，本演講是本書發表時有關這一主題，最完整的討論。

2 標準版註：德文版原文是「Allgemeine」。在上一講中，佛洛伊德使用的都是「gemeine」（一般的，共同的）一詞。

3 標準版註：「angst」。在佛洛伊德有關焦慮性精神官能症的第一篇論文的編者附錄中，說明了這個字的英譯方式（1895*b*, *S. E.*, 3, p. 116）。雖「anxiety」——在與一般口語用法不同的意義上——是標準的譯法，但我們仍經常必須以諸如「fear」、「frightened」、「afraid」等字來翻譯。

令他們痛苦的事情，事實上，焦慮可能會變得非常強烈，而迫使他們採用最瘋狂的手段。而我卻似乎無意談及焦慮這一問題。這可冤枉我了，事實上，我特別關注精神官能症中的焦慮問題，非常希望與你們一起詳細討論。

我沒有必要為你們介紹焦慮本身，我們每個人都曾經歷過這種感覺，或更確切地說，這種情感狀態。但是，為什麼精神官能症患者比其他人更多、更強烈地遭受焦慮的痛苦呢？我認為這個問題尚未被認真地討論過。或許它被視為是一件理所當然的事情：「nervös」（神經質的）和「ängstlich」（緊張的）[4]兩個字通常可交替使用，彷彿它們的意義相同。但我們卻無權這樣做：有些「ängstlich」的人卻根本就不是「nervös」的人，而表現出很多症狀的「nervös」的人，卻反而沒有「ängstlich」的傾向。

然而，無庸置疑地，焦慮問題是一個核心點，在此匯集了最多也最重要的問題，一旦這個謎團被解開，一定能增益我們對我們整個心理生活的了解。我並不認為我能為你們提供一個完滿的答案，但你們肯定期待著精神分析在探討這一問題時採用一種完全不同於學院派醫學的方法。學院派醫學的興趣主要集中在焦慮狀態發生的解剖學路徑上。我們被告知患者的延髓受到了刺激，而患者了解到他所罹患的是一種迷走神經的精神官能症。延髓是一個非常嚴肅可愛的對象，我很清楚地記得許多年前我曾花了很多時間和精力來研究它。然而，我今日必須指出，若要從心理學的角度來了解焦慮，那麼最無關緊要的事情莫過於了解其刺激所經過的神經路徑了。[5]

一開始，人們很可能花了很多時間來研究焦慮，而不認為它是一種精神官能症狀態。當我稱這種焦慮為「現實性」焦慮，以對比於「精神官能性」焦慮時，你們立刻就會明白我的用意。在我們看來，現實性焦慮是某種非常合理而又明白易懂的狀態，我們可以說它是一個對某種外部危險的知覺的反應；也就是說，是對某種可預期或可預見的傷害的知覺反應。它與逃避反射有關，可以被看作自我保存本能的一種表現。至於焦慮出現在什麼場合，亦即出現在什麼對象面前及出現在什麼情境之下，當然在很大程度上取決於一個人的知識狀態，以及他面對外部世界時的掌控感。我們都相當清楚，野蠻人面對大砲時會恐懼，看見日蝕時會驚悸；相反地，一個既知道怎樣操縱大砲又能預測天象的白人，在同樣情況下卻能泰然處之。而在其他場合引起焦慮的正是知識本身，因為知識能使人們預知危險。例如，野蠻人在叢林中看見足跡時會感到驚恐，因為這警告他野獸就在附近，但對此一無所知的人卻無動於衷；一個經驗豐富的水手看見天上有一小塊烏雲，頓覺十分恐怖，因為這預示著颶風將至，但無知的乘客卻認為這似乎不足為怪。

經過更深入地思考，我們就會認識到，我們有關現實性焦慮的判斷——認為它是合理而有

4 標準版註：這些字並不等於英語口語的「緊張的」(nervous)和「焦急的」(anxious)。就其口語意義而言，「nervös」可譯做「神經過敏的」(nervy)或「神經質的」(jumpy)，「ängstlich」則可譯為「緊張的」(nervous)。「anxious」(焦慮的)一字在其通常用法中則更像德語單字「bekümmert」或「besorgt」。

5 標準版註：在大約三十歲時，佛洛伊德曾花了兩年時間來研究延髓的組織結構，並發表了三篇有關這一主題的論文，這些論文的摘要收錄於全集標準版(1885*d*, 1886*b* & 1886*c*, *S.E.*, 3, pp. 237-238)。

益處的——需要進行重大的修正。當危險逼近時，唯一有利的行為就是先對自己的力量進行冷靜的評量，並比較自己的力量與所面臨的危險大小，然後再決定最好的辦法是逃避、防禦，或是進攻。在這種情形下，根本就沒有焦慮的餘地；沒有焦慮，結果也會很好，甚至可能更好。事實上，你們會發現，過度的焦慮是一種最為不利的反應，它使一切行動都陷入癱瘓，甚至包括逃避在內。對危險的反應通常是焦慮情感和防禦行動的混合，受驚的動物表現出害怕並且逃跑，但有利的部分是「逃避」而不是「害怕」。

因此，人們會傾向認為焦慮的產生永遠是一件有害無益的事情。如果我們更仔細地剖析焦慮的情境，我們可能會看得更清楚些。首先要注意的是對危險的**準備**，這種準備表現為感覺敏銳度及運動張力的增加。這種預期性的準備對生存無疑是有利的；倘若沒有這種準備，很可能會產生嚴重的後果。緊隨此一準備而來的，一方面是運動活動——初步是逃避，高級點的則是積極防禦——另一方面則是我們所感覺到的那種焦慮狀態。如果焦慮的持續時間越短，而且只作為一個信號[6]，那麼這種焦慮的準備就越容易過渡到行動狀態，整個事態的發展也就越有利於個體的安全。因此在我看來，在我們所謂的焦慮中，焦慮的**準備**似乎是有利的成分，而焦慮的**產生**則為不利的成分。

我不想討論太多「焦慮」、「恐懼」和「驚悸」等名詞在我們的語言慣用法中是否具有相同意義的問題。我只能說，我認為「焦慮」與情境有關，而不管對象；「恐懼」所關注的則正是對象；至於「驚悸」，它似乎具有一種特殊的意義，它強調在沒有任何準備的情況下遇到危險所產生的效果。因此，我們可以說，一個人透過焦慮來保護自己免受驚悸。[7]

你們可能已發現「焦慮」一詞的用法有些模糊和不確定。說到「焦慮」，我們通常將它理解為知覺到「焦慮的產生」而引發的主觀狀態，我們將這種狀態稱為情感。那麼，情感在動力學意義上又是什麼呢？在任何情況下，它都是某種極為複雜的東西。情感首先包括特定的運動神經分布或釋放，其次還包括某些感覺；這些感覺有兩種：對已發生的運動行動的知覺和直接的快樂及痛苦感覺——而這種感覺賦予情感主要的基調。但我並不認為這種敘述已觸及到情感的實質。就某些情感而言，我們似乎可以有較深刻的了解，知道將我們所描述的這些成分連結在一起的核心是某種特別重要的經驗的重現。這種經驗只能是一種具有普遍性質的早期印象，它不屬於個體史，而屬於物種史。為了便於你們理解，我還可以說，情感狀態的構造與歇斯底里症發作是相同的，它們都是記憶的沉澱物；因此，歇斯底里症發作可以視為是新近形成的個體情感，而正常情感則可視為是業已成為遺傳的普遍歇斯底里症的表現。[8]

請你們不要認為我剛才所講的有關情感的觀點是常態心理學的老生常談。相反地，它們都

6 標準版註：焦慮作為「信號」的這種概念，是佛洛伊德後來說明焦慮的一個核心觀點，例如在《抑制、症狀與焦慮》（*1926d*）及《精神分析引論新編》中（*1933a*, *S. E.*, 22, p. 85）。

7 標準版註：參見後來在《超越快樂原則》（*1920g*, *S. E.*, 18, p. 12），以及在《抑制、症狀與焦慮》中所做的類似討論（*1926d*, *S. E.*, 20, pp. 164-165）。

8 標準版註：對歇斯底里症發作的這一解釋，佛洛伊德在早些年前所寫的有關此一主題的論文已曾提及（*1909a*, *S. E.*, 9, pp. 232-233）。此處有關一般情感的觀點可能是基於達爾文的解釋。達爾文曾將情感解釋為原本具有某種意義的行為的遺跡（1872）。佛洛伊德在一本早期著作中亦引用了達爾文的解釋（*1895a*, *S. E.*, 2, p. 181）。在《抑制、症狀與焦慮》中又重複了目前這一觀點（*1926d*, *S. E.*, 20, p. 93, 133, 84）。

根植於精神分析的土壤，都是精神分析特有的想法。你們從心理學中所獲得的有關情感的理論，如詹姆士—蘭格理論，都在我們精神分析師的理解或討論範圍之外。但是我們並不認為我們有關情感的知識是確切無疑的，它只不過是我們試圖在這個模糊領域內為自己找到前進方向所做的初步嘗試。然而，我將會繼續前進。我們相信自己知道那個在焦慮性情感中重現的早期印象是什麼，我們認為正是在**出生的動作**中，才產生了痛苦感覺、釋放的衝動和身體感覺的結合，這種結合已成了足以致命的危險所造成的影響的原型，以後我們就將它重現於焦慮狀態中。由於血液供給（內部的呼吸）的中斷而急劇增加的刺激是當時焦慮經歷的起因；因此，最初的焦慮是一種由有毒物質引起的焦慮。焦慮（Angst）——「angustiae」、「Enge」[9]——一詞強調的是呼吸受到抑制這一特徵，呼吸受到抑制在當時是一種真實處境的後果，現在則幾乎總是伴隨著這種情感出現。我們還認識到一個重要的事實：最初的焦慮源於與母體的分離。[10]當然，我們深信，經過無數代的繁衍，重現這種最初焦慮狀態的傾向已根植於生物之中，所以個體永遠無法逃脫焦慮情感，哪怕他像傳說中的麥克杜夫一樣很早就脫離了母體，不必親自體驗這種出生的動作，也擺脫不了這一命運。至於哺乳動物以外的其他生物，其焦慮狀態的原型究竟是什麼，我們還不清楚；同樣地，我們也不知道這些生物到底有什麼複雜的情感與我們的焦慮相對應。

對你們來說比較有趣的可能是想知道，一個人怎麼會產生這樣的想法，竟會認為出生的動作是焦慮情感的起源和原型。這種觀點並非推測的結果，而是得自於人們直覺的啟發。很多年前，我和許多年輕醫生在一家小餐館店吃午飯，一位來自婦產科的住院醫生跟我們說了一件發生在助產士畢業考試中的趣事。考官問一個考生，如果出生時羊水中混有嬰兒的胎糞（排泄物），這意謂著什麼；考生立刻回答道：「這意謂著此嬰兒受到了驚嚇。」她因此受到人們的嘲笑，連考試也沒有通過。我卻暗自同意她的觀點，並開始覺得這個可憐的、純靠直覺的婦女，以準確的知覺觸及到了一種非常重要的關係。[11]

讓我們現在轉而考慮精神官能性焦慮的問題。精神官能症患者的焦慮究竟表現出什麼新的形式和情境呢？這裡要說的很多。首先，我們發現有一種普遍的憂慮，一種自由漂浮的焦慮，它很容易依附於任何適合的意念上，影響判斷力，選擇所預期的事物，等待著任何可以讓它證明自己合理的機會。我們稱這種狀態為「預期性焦慮」或「焦慮性預期」。那些受此焦慮折磨的人總是預知種種可能的災難，視每一件偶然之事為不祥之兆，總是從某種壞的意義上去看待每

9 標準版註：這兩個拉丁詞和德文詞的意思是「狹窄的地方」、「狹窄的」；它們與「Angst」源於同一詞根。

10 標準版註：詳見下文。

11 標準版註：這一情節肯定是在八〇年代早期發生的，此處是有關這一軼事的唯一記載。佛洛伊德相信焦慮與出生之間關係的完整歷史過程，見於《抑制、症狀與焦慮》的編者序（*1926d, S. E.,* 20, pp. 84-86）。在這篇編者序中，提到佛洛伊德最早提出這一概念是在一九〇九年版的《夢的解析》的一個腳註中，出處同上，第五卷，頁四〇〇，而且此註很可能是在一九〇八年夏天寫的。但自這篇編者序出版後，在《維也納精神分析協會會議記錄》中，人們又發現了一個更早的紀錄（1962, I, p. 179）。在一九〇七年四月二十四日的一次會議上，斯特克爾宣讀了一篇關於焦慮性精神官能症的心理學和病理學的論文，據報導，阿德勒說了下面這段話：「一個人不必像佛洛伊德那麼大膽，他是在誕生過程中看見焦慮的；但是焦慮確實可以追溯到童年期。」在佛洛伊德繼阿德勒之後對這一討論所做的發言，以及任何其他人的發言中都沒有再提及這一問題。然而從這裡可以看出，佛洛伊德的假定至少在第一次發表的前幾年就已為維也納協會的成員所熟知了。

一件不確定之事。在許多不被視為有病的人身上，也可發現這樣一種預期災難的傾向，而被視為是一種性格特徵，人們稱他們是過度焦慮的或悲觀的。然而，這種過度的預期性焦慮構成了某種精神異常的普遍特點，我將這種異常稱為「焦慮性精神官能症」，並將它歸入「現實性」精神官能症一類。[12]

相對於這種焦慮，還有第二種焦慮。它在心理上有所連繫[13]，依附於特定的對象或情境，這就是各式各樣且經常非常奇特的「畏懼症」。著名的美國心理學家史坦利・霍爾（一九一四）最近不厭其煩地用了一些優美的希臘語來命名一系列的畏懼症，聽起來就像是埃及的十種瘟疫，只是其數目遠超過十個而已。[14]請聽聽下面這些可以成為畏懼症對象或內容的東西：黑暗、天空、空地、貓、蜘蛛、毛蟲、蛇、老鼠、暴雨、利刃、血、圍場、群集、獨居、過橋、航海和乘火車旅行等等。要理清頭緒，不妨將這些雜亂無章的東西分成三組。第一組的對象和情境就連正常人看來也是神祕可怕的，它們的確與危險有著某種關係；因此，儘管這些畏懼症的強度已被誇大，但仍未讓我們難以理解。例如，遇見蛇時，很少有人能保持一種趨近、喜愛的心態，可以說蛇的畏懼症是人類的一個普遍特徵。達爾文（一八八九，頁四〇）曾生動地描述他看到一條蛇向自己撲來時禁不住恐懼的情景，即使他知道中間尚隔著一塊厚玻璃板，他不會遭到蛇的襲擊。現在我們可以談談第二組的情況了，在這組案例中，對象或情境與危險的關係仍然存在，不過我們常常忽視這種危險，並不會預期它的到來。絕大多數的情境畏懼症都屬此類。我們知道，乘火車旅行比呆坐在家裡更有可能遇到危險——有可能發生火車相撞的事故；我們也知道，乘船時，船可能會下沉，而有被淹死的危險；然而，我們並沒有想到這些危險，仍無憂無慮地坐車和乘船旅遊。無疑地，我們正在過橋時，橋也可能忽然斷塌，我們也會從橋上掉入河中，但這種情況很少發生，以致人們並不將它視為一種危險。獨居也有危險，所以在某些情況下，我們也避免獨居，但這並不是說我們在任何情況下都不能忍受暫時的獨居。群眾、封閉空間、雷雨等等也多是如此。在這些精神官能症患者的畏懼中，令我們奇怪的部分與其說是它們的內容，還不如說是它們的強度。畏懼症的焦慮是勢不可擋的。有時我們覺得，精神官能症患者所害怕的東西，絕不是他們所謂的這些在特定情況下也會讓我們感到焦慮的事物或情境。

現在讓我們來討論第三組畏懼症，這種畏懼症很難為我們所理解。例如，一位強壯的成年人在自己熟悉的家鄉竟會害怕從街上走過或穿過廣場；一位健康的婦女竟會因為一隻貓擦身而過，或一隻老鼠從房間穿過而大驚失色。我們怎麼將這些事物與這些人所憂慮的危險連繫起來呢？就這種動物畏懼症來說，它顯然不是一般人的畏懼強度增加了的問題；相反地，許多人一見到這些動物會情不自禁地想逗逗牠、摸摸牠。令許多婦女如此害怕的老鼠在德國同時也是一個表達感情的重要詞語，一些姑娘很樂意聽她的情人叫她「小老鼠」，可是一看見老鼠又會尖叫起來，產生一種害怕的感覺。就一個患有懼曠症的男人而言，我們能做的唯一解釋是他的表

12 標準版註：參見佛洛伊德對焦慮性精神官能症的最初說明（1895*b*）。
13 標準版註：不是自由浮動的。
14 標準版註：事實上，史坦利．霍爾列舉了其中的一三二種。參見厄尼斯特．瓊斯（1916）對其論文的評論。史坦利．霍爾起初是佛洛伊德的支持者，正是他於一九〇九年邀請佛洛伊德赴美國演講，不過他後來成了阿德勒的追隨者。

現就像一個小孩子。小孩子實際上是在受過教育後才不將此視為危險的情境而加以逃避；事實上，如果我們陪著懼曠症的患者一起穿過廣場，那麼他也不會感到焦慮。

我剛才所描述的這兩種形式的焦慮——自由漂浮的預期性焦慮和與畏懼症密切相關的焦慮——是各自獨立的。某一種焦慮並不是另一種焦慮的更高階段；它們只在某些特例中同時出現，而且純粹是出於偶然。畏懼症患者並不一定會表現出最強烈的普遍性憂慮，那些整個生活都受到懼曠症限制的人可能完全沒有悲觀的預期性焦慮。某些畏懼症——例如懼曠症和鐵路畏懼症——可以證明是在長大後才罹病的；另一些畏懼症——例如害怕黑暗、雷雨和動物——則似乎是與生俱來的。前者被視為是嚴重的疾病，後者則看起來更像是怪癖或怪念頭。如果一個人表現出後者中的某一種畏懼症，那麼人們通常可以推測他還有其他類似的症狀。我必須補充一點，即我們把所有這些畏懼症都歸入**焦慮性歇斯底里症**一類；也就是說，我們將它們視為一種與我們所熟悉的轉化性歇斯底里症[15]有密切關聯的異常（第二十四講）。

第三種形式的精神官能性焦慮令我們迷惑不解：這種焦慮和即將來臨的危險毫無關係。例如，焦慮可在歇斯底里症中出現，伴隨歇斯底里症症狀發生，或出現在某種偶然的刺激條件下，我們確實預期到會有某種情感的表現，但根本未想到會是焦慮情感；或它的出現與任何決定因素無關，只是一種沒有任何原因的焦慮，不但我們，甚至患者也無法理解。不管我們怎麼誇大事實，也看不出有任何危險或任何原因的跡象。後來我們從這些自發的病症中了解到，這種我們稱為焦慮狀態的複雜情況可分為多種成分。整個病症可透過一種單一的、急遽發展的症狀表現出來，例如透過顫抖、暈眩、心悸或呼吸困難等；我們確認為焦慮的普遍感覺則可能不存在或難以辨認。然而，在所有臨床和病因學的層面上，我們必須將這些我們稱之為「焦慮的相等物」的狀況等同於焦慮。

現在出現了兩個問題。我們能將精神官能性焦慮（其中，危險起的作用很小，甚至不起作用）與現實性焦慮（對危險的一種反應）連繫起來嗎？我們怎樣才能了解精神官能性焦慮呢？我們當然傾向於期望凡是有焦慮出現的地方，必定有讓人感到害怕的事物。

臨床觀察為我們提供了許多了解精神官能性焦慮的線索，現在擇要略述如下：

（a）不難證實，預期性焦慮或普遍憂慮在很大程度上取決於性生活的某些事件，或說原欲應用的某些方式。就此事實而言，那些表現出所謂興奮受阻的人是最簡單且最有啟發性的例子。在他們身上，強烈的性興奮沒有得到充分的釋放，無法獲得最終的滿足；例如，訂了婚但尚未結婚的男人、丈夫性無能的女人，或是因為避孕而未完成性行為的人。在這種情況下，原欲興奮消失，焦慮取而代之，它可能是以預期性焦慮的形式出現，也可能是以焦慮相等物發作的方式出現。以中斷性行為來避孕（如果成了性生活的一種固定方式）是男性焦慮性精神官能症的重要原因，對女性來說更是如此；醫生在治療這種病症時，應該從探查這一病源著手。無數的病例說明，一旦中止這種性的陋習，焦慮性精神官能症就會消失。

15 標準版註：佛洛伊德在「小漢斯」案例史中第一次針對焦慮性歇斯底里症做了較詳盡的討論（1909*b*, *S.E.*, 10, p. 115 f.）。在其早期論文〈強迫症與恐懼症〉的一個編者附錄中，敘述了他不斷變化的恐懼症觀點（1895*c*）。

就我所知，性的限制與焦慮狀態之間的關係已為人們所承認，就連未曾接觸過精神分析的醫生也不再駁斥這一個觀點。但我相信，他們仍企圖倒轉這一關係，認為這些人本來就有憂慮的傾向，因此才在性行為上受到限制。然而，這正好與女人的行為相牴觸，女人的性活動基本上是被動的，也就是說，是由男性對待它們的方式所決定的；情欲越強烈的女人——因此也就越渴望性交，越有可能得到滿足——就越會對男人的陽萎或性交中斷表現出焦慮，而對那些對性交不感興趣或原欲較為缺乏的女人來說，這種折磨所起的作用卻要小得多。

當然，當無法找到滿意釋放途徑的原欲相應地強烈，而又得不到昇華時，醫生們所熱心提倡的禁欲在焦慮狀態的產生中也有著同樣的重要性。的確，確定結果是否致病要依數量的因素而定。拋開疾病不談，單就性格形成這一點來說，就很容易看出性的限制與某種焦慮及猶豫常常同時出現，而大無畏的冒險精神則往往與性需求的任意放縱有關。無論這些關係在文化的影響下發生什麼樣的改變和複雜化，對一般人來說，焦慮與性的限制仍有著密切的關係。

我主張原欲與焦慮之間有著發生上的關係，有很多觀察可以支持我的這一主張，而我只談了其中的一小部分。例如，生活的某些階段，青春期和更年期，原欲生產大量增加，可能會對焦慮症造成影響；在某些興奮狀態中，也可以直接觀察到原欲和焦慮的混合，及最終由焦慮取代了原欲。從所有這些事實中，我們會得到兩部分的印象：首先，我們所談論的是沒有被正常運用的原欲的積聚；其次，我們完全是在軀體過程的領域中。焦慮是怎樣起源於原欲，現在還不清楚；我們只發現原欲消失了，而焦慮取代了它的位置。[16]

（b）第二個線索可在精神神經症的分析，特別是在歇斯底里症的分析中找到。我們已經看到，在這種疾病中，焦慮常常伴隨著症狀出現，但也會出現一些沒有對象的焦慮，而表現為突然的發作或是慢性的狀態。患者說不出他們害怕的究竟是什麼，並常常藉助潤飾作用（第十一講）將它與最初想到的畏懼之物——例如死、發狂或中風等——連繫起來。如果對焦慮（亦或焦慮所伴隨的症狀）發生的情境進行分析，我們通常可以發現心理事件中究竟是哪一種常態過程未能發生，而為焦慮現象所取代。換一種方式說：我們可以建構無意識過程，好像它從未經歷過潛抑，毫無阻礙地進入意識一樣。（第十九講）這一過程伴隨著某種特殊的情感，令我們吃驚的是，我們了解到這種伴隨著事件的正常過程的情感，無論其本身是什麼性質的情感，在潛抑發生之後總是會被焦慮所取代。因此，當我們處於一種歇斯底里性的焦慮狀態時，其無意識中的相關物可能是一種性質類似的衝動，例如焦慮、羞愧、尷尬等，也可能是一種積極的原欲興奮，或是一種敵意的攻擊性情感，例如憤怒或生氣等。因此，如果與焦慮有關的意念內容受到潛抑，那麼焦慮就會成為一種通用的貨幣，可用來交換**任何**的情感衝動。[17]

（c）我們的第三個發現是在那些受強迫行為折磨的病人身上獲得的，這些病人似乎以某種奇怪的方式免除焦慮。如果我們阻止他們進行某種強迫行為，例如洗手或其他儀式，或如果他們自己想試著放棄某種強迫行為，他們就會被極為可怕的焦慮所迫而不得不屈服。我們可以看出，這種焦慮被這種強迫行為所掩蓋，人們之所以有這種行為，乃是為了避免焦慮。因此，在

16 標準版註：以上四段在很大程度上是對佛洛伊德的第一篇有關焦慮性精神官能症論文（1895*b*）的摘要。
17 標準版註：參見〈潛抑〉這篇關於後設心理學的論文（1915*d*, *S. E.*, 14, p. 152 *f.*）。

強迫性精神官能症中，原本要產生的焦慮就被症狀的形成所取代。如果我們將視野轉向歇斯底里症，則會發現一種類似的關係：潛抑過程的結果可能產生一種單純而又簡單的焦慮，或產生一種伴有某種症狀形成的焦慮，或產生一種沒有焦慮但更為完整的症狀形成。因此，在抽象意義上，症狀的形成只是為了逃避一種除此之外無法避免的焦慮的產生，這種主張似乎是正確的。假如我們採納這種觀點，則可以說，在精神官能症問題中，焦慮是一個最令我們感興趣的問題。

從對焦慮性精神官能症的觀察中，我們可得出如下結論：原欲若失去了自身正常的運用就會引起焦慮的發生，並且是在軀體過程這個領域裡發生。對歇斯底里症和強迫症的分析還可得出另一個結論，即**心理**動元的拒絕也可以使原欲失去正常的運用而引起焦慮。因此，這就是我們所知的精神官能性焦慮的起源。雖然它聽起來仍很不明確，但我暫時還未發現可引導我們繼續前進的途徑。我們自己提出的第二個問題——即證實精神官能性焦慮（原欲受到不正常的運用）和現實性焦慮（對危險的反應）之間的關係——似乎更難解決。人們也許認為這兩種焦慮是兩種根本不同的東西；然而，我們尚無辦法區分我們在現實性焦慮和精神官能性焦慮中的感受。

如果我們將我們時常所斷言的自我和原欲之間的對立作為起點，那麼，我們最終便能找到我們所尋求的這種關係。我們知道，焦慮的發生是自我對危險的反應和逃避的信號。（參見前文）如果事情真是如此，那麼，人們似乎可以假定，在精神官能性焦慮中，自我也在企圖逃避其原欲的要求，也在對付這種體內的危險，彷彿它是一種體外的危險似的。因此，我們的期望將獲得滿足：有焦慮出現的地方，必有人們所害怕的東西。但是這個類比還可進一步引申，恰如逃避外部危險的企圖可由站穩腳跟、採取有利的防禦措施來取代一樣，精神官能性焦慮的產生也可讓位於症狀的形成，進而使焦慮受到束縛。

現在看來，理解的困難還在別處。人們可以假定，焦慮作為自我對自身原欲的一種逃避，其實也正是起源於原欲本身。這一點晦澀難懂。我們必須記住，一個人的原欲基本上是他自己的一部分，不能視為身外之物。它是焦慮產生的「地形動力學」問題，我們現在對此仍不清楚——在那個過程中究竟產生了什麼心理能量，這些心理能量究竟起源於什麼心理系統等等，這又是一個我不敢保證能回答的問題。但我們還有兩條應予探索的線索，進行這些探索時我們將再次利用直接觀察和分析調查以幫助我們思索。接下來我們將把視野轉向兒童焦慮的發生以及與畏懼症有關的精神官能性焦慮的起源問題。

在兒童身上，憂慮是十分常見的事情，但要區分它是精神官能性焦慮還是現實性焦慮卻似乎很困難。研究了兒童的行為之後，做出這種區分的價值便會受到質疑。因為一方面，假如兒童對所有陌生人或新的情境、新的東西感到害怕，我們不會感到奇怪；我們很容易將這種反應解釋為他的軟弱和無知。於是，我們便認為兒童有一種強烈的現實性焦慮的傾向，倘若這種憂慮是一種先天的遺傳特徵，那麼我們應該將它視為一種非常有利的安排。兒童只不過是在重複史前人類和現代原始民族的行為，由於其無知和無助，他們害怕每一件新奇的事物以及許多現在已為我們所熟悉而不再引起焦慮的東西。如果兒童的畏懼症至少有一部分與我們所認為的人類發展原始時期的行為相同，那麼這正符合我們的期望。

另一方面，我們不能無視下述事實：並非所有兒童的焦慮都具有相同的強度；那些對各種對象、情境都特別膽怯的兒童長大後往往成為精神官能症患者。因此，精神官能症傾向也是透過直接的現實性焦慮傾向表現出來；似乎憂慮才是一種本質性的東西，我們的結論是：兒童和後來的年輕人之所以害怕自己原欲的強度，事實上是因為他們害怕一切東西。由此可見，焦慮起源於原欲這種說法應受到否定；如果對現實性焦慮的決定因素進行研究，那麼，人們便可得出下述結論：如果對自身軟弱和無助的意識——即阿德勒所說的：「自卑感」——能從童年期一直延續到成年，它便是精神官能症的最終基礎。

這聽起來既簡單又動聽，因而會引起我們的注意。事實上，這一觀點改變了精神官能症之謎的性質。這種「自卑感」——因此也就是決定焦慮和症狀形成的因素——似乎確實可以持續到成年，因此需要解釋的是，我們所謂的健康狀態作為一種例外情況究竟是怎麼樣發生的。但是透過對兒童的憂慮進行仔細研究，我們發現了什麼呢？一開始，兒童害怕的是陌生人；情境之所以變得重要，只是因為這些情境中涉及到了人，而非人的事物是一直到後來才成為兒童害怕的對象。但是兒童害怕這些陌生人，並不是因為他認為這些人不懷好意，並將自己的弱小與他們的強大相比較，從而認為這些人會危及自己的生存、安全和快樂。認為兒童缺少信任且害怕支配世界的攻擊本能，這其實是一種完全錯誤的理論建構。兒童對陌生的面孔感到害怕是因為他已習慣於看到熟悉和親切的身影——尤其是母親。正是他的失望和渴望轉變成了焦慮——事實上，其原欲由於沒有得到運用，又不能懸擱，因此只好以焦慮的形式釋放出來。這絕不是偶然，這種情境乃兒童焦慮的原型，是出生時——亦即與母體分離時——原初焦慮狀態的決定因素的重現。[18]

兒童最初畏懼的情境是黑暗和獨處。前者經常會持續終生；當兒童感覺某個照顧他而為他所鍾愛的人——也就是他的母親——不在身邊時，就會產生這兩種恐懼。我曾聽過一個害怕黑暗的孩子在隔壁房間大聲喊叫：「阿姨，跟我說話，我很害怕！」「那有什麼用呢？你又看不見我。」這個孩子回答道：「如果有人說話，房間裡就會亮一些。」[19]於是，在黑暗中感受到的**渴望**就轉變成了對黑暗的**恐懼**。精神官能性焦慮絕非只依附於現實性焦慮，是現實性焦慮的一個特例；相反地，我們發現在兒童身上某些像是現實性焦慮的情感，其實與精神官能性焦慮共有著某些基本特點——即起源於沒有得到運用的原欲。兒童似乎天生極少有現實性焦慮，在所有那些後來可能成為畏懼症決定因素的情境裡（例如登高、過窄橋、坐火車旅行、乘船等），兒童均沒有表現出焦慮。事實上，他們知道得越少，焦慮也就越少。假如他們能透過遺傳獲得更

18 標準版註：這是佛洛伊德首次明確地主張與母親分離是焦慮起源的一個首要因素，雖然他在前文即已提及，也曾在早期著作暗示過這種觀點。在《抑制、症狀與焦慮》的編者序中可找到對此所做的說明（1926*d*, *S. E.*, 20, p. 82）。在後一本著作中，這個問題得到了更詳盡的討論（1926*d*, *S. E.*, 20, pp. 136-138, 151）。在《自我與本我》中也略有提及（1923*b*, *S. E.*, 19, p. 58）。

19 標準版註：這一軼事（以略為不同的方式）亦見於佛洛伊德《性學三論》第三篇論文的一個腳註（1905*d*, *S. E.*, 7, p. 224）。

多的這種保護生命的本能，[20]那當然是再好不過，因為這將極有利於對他們的照料，使他們免於遭遇種種危險。實際發生的情況是，兒童一開始總是高估自己的力量，表現得無所畏懼，因為他們不知道危險的存在。他們沿著水邊奔跑、爬上窗台、揮舞利器並玩火——總之，做一切肯定會傷害他們而又讓照護者擔憂的事情。現實性焦慮最終在他們身上被喚醒完全是教育的結果，因為人們不會讓他們在自己的痛苦經歷中學習。

於是，倘若有些兒童順利地受到教育的影響而產生了現實性焦慮，並能自己發現那些未被告誡過的事物的危險性，我們可以做出這樣的解釋：與其他兒童相比，這些兒童的體質裡有更多的先天原欲需求，或是他們已過早地被原欲滿足所寵壞。無疑地，這些兒童裡也包含了後來罹患精神官能症的人：如我們所知，無法長期忍受大量原欲淤積是最有利於精神官能症發展的因素。你們會注意到這裡再次有體質因素在發生作用——對此，我們從未有過異議。我們所反對的僅是將體質因素視為唯一的因素，而忽視所有其他因素的作用；以及當觀察和分析結果表明體質因素毫無作用或無足輕重時，仍將一切都歸之於體質因素的作用。

讓我總結一下我們由兒童憂慮的觀察中所了解到的東西。幼兒的焦慮與現實性焦慮關係不大，而與成人的精神官能性焦慮密切相關。與精神官能性焦慮一樣，它也起源於沒有得到運用的原欲，亦透過外部對象或情境來替代所失去的愛的對象。

你們會很高興地聽到，對畏懼症的分析並沒有告訴我們多少新東西。因為在畏懼症和兒童的焦慮中發生著相同的事情：無處發洩的原欲不斷地轉化為一種明顯的現實性焦慮，因此一種微不足道的外界危險便成了原欲要求的代表。畏懼症和兒童的焦慮之間的這種一致性是不足為怪的，因為幼兒畏懼症不僅是後來的畏懼症——我們將其歸為「焦慮性歇斯底里症」——的原型，也是它們的先決條件和序曲。每一種歇斯底里性畏懼症都可追溯到幼兒的焦慮，而且是它的延續；即便它具有不同的內容，而必須具有不同的名稱。這兩種異常的不同之處在於它們的機制。對成人而言，雖然原欲暫時得不到釋放，但也不至於轉變成焦慮，成人早已學會了怎樣懸擱這種原欲，怎樣用其他方式運用它。然而，如果他的原欲附屬於某種受到潛抑的心理衝動，那麼與尚沒有意識和無意識區分的兒童類似的情形就會再度出現；而藉著退化到幼兒期的畏懼，成人的原欲便獲得了一條通路，能輕易地轉化為焦慮。

你們還記得，我們已詳盡地討論過潛抑作用，[21]但那時我們總是只注意那個被潛抑的意念的命運——這是很自然的，因為它較易於認識和描述。我們總是遺留了一個問題，即那個附屬於被潛抑意念的情感究竟發生了什麼變化。直至現在我們知道，無論這個情感在正常的事態發展中表現出什麼特徵，它的命運都將是轉化成焦慮。然而，情感的這種轉化乃是潛抑過程一個更為重要的部分。要說明這一點並非易事，因為我們不能像主張無意識意念的存在一樣主張無意識情感的存在。[22]一種意念無論是意識的或是無意識的，它都保持不變；我們能說出相當於

20 標準版註：這是極少數佛洛伊德使用「Instinkt」一詞，而不是他常用的「Trieb」的情況之一。
21 標準版註：在本書第十九講。
22 標準版註：有關下述內容的更多資料，請參見〈論無意識〉這篇後設心理學論文的第三節（1915e, *S.E.*, 14, pp. 177-178）

無意識意念的東西究竟是什麼。但情感卻是一種釋放過程，判斷它的方式亦完全有別於意念；如果我們對心理過程的假設不進行更深刻的思考和澄清，那麼我們就不能說出與無意識的情感相當的東西到底是什麼。我們現在還不能對此加以討論，然而，我們要強調我們已經獲得的印象，即焦慮的產生與無意識系統有著密切的關係。

我已說過，原欲轉化成焦慮——比較好的說法是，以焦慮形式釋放出來——是受到潛抑的原欲的直接演變。現在還必須補充一點：轉化成焦慮並非受潛抑的原欲，唯一或最後的命運。在精神官能症中，有一種試圖阻止焦慮產生的過程在運作，而且這種過程甚至會運用各種方法來達到自己的目的。例如，在畏懼症中，我們可以清楚地區分這種精神官能症過程的兩個階段。第一個階段涉及潛抑和原欲轉化為焦慮，而與外界危險發生連繫。第二個階段在於建立各種防禦措施，以避免接觸到這一危險——將其視為外界事物來加以防禦。潛抑相當於自我逃避原欲——自我覺得原欲是一種危險——的嘗試；畏懼症則可被比喻為用來抵擋外界危險的堡壘，而這一外界危險現在代表著那個可怕的原欲。這一防禦系統的弱點當然是在於，強化防禦外界危險的堡壘，仍易受到來自內部的襲擊。把原欲的危險投射於外，這是永遠無法完全做到的。[23]因此，在其他精神官能症裡，便有其他防禦系統的運用以抵抗可能產生的焦慮。這是精神官能症心理學中的一個非常有趣的部分，但不幸的是，要討論這一問題，將使我們離題太遠，並且還需要更深奧的專業知識作為前提。我只想補充一點，我已經為你們講過「反精神灌注」(第二十三講)，自我在潛抑過程中使用過它，以後將繼續使用，以確保潛抑作用的穩定性。這種反精神灌注的任務是運用各種不同形式的防禦方法，以抵禦潛抑後焦慮的產生。

讓我們再回到畏懼症問題上，我可以很有把握地說，你們現在已經明白了僅試圖解釋畏懼症的內容，僅研究某個事物或某個特定情境何以會成為畏懼症害怕的對象，是絕對不夠的。畏懼症的內容僅有著與顯夢相同的重要性。我們必須承認，在一定的條件下，畏懼症內容中有許多事物或情境是由於物種遺傳的原因而被用來作為焦慮的對象，正如史坦利·霍爾（一九一四，頁四九四）所主張的那樣。事實上，這一事實與下述事實是相互符合的：許多焦慮對象只能透過某種象徵關係建立起它們與危險的連繫。

因此，我們確信焦慮問題在精神官能症心理學中占有核心地位。我們深感焦慮的產生與原欲的演變及無意識系統有著密切的連繫。我們的觀點只剩下一個缺口，一個尚未整合而又無可爭議的事實：現實性焦慮也是自我的自我保存本能的一種表現。[24]

和《自我與本我》（1923*b*, *S.E.*, 19, pp. 22-23）。

23 標準版註：在〈潛抑〉（1915*d*, *S.E.*, 14, p. 155），及〈論無意識〉（1915*e*, *S.E.*, 14, pp. 182-184）中，有更多關於畏懼症結構的技術性說明。

24 標準版註：這一困難會在下一講結尾時再次談到。

第26講

原欲理論與自戀

The Libido Theory and Narcissism

女士、先生們：

我們曾多次談及自我本能和性本能之間的區別（最近的一次是在第二十二講）。首先，潛抑向我們表明，這兩種本能可以相互對抗，致使性本能表面上被征服，不得不透過退化和間接的途徑尋求滿足，以補償它們在前進道路上所受的挫折。其次，我們了解到這兩種本能從一開始就與必要性這位教育者（第二十二講）有著不同的關係，所以，它們的發展過程不同，與現實原則的關係也不一樣。最後，我們似乎已經發現，較自我本能而言，性本能與焦慮情感狀態的關係要密切得多——這個結論似乎僅在某一重要方面尚欠完滿。因此，為了使這個結論更堅實，我請大家注意下述事實：即使饑、渴（自我保存本能的兩個基本成分）沒有得到滿足，它們也絕不會轉化成焦慮；相反地，如我們所知，未被滿足的原欲轉化成焦慮是最為我們所熟知、且最常觀察到的現象之一。

無疑地，我們有著足夠的理由將自我本能從性本能中分離出來：性生活作為個體的一種特殊活動，其存在就已說明了這一點。唯一的問題是，我們認為這個區分究竟有什麼重要性，以及我們希望在什麼角度上看待這種區分。然而，對這個問題的回答還得視下述兩點而定：（1）性本能在身體和心理上的表現與自我本能究竟有多大的不同，我們能否加以確定；（2）由這些差別所引起的結果到底有多重要。此外，我們當然不想主張這兩種本能之間存在著本質上的差異，如果這種差異並無法清楚地察覺到的話。它們二者不過是個體能量來源的名稱，要討論它們在本質上是同一的或是不同的，以及它們是在什麼時候——如果它們本是同一的話——分開的，絕不能只根據這些名稱的含義，而必須以它們背後的生物學事實為根據。我們現在對這些事實所知甚少，而且即使我們知道得更多一些，它也與我們的分析工作無關。

顯然地，如果我們以榮格為榜樣，堅持認為所有本能都源出於一，並將它們所展現的能量都稱為「原欲」，並不能得到什麼助益。既然沒有辦法將性機能從心理生活中排除，我們便不得不談到性的和非性的原欲。但是原欲這個名稱仍然適合留給性生活的本能力量，像我們迄今所做的那樣。

因此，在我看來，這一問題——對性本能和自我保存本能之間這種無疑是合理的區分，我們究竟應區分到何種程度——對精神分析來說無關緊要。精神分析也沒有能力回答這一問題。然而，生物學可以從很多方面證實這種區分的重要性。事實上，性生活乃是生物體的單一機能，它超越個體，並與個體與物種的關係有關。這種機能與個體的其他機能一樣，並不總是為個體帶來好處，相反地，為了獲得那蕩氣迴腸的快樂，它還常常為個體帶來危及生命的危險。也很可能，為了保存個體生命的一部分以傳遞給後代，需要某種有別於其他過程的特殊代謝過程。最後，雖然個體將自己看得很重要，認為性生活也像其他機能一樣，是使自己獲得滿足的手段，但從生物學的角度來看，個體不過是物種繁衍歷程中的一小段，和不朽的胚漿相比，它的生命是極其短暫的——就像胚漿的臨時寄身之所一樣。[1]

然而，精神分析在解釋精神官能症時並不需要考慮得這麼廣泛。對性本能和自我本能進行區分有助於我們發現理解移情性精神官能症的關鍵。我們已能從它們追溯到某一基本情境，在這一情境中，性本能與自我保存本能相牴觸，或用生物學的術語（儘管不很準確），在這種情境中，自我的一個層面（作為一個獨立的個體生物）與自我的另一層面（作為種系延續的一員）發生了衝突。這種分歧也許只發生於人類，因此一般說來，精神官能症可能正是人類優於動物之處。人類原欲的過度發展和精密複雜的心理生活的發展——這或許正是因原欲的發展而來的——似乎為這種衝突的發生創造了決定因素。顯然這也是人類超越動物取得巨大進步的決定因素。因此，人類易受精神官能症的影響不過是他們的其他才能的反面。但這也只是推測，並且它已使我們背離了目前的任務。

迄今，我們的工作一直立足於這樣一個前提：我們可以根據其表現區分自我本能和性本能。就移情性精神官能症而言，我們可以毫無困難地做出這樣的區分。我們將自我指向其性欲對象的能量灌注稱為「原欲」；而將自我保存本能的其他能量灌注稱為「興趣」。[2] 透過探索原

1 標準版註：佛洛伊德在《超越快樂原則》，特別是在第六章，進一步發展了這個生物學論點（1920g）。
2 標準版註：本講經常出現「自我興趣」一詞，有時則以「利己的興趣」或「興趣」等形式來代替。佛洛伊德在他〈論

欲灌注的過程、轉化及最後的演變，我們便能初步了解心理能量的機制。為了達到這一目的，移情性精神官能症提供了最為珍貴的材料。但是，我們仍不了解自我的各種結構組織、建構及機能模式。我們不得不假定，只有分析其他的精神官能異常，我們才能獲得對此問題的必要的洞見。

我們很早就開始將精神分析的觀點擴展到這些其他的疾病上了。早在一九〇八年，卡爾·亞伯拉罕在和我交流了想法之後，就已主張早發性痴呆症（其被認為是精神病的一種）的主要特徵是**對象原欲灌注的缺乏**。但問題隨之而來：早發性痴呆症患者的原欲既已離開了它的對象，那麼它會發生什麼樣的情況呢？亞伯拉罕毫不猶豫地回答道：它轉向自我，**這種反向的轉向是早發性痴呆症中誇大妄想的來源**。這種誇大妄想就好比人們所熟悉的（正常的）戀愛時對愛人的過高評價。[3]於是，藉著與正常情欲生活的比較，我們第一次了解到精神病的一個特點。

我可以立刻告訴你們，亞伯拉罕的這些初步解釋已為精神分析所接受，並已成為我們理解精神病的基礎。因此，我們慢慢地熟悉了下述觀點：原欲雖然依附於某些對象，並且表現為想在這些對象上獲得滿足的努力，但也可能離開這些對象而以自我加以取代。這一觀點逐漸發展得更為完整。保爾·納基（一八九九）曾描述一種性倒錯，在這種性倒錯中，成人會以所有一般用於愛撫外界性對象的方式，愛撫自己的身體，他將其稱為「自戀」，而我們就借用此一名稱來描述這種原欲的分配方式。[4]

稍加思考我們就能發現，如果這種原欲對於自己身體和人格——而非對於對象——的固著確實發生了，那它就不可能是一種例外或毫無意義的事件。相反地，這種自戀可能是一種普遍而原始的事態，先有了這種事態，然後才由此發展出對客體的愛，而且自戀也不必因此而消失。實際上，從對象原欲的發展史中，我們應該記得，許多性本能一開始都是在自己身體上尋求滿足——類似我們所說的**自體性欲**（第二十講）——而且這種自體性欲的能力乃是性欲在現實原則的教育過程中落後的原因（第二十二講）。如此，自體性欲便成了原欲分配的自戀階段的性活動。

為了使問題簡單些，我們可藉助於動物學的比喻，向你們更清楚地勾畫出自我原欲和對象原欲之間的關係。想想最簡單的生物體吧，它們是由一團未分化的原生質所組成，它們會伸出所謂的偽足，而其身體的物質會流入這一突出部位中。然而它們也能縮回這些偽足而重新變作一團。於是，這些偽足的伸展就好像是原欲向對象的投射，此時原欲的主要部分仍繼續存留於自我中；我們假定，在正常情況下，自我原欲可以毫無阻礙地轉化成對象原欲，對象原欲亦能

自戀〉這篇論文中首次使用這一術語（1914*c*, *S. E.*, 14, p. 82）。之後，它也多次出現於一九一五年有關後設心理學的論文中。在這些文章中（就像在本講中一樣），他經常用這一術語將自我保存的力量和原欲區分開來。自戀這一概念的引入使得這一區分較不清楚，但很顯然地，在這整講中（特別參見最後一段），佛洛伊德竭盡全力將自我原欲（或自戀性原欲）與自我興趣（或自我保存本能）區分開來。然而不久之後，他便放棄了這種嘗試，並在《超越快樂原則》中宣稱自戀性原欲「必然等同於『自我保存本能』」（1920*g*, *S. E.*, 18, p. 52）。他仍繼續相信，除了原欲本能之外，還有其他的對象本能——也就是他稱為破壞本能或死亡本能的那些本能。在本書發表之後，「興趣」這個詞便不再出現。〈本能及其演變〉的編者註中，關於這一點有較詳細的說明（1915*c*, *S. E.*, 14, p. 113 f.）。

3 標準版註：佛洛伊德在《性學三論》的第一篇文章中討論了這一點（1905*d*, *S. E.*, 7, p. 150 f.）。

4 標準版註：這個術語在某種程度上要歸功於哈夫洛克．靄理士，請參見佛洛伊德有關自戀的論文的一個編者註中的完整討論（1914*c*, *S. E.*, 14, p. 73 n.）。這篇論文是佛洛伊德對自戀問題的主要論述。

重新回到自我之中。[5]

有了這些觀點的幫助，我們現在就可以解釋整個心理狀態，或謙虛一點說，能夠用原欲理論來描述它們——描述那些我們必須視為正常心理生活的狀態，例如一個人在戀愛、生病或睡眠時的心理行為。就睡眠狀態而言，我們假定它是基於離開外部世界，並且接受睡眠的欲求。（第五講）我們發現，夢裡所表現的夜間心理活動遵從睡眠這一欲求，並完全受利己動機的控制。（第九講）根據原欲理論，我們現在還可以補充一點，即在睡眠時，所有的對象灌注，無論是原欲的還是利己的，都被放棄而撤回到自我之中。這難道不能使我們對於睡眠的恢復功效以及一般疲勞的性質有一個新的了解嗎？以這種方式，我們便在心理意義上完成了對睡眠者每晚在我們面前所再現的那種極樂而與外界隔絕的子宮內生活的描繪。在睡眠者身上，原欲分配的原始狀態得到恢復——完全的自戀；在這種完全的自戀中，原欲和自我興趣仍融為一體，難以區分，同處於自給自足的自我之中。

還有兩個問題需要再說明一下。第一，我們怎樣區分自戀和利己兩個概念呢？我認為，自戀是對利己的原欲補充。當我們談到利己時，我們只考慮到了個體的利益；而當我們說到自戀時，我們也考慮到了他的原欲的滿足。作為實際的動機，二者有著很大的不同。一個人可能是絕對利己的，但同時又維持著強烈的對象原欲灌注，只要與對象有關的原欲滿足形成了自我需求的一部分；在這種情況下，利己就會確保其對此一對象的追求不會造成自我的傷害。一個人可以是利己的，但同時又是高度自戀的——也就是說，極少需要對象，無論是為了直接的性滿足，或是為了由性需求衍生而來的較高級的熱情，我們有時將此稱為「愛」，以與「肉欲」區分。在所有這些方面，利己都是不證自明和持久不變的，而自戀則是可變的成分。利己的反面——**利他**——作為一個概念並不與原欲的對象灌注一致，二者的區別在於利他並不渴望性的滿足。然而，當某個人完全陷入愛情時，利他會與原欲的對象灌注匯合在一起。性對象通常吸收部分自我的自戀於自身，於是便有了所謂對象的「過高評價」。此外，（參見前文）如果利己還能向性對象做出一種利他的轉移，那麼，對象就會變得極其強大，可以說它已吸收了自我。

在講了這些枯燥的科學意象之後，如果用一首詩來向你們說明自戀與戀愛之間的經濟學[6]對比，我相信會讓你們覺得耳目一新。這首詩引自歌德的《東西方之歌》[7]，是楚麗卡和她的戀人哈坦之間的對話：

楚麗卡：
奴隸，勝利者，群眾，
當問到你們時，你們要承認

5 標準版註：在《自我與本我》的編者附錄二中，亦有對這個比喻的一些討論（1923*b*, *S.E.*, 19, p. 63 f.）。
6 標準版註：即有關能量的數量因素。
7 標準版註：譯文摘自厄尼斯特·道頓的《東西方之歌》(1914)。歌德所採用的「divan」一詞在其原來的波斯文意義上，是「詩歌集」之意。

個人存在的意義是
大地之子的幸福。

如果我們未曾失去自己的真我，
我們便沒有拒絕任何命運的必要；
如果一個人仍然是他自己，
便可以忍受失去一切。

哈坦：
就算它是如此，
但我走的是一條不同的路；
我在楚麗卡身上，
發現了人世賦予我的一切幸福。

假若她對我有意，
我願意犧牲一切；
假若她棄我而去，
那我的真我也會立即消逝。

那些哈坦的日子已成過去，
但我依然不變；
假如她很快愛上了某個幸運的人，
我就只好與他合為一體。

我的第二個說明是對夢的理論的補充。除非我們假定被潛抑的無意識在某種程度上獨立於自我，因而在所有取決於自我的對象灌注都被撤回以利於睡眠的情況下，它並不會順從睡眠欲求，依然保持著自己的對象灌注，否則我們便無法解釋夢的起源。唯有如此，我們才能理解下述事實：無意識利用稽查作用在夜間的解除或減弱，成功地控制日間餘念，從而以它們為材料建構一種被禁止的夢欲求。另一方面，這些日間餘念藉由它們與被潛抑的無意識之間的連繫，在一定程度上，抵抗了睡眠欲求所要求的原欲撤回。於是，透過這種補充，我們便將這個在動力學上非常重要的特點加入了我們對夢的形成的觀點當中。[8]

器質性疾病、疼痛刺激或器官發炎創造了一種條件，而其顯然會導致原欲從對象上撤回；被撤回的原欲可在自我中再次被發現，而成為身體病痛部位增加的灌注。事實上，人們可以大膽地斷言，在這樣的情況下，原欲從其對象上的撤回比利己興趣從外界事物上的撤回更為明顯。這似乎為我們提供了一條理解慮病症的途徑，在這些病症中，某些無法看出其罹病的器官也以

8 標準版註：佛洛伊德在〈後設心理學對夢理論的一個補充〉中曾較詳細地討論過這一點（1917*d*, *S. E.*, 14, p. 224 f.）。

同樣的方式要求自我的關注。

但是，我不想在此問題上走得太遠，或說，我不打算再討論其他能用這一假定——對象原欲可以撤回到自我——來理解或描述的情境。因為我知道，我不可避免地會遇到兩種現在正引起你們注意的反對意見。首先，你們一定想要我說明，我在談到睡眠、疾病和類似的情境時，為什麼總是試圖將原欲與興趣、性本能與自我本能區分開來。事實上，若要解釋這些現象，只需如此假定即可：每個人都只有一種自由流動的能量，它遵循著任何一種本能，既可灌注到對象，又可灌注到自我之上。其次，你們想知道，既然這種由對象原欲向自我原欲（或更一般的自我能量）的轉移，是每日每夜都發生的正常心理動力過程，那我怎麼會將原欲撤離對象視為某一疾病狀態的起源呢？

我的回答如下。你們的第一種反對意見聽起來很有道理。對睡眠、疾病和戀愛狀態的研究可能永遠不會使我們將自我原欲和對象原欲，或將原欲和興趣區別開來。但是，在此你們忽略了我們起初的研究，而我們現在所討論的心理情境正是以這些研究為根據的。由於我們發現了引發移情性精神官能症的衝突，所以不得不區分原欲和興趣——亦即，區分性本能和自我保存本能。從那之後，我們就再也不能放棄這種區分了。我們假定對象原欲可以轉化為自我原欲，並由此去考察自我原欲，而這是我們想要了解所謂的自戀性精神官能症——例如早發性痴呆——並了解它們與歇斯底里症或強迫症的異同的唯一方法。我們現在是將我們在其他地方所發現的、確切無疑的理論，運用於疾病、睡眠和戀愛。我們應該繼續進行，看看它們究竟將我們引向何方。而唯一不是直接得自我們分析經驗的論題是：原欲仍然是原欲，無論它指向對象還是指向自我，都不會變為自我的興趣；反之亦然。然而，這一論題只相當於性本能與自我本能之間的區分，對此我們已做過批判的考察。考慮到這一區分的啟發性，我們仍將繼續堅持這一區分，直到它失去價值為止。

你們的第二點異議也是一個合理的問題，但它的方向卻是錯誤的。的確，對象原欲退回到自我並不直接引起疾病，我們也知道這種情況會發生在我們每次入睡前，直到我們醒來時它才復原。這正如變形蟲收回其偽足，但一有機會就再次伸出去一樣。但當一種特定的、非常有力的過程強迫原欲從對象上撤回時，情形就大不一樣了。此時，已成為自戀的原欲無法找到返回對象的途徑，它的運動便因此受到阻礙，而這肯定會引起疾病。倘若自戀原欲的積聚超過了一定的量，似乎就變得難以忍受了。我們甚至可以假設，正是由於這個原因，對象的灌注才得以發生，自我也不得不釋放其原欲，以免原欲積聚過多而致病。如果我們打算對早發性痴呆症做更深入的研究，那麼我便將向你們證明，使原欲與對象分離而不能返回的那一過程，的確與潛抑作用有著密切的關係，應該被視為是另一種的潛抑作用。但是，當你們發現這種過程的決定因素——就我們目前所知——幾乎與潛抑作用相同時，你們可能會先發現自己又回到了一個熟悉的立場：衝突似乎是相同的，而且也是在相同的兩種力量之間進行的。如果結果大不相同，例如，與歇斯底里症的結果不同，則其原因就只能是先天傾向的不同了。這些患者原欲發展的弱點在於另一個不同的階段；他們的決定性的原欲固著——如你們還記得的，這一固著允許被闖入而導致症狀形成——存在於別處，可能是存在於原發性自戀的階段，而早發性痴呆患者最終返回的便是這一階段。明顯地，在自戀性精神官能症中，我們不得不假定其原欲固著出現的時期遠早於歇斯底里症或強迫症。然而，我們從研究移情性精神官能症中所獲得的概念，足以幫助我們理解實際上更為嚴重的自戀性精神官能症；它們有著高度的一致性，在根本上是同樣的現象領域。你們可以想像，如果一個人不先從移情性精神官能症中得到某些分析知識，那他將很難對這些疾病（屬於精神醫學領域）做出相應的解釋。

早發性痴呆症的臨床表現（有著許多變化）並非完全取決於因原欲被迫離開對象而成為自戀原欲積聚在自我之中所引發的症狀，它的大部分的臨床表現是其他的現象，這些現象衍生自原欲想要再次回到對象身上的努力，因此相應於某種恢復或復原的嘗試。事實上，它們才是這種疾病最為顯著的特徵；它們與歇斯底里症的症狀類似，有時也類似於強迫症的症狀，但在每一方面都有不同之處。彷彿在早發性痴呆症中，原欲竭力再次返回對象（也就是對象的表現）並確有所得，但是所得的只不過是它們的影子——我的意思是，只得到這些對象的詞語表現。關於這個問題，我現在不能講得更多，但我認為，原欲力圖找到返回對象的途徑這一行為，讓我們得以了解真正構成意識與無意識意念區別的東西究竟是什麼。[9]

我已將你們引入了一個可望使分析工作再推進一步的領域（第二十四講）。由於我們冒險使用了自我原欲概念，自戀性精神官能症便有可能為我們所了解；眼下我們的任務是尋找這些異常在動力學上的成因，同時透過了解自我來完善我們有關心理生活的知識。我們尋求的自我心理學不是建基於我們的自我知覺所提供的資料，而是（像原欲的情況一樣）建基於對自我的干擾和破壞所做的分析。當我們完成了這個較重大的任務時，我們很可能會覺得我們目前從移情性精神官能症的研究中所獲得的有關原欲變化的知識無足輕重。但是我們迄今所取得的進步還相當不夠。我們不能用研究移情性精神官能症時所使用的方法去解決自戀性精神官能症，你們很快就會明白其中的原因。（參見第二十七講）在研究自戀性精神官能症的過程中，經常會出現這樣的情況，在走了一段不長的路之後，我們會因碰壁而不得不停下來。你們知道，即使在研究移情性精神官能症時，我們也會遇到阻抗的阻礙，但我們可以各個擊破。在自戀性精神官能症中，這種阻抗卻是不可克服的；我們至多只能好奇地隔牆觀望，暗中觀察牆那邊所發生的一切。因此，我們必須轉而尋求其他方法來研究自戀性精神官能症，我們尚不知道能否找到替代的方法。不過，我們也並不缺乏關於這些患者的材料，儘管他們沒有回答我們的問題，但他們還是提供了不少材料。我們現在的任務便是藉助於得自移情性精神官能症症狀的相關知識闡釋這些材料的意義。這兩種病症的相同之處足以保證我們有個良好的開端。至於這一技術對我們究竟有多大的幫助，還要留待以後才清楚。

此外，我們在前進的道路上還將遇到一些困難。說實在的，只有對移情性精神官能症進行過分析研究的觀察者，才有資格研究自戀性精神官能症及與之相關的精神疾病。然而，精神醫

9 標準版註：精神病的某些症狀代表力圖恢復的企圖，這一觀點首次見於佛洛伊德對史瑞伯的分析（1911*c*, *S. E.*, 12, p. 71）；其中一個編者註提供了許多參考文獻。在〈論無意識〉這篇後設心理學論文的第七節，對這個在這裡只是暗示了一下的觀點，即意識和無意識觀念之間的基本區別，做了詳盡的討論（1915*e*, *S. E.*, 14, p. 201 f.）。

學家並不研究精神分析，精神分析者也極少看過精神病病例。現在必須先培養一批受過精神分析訓練的精神醫學家。美國已開始朝這個方向努力了，許多最傑出的精神醫學家都在用精神分析的理論為學生們講課，醫院和精神病院的醫生們也在運用精神分析去觀察患者。不過，我們有時也窺探到有關自戀的一些情況，下面我將把我們已觀察到的一些發現告訴你們。

妄想症是一種慢性精神異常，在當今的精神醫學的分類上占有一種不確定的地位。然而，它無疑與早發性痴呆症有著密切的關係。我曾經冒昧地提出過，妄想症應與早發性痴呆症一起歸入「精神妄想症」這一範疇中。[10]根據其內容的不同，妄想症可區分為一些不同的形式，例如誇大妄想、迫害妄想、色情妄想和嫉妒妄想等等。我們並不期望從精神醫學解釋這些內容的方式獲得什麼知識，這裡有一個例子（雖然它事實上是一個過時而不太重要的例子）——藉助理智的合理化作用，試圖從一個症狀中推演出另一個症狀：他們認為，一個病人由於原發體質的因素，確信自己遭人迫害，而他又從自己被迫害的事實中推知自己一定是個特別重要的人物，進而產生了誇大的妄想。根據我們精神分析的觀點，誇大妄想是由於原欲從對象灌注上撤回所導致的自我膨脹的直接結果——是一種繼發性自戀，是早期嬰兒自戀的一種回復。然而，我們對被迫害妄想所做的一些觀察卻將我們引向另一條特殊的軌道。我們印象較深的第一件事是，在大多數案例中，迫害者和被迫害者性別相同。對此，我們仍可從善意的角度去解釋；但是在某些已得到深入研究的案例中，我們清楚地看到，患者健康時最喜愛的同性者，在他發病後被他視為是迫害者。這便提供了更進一步發展的可能：也就是說，以某些熟悉的相似處為基礎，以另一個人取代鍾愛的人——例如，用校長或某個長者取代父親。隨著我們對這類情況的了解日益增多，我們便得出了下述結論：迫害妄想症乃是疾病的一種形式，透過這種形式，患者得以抵禦已變得過分強烈的同性戀衝動。[11]愛可以變成恨，而大家都知道這可能會嚴重威脅到既愛又恨的對象的生命；這個轉變正相應於原欲衝動轉變為焦慮，而這是潛抑作用的普遍結果。對此，我將提供一個最近觀察到的例子加以說明。

一位年輕醫生不得不被驅逐出他所居住的城鎮，因為他對一位住在那裡的大學教授的兒子的生命構成了威脅。這個人原本是他最好的朋友，現在他卻覺得此人有著超凡的能力和邪惡的意圖，並認為正是這位以前的朋友造成了他家近年來的種種不幸，以及他在家庭和社會生活中的諸多厄運。不止於此，他還認為這個邪惡的朋友和他的教授父親引發了戰爭，將俄國人引入境內，並無數次威脅著他的生命。我們的患者因此深信，唯有將這個罪犯處死，才能結束一切的罪惡。然而他仍然深愛著他的朋友，以致早有槍殺他朋友的機會，卻因心軟而無法開槍。我和患者進行了短暫的交談，從中了解到他們的友誼可追溯到其學生時代。他們至少有一次逾越了友誼的界限：他們曾在一個共度的夜裡，進行過完整的性交。就患者的年齡及人格魅力來說，他應該有過與女性戀愛的經驗，但是他卻從未有過。他曾與一位社會地位很高、年輕貌美的女

10 標準版註：對於佛洛伊德使用這個術語的某些評論，可在他對史瑞伯的分析的最後一節首次介紹該術語時的一個腳註中找到（1911*c*, *S.E.*, 12, p. 76）。

11 標準版註：參見佛洛伊德對史瑞伯的分析的第三節（1911*c*, *S.E.*, 12, p. 59 f.）。

性訂婚，但最後解除了婚約，因為她發現她的未婚夫毫無感情。幾年後，當他第一次成功地讓一個女人達到完全的性滿足時，他的病卻發作了。當這個女人滿心感動地擁抱著他時，他卻突然感到一種利刃刺喉般的莫名痛苦。後來，他說這種感覺就像解剖屍體過程中頭部切開時的感覺一般；因為他的朋友是病理解剖學家，所以他逐漸產生了只有他的朋友才會派這個女人來引誘他的念頭。從那時起，他便開始留意來自這位朋友的其他迫害，他相信他是這個朋友陰謀的犧牲品。

但在某些案例中，迫害者與患者並非相同性別，而我們卻將這種疾病解釋為對同性戀原欲的一種防禦，這豈不是有所矛盾嗎？不久前，我曾有機會診察過這樣一個病例，並從這種表面的矛盾中找到支持我們解釋的證據。一個女孩堅信自己受到一個曾與她發生過兩次親密關係的男人的迫害。事實上，她起初仇恨的對象是一個女人，這個女人可被視為是她的母親的替代者；直到第二次與這個男人約會之後，她才將受迫害的幻想從那個女人轉到這個男人身上。由此可見，在這個病例中，迫害者與被迫害者為同性別這個前提仍然成立。患者在向律師和醫生訴說時，並未提及其妄想的這個最初階段，因此，表面上看來，似乎與我們對妄想症的解釋有所衝突。[12]

與異性對象選擇相比，同性對象選擇與自戀的關係更加密切。因此，同性戀衝動一旦受到拒斥，就很容易退回到自戀。到目前為止，我極少有機會將我們所發現的性生活的基礎告訴你們，現在補充也已太晚。然而，我能向你們強調下述事實：對象選擇，亦即自戀期之後的原欲發展，可以依照兩種不同的類型發生。或依照**自戀型**，此時主體自己的自我為另一個盡可能類似的自我所取代；或依照**依戀型**，[13]此時原欲選擇那些能夠滿足其他生命需求的心愛的人作為對象。一種對自戀型對象選擇的強烈原欲固著是同性戀的前置因素之一。

你們應當還記得，在本學年第一次上課時，我曾講過一個女人患有妒忌妄想的例子。（第十六講）現在我們的演講即將結束了，你們肯定很想聽聽精神分析如何解釋妄想。但是有關這一主題，我能告訴你們的內容並無法滿足你們的期望。我們無法以邏輯論證或實際經驗來動搖妄想，這一現象和強迫意念一樣也可以用它與無意識的關係加以解釋，這些無意識可能透過妄想或強迫意念表現出來，也可能為妄想或強迫意念所阻止。二者之間的不同建立在這兩種疾病的地形學和動力學之間的差異。

和妄想症一樣，我們也已找到了某種能使我們了解憂鬱症（可以有許多不同的臨床形式）的內部結構的途徑。我們發現，自我譴責——抑鬱症患者以此無情地折磨著自己——實際上是對另一個人的譴責，這個人便是他們所失去的性對象，或是因犯錯而不再被他們珍視的性對象。據此，我們可以得出結論，憂鬱症患者確實已將其原欲從對象上撤回，但透過一種我們應該稱為「自戀性認同」的過程，這個對象已在自我本身建立起來，彷彿投射於自我本身。（在此，我只能為你們提供一種具象化的描述，而不能用地形學和動力學的方法進行有條理的說明。）[14]

12 標準版註：不久前，佛洛伊德曾詳盡地報告過這個案例（1915*f*, *S. E.*, 14, p. 263 f.）。
13 標準版註：「Anlehnungstypus」。在佛洛伊德〈論自戀〉一文的第二節有對此問題的詳盡討論（1914*c*, *S. E.*, 14, p. 87 f.）。
14 標準版註：在〈悲慟與憂鬱症〉中，有對此的全面討論（1917*e*）。

於是，患者自己的自我就被當作那個已被拋棄了的對象，所有那些本應針對對象的攻擊行為和報復的表現，也都相應地轉移到了自我身上。如果再考慮到下述事實，即憂鬱症患者對自我的痛恨，與對那個既愛又恨的對象的痛恨同樣地強烈，那麼，對憂鬱症患者的自殺傾向，我們就不難理解了。在憂鬱症和其他自戀性異常中，患者的情緒生活中有一種奇特的特點——自布魯勒之後，我們習慣稱之為「矛盾心理」，用以表示同一個人的相反情感——愛和恨的情感。[15]令人遺憾的是，在這次演講中我不能多告訴你們一些有關這種情感矛盾心理的知識。（參見第二十七講）

除了自戀性認同之外，還有一種歇斯底里性認同，這是我們早已知道的。[16]我希望能用一些清楚的區分向你們闡明兩種形式之間的差異，但事實上這是相當困難的。我還可以告訴你們一些有關憂鬱症的週期和循環形式的事情，我相信你們會對此感到興趣。因為在適當的情況下——我曾有過兩次這樣的經驗——透過在患者神志清醒時的分析治療，我們有可能防止這些相同或相反的情緒狀態的復發。從這些案例中，我們了解到在憂鬱症和躁症中，我們再次涉及到一種特殊的處理衝突的方法，這一衝突的先決條件與其他精神官能症完全一致。你們想想看，在這一知識領域中還有多少東西需要精神分析去了解啊！

我還告訴過你們，我們希望對自戀性異常的分析將有助於我們了解各種不同的動元組合及建構成我們的自我的方式。我們以前已對此進行過探討。[17]從對妄想的有關資料的分析中，我們得出了下述結論：自我中確實存在著一種不斷進行觀察、批判和比較的動元，並以這種方式與自我的另一部分相對抗。因此，我們認為，當患者抱怨說自己的一舉一動都受人監視、每一思想都有人知道且受到批判時，其實他是在向我們揭露一個鮮為人知的真理。他唯一的錯誤是將這種令人難受的力量視為某種外來的東西，並將它置於自身之外。他覺得在其自我中存在著一種支配的動元，這種動元以他在發展過程中為自己創造出來的**理想自我**，來衡量他的現實自我及一切活動。我們也認為這種創造帶有重新獲得自我滿足的意向，而這種自我滿足與嬰幼兒的原發性自戀有關，但從那時起便屢遭干擾和屈辱。我們知道，這種自我觀察的動元就是自我稽查員，[18]即良心；正是它在夜間發揮著夢的稽查作用，對夜夢中不能允許的欲求衝動進行潛抑。當它在被監視的妄想中被分離出來時，我們就了解它起源於父母、師長和社會環境的影響——即來自對這些模範人物的認同。

這些就是將精神分析應用於自戀性錯亂時所獲得的一些研究結果。無疑地，這些還很不夠，而且它們還欠準確，只有建立起對新領域的熟悉感，我們才能獲得這種準確性。我們之所以能

15 標準版註：在〈本能及其演變〉的一個編者註中可以找到關於佛洛伊德運用這一術語的一些討論（1915*c*, *S. E.*, 14, p. 131）。

16 標準版註：早期對此所做的一個說明見於《夢的解析》第四卷，頁一四四～一五一。對兩種認同之間的差別的解釋則見於〈悲慟與憂鬱症〉（1917*e*, *S. E.*, 14, pp. 250-251）。

17 標準版註：以下要講述的內容請參見〈論自戀〉的第三節（1914*c*, *S. E.*, 14, p. 93 f.）。而在《自我與本我》的編者序中討論過這些觀念的後期發展（1923*b*, *S. E.*, 19, pp. 8-10）。

18 標準版註：這裡所用的德文是有人格化的「zensor」（稽查員），而與該句下一部分非人格化的「zensur」（稽查作用）不同，這幾乎是佛洛伊德一貫採用的形式。這種非常例外的形式的其他例子亦見於《夢的解析》第五卷，頁五〇五～五〇六，還有〈論自戀〉（1914*c*, *S. E.*, 14, p. 97 f.），以及《精神分析引論新編》（1933*a*, *S. E.*, 22, p. 15）。

獲得這些研究結果，乃是因為我們運用了自我原欲或自戀原欲的概念，藉助於這些概念，我們就能將在移情性精神官能症中證明具有價值的觀點擴展到自戀性精神官能症。然而，你們現在可能會問，我們是否可以將自戀性疾病和精神病的一切干擾都歸於原欲理論解釋的範圍，是否可以將所有疾病的起因都歸於心理生活中的原欲因素的作用，而與自我保存本能的變化完全無關。女士、先生們，在我看來，這個問題似乎不需要立即回答，而且目前也不是做出正確判斷的時機，我們可以充滿信心地將它留待我們科學工作進步後再去解決。我敢肯定，那時將證明致病的力量實際上是原欲本能的一個特點，因此原欲理論，無論是對最簡單的「現實性」精神官能症，還是對最嚴重的人格障礙上，都可以成功地做出解釋。畢竟，我們知道原欲的一個特點就是不服從宇宙的現實——即必要性——的支配。(第二十二講)但我認為自我本能很可能也會繼發地受到原欲致病激發的影響，而使其機能受到擾亂。即使我們發現在嚴重的精神病中自我本能乃是原發地發生異常，我也不認為這會對我們的研究方向造成不利的影響。無論如何，未來會給你們一個回答的。

然而，讓我們再次暫時回到焦慮這個問題上來，以便闡明我們之前所留下的最後一個模糊不清之處。我已說過，有個事實並不符合焦慮和原欲之間的關係(第二十五講)：面臨危險時所發生的現實性焦慮似乎是自我保存本能的一種表現——畢竟，這一點是無可爭辯的。但是，如果焦慮情感的產生不是源於利己的自我本能而是自我原欲，那我們又做何解釋呢？畢竟，焦慮狀態在任何情況下都是有害的，而且焦慮愈強，這種害處也就愈明顯。在這種情況下，它將妨礙那唯一有利，且唯一出於自我保存目的的行動，無論這種行動是逃避還是防禦。因此，如果我們將現實性焦慮的情感部分歸因於自我原欲，而將這種伴隨的行動歸因於自我保護本能，那麼，我們就能擺脫這種理論上的困境。畢竟，你們不會深信一個人逃跑是由於感到焦慮。一個人感到焦慮，以及一個人逃跑，都源於一個共同的動機，這一動機是由對危險的知覺所引起的。經歷過致命危險的人們告訴我們，他們一點也不感到恐懼，而只是行動——例如，他們舉槍瞄準野獸——這無疑是最明智的做法。

27

移情作用[1]

Transference

女士、先生們：

由於我們的討論已近尾聲，你們心中必然有某種期望，而我們不應讓其落空。你們無疑會認為我在討論了精神分析的所有問題之後，絕不會不提及治療就結束演講，畢竟精神分析是建立在治療的基礎上。此外，這一問題我也不能略而不談，因為從接下來所要講的有關治療的內容中，你們將了解到一個新的事實，如果缺少了這一事實，你們對我們所研究的疾病的認識將是非常不完整的。

我知道，你們並不期望我教你們如何實施精神分析治療的技術，而只是想對精神分析治療及其成果有個概略的了解。毫無疑問地，你們有權知道這一切。然而，我卻不會告訴你

1 標準版註：佛洛伊德在與布洛伊爾合著的《歇斯底里症研究》中首次討論了移情作用（1895*d*, *S. E.*, 2, pp. 301-304）。在「朵拉」的案例分析中，他也提及此一概念（1905*e*, *S. E.*, 7, pp. 116-120）。在本書之前，他對此一問題的主要討論見於其有關技術的論文，特別是〈移情作用的動力學〉對該現象的理論探討（1912*b*）；〈對移情—愛的觀察〉所涉及的則是由正向移情所引起的技術性困難（1915*a*）。在過世前，佛洛伊德又在〈可結束與不可結束的分析〉中討論了這一主題（1937*c*）。

們，我堅持由你們自己去發現。

仔細想想吧！你們已經了解了所有與致病因素有關的重要知識，也了解了所有在患者罹病之後發生作用的因素。那麼治療可以在哪個地方發生作用呢？首先，讓我們看看遺傳體質，我們不常談到遺傳體質的作用，原因在於它在其他科學中已得到重視，而我們自己又沒有什麼新的東西可說。但這並不意謂著我們低估了它的影響。正是作為治療者，我們才非常清楚地認識到了它的力量，我們無論如何都不能使它有所改變，而必須將它視為某種給定的東西，用它設定我們努力的限度。其次，讓我們看看童年期經驗的影響，在分析時，我們往往非常重視這些影響，但它們卻屬於過去，我們無法抵消它們。那麼，被我們概括為「現實的挫折」的一切——生活的種種不幸，以及由此而來的愛的剝奪、貧窮、家庭爭吵、婚姻伴侶的錯誤選擇、不利的社會環境以及迫使個體屈從的嚴格道德標準等，治療在它們面前的影響又如何呢？可以肯定，這方面存在著進行有效治療的可能，但必須採用維也納民間傳說中約瑟夫皇帝[2]所用的那種方法——讓人們屈從於一個有權勢的人的善意干涉，進而使困難消解。但我們又是什麼樣的人，難道我們也能運用這種善意的干預作為治療的方法嗎？在社會上，我們無錢無勢，只能靠醫術謀生，甚至不能像其他醫生那樣為窮人治療：因為我們的治療太費時且費力。然而，你們可能會抓住我前面提到的某個因素不放，相信我們的治療可以在這個因素上發生作用。倘若社會所要求的道德限制與患者所遭受的剝奪有關，那麼治療就能給他勇氣，或直接下達命令，使患者可以放棄社會所推崇卻往往不能堅持的理想，而可以克服障礙，獲得滿足與健康。因此，患者將可藉著性的「完滿生活」恢復健康。事實上，這讓精神分析的治療蒙上了一層違反普遍道德的陰影；它給予個人的東西是它從社會中得來的，它必須為其負責。

但是，女士、先生們，是誰給了你們如此錯誤的觀點呢？勸告患者「過完滿的性生活」不可能在分析治療中占有一席之地——如果提出這種勸告的原因僅僅在於我們自己曾主張，在原欲衝動和性潛抑之間，在性欲傾向和禁欲傾向之間，會出現某種不可避免的衝突的話，這種衝突不可能用助長某種傾向去戰勝另一種傾向的方法加以解決。我們確實發現禁欲傾向在精神官能症中占了上風，因此被潛抑的性傾向在症狀中尋找出路。假如我們反過來讓肉欲取勝，那麼被忽視的性潛抑必定也會被症狀所取代。這兩種選擇均不能消除內部的衝突，總會有一方得不到滿足。在少數的案例中，衝突如此地不穩定，以致僅憑醫生的支持就能夠消除；但這樣的案例卻不需要分析治療。無論是誰，只要醫生能如此影響他，他肯定也能在沒有醫生的情況下自己找到解決的辦法。你們應該知道，假若一個禁欲的男子決定不再反對違法的性交，假若一個未得到滿足的妻子決定找另一位男子尋求安慰，那麼他們不一定需要得到醫生或分析師的同意。

在這一方面，人們通常忽視了一個要點——精神官能症中的致病衝突與心理衝動之間的常態鬥爭，雖然建立在同一心理基礎之上，但切不可將二者混為一談。就致病衝突而言，衝突出現在兩種力量之間，一種力量進入前意識或意識階段，而另一種力量則被阻止在無意識階段，因此衝突便不可能有個結局；衝突雙方無法面對面地搏鬥，打一個熟悉的比方，就是一個在天南，一個在地北。只有當二者在同一場所相遇時，才能做出一個真正的決定。我認為，我們的

2 標準版註：約瑟夫二世，他那不合常理的施捨方法惡名昭彰。

治療的唯一任務便是使這一點成為可能。

此外，我可以向你們保證，倘若你們認為分析治療的任務在於生活事務的勸告與引導，那麼你們就大錯特錯了。相反地，我們盡可能避免扮演類似的導師角色，而希望能讓患者自己做出決定。為了這個目的，我們要求他在接受治療期間暫時不要對生活做出任何重要的決斷，例如職業、事業或婚姻等，一切等治療結束之後再說。你們應該承認，所有這一切與你們所想像的治療迥然不同。只有對於那些非常年輕、非常無助或不穩定的人，我們才無法堅守這一限制，為他們治療時，我們不得不扮演醫生兼教育者的角色；每當有這種情況時，我們會非常清楚地意識到自己的責任，並且謹慎行事。[3]

我雖然急於為自己辯解，澄清分析治療並不鼓勵精神官能症患者過一種完滿的性生活，但你們卻不可因此而得出結論，認為我提倡傳統的道德觀念。事實遠非如此。的確，我們不是改革者，而僅僅是觀察者；但是，我們卻不能不用一種批判的眼光進行觀察。我們不可能擁護傳統的性道德，也不可能社會實際用來規範性問題的方法給予太高的評價。我們可以證明，社會道德所需要的犧牲經常超出了它本身的價值，道德行為的實現並非立足於誠實，也缺少智慧。在患者面前，我們並不隱瞞這些批判，而使他們在面對性的問題時，也能像面對其他問題一樣進行公正的思考；假使在治療完成之後，他們已變得更為獨立，那時他們若自己在過完滿的性生活和絕對的禁欲之間選擇了某種折衷的解決辦法，那麼無論他們的選擇是什麼，我們都不會受到良心的責備。我們告訴自己，任何透過接受教育而成功地了解自己的真實情況的人，永遠都會抵禦不道德的危險，即使他的道德標準在某些方面已與一般人有所不同。此外，我們還應避免高估禁欲問題對精神官能症的影響。只有在少數病例中，致病的挫折情境和由此而來的原欲淤積才能透過那種不難獲得的性交來治癒。

因此，你們不能認為，精神分析的治療效果完全在於它允許患者過一種完滿的性生活。還是另找一種解釋吧！在否決你們的上述解釋時，我想起了我曾說過的一句話，它或許能夠將你們引向正確的道路。我們所運用的方法無疑是以意識的東西取代無意識的東西，或將無意識的東西轉譯成意識的東西。是的，正是如此。透過將無意識的東西轉變成意識的東西，我們解除了潛抑，除去了症狀形成的先決條件，將致病的衝突轉變成了一種正常的衝突，而這種正常的衝突肯定能找到某種解決辦法。我們為患者帶來的一切僅僅是這種心理變化：它所達到的程度就是衡量我們所提供的幫助的標準。潛抑（或類似的精神過程）一旦被解除，我們的治療也就結束了。

我們可以用各種不同的公式來表達我們努力的目標：將無意識的東西變為意識的東西、解除潛抑、填補記憶中的空白——所有這些指的都是同一件事。但你們可能並不滿意這種解釋，你們已對精神官能症患者的康復形成了某種不同的印象：在接受了精神分析的艱苦治療之後，患者將變成另一個人；但總和的結果似乎是：他身上無意識的東西變少了，而意識的東西則增加了。事實上，你們可能低估了這種內在變化的重要性。接受過治療的人儘管在根本上仍是同

3 標準版註：佛洛伊德在《精神分析引論新編》中對此做了進一步的討論（1933*a*, *S. E.*, 22, p. 148）。

一個人，但他確實變成了另一個人；換句話說，他已經變成了他在最有利的條件下所能成為的一個最好的人，而這就是一項了不起的成就了。假若你們了解讓一個人的心理生活產生這種表面上微不足道的改變需要多大的努力，那麼你們無疑會開始認識到這種心理水準的差異的重要性。

接下來，我將暫時離開這個主題，問問你們是否知道所謂病因治療的意義。所謂病因治療，就是不把疾病的症狀視為其突破點，而要根除其原因的治療方法。那麼，我們的精神分析治療是不是一種病因治療法呢？要回答這個問題並不是一件簡單的事，但由此我們卻有機會認識到以這種方式提問是毫無價值的。只要精神分析治療不把消除症狀當作它的首要任務，它就很像病因治療。但你們可能又會說，從另一方面來看，精神分析又不像病因治療。因為我們早就經由潛抑作用，將病因追溯到了本能傾向、它們在體質上的相對強度，以及它們在發展過程中的偏差。現在假定我們有可能藉由某種化學方法干預這種機制，增加或減少在特定時間裡所出現的原欲數量，或以犧牲某種本能為代價去增強另一種本能——在這樣的情況下，我們的治療就成了一種真正的病因治療，我們的分析也就成了病因探索時所不可或缺的預備工作。但是，如你們所知的，目前還沒有任何可以影響原欲過程的方法；而我們的精神分析治療可以從另一個點上取得突破——這一點並不是我們所知的症狀的根源，但仍是遠離症狀，而只有在很特別的情況下我們才得以接近。

那麼，我們該做些什麼工作，才能使患者身上無意識的東西被意識的東西所替代呢？我們一度以為這是一個非常簡單的問題：對於我們來說，只需找出這種無意識的材料，並將它告訴患者就行了。但是我們已經認識到，這是一個目光短淺的錯誤。（第十八講）我們的有關無意識材料的知識並不等於患者的知識，假如我們將自己的知識告訴患者，他並不會用它取代自己的無意識材料，而是將它們並置，如此並無法改變患者的無意識材料。因此，我們必須以地形學的觀點更確切地描繪這種無意識材料，必須在他的記憶中，在因為潛抑而變成無意識材料的地方尋找它們。我們必須消除這種潛抑——此後，才能得以順利地以意識材料去替代無意識的材料。那麼，我們怎樣消除這種潛抑呢？在此，我們的工作便進入了第二階段，我們首先應發現潛抑，然後再去消除這種壓抑賴以維持的阻抗。

我們怎樣才能消除這種阻抗呢？當然是以同樣的方法：先發現這種阻抗，然後再告知患者。事實上，阻抗也起源於潛抑——可能起源於我們正試圖解除的同一個潛抑，或起源於更早發生的潛抑。阻抗的形成歸因於那個旨在潛抑受拒斥的衝動的反精神灌注，因此我們現在所要做的也是和以前一樣的工作：解釋、發現，並告訴患者。但眼下我們卻做對了。反精神灌注或阻抗不屬於無意識，而屬於自我。自我是我們的合作者，即使它不是有意識的，情況也是如此。我們知道，這裡使用的「無意識」一詞有兩種意義：一方面是作為某種現象，另一方面則是作為某個系統。這似乎有些晦澀難懂，但它不過是我們前面所講過的東西的重複，難道不是嗎？[4]對此我們早就有所準備。我們期望，當我們的解釋使自我有可能辨識出這種阻抗時，這種阻抗將被放棄，反精神灌注也會被撤回。在這種情況下，與我們合作的動機力量又是什麼呢？

4 標準版註：見本書第十四講註十四，此處早期段落列舉並參考了佛洛伊德後來關於該主題的修訂意見。

首先，是患者恢復健康的願望，這種願望使他願意與我們合作。其次，是患者理智的幫助，對於這種理智，我們藉著我們的解釋給予支持。倘若我們事先給他適當的提示，那他必然更容易用其理智辨識出這種阻抗。如果我對你們說：「看！天上有個氣球！」這與我只叫你們往上看相比，你們肯定會更容易看見氣球。同樣地，在學生初次用顯微鏡看東西時，教師必須告訴他將看到些什麼東西，否則儘管顯微鏡下可以看見什麼，學生們也會對它視而不見。

現在讓我們看看實際的情況吧！[5]在許多精神官能疾病——歇斯底里症、焦慮狀態、強迫性精神官能症——中，我們的期望都實現了。透過以這種方法來尋找潛抑，透過揭露阻抗和指出被潛抑的意念，我們真的成功地完成了我們的任務——也就是說，克服阻抗、消除潛抑，並將無意識的材料轉變成意識的材料。在這樣做的過程中，我們最清楚地了解到了患者在克服各種阻抗時發生在患者心中的那種衝突的方式——一種建立在同樣的心理基礎之上、發生在力圖維持反精神灌注的動機和準備放棄它的動機之間的**正常**心理衝突。維持反精神貫注的動機是從前產生潛抑作用的舊有動機，而放棄它的動機則為新近引發的動機，我們希望這些新動機能對我們有所幫助。我們已成功地重現了導致潛抑作用的舊衝突，並對從那時起就被決定了的過程進行了修正。我們提出的新材料包括：（1）向患者表明早期的決定導致了他的疾病，並向他們承諾不同的途徑將可使他們痊癒；（2）告知他們自從當時的拒絕之後，所有的情況都已發生了巨大的變化。當時，自我柔弱幼稚，或許有理由把原欲的要求視為一種危險而加以拒斥。現在自我已變得強大而富有經驗，而且還有醫生的幫助。因此我們可以期望讓重現的衝突有一個比潛抑作用更好的結局。而如我曾說過的，我們在歇斯底里症、焦慮和強迫性精神官能症中所獲得的成功可以證明我們是正確的。

然而，還有一些其他形式的疾病，儘管情況相同，但我們的治療方法卻從未成功。這些疾病也是起源於自我和原欲之間的衝突，從而導致潛抑作用的產生——雖然這一衝突在地形學上可能需要不同的描述；而且在這些疾病中，我們也可以在患者的生活中追溯到潛抑發生之處；我們利用同樣的方法，準備做出同樣的承諾，並且給患者同樣的幫助，為他提供預期的意念；此外，潛抑發生時期與現在之間的時距也有利於這個衝突得到一個不同的結果。但我們無法成功地消除任一種阻抗或潛抑。這些患者，例如妄想症患者、憂鬱症患者，以及早發性痴呆患者，總體說來，都不受精神分析治療的影響，而且抗拒精神分析的治療。這是什麼原因呢？這絕不是因為缺乏智力，我們當然需要患者具備某種程度的智力，但例如，那些十分精明且能進行演繹的妄想症患者肯定不是智能不足的。（參見第四講）似乎也不是因為缺乏動機，例如，憂鬱症患者不同於妄想症患者，他們深知自己已罹病，而且也知道這正是自己受苦的原因，但這並不使他們更容易受到影響。在此，我們又遇到了一個不能理解的事實，它使得我們開始懷疑我們是否真正理解了我們在其他精神官能症中治療成功的所有決定因素。

假使我們現在繼續探討歇斯底里和強迫性精神官能症，我們很快就會遇到第二個出人意料的事實，因為不久後我們就會注意到，這些患者在我們面前表現出某種非常奇特的行為。我們

5 標準版註：見本講開頭部分。

確信，我們已考慮到所有與治療有關的動機，而且完全理解了我們自己和患者之間的情境，因此我們能像看算術中的加法一樣一眼就看出結果。但是儘管如此，似乎仍有某個我們沒有考慮到的東西溜進來了。這出人意料的新東西本身包含有多種形式，下面我將為你們描述的是它所呈現的一些較為常見且較易理解的形式。

我們注意到，那些本應該只想解決令自己痛苦不已的心理衝突的患者，往往對醫生本人產生一種特殊的興趣。對他來說，一切與醫生有關的事情似乎比他自己的事情還更加重要，他似乎不再關注自己的疾病。因此，在一段時間裡，他與醫生的關係十分融洽，他特別順從，盡可能地表達自己的感激，並顯示出種種出人意料的高雅和美德。醫生也因此對患者產生某種好感，慶幸自己能為這樣一個有著高貴人格的人提供幫助。如果醫生有機會與患者的親戚進行交談，他也會從他們那裡聽到患者對他的尊重和稱讚，並因此深感高興。患者在家裡不厭其煩地頌揚醫生，讚美醫生的種種優秀品德。「他對你滿腔熱情，」他的親屬說，「他格外信賴你，在他看來，你所說的一切都像聖旨。」在一片附和聲中，不時也有目光敏銳的人插進來說：「除你之外，別的東西他一概不談，他一直把你的名字掛在嘴邊。」

讓我們希望醫生有足夠的謙遜，能把患者對他的高度評價歸因於他喚起了患者的種種希望，他擴展了患者理智的視野，使患者在治療過程中出人意料地獲得了茅塞頓開般的啟示。在這樣的情況下，分析也取得了很大的進展。患者理解了醫生向他解釋的東西，並將注意力集中於治療工作；記憶和聯想的材料源源不斷地向他湧來，其解釋的正確可信連醫生也感到驚訝。醫生看到所有這些受到外面世界的正常人激烈反對的新心理學理論，如此輕易就得到了患者的接受，心中只能感到十分滿足。此外，分析進行期間的這種友好合作的關係，也使患者的病情在各方面不斷地好轉。

但這種好天氣不可能永遠不變，總會有烏雲壓頂的一天。治療開始出現困難；患者說他再也回想不起什麼東西了。他清楚地讓人感覺到，他已不再對這種分析感到興趣了，醫生要他說出他所想到的一切，而不要加以任何批判，他均置若罔聞。他表現得好像自己是治療的局外人，好像從未與醫師有過任何協定一樣。顯然有某件事占據了他的心靈，但他並不打算告訴他人。對治療來說，這種情境非常危險，我們顯然遇到了一種難以克服的阻抗。但要怎麼解釋它呢？

如果我們能再次闡明這種情況，我們就會發現，這種干擾的原因是患者將某種強烈的情感轉移到了醫生身上，而這種情感既不是醫生的行為也不是治療期間所發展出來的情境所能說明的。它的表現方式和所要達到的目標當然也會隨著兩人之間的個人關係而有所不同。假如涉及的是一個年輕女子和一個年輕男子，那麼我們會有兩人正常戀愛的印象；一位女子經常單獨與一位男子在一起，常向他談及一些個人的事情，而他又是一個能提供幫助的優秀男人，那麼她對他產生愛慕之情，便是很自然的事，對我們來說也是可以理解的。但是我們可能忽視了一個事實：一位患有精神官能症的女子，其愛的能力應該是有所缺陷的。醫生和患者之間的個人關係與這種假定的情況相差越遠，我們便越會因發現這種情感仍不斷地發生而感到驚訝。一位婚姻不幸的婦女在深深地愛上某位未婚的醫生之後，她會試圖離婚以委身於他；假如因社會阻力而無法離婚，她將會毫不猶豫地表達想與他私通的願望。就算是在精神分析之外，這些事情也很常見，也還說得通。但在這些情況中，我們驚訝地聽到已婚婦女和未婚女子的表白，這些表白足以證明她們對治療問題抱持著一種特殊的態度：她們說，她們已經知道，唯有愛才能治癒她們，在治療開始前，她們就已期望從這種關係中最終可以獲得現實生活中所不能得到的安慰。正是由於有了這種期望，她們才在治療期間不辭辛勞，克服所有的困難來披露自己的思想——而我們還可以補充說：因此她們才很容易理解那些難以置信的東西。然而，這種告白卻使我們深感驚訝：它使我們所有的預測都化為烏有。真是如此嗎？我們真的沒有考慮到最重要的一點嗎？

的確，我們的經驗越豐富，我們就越無法抗拒做這樣的修正，雖然這樣做會將我們的科學主張置於羞愧的境地。前幾次，人們可能會認為，分析治療受到了某個偶發事件——也就是說，某個非它所願且並非由它所引起的事件——的干擾。但是當我們發現這種病患對醫師的情感依附反覆地出現在每一個新個案中，當它在最不可能和最可笑的情況——甚至在老年婦女和白鬚子醫生之間，在我們看來根本不存在著引誘的地方——也一次又一次地出現時，我們就不能再將它視為某種偶然的事件，而必須認識到我們處理的乃是一種與疾病本質有著密切連繫的現象。

這種我們十分不願意承認的新事實就是我們所謂的**移情作用**。我們指的是患者將情感轉移到醫生身上，因為我們不認為治療情境能證明這些情感的發展是合理的。相反地，我們猜想這些情感起源於其他地方，相信它們早已存在於患者的內心，現在則藉著分析治療的機會轉移到醫生身上。移情作用可以表現為一種對愛的渴望或某些較為溫和的形式；在一個女孩與一位老翁之間所呈現的可能不是戀愛的欲求，而是女孩成為老翁最喜愛的女兒的欲求；原欲欲望可能會轉變成一種難捨難分但非肉欲的柏拉圖式友誼。有些婦女能成功地使移情得到昇華，得到重塑，直到它獲得某種存在的可能性為止；而有些人則只能以粗魯的、原始的而且多半是不可能的形式將它表現出來。但它們實際上是同一回事，我們可以清楚地看出它們有著相同的起源。

在我們探究這個新事實起源於何處之前，我還得先完成對它的描述。如果患者是男性，那又會發生什麼樣的情況呢？至少我們可以希望不會再出現這種由性別差異和性吸引所引起的令人厭煩的移情。然而，我們的回答必定與女性患者的情況極為類似。患者也同樣依戀醫生，同樣高估他的品德，同樣順從他的心意配合治療，並嫉妒現實生活中每一個與醫生十分親近的人。昇華形式的移情在男人與男人之間更為常見，直接的性要求較為罕見，就像同性戀在運用本能的方式中並不常見一樣。醫生發現大多數男性患者有著另一種移情表現方式，這種方式乍看之下似乎與我們前面所描述的相互矛盾——即一種敵意或負向的移情。

我必須先講清楚，從治療開始時起移情就存在於患者的內心，在一段時間裡，它是其進步的最強大的動機。我們看不到它的痕跡，亦無須為它費心，但前提是它有助於分析工作的順利進行。如果它變成了一種阻抗，那麼我們就必須將注意轉向它，那時我們將認識到，它在兩種不同且相反的情況下改變了患者對於治療的態度：（1）如果作為某種情愛的傾向，它已變得如此強烈，以致明確地表現出自身是一種性需求時，它無可避免會引起內心的反抗；（2）它包含著敵意衝動，而非情愛衝動。敵意情感出現的時間通常在情愛情感之後，而且以情愛情感作為掩飾。二者的同時存在清楚地描繪出情感的矛盾心理，這種矛盾心理支配了大部分我們與他人之間的親密關係。敵意情感和情愛情感一樣，都是情感連繫的一種表徵，正如反抗也像服從一樣，都表現了對他人的依賴，只是在它們之前是「負」號而非「正」號而已。我們無疑應將患者對醫生的敵意情感稱為「移情」，因為治療情境必然不會為它們的發生提供任何基礎；因此，這一必要的負向移情觀點使我們確信，我們對正向移情或情愛移情的判斷是正確的。

移情究竟起源何處？它給我們造成了什麼困難？我們怎樣克服這些困難？我們最終又能從它那裡得到什麼好處？——這些都是我們在對分析做技術性指導時所要處理的問題，今天我只簡要地談一下。對我們來說，要同意患者由於移情的影響而提出的要求是不可能的；而以不友好的、甚至憤慨的方式加以拒絕，又未免顯得太愚蠢。只有向他指出他的情感不是起源於目前的情境，也與醫生本人無關，他只不過是在重複他先前的某種經歷；如此我們才能克服這種移情。[6]透過這種方式，我們迫使患者將其重複轉化為回憶。藉助於這種方法，在每一病例中都對治療構成最大威脅的移情，無論是情愛的還是敵意的，都可以變成治療的最好工具，藉助於這種工具，我們可以揭示心理生活中最隱密的部分。

為了緩解你們對這種出人意料的現象的出現所感到的驚奇，我還想多說明一些。我們切不可忘記我們所分析的患者疾病並不是某種停滯而僵化的東西，而是像活的生物體一樣仍在不斷地發展，治療的開始並未結束這種發展。然而，當患者開始接受治療之後，其整個疾病的新變化都集中於一點——即他與醫生的關係。因此，移情可比作一棵樹的木質層和皮質層之間的形成層，新組織的形成及樹幹半徑的擴大正是由於這個形成層的緣故。當移情的發展已變得如此重要，患者的回憶工作便退居到次要的位置。因此，說我們不再關心患者先前的疾病，而只關注那種業已取代它的新創造和轉化過的精神官能症，並非不正確。我們從這種舊病的新版初始之際，就開始密切注意它，我們觀察著它的起源與發展，而且作為它的對象，我們處於其中心位置，因此我們特別容易找到出路。所有患者的症狀皆拋棄了其原初的意義，而在其與移情的關係中獲得了一種新意義；或只有能夠經歷這種轉化的症狀，才得以繼續存在。然而，假如我們能控制這種新的、人為的精神官能症，就等於消除了我們原來所要治療的疾病——等於完成了我們的治療工作。患者如果能與醫生保持正常的關係，並擺脫了被潛抑的本能衝動的控制，那麼即使在脫離了醫生之後，他也能夠保持這種正常的生活。[7]

對於歇斯底里症、焦慮性歇斯底里症及強迫性精神官能症等的治療來說，移情具有這種特別重要的正面作用，因此，我們可以正確地將它們歸入「移情性精神官能症」一類。任何人只要在分析工作中對移情現象有一個完整的印象，就不會再懷疑那些在精神官能症症狀中得到表現的被潛抑衝動的性質，也不再需要更強有力的證據證明有關它們的原欲特性。可以說，正是研究了移情現象之後，我們對症狀的意義就是原欲的替代滿足的信念才得到了最後的證實。

此時，我們完全有理由來改進我們早些時候對治療過程所做的動力學說明，使之與我們的新認識保持一致。假如患者要解決他與我們在分析中為他揭示的阻抗之間的正常衝突，那麼他便需要一種強大的刺激影響他所做的決定，使其能如我們所期望的引領他走向康復之路。否則，

6 標準版註：下述內容請參見〈回憶、重複和修通〉（1914*g*, *S.E.*, 12, p. 150 f.）。

7 標準版註：可以發現，佛洛伊德在其後來的一篇技術性論文〈可結束與不可結束的分析〉（1937*c*）中非常詳細地闡述了這一主張。參見其編者註。

他可能重蹈覆轍，讓已進入意識的東西再次退回到潛抑之中。此時，在他的鬥爭中起決定性作用的不是其理智的洞見——它不夠強也不夠自由，不足以得到這樣的成果——而僅僅是他與醫生的關係。只要他的移情是正向的，他就會奉醫生為權威，對他言聽計從；倘若缺乏這種移情，倘若出現的是一種負向移情，患者就會對醫生提出的勸告與理由置若罔聞。在這種情況下，他的信仰重複了它自身發展的故事；它起源於愛，一開始並不需要任何論據。假如論據是由他所愛的人提出來的，那麼也只有到了後來他才會對它們加以審查。沒有這種愛的支持，論據沒有任何分量，在大多數人的生活中就不會有什麼作用。因此，一般說來，一個人就其理智方面而言，也只有在他能夠將原欲灌注於對象時，才有可能受到他人的影響。我們有充分的理由認為並擔心他的自戀傾向會阻礙即便是最好的分析技術所能帶來的影響。

將原欲對象灌注指向他人的能力當然為每一個正常人所共有，我所談到的精神官能症患者的移情傾向不過是這一普遍特性的特別增強而已。如此普遍而又如此重要的特徵如果從未為人們所注意或意識到，那將是不可思議的。事實上，有人已注意和意識到了這一點。伯恩海姆就曾以其敏銳的眼光發現，每個人在某種程度上都容易受到暗示的影響。這一發現構成了其催眠理論的依據。實際上，他所說的「易受暗示影響性」就是移情傾向，只是他將這一傾向的範圍設想得太小，以致沒有將負向移情包含在內。但伯恩海姆從未說過暗示究竟是什麼以及是怎樣產生的。對他而言，這是一個基本的事實，他也無法闡明其起源。他不了解他的「**易受暗示影響性**」取決於性欲、取決於原欲的活動。我們必須了解，在我們的技術中，我們雖已放棄了催眠，卻再度發現了移情形式的暗示。

不過，在此我要暫停片刻，好讓你們有一個講話的機會，因為我已經看出你們現在心中有一種強烈的抗議，如果不讓你們講出來的話，你們就無法繼續聽下去：「啊！你終於承認它了！你藉助於暗示進行治療，恰如一個催眠師！我們很早之前就這麼懷疑了。但若真是如此，暗示果真是治療中唯一發生作用的東西，那麼你為什麼還要耗費那麼多的精力、時間和金錢，轉彎抹角地去尋求有關過去的記憶、去發現無意識、去闡釋那些受到扭曲的東西呢？你為什麼不像其他人，像誠實的催眠師那樣直截了當地用暗示去治療症狀呢？當然，你也可以找出種種理由為自己辯解，說儘管走了一段很長的迂迴道路，卻獲得了直接暗示所不能揭示的許多重要的心理學發現。但我們不禁要問，這些發現的確定性在今天看來又如何呢？難道它們不也是暗示，是你無意間施予暗示的結果嗎？你同樣也可以將你認為是正確的理論透過暗示施加於患者身上，不是嗎？」

你們向我所提的這些抗議是非常有益的，我必須予以回答。但不是在今天，因為今天沒有時間了，還是留待下次吧！那時我會回答你們的。但今天我必須將本次演講的主題講完，我敢保證，藉助於移情作用的事實，你們肯定能了解我們治療的努力對自戀性精神官能症無效的原因。

僅用幾句話我就可以將這一點講清楚，你們會明白這個謎是多麼容易解開，一切事情又是多麼地切合。觀察表明，自戀性精神官能患者缺乏移情的能力，即使有的話也微不足道。他們拒絕醫生，並非出於敵意，而是對醫生不感興趣，因此他們不可能受到醫生的影響。他們對醫生所說的話反應冷淡，毫無印象。結果，對其他人有較好療效的治療機制——再現致病的衝突、克服由潛抑造成的阻抗——對他們卻毫無作用。他們故步自封，經常希望透過自己的努力來恢復健康，因而導致了種種病態的結果。（第二十六講）無論如何，我們都無法改變這一點。

根據我們的臨床經驗，我們認為，這些患者必定放棄了他們的對象灌注，其對象原欲肯定轉化成了自我原欲（第二十六講）。據此，我們可將他們與第一組精神官能症患者（歇斯底里症患者、焦慮性精神官能症患者及強迫性精神官能患者）區分開來。他們在接受治療時的行為已經證實了上述假定，他們沒有顯露出移情作用。相應地，他們不能接受我們的治療，不能被我們所治癒。

28

分析治療[1]

Analytic Therapy

女士、先生們：

我們今天準備講些什麼，你們已經知道了。當我們承認精神分析療法的影響主要仰賴於移情作用，也就是暗示時，你們就問過我，為什麼在治療中我們不利用直接的暗示。你們接著又提出了一個疑問：既然暗示占有如此重要的地位，我們是否仍能聲稱我們的心理學發現是客觀的呢？我曾向你們承諾過，我將給你們一個詳盡的答覆。

直接暗示是針對症狀表現的暗示，是你們的權威性與疾病動機之間的一種鬥爭。在這種鬥爭中，你們並不介意這些動機本身，而只要求患者壓抑它們在症狀中的表現。無論你們是否置患者於催眠狀態之下，其原則都不會有任何不同。伯恩海姆以其獨特的聰穎，再次認為暗示是催眠現象的基本

1 標準版註：本講包含了佛洛伊德對精神分析治療效果理論最詳細的說明。在後來的〈可結束與不可結束的分析〉一文中，他對此問題的討論似乎在某些方面與本講不一致，參見該文的編者註（1937*c*）。佛洛伊德很少發表有關精神分析技術細節的文章，不過可以參見他在標準版第十二卷中的技術論文，在那裡可以找到他所寫的其他有關這一主題論文的列表。

元素，而催眠本身就是暗示的一種結果，即一種暗示狀態；[2] 他更喜歡在清醒狀態下使用暗示，這種暗示可以獲得與催眠暗示相同的效果。

對於這一問題，你們願意先聽什麼——是經驗告訴我們的東西，還是我們理論上的思考呢？

讓我們先講前者吧。我曾做過伯恩海姆的學生，一八八九年，我曾赴南錫拜訪過他，並將他一本關於暗示的書譯成了德文。[3] 我實施催眠治療達數年之久，剛開始時是使用「抑制性暗示」，後來將它與布洛伊爾詢問患者的方法結合起來使用。[4] 因此，我可以廣泛的經驗評論催眠或暗示療法的結果。根據古人的醫學見解，理想療法的標準應是迅速有效、結果可靠，且不為患者所厭惡。如果我們接受了這一標準，那麼伯恩海姆的療法至少達到了其中的兩點要求：其生效比分析治療快——更確切地說，比分析治療快得多；它既不會造成患者的苦惱，也不會為他帶來不快。但是對醫生來說，長期使用這一療法終究太單調：無論治療什麼病例，都要用同樣的方式，都要採取相同的儀式，都只限於阻遏各種症狀的出現，而不能了解症狀的任何意義和重要性。這是機械的工作，而非科學的活動，它常帶有江湖騙術的意味，不過為了患者的利益，這一點倒也不必計較。這種療法所缺乏的是第三個特性：它極不可靠。它能用於某些患者，卻不能用於另一些患者。對某些患者來說，它能收到一定療效，對另一些來說則沒有什麼效果，究其原因更無人知曉。更糟糕的是這種療法的效果不能永久保持。用不了多久，人們便會聽說患者舊病又復發了，或是得了某種新病。儘管可以再次對他進行催眠治療，但一些有經驗的人會在背後告誡他，頻繁地接受催眠治療，會使自己喪失獨立性，會像服用毒品一樣地成癮。有時事情的進展也能如人所願：經過幾次努力之後，治療取得了成功，且療效持久。[5] 然而，究竟是什麼條件導致了這一有利的結果，卻仍不得而知。有一次，我用短暫的催眠治療治癒了一位病情非常嚴重的女患者，但她突然無緣無故地對我怨恨不已，結果舊病復發。重歸於好之後，我又治好了她的病，但她又與我發生了爭執，以致疾病又再度復發。還有一次，也是一位女性患者，我曾多次對她實施催眠治療幫助她擺脫精神官能症狀態。但有一次，正當我正在為她治療時，她卻猛然用雙臂抱住了我的脖子。[6] 經歷了這種事情之後，不管願意與否，一個人便不能不去研究在暗示性治療中他的權威性的本質和起源了。

關於經驗，今天就講到此為止。從中我們可以看出，放棄直接暗示，我們並不會失去什麼無可替代的東西。對此，請允許我再補充幾句。催眠治療的實施對患者或醫生的要求甚少，它與大多數醫生所持的有關精神官能症的觀點一致。醫生常對精神官能症患者說：「你沒有什麼

2 標準版註：後來佛洛伊德表達了他對伯恩海姆這一觀點的反對意見。參見《群體心理學與自我分析》第十章末尾的腳註（1921*c*, *S. E.*, 18, p. 128 n）。

3 標準版註：事實上，佛洛伊德曾翻譯過伯恩海姆的兩本書：《暗示及其在治療中的應用》（1886; trans. 1888-1889）和《催眠術、暗示與心理治療》（1891; trans. 1892）。佛洛伊德並為前一本書寫了一個很長的序言（1888-1889, *S. E.*, 1）。

4 標準版註：見第十九講。

5 標準版註：佛洛伊德早期的論文〈用催眠術進行成功治療的一個案例〉中報告過類似於此的一個例子（1892-1893）。

6 標準版註：後來，佛洛伊德在其《自傳研究》中再次描述了這一情節（1925*d*, *S. E.*, 20, p. 27）。

病，只是神經方面有些問題，所以我只需用幾句話，兩三分鐘便可消除你的困擾。」但根據我們有關能量法則的觀點，不花多少力氣，不藉助於任何適當的方法，就能治好一個嚴重的疾病，這是不可能的；而只要條件類似，那麼經驗就會表明，精神官能症治療中也很難發生這樣的奇蹟。但我也知道，這一觀點並非無懈可擊，類似於「啟動作用」的現象也是存在的。

根據我們從精神分析中所獲得的知識，我們可以將催眠暗示和精神分析暗示之間的區別描述如下。催眠治療試圖掩蓋和潤飾心理生活中的某些東西，分析治療則試圖揭露和除去這些東西[7]。前者像是在化妝，後者則是像在動手術。前者利用暗示來抑制症狀，除了強化潛抑之外，並不改變導致症狀形成的所有過程；後者則在引發症狀的衝突中尋找病源所在，並用暗示去改變那些衝突的結果。前者讓患者停留在一種無自主性的狀態，並未發生任何變化，因此一旦遇到致病的新誘因，患者就無法抵抗；後者則要求醫生和患者嚴肅認真地對待治療，以解除患者內心的阻抗，透過克服這些抵抗，患者的心理生活有了永久性的改變，並得到了較高的發展，具備了抵抗舊病復發的能力。[8]這一克服阻抗的工作乃是分析治療的基本功能，患者必須完成這一工作，醫生也應該藉助於某種有教育意義的暗示讓患者有可能完成這一工作。有鑑於此，我們可將精神分析治療稱為一種**補充教育**。[9]

我希望我已清楚地敘述了精神分析暗示和催眠暗示之間的差異。從暗示可以追溯到移情作用這一事實中，你們也會了解到，催眠治療的結果是反覆無常的，而分析治療的結果則是可靠的。在使用催眠時，我們仰賴於患者移情能力的狀態，卻不能影響這種能力本身。接受催眠的患者的移情也許是負向的，或更經常是矛盾的，或他可能會以特殊的態度來防止自己的移情，對此我們皆無法掌握。在精神分析中，我們直接作用在移情本身，消除反抗移情的東西，調整我們用來造成影響的方法。因此對我們來說，完全有可能從暗示的力量中獲得一種全新的益處，並自由支配它。無論患者喜歡什麼，他都不能對自己進行暗示：我們引導著他的暗示，以使他能夠接受暗示的影響。

但是，此時你們會對我說，無論我們將分析的動力說成移情還是暗示，都存在著一種危險：我們施予患者的影響可能使我們的研究結果的客觀確定性變得令人懷疑。對我們的治療有利的東西成了對我們的研究有害的東西，這是人們反對精神分析時最常提出的異議。必須承認，儘管這些話毫無根據，但我們也不能將它們作為不合理的東西置之不理。倘若這些話有其合理性，那麼精神分析就僅是一種偽裝得特別好且特別有效的暗示治療。它所告訴我們的所有影響我們生活的東西，所揭示出的心理的動力或無意識，我們都不必予以重視。我們的反對者所持的正是這樣的信念；而且他們還認為我們不過是先在自己的墮落想像中設想出所有與性經驗的重要性有關的理論，然後再將這些經驗的意義——甚至是經驗本身——「灌輸」給患者。對這些指控，訴諸經驗比訴諸理論更易進行反駁。任何有過精神分析親身經歷的人都會確信，在許多情

7 標準版註：有關這種區分的詳盡闡述見於佛洛伊德的早期論文〈論心理治療〉（1905*a*, *S. E.*, 7, pp. 260-261）。

8 標準版註：參見本書第二十七講註七。

9 標準版註：見〈論心理治療〉。順道一提，德文詞「Nacherziehung」（補充教育）被誤譯為「再教育」。

況下根本不可能用這種方式對患者進行暗示。當然，醫生能毫無困難地使患者成為某個特定理論的支持者，並因此使患者與他犯下相同的錯誤。在這一點上，患者的行為就像其他人——像個學生——一樣，然而這種影響只限於他的智力，並未影響到他的疾病。畢竟，只有當患者所獲得的預設想法與他的實際情況相互吻合時，他的衝突才能成功地得到解決，他的阻抗才得以克服。醫生推測中的錯誤會隨著分析過程的進展而逐漸得到修正；[10]並為某個更為正確的想法所取代。我們努力運用一種謹慎的技術，以避免由於暗示所造成的過早的成功。不過，即使成功了也無妨，因為我們並不以第一次成功為滿足。直到清除了疾病所帶來的所有障礙、填補了患者記憶的缺失，並發現了潛抑的原因，我們才認為分析達到了自己的目標。我們將過早獲得的成功視為分析工作的障礙，而非幫助；只有透過不斷地消除它們所仰賴的移情，我們才算取得了最後的成功。這最後一個特點乃是分析療法和純粹的暗示療法之間的根本區別，它粉碎了一切以為分析結果的成功歸因於暗示的猜測。在其他各種暗示治療中，移情本身被細心地維護，未得到任何揭示；在分析中，移情本身就是治療的對象，其所有的形式也不斷地受到剖析和研究，分析治療結束時，移情本身必須被消除；假使此時取得了成功，假使這種成功得以持續，那麼這種成功肯定不是基於暗示，而是由於患者內在的阻抗已被克服，患者內心已發生了變化。

如果我們了解，我們在治療期間總是不斷地與那種能轉化成負向（敵意）移情的阻抗進行鬥爭，那麼我們就不會只將治療的成功歸於暗示了。我們不能不指出，分析的許多發現，雖然可以被懷疑是暗示的產物，但卻可在另一個無可指責的來源上得到證實。這種情形見於早發性痴呆症患者與妄想症患者，他們當然不可能受到暗示的影響，對這些患者身上侵入意識的幻想與象徵，我們的解釋無疑與我們從移情性精神官能症患者身上所獲得的研究結果一致，因而證實了我們的解釋的客觀正確性，雖然人們對此常有所懷疑。我想，假如你們在這些方面信賴分析，你們並不會誤入歧途。

接下來，我將用原欲理論闡明治療的機制。精神官能症患者既沒有享樂的能力，也沒有效率可言——前者是由於他的原欲並未指向任何真正的對象，後者則是因為他不得不將他所獲得的許多能量用於原欲的潛抑之上，以阻止原欲的襲擊。假若他的自我和他的原欲之間不再發生衝突，假若他的自我重新控制了原欲，那麼他的病就痊癒了。因此，治療的工作就在於使撤離自我的原欲從其目前所依附的事物中解放出來，使它再次為自我服務。那麼，精神官能患者的原欲究竟在哪裡呢？很容易找到：它依附於症狀，而這些症狀又給了它暫時的替代滿足。所以，我們必須控制症狀並消除它們——這也正是患者要求我們去做的工作。為了消除症狀，我們必須追溯其起源，再現引發它們的衝突，並藉助於過去不受患者支配的動機力量，將衝突引向一個不同的結果。這種對潛抑過程的修正，就導致潛抑的過程的記憶痕跡而言，只能達到部分的效果；這一工作的關鍵之處是在醫生和患者的關係中——在移情中——重建過去的衝突。在這些衝突中，患者喜歡按照與他過去相同的方式行事，我們則致力於喚起（患者的）每一個可能的心理力量，迫使他做出一個新的決定。這樣，移情就成了所有相互鬥爭的力量交鋒的戰場。

10 標準版註：在「狼人」的案例史中，佛洛伊德提到了一個與此有關的例子（1918*b*, *S.E.*, 17, p. 80）。

所有的原欲，與所有反對它的東西一樣，都集中在與醫生的關係上。在這一過程中，症狀的原欲不可避免地會被剝奪，人工建立起來的移情疾病似乎取代了患者真正的疾病，而他的原欲也以醫生這個再次是想像的單一對象取代了其他各種非真實的對象。但是，藉助於醫生的暗示，圍繞著這一對象的新鬥爭便提升到了最高的心理水準：它已轉化為一種正常的心理衝突。由於新的潛抑已被避免，自我和原欲之間的疏離便不復存在，患者的心理便恢復了統一。當原欲再次擺脫了其暫時的對象即醫生時，它不會退回到其早期對象之上，而是聽由自我的支配。我們在治療過程中與之鬥爭過的力量，一方面是自我對某種原欲傾向的厭惡——表現為潛抑的傾向；另一方面則是原欲的堅持性，它不願意離開它曾經灌注過的對象。

因此，我們的治療工作可分為兩個階段。在第一個階段，所有的原欲都被迫由症狀轉向移情，並集中在那裡；在第二個階段，鬥爭圍繞著新的對象進行，原欲被從中解放出來。鬥爭的結果能否向有利的方向轉化，關鍵在於它能否發生這樣的變化：在這一重現的衝突中去除潛抑作用，使原欲再也不能藉著逃入無意識而脫離自我。這之所以成為可能，是因為在醫生暗示的影響下患者的自我已發生了改變。藉助於解釋工作，無意識的東西轉化成了意識的東西，自我因無意識的削減而得到擴大；藉助於教育，自我與原欲取得了和解，自我也願意給予原欲某種滿足；自我對原欲要求的厭惡也因為它能夠使一部分原欲得到昇華而逐漸減弱。治療中的事件越接近於這種理想的描述，精神分析治療成功的可能性也就越大。妨礙精神分析治療獲得成功的因素在於：（1）原欲缺乏可動性，原欲不願意離開其對象；（2）自戀的僵化性，它不允許對對象的移情超越某種限度。在此，我想再補充一句：透過移情作用，我們將一部分原欲吸引到了自己身上，從而控制了所有脫離自我支配的原欲。這樣，治療過程的動力學便被闡釋得更為清楚了。

值得注意的是，從治療所帶來的原欲分配中，我們不能直接得出有關患病期間原欲如何分配的結論。假定在治療過程中，我們讓患者對醫生建立某種強烈的父親移情，繼而又予以消解，最終治癒了他的疾病，但我們若因此而得出結論說他以前患病是因為他對父親有一種無意識的依戀，這卻不一定是正確的。他的父親移情只是我們控制其原欲的戰場，患者的原欲可能是從其他地方被帶到這一戰場，戰場不一定是在敵人的主要堡壘，敵人保衛首都也不一定只在城門作戰。只有當移情被再次解除之後，我們才能在自己的思考中重建患者患病期間的原欲分配。

在此，我們還可以根據原欲理論的觀點就夢的問題再講最後幾句。就像失誤動作與對它們的自由聯想一樣，精神官能症患者的夢亦有助於我們發現其症狀的意義，有助於我們揭示其原欲分配的方式。由於它們是欲求的滿足，因而從中我們可以看出受到潛抑的是什麼樣的欲求衝動，脫離了自我的原欲又依附於什麼樣的對象。因此，釋夢在精神分析治療中占有重要的地位，在某些案例中，它會有很長一段時間是我們工作最重要的工具。我們曾經講過，睡眠狀態本身導致了潛抑的某種程度的放鬆，因此，受潛抑的衝動在夢中所受的壓力將會有所減少，其在夢中的表現相應地亦較在白天的症狀中更為清晰。在這樣的情況下，夢的研究就成了我們了解被潛抑的無意識，並認識其中那部分從自我那裡撤回的原欲的最為便利的工具。

不要以為精神官能症患者的夢與正常人的夢有什麼重要的差別。事實上，它們之間有可能毫無區分。硬要說對精神官能症患者的夢的解釋不適用於正常人的夢，無疑是荒謬的。因此，我們應該說精神官能症患者與健康的人之間的差別僅存在於白天，在夢中是不存在的。在這種情況下，我們便不能不將從精神官能症患者身上獲得的有關其夢與症狀之間連繫的許多假定運用於健康的人身上。我們不能否認，健康人的心理生活中同樣擁有那些足以形成夢和症狀的東西。而且，我們還應該認為，他們也同樣進行過各種潛抑；為了維持這種潛抑，他們亦耗費了一定數量的能量；他們的無意識系統中也隱藏著仍有能量灌注於其上的被潛抑衝動；**他們的一部分原欲也已脫離了自我的支配**。由此可見，健康人實際上也是一位精神官能症患者。所不同的是，他所能形成的症狀似乎僅僅是夢。事實上，倘若對他清醒時的生活進行更為仔細的研究，那麼人們就會發現某些與這種表面現象相矛盾的東西——亦即，這種表面看來健康的生活，也摻雜有許多瑣碎而不具實際重要性的症狀。

因此，神經質的健康人與精神官能症之間的差別僅是一個實效的問題，它取決於下述結果——取決於主體是否保留了足夠的享樂能力和效能。這一差別有可能追溯到自由支配的能量和受制於潛抑的能量之間的相對大小，而這僅僅是一個量的問題，並非質的差異。我無須告訴你們，這個發現從理論上證明了我們的下述信念的合理性：雖然精神官能症建立在體質傾向的基礎上，但原則上我們是能夠治癒它們的。

健康人的夢與精神官能症患者的夢之間所存在的這種一致性，使我們得以推知什麼才是健康的特點。但就夢本身而言，我們所能做出的進一步推論是：我們不應讓它脫離與精神官能症症狀的連繫；我們也不應認為其基本性質可以完全被化約為「將思想轉化為某種古代的表達方式」這樣一個公式（第十三講）；我們所能假定的應該是，夢向我們展現了原欲的分配以及真實呈現的對象灌注。[11]

我們馬上就要結束演講了。可能令你們大失所望的是，對於精神分析治療這一主題，我只談了理論，並沒有談及決定治療是否可以進行的條件，亦未介紹過治療的結果。我不準備討論這兩個方面：前者是因為我的意圖並不在於為你們提供治療的指導，教你們怎樣去進行精神分析；至於後者，則有好幾個原因阻止我這麼做。在本學年演講開始時（第十六講），我曾強調過在有利的條件下，我們能成功地治癒精神官能症，這些成功絕不亞於內科學領域內所取得的任何最好的成果；現在，我還可以再補充一句：任何其他的治療方法都不能取得這些成果。我知道，如果我再這樣講下去的話，你們肯定會懷疑我又在自吹自擂，想藉此蓋過反對者駁斥的聲浪。我們的醫學界同仁們不斷地——即使在公開的集會上——對精神分析做出不利的威脅。他們聲稱，如果將分析失敗和分析造成傷害的結果公諸於眾，那麼受害的大眾就會明白這種治療方法毫無價值。我們暫且不談這種做法所包含的惡意貶低的性質，我們似乎不能認為這種做法已構成了對於精神分析治療效果的正確判斷。你們知道，分析治療還處於初始階段；其技術的確立已花費了很長的時間，它的完善有賴於我們工作的進一步開展，有賴於我們經驗的不斷增

11 標準版註：有關精神病患者的夢的某些有趣的說明見於〈嫉妒、被害妄想、同性戀之若干精神官能症機制〉的第二節（1922*b*, *S. E.*, 18, pp. 227, 229-230）。

加。由於教學上的困難，初學精神分析的醫生在進一步發展自己的能力時，將遭遇到更大的障礙；他前幾年的治療結果絕不能用來判斷分析治療的效果。

在分析工作剛開始的時候，難免有許多錯誤的治療嘗試，一些完全不適於分析治療的病例，一些在我們今天看來應被排除在分析治療適用症之外的病例也被錯誤地給予了分析治療。然而，這些治療適用症的發現也同樣只能仰賴於實驗，那時我們並不知道嚴重的妄想症和早發性痴呆是無法以分析治療的，而我們有權嘗試以這種方法治療所有的病症。但是，分析工作剛開始時出現的大多數失敗，並非醫生的過錯所致，也不是由於選擇了不適於治療的患者，而是由於不利的外部條件。在此，我們只探討過患者無法避免但可以克服的內部阻抗，發源於患者生活情境的外部阻抗雖不能引發理論的興趣，在實踐上卻極為重要。精神分析治療可比作外科手術，它的進行同樣要求各種適當的安排以確保成功。你們知道，外科醫生經常採用各種預防措施：合適的房間，好的燈光，助手，患者親屬的迴避等等。試想一下，假若外科手術當著患者全家人的面前進行，他的家人都來圍觀，見到下刀便驚叫不已，這樣的手術能有幾次獲得成功呢？在精神分析治療中，親屬的干預是一個很大的危險。對於這種危險，我們尚不知道如何去應付。我們已做好準備要去對付患者內心不可避免的阻抗，但我們怎麼避開這些外部的阻抗呢？患者的親屬不聽任何解釋，也不會聽從勸告而不干預疾病的治療，而我們又不能與他們連成一氣，因為這可能會失去患者對我們的信任。患者深深地信任我們，當然也有權要求我們支持他。無論何人，只要他了解經常出現在家庭中的分裂，那麼——如果他是一名精神分析師——他就不會對於很多患者的親屬其實不願患者康復這一發現感到驚訝。假如患者的精神官能症與家庭成員之間的衝突有關，那些健康的家人在選擇自己的利益或是患者的康復時就會猶豫不決。如果丈夫認為妻子在接受治療時會暴露自己全部的罪行，那麼他就會反對我們的治療，這一點也不奇怪。既然存在著生病的妻子內部的阻抗，也存在著來自其丈夫的外部阻抗，那麼假如我們的努力失敗了，假如治療被過早地中斷，我們便用不著責怪自己。事實上，我們所欲達到的治療目標在當時的情境中是根本不可能實現的。

我不想報告很多的病例，而只想告訴你們我所經歷的一件事。在這個病例中，由於醫學倫理的考慮，我不得不長期忍受外界的責罵。數年前，我為一位少女進行分析治療，她由於焦慮的緣故，有一段時間不敢上街，亦不願獨自待在家中。這位患者後來承認她曾撞見她的母親和她們家一位有錢的朋友發生性關係，而從此便不斷地想像這個場景。不過，她是如此地笨拙——或者說如此地巧妙——以致將分析時所討論的事情暗示給母親知道；她改變了自己對母親的行為，堅持除了母親之外沒有人能解除她獨處時的焦慮。當母親準備外出時，她便焦急地加以阻止。她母親過去也曾罹患過精神官能症，但於數年前在一個水療院治癒了，更確切地說，她在那裡結識了一個男人，此後便與他有著親密關係，由此獲得了極大的滿足。女兒的強烈要求使她猝不及防，她突然明白了女兒焦慮的含義：女兒讓自己陷入疾病，目的在於將母親軟禁起來，剝奪母親與其情人會面所需要的行動自由。母親迅速做出決定，終止了女兒所接受而對她自己有害的治療。她將女兒送到一間療養院，多年來到處宣揚她女兒是「精神分析的可憐犧牲品」。我也因此受到人們的詆毀，始終承擔著這一不幸的治療結局的責任。我之所以保持沉默，是因為我認為自己必須遵守醫生的職業道德。很久以後，我的一個同事曾訪問過這個療養院，並見到了這個患有懼曠症的少女。從他那裡，我得知這位少女的母親和那位有錢朋友私通的事在這個城市已是公開的祕密，她丈夫、也就是她女兒的父親也默認了此事。因此，正是這個「祕密」使得這個治療成為犧牲品。

大戰發生的前幾年，各國的患者紛紛前來求診，這使我無須顧慮我自己城市的人對我的毀譽。我遵循一個規則：如果患者尚未達到法定年齡，如果他不能獨立，那麼我便拒絕為他進行治療。然而，這一規則不可能適用於每一位從事精神分析的人。根據我針對患者親屬所提出的警告，你們可能會得出結論：為了分析治療的順利進行，患者應離開家庭，因此分析治療的對象應侷限於住院的神經疾病病患。然而，在這一點上，我不能贊同你們的意見。對於患者（只要不是處於精疲力竭的階段）而言，讓他在接受治療時仍舊處於日常的生活情境之下，讓他繼續面對他所面對的任務，會比你們所設想的上述情形有著更多的好處。只是患者的親屬不應透過自己的行為使這些好處化為烏有，不應敵視醫生的努力並加以拒斥。然而，患者的親屬畢竟是我們的影響難以企及的地方，我們怎樣去影響他們呢？由此，你們自然會做出推測：治療的前景在一定程度上取決於患者的社會環境及其家庭成員的教育程度。

這讓精神分析的療效有了一個令人悲觀的前景——難道不是嗎？——儘管我們可將自己大多數的失敗歸因於外界因素的干擾。精神分析界的朋友向我建議，既然人們公布我們的失敗情況駭人聽聞，那我們為何不將分析治療所取得的成果做一個統計以對抗他們呢？我不同意這樣做。我指出，如果所收集的項目太過異質性，那麼這種統計將毫無意義；而且我們所治療的精神官能症病例實際上在很多方面都是不可比較的。更何況，我們能用來進行研究的時間也很短，因而不可能判斷療效的持久與否。[12]並且很多病例都是不能報告的：患者不希望人們知道他們的疾病與治療經過，而他們的康復也同樣需要保守祕密。然而，精神分析的發展之所以遭遇阻礙，最主要的原因莫過於人們在治療問題上太缺乏理性，因此沒有人期待藉著合理的方法在治療上取得成功。療法上的創新要麼受到熱烈的歡迎——像科赫第一次以結核菌素預防結核病時的情形一樣；[13]要麼受到徹底的拒斥——如金納的接種技術；事實上它是人類的福音，但至今仍受到人們的反對。明顯地，在對待精神分析的問題上，人們始終懷有某種偏見。假如我們治癒了某個嚴重的病人，人們便會說：「這不能證明什麼，經過這麼長的時間，患者自己也會康復的。」一位女性患者已經歷過四次憂鬱和躁狂的交替發作，在憂鬱症之後的緩解期到我這裡求治，三個星期後，其躁症復發了，於是，其家人及曾為她診治的某位醫學權威都認為，該患者此次躁症的復發完全是分析所致。對於偏見，我們無計可施。在今日，你們不是又看到了大戰時各個國家均對其他國家懷有偏見嗎？最明智的辦法是等待，時間將是化解偏見的最好藥方。總有一天，這些人會用不同的眼光看待這些同樣的事情，至於這一切為什麼不能早點變成事實，這仍然是一個謎。

也許有關精神分析治療的偏見已逐漸減少了，分析技術的不斷傳播、從事精神分析治療的

12 標準版註：佛洛伊德在《精神分析引論新編》中重提了這一問題（1933*a*, *S. E.*, 22, p. 152）。在其中，他再次探索了精神分析的治療價值。

13 標準版註：時間為一八九〇年，其諾言並未實現。

醫生日益增多並逐步遍及許多國家便是明證。當我還是一位年輕醫生的時候，我曾發現醫學界對我採用催眠暗示療法的惱怒如狂風暴雨般地向我襲來，那時的激烈程度與今天人們對精神分析提出的「溫和」批評形成了鮮明的對比。[14]然而，催眠術並未實現其作為治療方法的最初諾言。我們可以說，精神分析者乃催眠術的合法繼承人。我們不會忘記，正是催眠術給予了我們從事精神分析的勇氣，並使我們得到了許多理論上的助益。那些被認為是精神分析所帶來的傷害性結果基本上僅限於患者衝突加劇後的暫時表現，而衝突的加劇則可歸因於分析過於笨拙，或分析突然中斷。我已告訴你們我們對患者進行治療的一些情況，我相信，有關我們的努力是否為患者帶來了永久性的傷害，你們肯定能形成自己的判斷。精神分析在任何情況下都有可能被濫用，移情作用在缺乏職業道德的醫生手中更是特別容易成為一種危險的工具。但是，沒有哪種醫療工具或方法能保證不被濫用，假如刀子不能切割，那它同樣不能作為手術的工具。

女士、先生們，我的演講到此就結束了。我承認，我已深刻認識到了自己演講的諸多缺陷。這絕不是客套。尤其抱歉的是，對於我曾簡略提及的主題，我經常承諾要在往後的演講中更為詳盡地闡述，然而我卻始終未能找到履行諾言的機會。我向你們介紹的這一學科至今尚不完善，仍處於發展過程之中，我所做的概述因此也有欠完整。在一些問題上，我陳述了某些材料，準備從中得出某些結論，但此後又沒有進行歸納。不過，我從未吹噓過要讓你們成為精神分析的專家，我的目的不過是激發你們對精神分析的興趣，並使你們對精神分析有所了解罷了。

14 標準版註：有關醫學界反對催眠術的明顯事實，見於佛洛伊德早期對著名的瑞士精神醫學家奧古斯特·弗洛爾有關這一主題著作的評論（1889*a*, *S. E.*, 1）。

參考文獻

（依作者中譯名筆劃排序）

比納，《實驗心理學研究：愛情中的戀物癖》。Binet, A. (1888) *Études de psychologie expérimentale: le fétichisme dans l'amour*, Paris. (433)

卡普蘭，《精神分析基礎課程》。Kaplan, L. (1914) *Grundzüge der Psychoanalyse*, Vienna. (10)

布洛伊爾、佛洛伊德（見佛洛伊德）

布洛赫，《性病態的成因》。Bloch, I. (1902-3) *Beiträge zur Atiologie der Psychopathia sexualis* (2 vols.), Dresden. (380)

布理爾，《精神分析：理論與實務》。Brill, A. A. (1912) *Psychoanalysis: Its Theories and Practical Application*, Philadelphia and London. (2nd ed., 1914; 3rd ed., 1922.) (37, 64, 68)

弗利斯，《生命的期限》。Fliess, W. (1906) *Der Ablauf des Lebens*, Vienna. (398)

列維，〈聖經與塔木德經之中的性符號〉。Levy, L. (1914) 'Die Sexualsymbolik der Bibel und des Talmuds', *Z. Sexualwiss.*, 1, 274 ; 318. (199)

米德，〈論日常生活精神病理學〉。Maeder, A. (1906) 'Contributions à la psychopathologie de la vie quotidienne'. *Archives de psychologie*, 6, 148. (68)

米德，〈再論日常生活精神病理學〉。Maeder, A. (1908) 'Nouvelles contributions à la psychopathologie de la vie quotidienne'. *Archives de psychologie*, 7, 283. (68)

米德，〈論夢的功能〉。Maeder, A. (1912) 'Über die Funktion des Traumes', *Jb. psychoan., psychopath. Forsch.*, 4, 692. (294)

西爾伯勒，《神祕主義及其象徵之問題》。Silberer, H. (1914) *Probleme der Mystik und ihrer Symbolik*, Vienna. (295, 376) [*Problems of Mysticism and its Symbolism*, New York, 1917.]

伯恩海姆，《暗示及其在治療中的應用》。Bernheim, H. (1886) *De la suggestion et de ses applications à la thérapeutique*, Paris. (557-58)

伯恩海姆，《催眠術、暗示與心理治療》。Bernheim, H. (1892) *Hypnotisme, suggestion et psychothérapie:*

études nouvelles, Paris. (558)

佛洛伊德，〈論七鰓鰻幼魚脊椎後神經梢之起源〉。Freud, S. (1877*a*) 'Über den Ursprung der hinteren Nervenwurzeln im Rückenmarke von Ammocoetes (Petromyzon Planeri)', *S. B. Akad. Wiss. Wien* (Math.-Naturwiss. Kl.), III Abt., 75, 15. (422-23)

佛洛伊德，〈論七鰓鰻幼魚之脊椎神經節與脊髓〉。Freud, S. (1878*a*) 'Über Spinalganglien und Rückenmark des Petromyzon', *S. B. Akad. Wiss. Wien* (Math.-Naturwiss. Kl.), III Abt., 78, 81. (422-23)

佛洛伊德，〈橄欖體間束之認識〉。Freud, S. (1885*d*) 'Zur Kenntnis der Olivenzwischenschicht', *Neurol. Zbl.*, 4, Nr. 12, 268. (489)

佛洛伊德、馮達克史維茲，〈論繩狀體與後索及其核心間之關係，暨延髓兩區之觀察〉。Freud, S. (1886*b*) With Darkschewitsch, L., 'Über die Beziehung des Strickkörpers zum Hinterstrang und Hinterstrangskern nebst Bemerkungen über zwei Felder der Oblongata', *Neurol. Zbl.*, 5, Nr. 6, 121. (489)

佛洛伊德，〈論聽覺神經之起源〉。Freud, S. (1886*c*) 'Über den Ursprung des Nervus acusticus', *Mschr. Ohrenheilk.*, Neue Folge 20, Nr. 8, 245, and 9, 277. (489)

佛洛伊德，翻譯伯恩海姆《暗示及其在治療中的應用》一書，兼作序及註釋。Freud, S. (1888-9) Translation with Introduction and Notes of H. Bernheim' s *De la suggestion et de ses applications à la thérapeutique*, Paris, 1886, under the title *Die suggestion und ihre Heilwirkung*, Vienna. (558) [Introduction to Bernheim' s *Die suggestion und ihre Heilwirkung, C. P.*, 5, 11; *S. E.*, 1, 71.]

佛洛伊德，評弗洛爾《催眠》一書。Freud, S. (1889*a*) Review of Forel' s *Der Hypnotismus, Wien. med. Wschr.*, 39, Nr. 28, 1097, and Nr. 47, 1892. (575) [*S. E.*, 1, 89.]

佛洛伊德，翻譯伯恩海姆《催眠術、暗示與心理治療》一書。Freud, S. (1892*a*) Translation of H. Bernheim' s *Hypnotisme, suggestion et psychothérapie: études nouvelles*, Paris, 1891, under the title *Neue Studien über Hypnotismus, Suggestion und Psychotherapie*, Vienna. (558)

佛洛伊德，〈用催眠術進行成功治療的一個案例〉。Freud, S. (1892-3) 'Ein Fall von hypnotischer Heilung nebst Bemerkungen über die Entstehung hysterischer Symptome durch den "Gegenwillen"', *G. S.*, 1, 258; *G. W.*, 1, 3. (88, 174) ['A Case of Successful Treatment by Hypnotism', *C. P.*, 5, 33; *S. E.*, 1, 115.]

佛洛伊德、布洛伊爾，〈論歇斯底里現象之精神機制：緒言〉。Freud, S. (1893*a*) With Breuer, J., 'Über den psychischen Mechanismus hysterischer Phänomene: Vorläufige Mitteilung', *G. S.*, 1, 7; *G. W.*, 1, 81. (318, 341) ['On the Psychical Mechanism of Hysterical Phenomena: Preliminary Communication', *C. P.*, 1, 24; *S. E.*, 2, 3.]

佛洛伊德，〈夏爾科〉。Freud, S. (1893*f*) 'Charcot', *G. S.*, 1, 243; *G. W.*, 1, 21. (179) ['Charcot', *C. P.*, 1, 9; *S. E.*, 3, 9.]

佛洛伊德，〈防禦型精神官能症〉。Freud, S. (1894*a*) 'Die Abwehr-Neuropsychosen', *G. S.*, 1, 290; *G. W.*, 1, 59. (267, 418, 443) ['The Neuro-Psychoses of Defence', *C. P.*, 1, 59; *S. E.*, 3, 43.]

佛洛伊德，〈將神經衰弱的某些症狀獨立為「焦慮型精神官能症」之根據〉。Freud, S. (1895*b* [1894]) 'Über die Berechtigung, von der Neurasthenie einen bestimmten Symptomenkomplex als "Angstneurose" abzutrennen', *G. S.*, 1, 306; *G. W.*, 1, 315. (479, 487, 495) ['On the Grounds of Detaching

a Particular Syndrome from Neurasthenia under the Description "Anxiety Neurosis"', *C. P.*, 1, 76; *S. E.*, 3, 87.]

佛洛伊德，〈強迫症與恐懼症〉。Freud, S. (1895*c* [1894]) 'Obsessions et phobies' [in French], *G. S.*, 1, 334; *G. W.*, 1, 345. (498) ['Obsessions and Phobias', *C. P.*, 1, 128; *S. E.*, 3, 71.]

佛洛伊德、布洛伊爾，《歇斯底里症研究》。Freud, S. (1895*d*) With Breuer, J., *Studien über Hysterie*, Vienna. *G. S.*, 1, 3; *G. W.*, 1, 77(omitting Breuer' s contributions). (174, 318, 334, 339, 340, 346-47, 354, 362-63, 366, 492, 536, 558) [*Studies on Hysteria*, London, 1956; *S. E.*, 2. Including Breuer' s contributions.]

佛洛伊德，〈回應對「焦慮型精神官能症」之批評〉。Freud, S. (1895*f*) 'Zur Kritik der "Angstneurose"', *G. S.*, 1, 343; *G. W.*, 1, 357. (303, 432, 479, 487) ['A Reply to Criticisms of my Paper on Anxiety Neurosis', *C. P.*, 1, 107; *S. E.*, 3, 121.]

佛洛伊德，〈續論防禦型精神官能症〉。Freud, S. (1896*b*) 'Weitere Bemerkungen über die Abwehr-Neuropsychosen', *G. S.*, 1, 363; *G. W.*, 1, 379. (333) ['Further Remarks on the Neuro-Psychoses of Defence', *C. P.*, 1, 155; *S. E.*, 3, 159.]

佛洛伊德，〈歇斯底里症病因學〉。Freud, S. (1896*c*) 'Zur Atiologie der Hysterie', *G. S.*, 1, 404; *G. W.*, 1, 425. (6) ['The Aetiology of Hysteria', *C. P.*, 1, 183; *S. E.*, 3, 189.]

佛洛伊德，《準教授西格蒙德 · 佛洛伊德之科學文章摘要》。Freud, S. (1897*b*) *Inhalstangaben der wissenschaftlichen Arbeiten des Privatdozenten Dr. Sigm. Freud (1877-1897)*, Vienna, *G. W.*, 1, 463. (175, 423, 489) [*Abstracts of the Scientific Writings of Dr. Sigm. Freud (1877-1897), S. E.*, 3, 225.]

佛洛伊德，〈性欲在精神官能症病因學中的地位〉。Freud, S. (1898*a*) 'Die Sexualität in der Atiologie der Neurosen', *G. S.*, 1, 439; *G. W.*, 1, 491. (479, 486) ['Sexuality in the Aetiology of the Neuroses', *C. P.*, 1, 220; *S. E.*, 3, 261.]

佛洛伊德，〈屏蔽記憶〉。Freud, S. (1899*a*) 'Über Deckerinnerungen', *G. S.*, 1, 465; *G. W.*, 1, 531. (248) ['Screen Memories', *C. P.*, 5, 47; *S. E.*, 3, 301.]

佛洛伊德，《夢的解析》。Freud, S. (1900*a*) *Die Traumdeutung*, Vienna. *G. S.*, 2-3; *G. W.*, 2-3. (93, 101-298 passim, 337, 356, 391, 409, 417, 425, 494, 532, 533) [*The Interpretation of Dreams*, London and New York, 1955; *S. E.*, 4-5.]

佛洛伊德，《論夢》。Freud, S. (1901*a*) *Über den Traum*, Wiesbaden. *G. S.*, 3, 189; *G. W.*, 2-3. 643. (150) [*On Dreams*, London and New York, 1951, *S. E.*, 5, 633.]

佛洛伊德，《日常生活精神病理學》。Freud, S. (1901*b*) *Zur Psychopathologie des Alltagslebens*, Berlin. 1904. *G. S.*, 4, 3; *G. W.*, 4, (4, 29-98 passim, 131, 136, 248, 251) [*The Psychopathology of Everyday Life, S. E.*, 6.]

佛洛伊德，〈佛氏精神分析法〉。Freud, S. (1904*a*) 'Die Freud' sche psychoanalytische Methode', *G. S.*, 6, 3; *G. W.*, 5, 3. (356) ['Freud' s Psycho-Analytic Procedure', *C. P.*, 1, 264; *S. E.*, 7, 249.]

佛洛伊德，〈論心理治療〉。Freud, S. (1905*a*) 'Über Psychotherapie', *G. S.*, 6, 11; *G. W.*, 5, 13. (6, 560) ['On Psychotherapy', *C. P.*, 1, 249; *S. E.*, 7, 257.]

佛洛伊德，《詼諧及其與無意識的關係》。Freud, S. (1905*c*) *Der Witz und seine Beziehung zum*

Unbewussten, Vienna. *G. S.*, 9, 5; *G. W.*, 6. (47, 145, 149, 212, 214-215, 243, 292, 293) [*Jokes and their Relation to the Unconscious*, London, 1960; *S. E.*, 8.]

佛洛伊德，《性學三論》。Freud, S. (1905*d*) *Drei Abhandlungen zur Sexualtheorie*, Vienna. *G. S.*, 5, 3; *G. W.*, 5, 29. (247, 375, 384, 401, 432, 464, 506, 516) [*Three Essays on the Theory of Sexuality*, London, 1962; *S. E.*, 7, 125.]

佛洛伊德，〈一歇斯底里症個案分析之片斷〉。Freud, S. (1905*e* [1901]) 'Bruchstück einer Hysterie-Analyse', *G. S.*, 8, 3; *G. W.*, 5, 163. (193, 228, 276, 477, 536) ['Fragment of an Analysis of a Case of Hysteria', *C. P.*, 3, 13; *S. E.*, 7, 3.]

佛洛伊德，〈我對性欲在精神官能症病因中的作用的看法〉。Freud, S. (1906*a*) 'Meine Ansichten über die Rolle der Sexualität in der Ätiologie der Neurosen', *G. S.*, 5, 123; *G. W.*, 5, 149. (305, 479) ['My Views on the Part played by Sexuality in the Aetiology of the Neuroses', *C. P.*, 1, 272; *S. E.*, 7, 271.]

佛洛伊德，〈強迫性動作與宗教儀式〉。Freud, S. (1907*b*) 'Zwangshandlungen und Religionsübung', *G. S.*, 10, 210; *G. W.*, 7, 129. (326, 383) ['Obsessive Actions and Religious Practices', *C. P.*, 2, 25; *S. E.*, 9, 116.]

佛洛伊德，〈歇斯底里症的幻想及其與雙性性欲的關係〉。Freud, S. (1908*a*) 'Hysterische Phantasien und ihre Beziehung zur Bisexualität', *G. S.*, 5, 246; *G. W.*, 7, 191. (121, 462) ['Hysterical Phantasies and their Relation to Bisexuality', *C. P.*, 2, 51; *S. E.*, 9, 157.]

佛洛伊德，〈性格與肛門期性欲〉。Freud, S. (1908*b*) 'Charakter und Analerotik', *G. S.*, 5, 261; *G. W.*, 7, 203. (390) ['Character and Anal Erotism', *C. P.*, 2, 45; *S. E.*, 9, 169.]

佛洛伊德，〈論兒童的性理論〉。Freud, S. (1908*c*) 'Über infantile Sexualtheorien', *G. S.*, 5, 168; *G. W.*, 7, 171. (393) ['On the Sexual Theories of Children', *C. P.*, 2, 59; *S. E.*, 9, 207.]

佛洛伊德，〈「文明的」性道德與現代精神官能症〉。Freud, S. (1908*d*) 'Die "kulturelle" Sexualmoral und die moderne Nervosität', *G. S.*, 5, 143; *G. W.*, 7, 143. (384) ['"Civilized" Sexual Morality and Modern Nervous Illness', *C. P.*, 2, 76; *S. E.*, 9, 179.]

佛洛伊德，〈創造性作家與白日夢〉。Freud, S. (1908*e* [1907]) 'Der Dichter und das Phantasieren', *G. S.*, 10, 229; *G. W.*, 7, 213. (121, 462, 468) ['Creative Writers and Day-Dreaming', *C. P.*, 4, 173; *S. E.*, 9, 143.]

佛洛伊德，〈歇斯底里症發病概論〉。Freud, S. (1909*a*) 'Allgemeines über den hysterischen Anfall', *G. S.*, 5, 255; *G. W.*, 7, 235. (447, 492) ['Some General Remarks on Hysterical Attacks', *C. P.*, 2, 100; *S. E.*, 9, 229.]

佛洛伊德，〈一名五歲男童恐懼症之分析〉。Freud, S. (1909*b*) 'Analyse der Phobie eines fünfjährigen Knaben', *G. S.*, 8, 129; *G. W.*, 7, 243. (216, 385, 393, 452, 498) ['Analysis of a Phobia in a Five-Year-Old Boy', *C. P.*, 3, 149; *S. E.*, 10, 3.]

佛洛伊德，〈對一例強迫性精神官能症的說明〉。Freud, S. (1909*d*) 'Bemerkungen über einen Fall von Zwangsneurose', *G. S.*, 8, 269; *G. W.*, 7, 381. (103, 323, 330, 373, 419) ['Notes upon a Case of Obsessional Neurosis', *C. P.*, 3, 293; *S. E.*, 10, 155.]

佛洛伊德，《精神分析五講》。Freud, S. (1910*a* [1909]) *Über Psychoanalyse*, Vienna. *G. S.*, 4, 349; *G. W.*, 8,

3. (6, 101, 365, 468) ['Five Lectures on Psycho-Analysis', *Amer. F. Psychol.*, 21 (1910), 181; *S. E.*, 11, 3.]

佛洛伊德，〈精神分析治療的未來展望〉。Freud, S. (1910*d*) 'Die zukünftigen Chancen der psychoanalytischen Therapie', *G. S.*, 6, 25; *G. W.*, 8, 104. (203, 361) ['The Future Prospects of Psycho-Analytic Therapy', *C. P.*, 2, 285; *S. E.*, 11, 141.]

佛洛伊德，〈「原始辭彙中之對偶意義」〉。Freud, S. (1910*e*) '"Über den Gegensinn der Urworte"', *G. S.*, 10, 221; *G. W.*, 8, 214. (221) ['"The Antithetical Meaning of Primal Words"', *C. P.*, 4, 184; *S. E.*, 11, 155.]

佛洛伊德，致信克勞斯博士論《人類性生活》。Freud, S. (1910*f*) Letter to Dr. Friedrich S. Krauss on *Anthropophyteia*, *G. S.* 11, 242; *G. W.*, 8, 224. (200) [*S. E.*, 11, 233.]

佛洛伊德，〈男性選擇對象之一特殊類型〉。Freud, S. (1910*h*) 'Über einen besoderen Typus der Objektwahl beim Manne', *G. S.*, 5, 186; *G. W.*, 8, 66. (409) ['A Special Type of Choice of Object made by Men', *C. P.*, 4, 192; *S. E.*, 11, 165.]

佛洛伊德，〈心因性視覺障礙的精神分析觀點〉。Freud, S. (1910*i*) 'Die psychogene Sehstörung in psychoanalytischer Auffassung', *G. S.*, 5, 310; *G. W.*, 8, 94. (382) ['The Psycho-Analytic View of Psychogenic Disturbance of Vision', *C. P.*, 2, 105; *S. E.*, 11, 211.]

佛洛伊德，〈論「狂野的」精神分析〉。Freud, S. (1910*k*) 'Über "wilde" Psychoanalyse', *G. S.*, 6, 37; *G. W.*, 8, 118. (486) ['"Wild" Psycho-Analysis', *C. P.*, 2, 297; *S. E.*, 11, 221.]

佛洛伊德，〈對心理活動的兩個原則的系統論述〉。Freud, S. (1911*b*) 'Formulierungen über die zwei Prinzipien des psychischen Geschehens', *G. S.*, 5, 409; *G. W.*, 8, 230. (235, 443, 444, 468) ['Formulations on the Two Principles of Mental Functioning', *C. P.*, 4, 13; *S. E.*, 12, 215.]

佛洛伊德，〈一被害妄想症個案之自傳式病歷之精神分析評註〉。Freud, S. (1911*c*) 'Psychoanalytische Bemerkungen über einen autobiographisch beschriebenen Fall von Paranoia (Dementia Paranoides)', *G. S.*, 8, 355; *G. W.*, 8, 240. (205, 525, 527) ['Psycho-Analytic Notes on an Autobiographical Account of a Case of Paranoia (Dementia Paranoides)', *C. P.*, 3, 387; *S. E.*, 12, 3.]

佛洛伊德，〈精神分析對釋夢的處理〉。Freud, S. (1911*e*) 'Die Handhabung der Traumdeutung in der Psychoanalyse', *G. S.*, 6, 45; *G. W.*, 8, 350. (228) ['The Handling of Dream-Interpretation in Psycho-Analysis', *C. P.*, 2, 305; *S. E.*, 12, 91.]

佛洛伊德，〈移情作用的動力學〉。Freud, S. (1912*b*) 'Zur Dynamik der Übertragung', *G. S.*, 6, 53; *G. W.*, 8, 364. (184, 356, 361, 465, 536) ['The Dynamics of Transference', *C. P.*, 2, 312; *S. E.*, 12, 99.]

佛洛伊德，〈精神官能症發病類型〉。Freud, S. (1912*c*) 'Über neurotische Erkrankungstypen', *G. S.*, 5, 400; *G. W.*, 8, 322. (435) ['Types of Onset of Neurosis', *C. P.*, 2, 113; *S. E.*, 12, 229.]

佛洛伊德，〈寫給關於手淫的討論〉。Freud, S. (1912*f*) 'Zur Onanie-Diskussion', *G. S.*, 3, 324; *G. W.*, 8, 332. (392) ['Contributions to a Discussion on Masturbation', *S. E.*, 12, 243.]

佛洛伊德，《圖騰與禁忌》。Freud, S. (1912-13) *Totem und Tabu*, Vienna. 1913. *G. S.*, 10, 3; *G. W.*, 9. (315, 331, 412, 416, 441) [*Totem and Taboo*, London, 1950; New York, 1952; *S. E.*, 13, 1.]

佛洛伊德，〈一個作為證據的夢〉。Freud, S. (1913*a*) 'Ein Traum als Beweismittel', *G. S.*, 3, 267; *G. W.*, 10, 12. (224, 276, 282) ['An Evidential Dream', *C. P.*, 2, 133; *S. E.*, 12, 269.]

佛洛伊德，〈論治療的開始（精神分析技術之進階建議，一）〉。Freud, S. (1913*c*) 'Weitere Ratschläge zur Technik der Psychoanalyse: I. Zur Einleitung der Behandlung', *G. S.*, 6, 84; *G. W.*, 8, 454. (356) ['On Beginning the Treatment (Further Recommendations on the Technique of Psycho-Analysis, I.)', *C. P.*, 2, 342; *S. E.*, 12, 123.]

佛洛伊德，〈精神分析對科學興趣的要求〉。Freud, S. (1913*j*) 'Das Interesse an der Psychoanalyse', *G. S.*, 4, 313; *G. W.*, 8, 390. (468) ['The Claims of Psycho-Analysis to Scientific Interest', *S. E.*, 13, 165.]

佛洛伊德，〈論自戀〉。Freud, S. (1914*c*) 'Zur Einführung des Narzissmus', *G. S.*, 6, 155; *G. W.*, 10, 138. (484, 515-16, 517, 530, 533) ['On Narcissism: an Introduction', *C. P.*, 4, 30; *S. E.*, 14, 69.]

佛洛伊德，〈精神分析運動史〉。Freud, S. (1914*d*) 'Zur Geschichte der psychoanalytischen Bewegung', *G. S.*, 4, 411; *G. W.*, 10, 44. (101, 304, 354, 362, 431) ['On the History of the Psycho-Analytic Movement', *C. P.*, 1, 287; *S. E.*, 14, 3.]

佛洛伊德，〈回憶、重複和修通（精神分析技術之進階建議，二）〉。Freud, S. (1914*g*) 'Weitere Ratschläge zur Technik der Psychoanalyse: II. Erinnern, Wiederholen und Durcharbeiten', *G. S.*, 6, 109; *G. W.*, 10, 126. (552) ['Remembering, Repeating and Working-Through (Further Recommendations on the Technique of Psycho-Analysis, II)', *C. P.*, 2, 366; *S. E.*, 12, 147.]

佛洛伊德，〈對移情－愛的觀察（精神分析技術之進階建議，三）〉。Freud, S. (1915*a*) 'Weitere Ratschläge zur Technik der Psychoanalyse: III. Bemerkungen über die Übertragungsliebe', *G. S.*, 6, 120; *G. W.*, 10, 306. (536) ['Observations on Transference-Love (Further Recommendations on the Technique of Psycho-Analysis, III)', *C. P.*, 2, 377; *S. E.*, 12, 159.]

佛洛伊德，〈本能及其演變〉。Freud, S. (1915*c*) 'Triebe und Triebschicksale', *G. S.*, 5, 443; *G. W.*, 10, 210. (401, 435, 447, 466, 516, 532) ['Instincts and their Vicissitudes', *C. P.*, 4, 60; *S. E.*, 14, 111.]

佛洛伊德，〈潛抑〉。Freud, S. (1915*d*) 'Die Verdrängung', *G. S.*, 5, 466; *G. W.*, 10, 248. (354, 502) ['Repression', *C. P.*, 4, 84; *S. E.*, 14, 143.]

佛洛伊德，〈論無意識〉。Freud, S. (1915*e*) 'Das Unbewusste', *G. S.*, 5, 480; *G. W.*, 10, 264. (5, 354, 367, 448, 465, 509, 510, 525) ['The unconscious', *C. P.*, 4, 98; *S. E.*, 14, 161.]

佛洛伊德，〈與精神分析疾病理論相違背的一例妄想症〉。Freud, S. (1915*f*) 'Mitteilung eines der psychoanalytischen Theorie widersprechenden Falles von Paranoia', *G. S.*, 5, 288; *G. W.*, 10, 234. (330, 432, 530) ['A Case of Paranoia Running Counter to the Psycho-Analytic Theory of the Disease', *C. P.*, 2, 150; *S. E.*, 14, 263.]

佛洛伊德，〈象徵和症狀之間的關聯〉。Freud, S. (1916*c*) 'Eine Beziehung zwischen einem Symbol und einem Symptom', *G. S.*, 5, 310; *G. W.*, 10, 394. (194, 332) ['A Connection between a Symbol and a Symptom', *C. P.*, 2, 162; *S. E.*, 14, 339.]

佛洛伊德，《精神分析引論》。Freud, S. (1916-17) *Vorlesungen zur Einführung in die Psychoanalyse*. [*Introductory Lectures on Psycho-Analysis*. *S. E.*, 15-16.]

佛洛伊德，〈精神分析發展過程中的一個困難〉。Freud, S. (1917*a*) 'Eine Schwierigkeit der Psychoanalyse', *G. S.*, 10, 347; *G. W.*, 12, 3. (258, 353) ['A Difficulty in the Path of Psycho-Analysis', *C. P.*,

4, 347; *S. E.*, 17, 137.]

佛洛伊德，〈論本能轉化：以肛門期性欲為例〉。Freud, S. (1917*c*) 'Über Triebumsetzungen insbesondere der Analerotik', *G. S.*, 5, 268; *G. W.*, 10, 402. (390-91) ['On Transformations of Instinct as Exemplified in Anal Erotism', *C. P.*, 2, 164; *S. E.*, 17, 127.]

佛洛伊德，〈後設心理學對夢理論的一個補充〉。Freud, S. (1917*d* [1915]) 'Metapsychologische Ergänzung zur Traumlehre', *G. S.*, 5, 520; *G. W.*, 10, 412. (295, 462, 521) ['A Metapsychological Supplement to the Theory of Dreams', *C. P.*, 4, 137; *S. E.*, 14, 219.]

佛洛伊德，〈悲慟與憂鬱症〉。Freud, S. (1917*e* [1915]) 'Trauer und Melancholie', *G. S.*, 5, 535; *G. W.*, 10, 428. (342, 531, 532) ['Mourning and Melancholia', *C. P.*, 4, 152; *S. E.*, 14, 239.]

佛洛伊德，〈處女的禁忌〉。Freud, S. (1918*a*) 'Das Tabu der Virginität', *G. S.*, 5, 212; *G. W.*, 12, 161. (331) ['The Taboo of Virginity', *C. P.*, 4, 217; *S. E.*, 11, 193.]

佛洛伊德，〈有關一例幼兒精神官能症發展史的思考〉。Freud, S. (1918*b* [1914]) 'Aus der Geschichte einer infantilen Neurose', *G. S.*, 8, 439; *G. W.*, 12, 29. (228, 452, 462, 563) ['From the History of an Infantile Neurosis', *C. P.*, 3, 473; *S. E.*, 17, 3.]

佛洛伊德，〈精神分析治療之路〉。Freud, S. (1919*a* [1918]) 'Wege der psychoanalytischen Therapie', *G. S.*, 6, 136; *G. W.*, 12, 183. (6, 359) ['Lines of Advance in Psycho-Analytic Therapy', *C. P.*, 2, 392; *S. E.*, 17, 159.]

佛洛伊德，《精神分析與戰爭性精神官能症》導言。Freud, S. (1919*d*). Einleitung zu *Zur Psychoanalyse der Kriegsneurosen*, Vienna. *G. S.*, 11, 252; *G. W.*, 12, 321. (340, 474) [Introduction to *Psycho-Analysis and the War Neuroses*, London and New York, 1921, *C. P.*, 5, 83; *S. E.*, 17, 207.]

佛洛伊德，〈不可思議的人〉。Freud, S. (1919*h*) 'Das "Unheimliche"', *G. S.*, 10, 369; *G. W.*, 12, 229. (268) ['The "Uncanny"', *C. P.*, 4, 368; *S. E.*, 17, 219.]

佛洛伊德，《超越快樂原則》。Freud, S. (1920*g*) *Jenseits des Lustprinzips*, Vienna. *G. S.*, 6, 191; *G. W.*, 13, 3. (8, 305, 340, 365, 491, 515-16) [*Beyond the Pleasure Principle*, London, 1961; *S. E.*, 18, 7.]

佛洛伊德，《群體心理學與自我分析》。Freud, S. (1921*c*) *Massenpsychologie und Ich-Analyse*, Vienna. *G. S.*, 6, 261; *G. W.*, 13, 73. (8, 558) [*Group Psychology and the Analysis of the Ego*, London and New York, 1959; *S. E.*, 18, 69.]

佛洛伊德，〈夢與心電感應〉。Freud, S. (1922*a*) 'Traum und Telepathie', *G. S.*, 3, 278; *G. W.*, 13, 165. (227, 295) ['Dreams and Telepathy', *C. P.*, 4, 408; *S. E.*, 18, 197.]

佛洛伊德，〈嫉妒、被害妄想、同性戀之若干精神官能症機制〉。Freud, S. (1922*b*) 'Über einige neurotische Mechanismen bei Eifersucht, Paranoia und Homosexualität', *G. S.*, 5, 387; *G. W.*, 13, 195. (569) ['Some Neurotic Mechanisms in Jealousy, Paranoia and Homosexuality', *C. P.*, 2, 232; *S. E.*, 18, 223.]

佛洛伊德，《自我與本我》。Freud, S. (1923*b*) *Das Ich und das Es*, Vienna. *G. S.*, 6, 353; *G. W.*, 13, 237. (8, 215, 282, 305, 419, 506, 518, 533) [*The Ego and the Id*, London and New York, 1962; *S. E.* 19, 3.]

佛洛伊德，〈論釋夢的理論與實踐〉。Freud, S. (1923*c*) 'Bemerkungen zur Theorie und Praxis der

Traumdeutung', *G. S.*, 3, 305; *G. W.*, 13, 301. (143, 297) ['Remarks on the Theory and Practice of Dream-Interpretation', *C. P.*, 5, 136; *S. E.*, 19, 109.]

佛洛伊德，〈幼兒性器組織〉。Freud, S. (1923*e*) 'Die infantile Genitalorganisation', *G. S.*, 5, 232; *G. W.*, 13, 293. (406) ['The Infantile Genital Organization', *C. P.*, 2, 244; *S. E.*, 19, 141.]

佛洛伊德，〈受虐狂之經濟問題〉。Freud, S. (1924*c*) 'Das ökonomische Problem des Masochismus', *G. S.*, 5, 374; *G. W.*, 13, 371. (340) ['The Economic Problem of Masochism', *C. P.*, 2, 255; *S. E.*, 19, 157.]

佛洛伊德，〈伊底帕斯情結的消解〉。Freud, S. (1924*d*) 'Der Untergang des Ödipuskomplexes', *G. S.*, 5, 423; *G. W.*, 13, 395. (393) ['The Dissolution of the Oedipus Complex', *C. P.*, 2, 269; *S. E.*, 19,173.]

佛洛伊德，《自傳研究》。Freud, S. (1925*d* [1924]) *Selbstdarstellung*, Vienna, 1934. *G. S.*, 11, 119; *G. W.*, 14, 33. (110, 356, 559) [*An Autobiographical Study*, London, 1935 (*Autobiography*, New York, 1935); *S. E.*, 20, 3.]

佛洛伊德，〈從整體上對釋夢的某些補充說明〉。Freud, S. (1925*i*) 'Einige Nachträge zum Ganzen der Traumdeutung', *G. S.*, 3, 172; *G. W.*, 1, 561. (261, 288) ['Some Additional Notes upon Dream-Interpretation as a Whole', *C. P.*, 5, 150; *S. E.*, 19, 125.]

佛洛伊德，〈兩性解剖學差異所帶來的心理後果〉。Freud, S. (1925*j*) 'Einige psychische Folgen des anatomischen Geschlechtsunterschieds', *G. S.*, 11, 8; *G. W.*, 14, 19. (305, 393, 414) ['Some Psychological Consequences of the Anatomical Distinction between the Sexes', *C. P.*, 5, 186; *S. E.*, 19, 243.]

佛洛伊德，《抑制、症狀與焦慮》。Freud, S. (1926*d*) *Hemmung, Symptom und Angst*. [*Inhibitions, Symptoms and Anxiety*, *S. E.*, 20, 77.]

佛洛伊德，《非專業分析者的問題》。Freud, S. (1926*e*) *Die Frage der Laienanalyse*, Vienna. *G. S.*, 11, 307; *G. W.*, 14, 209. (7, 20, 367) [*The Question of Lay Analysis*, London, 1947; *S. E.*, 20, 179.]

佛洛伊德，《一個幻覺的未來》。Freud, S. (1927c) *Die Zukunft einer Illusion*, Vienna. *G. S.*, 11, 411; *G. W.*, 14, 325. (7) [*The Future of an Illusion*, London, 1962; New York, 1928; *S. E.*, 21, 3.]

佛洛伊德，〈幽默〉。Freud, S. (1927*d*) 'Der Humor', *G. S.*, 11, 402; *G. W.*, 14, 383. (465) ['Humour', *C. P.*, 5, 215; *S. E.*, 21, 159.]

佛洛伊德，〈戀物癖〉。Freud, S. (1927*e*) 'Fetischismus', *G. S.*, 11, 395; *G. W.*, 14, 311. (433) ['Fetishism', *C. P.*, 5, 198; *S. E.*, 21, 149.]

佛洛伊德，《文明及其不滿》。Freud, S. (1930*a*) *Das Unbehagen in der Kultur*, Vienna, *G. S.*, 12, 29; *G. W.*, 14, 421. (27, 180, 463) [*Civilization and its Discontents*, London, 1930; New York, 1961; *S. E.*, 21, 59.]

佛洛伊德，〈女性性欲〉。Freud, S. (1931*b*) 'Über die weibliche Sexualität', *G. S.*, 12, 120; *G. W.*, 14, 517. (414, 460) ['Female Sexuality', *C. P.*, 5, 252; *S. E.*, 21, 223.]

佛洛伊德，〈專家對赫爾斯曼案例的意見〉。Freud, S. (1931*d*) 'Das Fakultätsgutachten im Prozess Halsmann', *G. S.*, 12, 412; *G. W.*, 14, 541. (419-20) ['The Expert Opinion in the Halsmann Case', *S. E.*, 21, 251.]

佛洛伊德，《精神分析引論新編》。Freud, S. (1933*a*) *Neue Folge der Vorlesungen zur Einführung in die Psychoanalyse*, Vienna. G. S., 12, 151; *G. W.*, 15, 207. (5, 7, 194, 225, 282, 298, 305, 401, 432, 454, 460, 482,

487, 491, 533, 540, 574) [*New Introductory Lectures on Psycho-Analysis*, London and New York, 1933; *S. E.*, 22.]

佛洛伊德，〈可結束與不可結束的分析〉。Freud, S. (1937*c*) 'Die endliche und die unendliche Analyse', *G. W.*, 16, 59. (536, 553, 557) ['Analysis Terminable and Interminable', *C. P.*, 5, 316; *S. E.*, 23, 211.]

佛洛伊德，〈分析中的結構〉。Freud, S. (1937*d*) 'Konstrunktionen in der Analyse', *G. W.*, 16, 43. (61) ['Constructions in Analysis', *C. P.*, 5, 358; *S. E.*, 23, 257.]

佛洛伊德，《摩西與一神教》。Freud, S. (1939*a*[1937-39]) *Der Mann Moses und die monotheistische Religion*, *G. W.*, 16, 103. (198, 432) [*Moses and Monotheism*, London and New York, 1939; *S. E.*, 23, 3.]

佛洛伊德，《精神分析綱要》。Freud, S. (1940*a* [1938]) *Abriss der Psychoanalyse*, *G. W.*, 17, 67. (414, 419-20, 441, 465) [*An Outline of Psycho-Analysis*, London and New York, 1949; *S. E.*, 23, 141.]

佛洛伊德，〈精神分析的一些基本課程〉。Freud, S. (1940*b* [1938]) 'Some Elementary Lessons in Psycho-Analysis' [title in English: German text], *G. W.*, 17, 141. (40, 344) ['Some Elementary Lessons in Psycho-Analysis', *C. P.*, 5, 376; *S. E.*, 23, 281.]

佛洛伊德，〈梅杜莎的頭顱〉。Freud, S. (1940*c* [1922]) 'Das Medusenhaupt', *G. W.*, 17, 47. ['Medusa' s Head', *C. P.*, 5, 105; *S. E.*, 18, 273.]

佛洛伊德，《精神分析之起源》。Freud, S. (1950*a* [1887-1902]) *Aus den Anfängen der Psychoanalyse*, London. Includes 'Entwurf einer Psychologie' (1895). (249, 409, 465, 477) [*The Origins of Psycho-Analysis*, London and New York, 1954. (Partly, including 'A Project for a Scientific Psychology', in *S. E.*, 1.)]

佛洛伊德，〈戰爭精神官能症電療備忘錄〉。Freud, S. (1955*c* [1920]) 'Memorandum on the Electrical Treatment of War Neuroses', *S. E.*, 17, 211. (474) [*German Text* (unpublished): Gutachten über die elektrische Behandlung der Kriegsneurotiker.]

佛洛伊德，《1873-1939書信集》。Freud, S. (1960*a*) *Briefe 1873-1939* (ed. E. L. Freud), Berlin. (5) [*Letters 1873-1939* (ed. E. L. Freud) (trans. T. and J. Stern), New York, 1960; London, 1961.]

利希騰伯格，《機智與諷刺的思想》。Lichtenberg, G. C. von (The Elder)(1853) *Witzige und satirische Einfälle*, Vol. 2 of New Enlarged Edition, Göttingen. (46-47)

希爾布朗特，《夢境及其在生活中的功用》。Hildebrandt, F. W. (1875) *Der Traum und seine Verwerthung für's Leben*, Leipzig. (113)

杜普內爾，《神祕之哲學》。Du Prel, C. (1885) *Die Philosophie der Mystik*, Leipzig. (163)

沃爾德，《論夢》。Vold, J. Mourly. (1910-12) *Über den Traum* (2 vols.) (*German trans.* by O. Klemm), Leipzig. (106, 112, 191, 296)

亞伯拉罕，〈歇斯底里症與早發性痴呆的心理性欲差異〉。Abraham, K. (1908) 'Die psychosexuellen Differenzen der Hysterie und der Dementia praecox', *Zbl. Nervenheilk. Psychiat.*, N. F. 19, 521. (516) ['The Psycho-Sexual Differences Between Hysteria and Dementia Praecox', *Selected Papers on Psycho-Analysis*, London, 1927, Chap. II]

亞伯拉罕，〈力比多之第一前性器期〉。Abraham, K. (1916) 'Untersuchungen über die früheste prägenitale Entwicklungsstufe der Libido', *Int. Z. (ärztl.) Psychoanal.*, 4, 71 .(406) ['The First Pregenital

Stage of the Libido', *Selected Papers on Psycho-Analysis*, London, 1927, Chap. XII]

亞里斯多德，《靈魂論》。Aristotle, *De insomniis et De divinatione per somnum*. (107) [in *On the Soul*, Loeb Classical Library (trans. W. S. Hett), London and New York, 1935.]

林德納，〈關於兒童吸手指，吸吮等行為〉。Linder, S. (1879) 'Das Saugen an den Fingern, Lippen, etc., bei den Kindern (Ludeln)', *Jb. Kinderheilk*, N.F., 14, 68. (388)

波爾希，《自然中的美妙生命》。Bölsche, W. (1911-13) *Das Liebesleben in der Natur* (2 vols.), Jena. (441)

阿耳特彌多魯斯，《夢之解析》。Artemidorus of Daldis, *Oneirocritica*. (105, 293) [*The Interpretation of Dreams* (trans. R. Wood), London, 1644.]

阿貝爾，《原始辭彙中之對偶意義》。Abel, K. (1884) *Über den Gegensinn der Urworte*, Leipzig. (221, 285-86)

阿德里亞－薩洛米，〈「肛門」與「性」〉。Andreas-Salomé, L. (1916) , '"Anal" and "Sexual"', *Imago*, 4, 249. (390)

阿德勒，〈一般情形與精神官能症中的雙性心理〉。Adler, A. (1910) 'Der psychische Hermaphroditismus im Leben und in der Neurose', *Fortschr. Med.*, 28, 486. (295)

阿德勒，《精神官能症體質》。Adler, A. (1912) *Über den nervösen Charakter*, Wiesbaden (472). [*The Neurotic Constitution*, New York, 1916; London, 1918.]

施爾納，《活在夢中》。Scherner, K. A. (1861) *Das Leben des Trammes*, Berlin. (116, 187, 188, 196)

柏拉圖，《理想國》。Plato (180) *Republic*. [in *Dialogue*, Vol. 2 (tr. B. Jowett), Oxford, 1871.]

埃斯勒，〈關於夢的解析〉。Eisler, M. J. (1919) 'Beiträge zur Traumdeutung', *Int. Z. (ärztl.) Psychoanal.*, 5, 295. [in *The Psychoanalytic Reader* (ed. R. Fliess), New York, 1948, 378.]

海森那德、瑞格斯（見瑞格斯）

納基，〈對性正常與性病態的批評〉。Näcke, P. (1899) 'Kritisches zum Kapitel der normalen und pathologischen Sexualität', *Arch. Psychiat.*, 32, 356. (517)

梅林格、梅耶，《口誤與讀誤：一心理語言學之研究》。Meringer, R. (1895) with Mayer, C., *Versprechen und Verlesen, eine psychologisch-linguistische Studie*, Vienna. (38-40, 51, 53, 60)

梅耶、梅林格（見梅林格）

梅傑，《精神分析治療》。Meijer, A. F. (1915) *De Behandeling van Zenuwzieken door Psycho-Analyse*, Amsterdam. (10)

莫瑞，《睡眠與夢》。Maury, L. F. A. (1878) *Le sommeil et les rêves*, Paris. (1st ed., 1861) (105, 112, 113, 115)

陶拉斯，《關於埃米爾・左拉的醫學心理學研究》。Toulouse, E. (1896) *Émile Zola: enquête médico-psychologique*, Paris. (323)

勞伊萊特，《瘋狂的心理片斷》。Leuret, F. (1834) *Fragmens psychologiques sur la folie*, Paris. (318)

喬德耳，《心理學講義》。Jodl, F. (1896) *Lehrbuch der Psychologie*, Stuttgart. (106)

斯珀伯，〈論性需求如何影響語言的起源與發展〉。Sperber, H. (1912) 'Über den Einfluss sexueller Momente auf Entstehung und Entwicklung der Sprache', *Imago*, 1, 405. (205)

斯特克爾，《夢的語言》。Stekel, W. (1911) *Die Sprache des Traumes*, Wiesbaden. (183, 294)

斯特魯佩爾，《夢的本質與起源》。Strümpell, L. (1877) *Die Natur und Entstehung der Träume*, Leipzig. (106, 110)

斯達克，〈源自日常生活〉。Stärcke, J. (1916) 'Aus dem Alltagsleben', *Int. Z. (ärztl.) Psychoanal.*, 4, 21; 98. (68)

舒伯特，《夢的象徵》。Schubert, G. H. von (1814) *Die Symbolik des Traumes*, Bamberg. (201)

費希納，《心理生理學的要素》。Fechner, G. T. (1860) *Elemente der Psychophysik*, Leipzig. (2nd ed., 1889.)(110)

費倫齊，〈現實感發展之階段〉。Ferenczi, S. (1913) 'Entwicklungsstufen des Wirklichkeitssinnes', *Int. Z. (ärztl.) Psychoanal.*, 1, 124. (437) ['Stages in the Development of the Sense of Reality', *First Contributions to Psycho-Analysis*, London, 1952, Chap. VIII.]

費斯特，《精神分析方法》。Pfister, O. (1913) *Die psychanalytische Methode*, Leipzig and Berlin. (10) [*The Psychoanalytic Method*, New York and London, 1917.]

費德恩，〈論兩種夢中感覺〉。Federn, P. (1914) 'Über zwei typische Traumsensationen', *Jb. psychoan.*, 6, 89. (191)

馮・胡格－赫爾穆斯，〈自釋之夢〉。Hug-Hellmuth, H. von (1915) 'Ein Traum der sich selbst deutet', *Int. Z. (ärztl.) Psychoanal.*, 3, 33. (168-70)

馮特，《生理心理學之原則》。Wundt, W. (1874) *Grundzüge der physiologischen Psychologie*, Leipzig. (106)

瑞格斯、海森那德，《精神官能症與精神病之精神分析》。Régis, E., and Hesnard, A. (1914) *La psychoanalyse des névroses et des psychoses*, Paris. (10)

達爾文，《人類與動物的情感表達》。Darwin, C. (1872) *The Expression of the Emotions in Man and Animals*, London. (2nd ed., 1899.) (492, 496)

達爾文，《達爾文自傳》。Darwin, C. (1958) *The Autobiography of Charles Darwin*, London. (94)

榮格，《早發性痴呆心理學》。Jung, C. G. (1907) *Über die Psychologie der Dementia praecox*, Halle. (64, 334) [*The Psychology of Dementia Praecox*, New York, 1909.]

維也納精神分析協會，會議記錄。Vienna Psychoanalytic Society, Minutes of, Vol. I, New York, 1962. (494)

賓茲，《論夢》。Binz, C. (1878) *Über den Traum*, Bonn. (105)

赫奇曼，《佛氏精神官能症教學》。Hitschmann, E. (1913) *Freuds Neurosenlehre*, Vienna (2nd ed.). (10)

諾頓斯柯爾德，《在南極冰雪中的兩年》。Nordenskjöld, O., *et al.* (1904) *Antarctic. Zwei Jahre in Schnee und Eis am Südpol* (2 vols.), Berlin. (162-63) [(abridged): *Antarctica*, London, 1905.]

賴克，〈原野中的成人禮〉。Reik, T. (1915-16) 'Die Pubertätsriten der Wilden', *Imago*, 4, 125; 189. (416)

賴克，〈關於夢到外套的象徵與相應的民族精神狀態〉。Reik, T. (1920) 'Völker Psychologische Parallelen zum Traumsymbol des Mantels', *Int. Z. Psychoan.*, 6, 350.

賴克，《與佛洛伊德共度三十年》。Reik, T. (1942) *From Thirty Years with Freud*, London; New York, 1940. (5, 6)

霍爾，〈恐懼的合成遺傳學研究〉。Hall, G. S. (1914) 'A Synthetic Genetic Study of Fear', *Amer. J.*

Psychol., 25, 149. (495, 511)

鍾斯，〈日常生活精神病理學〉。Jones, E. (1911) 'The Psychopathology of Everyday Life'. *Amer. J. Psychol.*, 22, 477. (37, 68)

鍾斯，評霍爾〈恐懼的合成遺傳學研究〉一文。Jones, E. (1916) Review of G. Stanley Hall's 'A Synthetic Genetic Study of Fear', *Int. Z. (ärztl.) Psychoanal.*, 4, 55. (495)

鍾斯，《佛洛伊德傳：第一卷》。Jones, E. (1953) *Sigmund Freud: Life and Work*, Vol. 1, London and New York. (Page references are to the English edition.) (6, 339)

鍾斯，《佛洛伊德傳：第二卷》。Jones, E. (1955) *Sigmund Freud: Life and Work*, Vol. 2, London and New York. (Page references are to the English edition.) (433)

薩克斯，〈夢的解析與人的本質〉。Sachs, H. (1912) 'Traumdeutung und Menschenkenntnis', *Jb. psychoan. psychopath. Forsch.*, 3, 568. (256)

薩克斯，《亦師亦友的佛洛伊德》。Sachs, H. (1945) *Freud, Master and Friend*, Cambridge, (Mass.) and London. (Page reference is to the English edition.) (5)

蘭克，《英雄降生的神話》。Rank, O. (1909) *Der Mythus von der Geburt des Helden*, Leipzig and Vienna. (198) [*The Myth of the Birth of the Hero*, New York, 1914.]

蘭克，〈詩性運用口誤之一例〉。Rank, O. (1910*a*) 'Ein Beispiel von poetischer Verwertung des Versprechens', *Zbl. Psychoan.*, 1, 109. (45)

蘭克，〈自釋之夢〉。Rank, O. (1910*b*) 'Ein Traum der sich selbst deutet', *Jb. psychoan. psychopath, Forsch.*, 2, 465. (210)

蘭克，〈將當下性觸發視為夢的成因〉。Rank, O. (1912*a*) 'Aktuelle Sexualregungen als Traumanlässe', *Zbl. Psychoan.*, 2, 596. (164)

蘭克，《詩歌與傳說中的亂倫動機》。Rank, O. (1912*b*) *Das Inzest-Motiv in Dichtung und Sage*, Leipzig and Vienna. (257, 419)

讓內，〈無意識行動與記憶〉。Janet, Pierre (1888) 'Les actes inconscients et la mémoire', *Rev. Philosoph.*, 13, 238. (319)

讓內，〈精神分析：皮耶・讓內博士報告〉。Janet, Pierre (1913) 'Psycho-Analysis. Rapport par M. de Dr. Pierre Janet', *Int. Congr. Med.*, 17, Section XII (Psychiatry) (1), 13. (319)

人名對照表

四劃

內斯特羅，約翰　Nestroy, Johann
巴巴拉，洛　Barbara, Low
巴克，喬治　Back, George
比納　Binet, A.

五劃

卡特爾　Cattell, J.M.
卡普蘭　Kaplan, L.
尼羅特　Nimrod
左拉，埃米爾　Zola, Émile
布呂克　Brücke, E. W. von
布里爾　Brill, A. A.
布洛伊爾，約瑟夫　Breuer, Josef
布洛赫　Bloch, I.
布勞伊格赫爾　Breughel, P.
布魯勒　Bleuler, E.
史瑞伯　Schreber, S.
弗利斯　Fliess, W.
弗洛姆　Fromm, E.
弗洛爾，奧古斯特　Forel, August
弗蘭克林　Franklin, J.

六劃

伊達　Ida
伊麗沙白，馮　Elisabeth von R.
列維　Levy, L.
安培　Ampère, A.M.
米德　Maeder, A.
西門子　Siemens, W. von
西爾伯勒　Silberer, H.

七劃

佛洛伊德，西格蒙德　Freud, Sigmund
伯克林　Böcklin, A.
伯恩海姆　Bernheim, H.
克勞斯　Kraus, F.S.
利希騰伯格　Lichtenberg, I. G. von
希爾布朗特　Hillebranelt, F. W.
希羅多德　Herodotus
李厄保　Liébeault, A.A.
杜・布瓦－萊蒙　Du Bois-Reymond, E.
杜普內爾　Du Prel, C.
夏爾科　Charcot, J.M.
沃爾德，毛爾里　Vold, Mourly
狄德羅　Diderot, D.

貝恩斯　Baines, M.
里維埃夫人　Riviere, Mrs.

八劃

亞里斯多德　Aristotle
亞歷山大大帝　Alexander the Great
亞伯拉罕，卡爾　Abraham, Karl
帕克，芒戈　Park, Mungo
帕里斯　Paris
林德納　Lindner, S.
杰納　Jenner, E.
欣克斯　Hincks, E.
波西婭　Portia
波爾希　Bölsche, W.
阿耳特彌多魯斯　Artemidorus of Daldis
阿伽門農　Agamemnon
阿利安　Arrian
阿貝爾　Abel, K.
阿德里亞－薩洛米，盧　Andreas-Salomé, Lou
阿德勒，阿爾弗雷德　Adler, Alfred

九劃

施溫德　Schwind, M.
施爾納　Scherner, K.A.
柏拉圖　Plato
洛溫費爾德　Löwenfeld, L.
珀里安德爾　Periander of Lorinth
科克　Koch, R
約卡斯達　Jocasta
胡格－赫爾穆斯，馮　Hug-Hellmuth, Dr. von
迪奧多羅斯　Diodorus

十劃

哥白尼　Copernicus
哥倫布　Columbus, C.
席勒　Schiller, J.C.F.V.
格拉夫，麥克斯　Graf, Max
泰勒，約翰　Tanner, John
海森那德　Hesnard, A.
海倫　Helen
烏蘭德　Uhland, J. L.
特倫克　Trenck, Baron
索福克勒斯　Sophocles
納克特　Nacht, S.
納基，保爾　Näcke, Paul
高爾頓，弗蘭西斯　Galton, Francis

十一劃

梅林格　Meiringer, R.
梅耶　Mayer, C.
梅傑　Meijer, A. F.
莎士比亞　Shakespeare, W.
莫里哀　Molière
莫瑞　Maury, L. F. A.
荷馬　Homer
麥克杜夫　Macduff
陶拉斯　Toulouse, E.

十二劃

勞伊萊特，富朗梭瓦　Leuret, Fran ξ ois
喬德耳　Jodl, F.
斯珀伯，漢斯　Sperber, Hans
斯特克爾，威廉　Stekel, Wilhelm
斯達克　Stärcke, J.
普魯塔克　Plutarch
舒伯特　Schubert, G.H. von
舒爾茨　Schultz, D.
華倫斯坦　Wallenstein, A. von
華萊士　Wallance, A.R.
費希納　Fechner, G.T.
費倫齊　Ferenczi, S.F.
費斯特　Pfister, O. Dr.

費德恩，保爾　Federn, Paul
賀魯斯　Horus
馮特　Wundt, W.

十三劃

塔爾波特，福克斯　Talbot, Fox
瑞格斯　Régis, E.
奧伯蘭德爾　Oberländer, A.
奧佩特　Oppert, J.
聖安東尼　St.Anthony
詹姆士　James, W.
路德維希　Ludwig, C.F.W.
道頓，厄尼斯特　Dowden, Ernest
達爾文，查理　Darwin, Charles

十四劃

榮格　Jung, C.G.
歌德　Goethe, J.W.V.
漢斯　Hans
福樓拜　Flaubert, G.
賓茲　Binz, C.
赫克特　Hecht, M.B.
赫奇曼　Hitschmann, E.
赫爾姆霍茨　Helmholtz, H.L.F.von
赫德維希　Hedwig

十五劃

摩西　Moses
歐里庇得斯　Euripides
蔡斯　Chase, H.W.

十六劃

蕭伯納　Shaw, G.B.
諾頓斯柯爾德，奧托　Nordenskjöld, Otto
賴克，西奧多　Reik, Theodor
賴特勒　Reitler, R.
霍夫曼　Hoffmann, F.
霍爾，史坦利　Hall, Stanley

十七劃

戴特納　Dattner, B.
謝林　Scheling

十八劃

薩克斯，漢斯　Sachs, Hans
馮塔納，狄奧多爾　Fontane, Theodor

十九劃

瓊斯，歐內斯特　Jones, Ernest
羅克斯，威廉　Roux, Wilhelm
羅林森　Rawlinson

二十一劃

蘭克，奧托　Rank, Otto
鐵欽納　Titchener, E.B.

二十四劃

讓內，皮埃爾　Janet, Pierre
靄理士，哈夫洛克　Ellis, Havelock

名詞對照表

三劃

口欲階段　oral Stage (orale Stufe)

四劃

互補系列　Complemental series (Ergänzungsreihe)
內傾　Introversion (Introvertiertheit)
分裂　Split (Spaltung)
反向　作用 Reaction formation (Reaktionsbildung)
反精神灌注　Anticathexis (Gegenbesetzung)
幻想　Phantasy (Phantasie)
心理衝突　psychical Conflict (psychischer Konflikt)
心理機構　psychical Apparatus (psychischer Apparat)
支配本能　Instinct to master (Bemächtigungstrieb)
日間餘念　Day's residues (Tagesreste)

五劃

失誤動作　Parapraxia (Fehlleistungen)
幼兒期失憶　infantile Amnesia (infantile Amnesie)
本我　Id (Es)
本能　Instinct (Trieb)
本能目標　Instinctual aim (Triebziel)
生殖器階段　genital Stage (genitale Stufe)
白日夢　Day-dream (Tagtraum)
目的、傾向　purpose, trend (tendenz)
矛盾　Ambivalence (Ambivalenz)

六劃

伊底帕斯情結　Oedipus complex (Ödipuskomplex)
地形學的　topographical (topisch)
多重決定　Over-determination (Überdeterminierung)
多重解釋　Over-interpretation (Überdeutung)
妄想症　Paranoia (Paranoia)
早發性痴呆　demantie precox
自由聯想　Free Association (Freie Assoziation)
自我　Ego (Ich)
自我本能　Ego-instinct (Ichtriebe)
自我保存本能　Instinct of self-preservation (Selbsterhaltungstriebe)
自我原欲　Ego-libido (Ichlibido)

自戀　Narcissism（Narzissmus）
自戀性精神官能症　narcissistic Neurosis（narzisstische Neurose）
自戀原欲　narcissistic Libido（narzisstische Libido）
自體性欲　Autoerotism（Autoerotismus）

七劃

快樂原則　Pleasure principle（Lustprinzip）
扭曲　Distortion（Entstellung）
攻擊本能　Aggressive instinct（Aggressionstrieb）
防禦　Defense（Abwehr）
防禦性精神官能症　Psychoneurosis of defense（Abwehr-neuropsychose）
防禦機制　Defense mechanism（Abwehrmechanismen）

八劃

固著　Fixation（Fixierung）
延遲行動　Deferred action（Nachträglichkeit）
性本能　Sexual instinct（Sexualtrieb）
性倒錯　Perversion（Perversion）
性感帶　erotogenic Zone（erogene Zone）
性欲　Sexuality（Sexualität）
昇華　Sublimation（Sublimierung）
阻抗　Resistance（Widerstand）

九劃

客體化　Objektivierung
神聖的　利己主義 sacro egoism
前意識　Preconscious（das Vorbewusste）
屏蔽記憶　Screen memory（Deckerinnerung）
後設心理學　Metapsychology（Metapsychologie）
恆敘原則　Principle of constancy（Konstanzprinzip）
畏懼性精神官能症　phobic Neurosis（phobische Neurose）
虐待欲－肛欲階段　anal-sadistic Stage（sadistisch-anale Stufe）

十劃

倒置　Reversal（Verkehrung）
修通　Working-through（Durcharbeiten）
原欲的堅持性　Adhesiveness of the Libido（Klebrigkeit der Libido）
原欲的鬱積　damming up of Libido（Libidostauung）
原欲　Libido
原欲組織　Organization of Libido（Organisation der Libido）
恐懼　Fear（Furcht）
挫折　Frustration（Versagung）
神經分布　Innervation（Innervation）
神經衰弱　Neurasthenia（Neurasthenie）
記憶痕跡　Memory trace（Erinnerungsspur）
退化　Regression（Regression）
逃入疾病之中　Flight into Illness（Flucht in die Krankheit）

十一劃

動力學的　dynamic（dynamisch）
動元　Agency（Instanz）
強迫行為　Compulsive act（Zwangshandlungen）
強迫性重複　Compulsion to repeat（Wiederholungszwang）
強迫性精神官能症　Obsessional neurosis（Zwangsneurose）
強迫意念　Obsessional idea（Zwangsvorstellung）

情結　Complex（Komplex）
情感　Affect（Affekt）
欲求　Wish（Wunsch）
欲求滿足　Wish-fulfilment（Wunscherfüllung）
欲望　Desire（Begierde）
理想自我　Ideal ego（Idealich）
現實性精神官能症　Actual neurosis（Aktualneurose）
現實原則　Reality principle（Realitätsprinzip）
移情作用　Transference（Übertragung）
移情性精神官能症　Transference neurosis（Übertragungsneurose）
被抑制的目標　inhibited aim（zielgehemmt）
部分本能　Component instinct（Partialtrieb）

十二劃

結合妄想症　combinatory paranoia
創傷　Trauma（Trauma）
創傷性精神官能症　traumatic Neurosis（traumatische Neurose）
無意識　Unconscious（das Unbewusste）
焦慮　Anxiety（Angst）
焦慮性歇斯底里症　Anxiety hysteria（Angsthysterie）
焦慮性精神官能症　Anxiety neurosis（Angstneurose）
象徵　Symbolism（Symbolik）
陽具　Phallus（Phallus）

十三劃

催眠狀態　hypnoid State（hypnoider Zustand）
意念、表現、再現　Idea, Presentation, Representation（Vorstellungen）
意識　Consiousness（Bewusstsein）
感官快樂　Organ-pleasure（Organlust）
想像　Imaginary（das Imaginäre）
歇斯底里症　Hysteria（Hysterie）
經濟學的　economic（ökonomisch）
置換　Displacment（Verschiebung）
隔離　Isolation（Isolieren）

十四劃

夢的工作　Dream-work（Traumarbeit）
對象　Object（Objekt）
對象原欲　Object-libido（Objektlibido）
對象選擇　Object-choice（Objektwahl）
慣性原則　Principle of Constancy（Prinzip der Neuronenträgheit）
滿足體驗　Experience of satisfication（Befriedigungserlebnis）
精神分析　Psychoanalysis（Psychoanalyse）
精神妄想症　Paraphrenia（Paraphrenie）
精神官能症　Neurosis（Neurose）
精神病　Psychosis（Psychose）
精神神經症　Psychoneurosis（Neuropsychose）
認同、等同　Identification（Identifizierung）

十五劃

潛伏期　Latency period（Latenzperiode）
潛抑　Repression（Verdrängung）
潤飾作用　secondary Revision（sekundäre Bearbeitung）
稽查作用、稽查　Censorship（Zensur）

十六劃

凝縮　Condensation（Verdichtung）
興趣　Interest（Interesse）
閹割情結　Castration complex（Kastrationskomplex）

十七劃

壓抑　Suppression（Unterdrückung）

聯想　Association（Assoziation）
隱意　latent Content（latenter Inhalt）

十八劃

轉化　Conversion（Konversion）
轉化性歇斯底里症　Conversion Hysteria（Konversionshysterie）
雙性性欲　Bisexuality（Bisexualität）

二十劃

釋放　Discharge（Abfuhr）

二十一劃

灌注　Cathexis（Besetzung）

二十三劃

顯意　manifest Content（manifester Inhalt）
驚悸　Fright（Schreck）

左岸 | 心靈 281

精神分析引論

Introductory Lectures on Psycho-Analysis

作　　者　西格蒙德・佛洛伊德（Sigmund Freud）
譯　　者　彭舜
校　　對　彭運石
審　　訂　巫毓荃

總 編 輯　黃秀如
責任編輯　孫德齡
企畫行銷　蔡竣宇
封面設計　莊謹銘
電腦排版　宸遠彩藝

社　　長　郭重興
發行人暨出版總監　曾大福
出　　版　左岸文化／遠足文化事業股份有限公司
發　　行　遠足文化事業股份有限公司
23141新北市新店區民權路108-2號9樓
電　　話　02−2218−1417
傳　　真　02−2218−8057
客服專線　0800−221−029
E-Mail　rivegauche2002@gmail.com
左岸臉書　https://www.facebook.com/RiveGauchePublishingHouse/
團購專線　讀書共和國業務部　02-22181417分機1124、1135

法律顧問　華洋法律事務所　蘇文生律師
印　　刷　成陽印刷股份有限公司
初　　版　2006年08月
三版一刷　2018年11月
三版四刷　2022年06月

定　　價　500元
ISBN　978-986-5727-82-6

國家圖書館出版品預行編目資料

精神分析引論
西格蒙德・佛洛伊德（Sigmund Freud）著；彭舜譯
三版 -- 新北市：左岸文化出版；遠足文化發行, 2018.11
544面 ; 14.8×21公分. -- (左岸心靈 ; 281)
譯自 : Introductory Lectures on Psycho-Analysis
ISBN 978-986-5727-82-6(平裝)

1. 精神分析學

175.7　　　　107019077